Grundt / Lavroff / Nechajew

Bergung und Hebung von gesunkenen Schiffen

Grundt / Lavroff / Nechajew

Bergung und Hebung von gesunkenen Schiffen

ISBN/EAN: 9783954271009
Erscheinungsjahr: 2012
Erscheinungsort: Bremen, Deutschland

www.maritimepress.de | office@maritimepress.de

Bei diesem Titel handelt es sich um den Nachdruck eines historischen, lange vergriffenen Buches. Da elektronische Druckvorlagen für diese Titel nicht existieren, musste auf alte Vorlagen zurückgegriffen werden. Hieraus zwangsläufig resultierende Qualitätsverluste bitten wir zu entschuldigen.

Bergung und Hebung von gesunkenen Schiffen

HANDBUCH
FÜR KAPITÄNE, INGENIEURE, BERGUNGS- UND VERSICHERUNGSFACHLEUTE

Von

E. GRUNDT
Geheimer Baurat, Berlin

S. I. LAVROFF
Oberingenieur, Berlin

K. NECHAJEW
Professor, Leningrad

Mit 167 Abbildungen und **2 Tafeln**

1 9 2 7

RICHARD CARL SCHMIDT & CO.
BERLIN W 62

Vorwort.

Das vorliegende Buch soll dazu beitragen, eine Lücke auszufüllen, die in der Literatur der technischen Seemannschaft vorhanden ist. Schiffshavarien und Schiffsbergungen werden immer wieder vorkommen; ihre Bedeutung wird wachsen, je umfangreicher die Größe der Welttonnage wird. Es stehen bei Schiffsunfällen fast stets Menschenleben und sehr beträchtliche Werte auf dem Spiel. Deshalb wurde es für zweckmäßig gehalten, die auf dem vorliegenden Gebiete gemachten Erfahrungen zu sammeln und sachlich zu gruppieren.

„Aus der Praxis für die Praxis" ist die Devise des Buchinhaltes. Die Schiffahrt ist international. In dem vorliegenden Werk sind deshalb die wichtigsten typischen Schiffsbergungen behandelt worden, die aus den verschiedensten Weltteilen bekannt geworden sind. Die Eigenart der Verhältnisse, unter welchen jede einzelne Bergung vorgenommen wird, bringt es mit sich, daß die in der Praxis gesammelten Erfahrungen unter den vielen Bergungsfällen fast immer nur als Einzelfälle uneinheitlich behandelt wurden.

Um diese gewonnenen Erfahrungen zusammenzustellen und auf solche Weise einzelne Bergungsverfahren und Bergungsmittel richtig bewerten zu können, sahen die Verfasser sich veranlaßt, das in den verschiedenen Fachzeitschriften und Quellen zerstreut vorhandene Material zu sammeln und kritisch zu beurteilen. Es hat sich hierbei gezeigt, daß die bestehenden Informationsmöglichkeiten häufig unzureichend waren, so daß es erwünscht wäre, wenn die aus der Praxis hervorgegangenen Erfolge dem Verlage R. C. Schmidt & Co., Berlin W 62, mitgeteilt würden, damit sie hierdurch der Fachwelt erhalten werden. Für die in diesem Sinne erfolgten Unterstützungen wollen die Verfasser an dieser Stelle ihren besonderen Dank aussprechen dem Mitgliede der russischen Akademie der Wissenschaften Prof. A. N. Kryloff und dem Direktor des Germanischen Lloyd Prof. W. Laas, deren Beiträge im Text des vorliegenden Buches näher bezeichnet sind.

Es wäre wünschenswert, wenn auf Schiffahrtsschulen und auf schiffbautechnischen Lehranstalten auch besondere Fachstunden für das Gebiet des Havarie- und Schiffsbergungswesen eingeführt werden, wie das in anderen Staaten schon der Fall ist. Bisher bildet sich jeder

Kapitän seine diesbezüglichen Fachkenntnisse meist selbst aus auf
Grund seiner eigenen Lebens- und Diensterfahrungen, ohne einen in
einem entsprechenden Werke gesammelten Überblick über die Erfolge
und Mißerfolge der schon vorgekommenen Schiffsbergungen aller Art
zu haben, deren Ergebnisse er sich in einer übersichtlicheren Beurteilung bei den ihm zustoßenden Fällen zunutze machen könnte. Wenn
dieses Buch dazu beitragen würde, die allgemeinen Fachkenntnisse
auf dem wichtigen Gebiete des Schiffshavarie- und Bergungswesens
zu erhöhen, und als nützliches Handbuch in der Schiffahrt und Schiffs-
bautechnik Verbreitung findet, so ist hiermit sein Zweck erreicht.

Die Verfasser.

Inhalt.

III. Teil.

Abschleppen und Aufrichten havarierter Schiffe.

V. Teil.

Bergungen in offener See.

VI. Teil.

Allgemeines.

Zeichen und Abkürzungen.

Pos.	= Position	qm	=	Quadratmeter
S.	= Seite	l	=	Liter
St.	= Stück	m³	=	Kubikmeter
Std.	= Stunde	⌀	=	Durchmesser
U-Boot	= Unterseeboot	g	=	Gramm
D. R. P.	= Deutsches Reichspatent	kg	=	Kilogramm
Atm	= Atmosphäre	t	=	Tonne
1° C	= 1 Grad Celsius	kgm	=	Kilogrammeter
1°	= 1 Grad	mt	=	Metertonne
1″	= 1 Zoll englisch	kg/mm²	=	Kilogramm per Quadrat-millimeter
M.	= Mark			
Pf.	= Pfennig	kg/cm²	=	Kilogramm per Quadrat-centimeter
G. M.	= Goldmark			
G. R.	= Goldrubel	lfd. m	=	laufendes Meter
£	= Pfund Sterling	Kn	=	Knoten
s	= Schilling	PS	=	Pferdestärke
d	= Pence	PSe	=	Effektive Pferdestärke
%	= Prozent (von Hundert)	IPS	=	Indizierte Pferdestärke
Amp	= Ampere	Spt.	=	Spant
Sek	= Sekunde	St. B.	=	Steuerbord
mm	= Millimeter	B. B.	=	Backbord
cm	= Centimeter	Br. R.To.	=	Brutto-Registertonne
m	= Meter	NW	=	Nordwest
km	= Kilometer	SW	=	Südwest
qmm	= Quadratmillimeter	l. r. f.	=	los, richten, fest
qcm	= Quadratcentimeter			

Erster Teil.

Einleitung.

I. Schiffshavarien.

1. Begriff der Schiffshavarie.

Unter Schiffshavarie versteht man eine Störung in dem normalen Betriebe des Schiffes, wobei eine oder mehrere folgender Schiffseigenschaften verletzt werden können: Wasserdichtheit, Stabilität, Fortbewegungs- oder Steuermöglichkeit. Falls das Schiff aus irgendwelchem Grunde wasserundicht wird oder seine Stabilität verliert oder sich nicht fortbewegen kann, so können in weiterem Verlauf der Ereignisse schwere Folgen eintreten, welche je nach der Art der Havarie, der geographischen Lage des Schiffes, der Art des Wetters, infolge besonderer Eigenschaften der Mannschaft oder durch sonstige psychologische und physikalische Umstände usw. in häufigen Fällen auch zum Totalverlust führen.

Um die Schiffshavarie in jedem einzelnen Fall richtig zu bewerten, ist es unentbehrlich, sie auf folgende Gesichtspunkte zu prüfen:

a) Die Ursachen der Havarie.

b) Lage des Schiffes nach äußeren Verhältnissen (Ort, Wassertiefe, Wasserverhältnisse, Jahreszeit, Strandungsboden).

c) Zustand des Schiffes im Sinne der Wasserdichtigkeit (dicht oder leck), der Stabilität und der Fortbewegungsmöglichkeit. Dazu sei bemerkt, daß oft bei einer Schiffshavarie zwei oder sogar alle drei dieser letzteren Eigenschaften verletzt sind. Es ist jedoch nicht ausgeschlossen, daß das Schiff wegen Wasserundichtheit sinkt, ohne seine Stabilität zu verlieren, was z. B. bei Schiffen ohne wasserdichte Schotten vorkommen kann, oder wenn die mittleren Räume leck werden. Seltener ist der Fall, daß ein wasserdichtes Schiff seine Stabilität verliert; das klassische Beispiel hierfür ist der Untergang des englischen Kriegsschiffes „Captain", welches 1870 bei Unwetter gekentert war. Eine Strandung ohne Verletzung der Außenhaut ist ein Beispiel für eine Schiffshavarie, bei der die Fortbewegungsmöglichkeit verletzt ist.

d) Eigenschaften des Schiffes selbst (Größe, Type, Alter, Festigkeit des Rumpfes, Bergungsmittel an Bord des Schiffes, Personal).

2. Die Ursachen der Schiffshavarie.

Als Ursachen der Schiffshavarie kommen in Betracht: Strandung, Zusammenstoß, schweres Wetter, Eis, Artillerieschaden, Minen, Feuer, Maschinenschaden, Mangel der Konstruktion oder akute Zustände im Schiffe, z. B. Verfehlungen in der Ladungsweise. Die Strandung kann hierbei dadurch gekennzeichnet sein, daß sie eine primäre oder auch sekundäre Ursache der Havarie sein kann. Weiterhin können alle Ursachen, die zu einer Störung des normalen Betriebes des Schiffes führen, Anlaß zu seinem Untergang oder zu seiner Strandung geben.

a) Die Strandung kann für das fahrende Schiff verursacht sein durch Meeres- oder Gezeitenströmung oder durch ungünstige Navigationsverhältnisse (Nebel, Gewitter usw.), für das stillgelegte Schiff durch Unzulässigkeiten von Anker und Ankerkette. Die Strandungen kommen an bestimmten Stellen der Küste, z. B. in Meerengen, Mündungen und Hafeneinfahrten, häufiger vor; diese Stellen sind den Schiffen gut bekannt.

Das Auflaufen des Schiffes findet sein Ende mit der Vernichtung der Energie der Schiffsbewegung, die Gefahr ist jedoch mit dem Ende des Auflaufens noch nicht vorüber, da auch bei dem Verweilen des Schiffes auf der Untiefe starke Zerstörungen des Bodens eintreten können, z. B. bei Abfall des Wasserspiegels oder beim Seegang.

Bei Strandung entsteht gewöhnlich ein langer schmaler Riß, so daß eine Reihe von Abteilungen leck werden kann. Die Größe und die Art der Zerstörungen sind im wesentlichen durch den Strandungsboden beeinflußt.

Die Eigenschaften des Meeresbodens sowie auch die an der Havariestelle herrschenden Winde und Wasserströmungen sind bei einer Strandung von größter Bedeutung, da bei einem felsigen Boden so starke Beschädigungen entstehen können, daß die Bergung überhaupt als unmöglich bewertet wird, wie das z. B. bei der Strandung des englischen Schlachtschiffes „Montague" der Fall war (siehe weiter unten).

b) Der Zusammenstoß wird oft durch ungünstige Navigationsverhältnisse (Nebel, Schnee usw.) oder durch Navigationsfehler bei dem Passieren von engen Wasserstraßen verursacht. In dem letzten Fall können auch stilliegende Schiffe beschädigt werden.

Das bei dem Zusammenstoß entstandene Leck ist gewöhnlich nicht lang, jedoch in senkrechter Richtung sehr ausgedehnt. Die weitere Entwicklung der Havarie ist bei einem Zusammenstoß von den Beschädigungen des Rumpfes und von den auf dem Schiffe befindlichen Bergungsmitteln abhängig. Das Schiff kann je nach Umständen versinken, zu seiner Strandung genötigt werden oder allen Gefahren glücklich entweichen.

c) Schweres Wetter kommt viel seltener als Ursache von Havarien in Frage, besonders für Fälle, welche wegen ihrer Sonderart in diesem Buche besprochen sein sollen. Es ist sehr wahrscheinlich, daß ein großer Teil der verschollenen Schiffe durch schweres Wetter verunglückt ist. Die durch schweres Wetter verursachten Beschädigungen zwingen das Schiff zur Strandung oder zum vollständigen Versinken.

d) Eis kann in zwei Formen eine Schiffshavarie hervorrufen: bei einem Zusammenstoße des Schiffes mit einem Eisberg, wie das z. B. mit dem Ozeandampfer „Titanic" am 14. April 1912 der Fall war, und beim Einfrieren des Schiffes in dem Süßwasser- oder Meerwassereis.

Der Zusammenstoß mit einem Eisberg ist jedenfalls die gefährlichste Ursache der Havarie. Die von den Gletschern abgebrochenen Eisberge erreichen eine ungeheure Größe, welche leicht 20—30 Millionen m³ übersteigt. Beim Zusammenstoß mit dem Eisberg entstehen daher lange schmale Risse (wie bei Strandung auf einem Felsen), da die Masse auch eines größten Schiffes im Vergleich zu der Masse des Eisberges sehr gering ist. Weiter erfolgt ein solcher Zusammenstoß stets auf einer großen Tiefe, da der Eisberg mit $^9/_{10}$ seiner Höhe unter Wasser schwimmt. Das Havarienschiff kann also in diesen Fällen nicht mehr mit einer Notstrandung fortkommen.

Das Einfrieren des Schiffes im Süßwasser ist mit der Gefahr der Beschädigung des Schiffsrumpfes verbunden. Beim Einfrieren im Seewasser ist die Gefahr kleiner, da das Seeeis sehr plastisch ist. Nur das sogenannte Packeis in den Gegenden des Nordpoles ist sehr gefährlich, weil dabei starke Drücke entstehen, welche zur vollständigen Zertrümmerung des Schiffes führen können.

e) Die Artillerieschäden und Minenschäden führen oft zu sehr starken Beschädigungen des Schiffsrumpfes, indem die Längsverbände so stark geschwächt sein können, daß ein Durchbrechen des Schiffes möglich ist. Auch kann der Bug oder das Heck des Schiffes in solchem Umfange zerstört sein, daß die Bergung zu kostspielig erscheint. Eine genaue Bewertung der Festigkeit des Schiffsrumpfes bei den durch Artilleriefeuer oder Minen verursachten Havarien ist daher in allen Fällen unentbehrlich (s. Abb. 144 und 154).

f) Dem Feuerschaden sind nicht nur die hölzernen, sondern auch die stählernen Schiffe ausgesetzt. Die bei dem Feuer entstehende hohe Temperatur wirkt auf die Festigkeit des Stahles so ungünstig, daß schon bei 600° C bereits über 70 % der ursprünglichen Festigkeit verloren geht. Auch in diesem Falle ist eine spezielle Bewertung der Festigkeit des Schiffsrumpfes unentbehrlich.

g) Maschinenschäden, Konstruktionsmängel oder im Schiffszustande liegende Verhältnisse, wie Beladungsfehler usw., kommen für den vorliegenden Zweck weniger in Betracht, da sie nur die primäre Ursache der Havarie bilden.

3. Lage des havarierten Schiffes nach äußeren Verhältnissen.

Die Lage nach äußeren Verhältnissen wird durch die geographischen, hydrologischen, meteorologischen und geologischen Eigenarten der Gegend beeinflußt. Der Reichtum und die Mannigfaltigkeit der Naturerscheinungen, welche in verschiedenen Gewässern beobachtet werden können, fordert in jedem einzelnen Falle eine genaue Begutachtung der äußeren Verhältnisse. Es sollen aus diesem Grund nur kurz die wichtigsten Entscheidungspunkte gestreift werden, und zwar: Ort, Wassertiefe, Wasser- und Windverhältnisse, Jahreszeit, Strandungsboden.

a) Der Ort der Havarie ist hauptsächlich in dem Sinne zu bewerten, ob er bequem gelegen oder entlegen ist. Andere Ortsverhältnisse sind mehr individuell zu beurteilen.

b) Die Wassertiefe ist für die Auswahl des Bergungsverfahrens von wesentlicher Bedeutung. Aus den Gründen, die im Kapitel XVII näher besprochen werden, bezeichnet man die Tiefen unter 20 m als „klein" und die über 20 m als „groß". Auch die Lage des Deckes bezogen auf den Wasserspiegel ist von wichtiger Bedeutung. Aus den Gründen, welche bei der Besprechung der einzelnen Bergungsverfahren angegeben sind, unterscheidet man im wesentlichen: Deck über Wasser, Deck weniger als 3—3,5 m unter Wasser, Deck 3,5—8,5 m unter Wasser, Deck mehr als 8,5 m unter Wasser.

c) Bezüglich der Wasser- und Windverhältnisse sind im wesentlichen drei Fälle zu unterscheiden: gleichbleibender Wasserspiegel mit oder ohne Strom, veränderlicher Wasserspiegel in stillen Gewässern (von Gezeiten, Windwirkung, Jahreszeiten usw. abhängig), ungeschützte Lage des Havarienschiffes, welches allen Einflüssen der Gezeiten, Strömungen, Wind, Eis usw. ausgesetzt ist. Die verschiedenen Einwirkungen müssen in jedem einzelnen Falle individuell bewertet werden, wie es bei den Beschreibungen der einzelnen Bergungen gemacht ist.

d) Die Jahreszeit ist insofern von Wichtigkeit, als sie die Wasser- und Windverhältnisse beeinflußt, wobei auch bestimmte Witterungsaussichten von Wichtigkeit sind.

e) Strandungsboden ist insofern von Bedeutung, da er erstens die Auswahl der Bergungsverfahren beeinflußt, zweitens die für die Bergung verfügbare Zeit bestimmt. Man unterscheidet im wesentlichen zwischen felsigem Boden, hartem Sandboden und morastigem Boden (Schlamm, Triebsand, Tang).

Ein Zusammentreffen von felsigem Boden mit ungeschützter Lage des Havarienschiffes ist besonders gefährlich, da dies unter ungünstigen Verhältnissen zu einer vollständigen Vernichtung des Schiffes führen kann.

4. Zustand des Schiffes im Sinne der Wasserdichtheit, der Stabilität und der Fortbewegungsmöglichkeit.

Der technische Zustand des Schiffes ist in dem Sinne von Wichtigkeit, als die Bergungsverfahren von diesem stark abhängig sind. Wir unterteilen die wichtigsten Eigenschaften, die den Zustand des Schiffes charakterisieren, in drei Gruppen, und zwar die Eigenschaften der Wasserdichtheit des Schiffes, die der Stabilität (im weiteren Sinne dieses Wortes einschließlich der Lage des Schiffes zu einer horizontalen Ebene) und die der Fortbewegungsmöglichkeit:

a) Im Sinne der Wasserdichtheit unterscheiden wir im wesentlichen, ob der Schiffskörper gesund oder beschädigt ist. Falls der Schiffskörper dicht ist, ist eine Überflutung des Schiffes von oben oder während des Kenterns möglich. Falls der Schiffskörper leck ist, so ist außer der Größe des Lecks auch die Ursache der Beschädigung wichtig, und zwar ob sie durch Geschoßwirkung, Mine oder eine andere Sprengung entstanden oder durch eine Strandung oder Kollision verursacht ist. Die Charakteristik der wichtigsten Eigenschaften des Lecks bei einer Havarie ist oben im Unterabschnitt 2 angegeben.

b) Im Sinne der Stabilität des Schiffes unterscheidet man im wesentlichen eine aufrechte Lage des Schiffes, eine Längsneigung des Schiffes, eine Krängung des Schiffes, eine Schlagseite und kielobene Lage des Schiffes. In jedem Falle der Havarie ist die Stabilität des Schiffes gegen die ursprüngliche verändert. Die Berechnungen, die zur Bestimmung der Stabilität eines havarierten Schiffes dienen können, sind weiter im Kapitel IV gegeben. Die Lage des Havarieschiffes auf dem Boden ist von der ursprünglichen Stabilität, von der Art der Ladung und von der Ursache der Havarie abhängig. Diese Tatsachen erteilen dem Schiffe eine Drehung, welche je nach der Tiefe mehr oder weniger in Erscheinung tritt.

c) Im Sinne der Fortbewegungsmöglichkeit des Schiffes ist es wichtig festzustellen, ob die Maschinen des Schiffes in der Lage sind, die nötige Triebkraft zur Bewegung des Schiffes zu liefern. Weiter ist es wichtig festzustellen, ob die örtlichen Umstände des Schiffes eine Fortbewegung nach vorwärts oder nach rückwärts gestatten. Wenn das

nicht der Fall ist, so ist es nötig, einen Überblick zu gewinnen, welche
Maßnahmen in der Lage des Schiffes zu treffen sind, um die weitere
Fortbewegung des Schiffes zu erreichen (s. III. Teil).

5. Eigenschaften des Schiffes selbst.

Die Eigenschaften des Schiffes selbst werden nach seiner Größe,
seiner Type, dem Alter des Schiffes, der Festigkeit des Rumpfes, Bergungsmitteln an Bord des Schiffes und dem Personal bestimmt. Die
Größe und die Type des Schiffes sind im allgemeinen leicht festzustellen. Was das Alter und besonders die Festigkeit des Rumpfes betrifft,
so ist es hier oft schwierig, eine eindeutige Entscheidung zu treffen. Die
Bergungsmittel an Bord des Schiffes sowie auch ihre Eignung zu der
Arbeit ist meist durch eine Untersuchung am Platz zu bestimmen. Es
ist auch von Wichtigkeit, ob Zeichnungen des Schiffes vorhanden sind,
da es nötig ist, die genauen Berechnungen über die Stabilität des Schiffes, über die Wasserdichtheit der Schotten und der Außenhaut anzu-
stellen. Bei einigen Bergungsverfahren, wie z. B. bei Benutzung von
Preßluft, werden die Teile des Schiffrumpfes stärker beansprucht als
dies bei normalem Betriebe des Schiffes der Fall ist. Die genauen
Zeichnungen des Schiffes sind in diesem Falle von besonderer Wichtigkeit, wobei auf die Zeichnungen auch die Beschädigungen des Schiffes eingetragen werden.

II. Das Wesen der Bergung.

1. Begriff, Zweck und Wirtschaftlichkeit der Bergung.

Unter einer Bergung versteht man im wesentlichen eine vollständige
oder teilweise Beseitigung der Störungen am Schiffe, an der Ladung
oder an dem Fahrwasser. Entsprechend diesen Gesichtspunkten unterscheidet man auch den Zweck der Bergung, und zwar eine ganze oder
teilweise Rettung des Schiffes, eine ganze oder teilweise Rettung der
Ladung oder das Freimachen des Fahrwassers.

Die Wirtschaftlichkeit der Bergung ist im allgemeinen eine notwendige Vorbedingung, besonders in dem Fall, wenn der Zweck der Bergung eine Rettung des Schiffes oder der Ladung ist. Es sind jedoch
Fälle bekannt, wo die Ausgaben für die Bergung des Schiffes stark den
Wert des Wrackes überstiegen. So war es z. B. bei der Hebung des
amerikanischen Schlachtschiffes „Maine" kennzeichnend, daß vorwie-
gend die politischen Umstände zur Bergung gezwungen haben (siehe
Kapitel XV).

In vielen Fällen, wo das Freimachen des Fahrwassers (besonders in
Flüssen und Kanälen) auch das Heben eines Wrackes von kleinem

Wert notwendig macht, steht auch die Wirtschaftlichkeit der Bergung nicht an erster Stelle, da die Interessen der allgemeinen Schiffahrt hier vorgehen. Die Wirtschaftlichkeit der Bergung ist von dem Werte des Schiffes und der Ladung abhängig, wobei auch die Wertverminderung der Ladung und des Schiffes in Rechnung gezogen werden muß. Weiter werden die Bergungskosten je nach den anzuwendenden Bergungsverfahren geschätzt.

2. Die Entladung havarierter Schiffe.

Das havarierte Schiff trifft gleich nach der Havarie Maßnahmen, um die Havarie zu beseitigen. In vielen Fällen, wo das Schiff z.B. starke Lecks erhalten hat, ist es unmöglich, gleich vom Strandungsboden loszukommen. Ein längeres Verweilen auf ihm ist jedoch fast immer mit Gefahren verbunden, da die größten Beschädigungen nicht beim Auflaufen entstehen, sondern später bei der Dünung. Ein Verbleiben auf dem Strandungsboden ist auch deshalb schädlich, da eine Einbettung des Schiffes in Schlick und Sand entstehen kann. Sogleich nach der Strandung des Schiffes, wenn es unmöglich war, durch Rückwärtsgang das Schiff vom Strande zu befreien, ist es nötig, durch ein Boot eine genaue Lotung der Stelle vorzunehmen, gleichzeitig muß man die Anker vorbereiten und die Entladung vornehmen.

Die Entladung ist also der Anfang der Bergungsarbeiten des Havarieschiffes, und die schnellste Entladung ist aus folgenden Gründen von Wichtigkeit: erstens wird hierdurch die Beschädigung der Ladung selbst verhindert, zweitens wird das Schiff durch die Entladung erleichtert, was die Bergungsarbeiten begünstigt, und drittens wird der Zutritt zu den beschädigten Stellen des Schiffes durch die Entladung verbessert. Aus diesem Grunde ist es nötig, die Entladung des Schiffes möglichst schnell mit allen Bordmitteln (Schiffswinden und Schiffsladebäumen) sowie auch mit Hilfe von Schwimmkränen, Elevatoren usw. vorzunehmen. Eine Ausnahme von diesem soll für die Schiffsvorräte an Kohlen gemacht werden, die auf dem Havarieschiffe verbleiben sollen, um die Arbeit der Schiffsmaschinen zu sichern, sowie auch für die Lieferung von Kohlen an die Bergungsschiffe.

Es wird häufig die Meinung ausgesprochen, daß die Beflutung der Kesselräume eine Explosion der Kessel verursachen kann. Aus diesem Grunde wurde z. B. öfters darauf geachtet, daß bei einer Havarie die Dampfkessel abgestellt und geleert wurden. Diese Auffassung ist nicht richtig, da sehr viele Fälle bekannt sind, wo die Feuerungsanlagen ohne jede Explosion geflutet wurden. Im Gegenteil ist es in vielen Fällen von Wichtigkeit, den Betrieb der Dampfkessel solange als möglich aufrechtzuerhalten, um die Arbeit der Hilfsmaschinen sicherzustellen. Wenn die Schiffswinden auf dem Schiffe nicht ausreichen, so ist es nötig, provisorische Kräne aufzustellen sowie auch nötigenfalls transportable Kessel oder andere Kraftanlagen zu benutzen.

3. Allgemeine Übersicht der Bergungsarbeiten.

Die Auswahl des einen oder des anderen Bergungsverfahrens ist von vielen Faktoren abhängig. Abgesehen von Zustand und Lage des Schiffes ist es von großer Bedeutung, auch die vorhandenen Bergungsmittel genau festzustellen, da von diesen eigentlich auch der Arbeitsplan der Bergung abhängig ist. Eine Bergung oder eine Hebung ist in den meisten Fällen dringlich, und selten gibt es viel Zeit für die Bergungsarbeiten. Die Dringlichkeit wird auch durch die Totalverlustgefahr oder auch durch den großen Wert von Schiff und Ladung bedingt. Außerdem werden überhaupt die Bergungsarbeiten umständlicher, wenn sie erst längere Zeit nach der Havarie zur Ausführung kommen. Es soll jedoch dabei bemerkt werden, daß gerade die erste Zeit nach der Havarie eine ausschlaggebende Rolle spielt. Wenn jedoch eine bestimmte Zeit, z. B. bereits einige Monate, schon vorübergegangen sind, so sind die neueintretenden Änderungen im Zustande des Schiffes gewöhnlich unbedeutend; die einige Jahre auf dem Meeresgrunde gelegenen Schiffe zeigen ziemlich geringe Verschlechterungen in der ursprünglichen Lage, wie das z. B. im Falle der „Maine", des „Elborus" und des „Narodowoletz" festgestellt wurde, welche einige Jahre auf dem Meeresboden gelegen hatten. Je nach der Art des Meeresbodens ist mit einer mehr oder weniger hervortretenden Versandungsgefahr zu rechnen.

Bei kleinen Schiffen, die auf kleiner Tiefe gesunken sind, ist das einfachste Verfahren die Hebung vermittels eines Schwimmkranes oder eines Kranhebeschiffes. Ein Schwimmkran kann nicht bei Strömung verwendet werden, aus Gründen, die im Kapitel XIV näher besprochen sind.

Falls die nötigen Kranhebeschiffe nicht vorhanden sind oder das Schiff zu groß ist, so müssen andere Mittel angewandt werden, die bisweilen teurer oder umständlicher sind. Zu diesen Mitteln, die in stillen Gewässern verwendet werden können, gehört die Hebung durch Hebespindeln, sowie der Anbau des Kofferdammes und die Hebung mittels Pontons. Die Auswahl des Verfahrens ist von der Lage des Schiffes, von der Größe der Lecks und von der Möglichkeit einer schnellen Abdichtung aller Öffnungen unter dem Wasser abhängig. Falls das Schiff nicht groß ist, in aufrechter Lage sich befindet und die Tiefe des Wassers über dem Deck nicht größer als 0,6—1,5 m ist, und die Abdichtung der Öffnungen nicht umständlich ist, so ist der Anbau des Kofferdammes das geeignetste und das billigste Verfahren.

Für den Fall, daß die Lage des Schiffes unter dem Wasser bedeutend tief und es nicht leicht ist, alle Öffnungen zu dichten, sei das Anheben durch Hebespindeln empfohlen.

Bei Strandungen in der offenen See besteht die Bergung des havarierten Schiffes im wesentlichen im folgenden: das Schiff wird entladen, das Wasser ausgepumpt, die Lecks abgedichtet, und man versucht weiter das Schiff mit Hilfe der Schlepper auf Tiefwasser zu bringen. Bei Havarien an felsigem Boden ist es außerdem oft nötig, einzelne Steine vermittels Sprengarbeiten zu entfernen. Falls das Schiff auf weichem Boden sitzt, so wird mittels Saugbagger, Pumpen und Schrauben eine Rinne ausgeführt, durch welche das Schiff in Tiefwasser kommt.

Falls das Schiff auf tieferem Wasser gesunken ist und nur ein Teil des Schiffsrumpfes über dem Boden ist, so ist es nötig, die Lecks abzudichten, das Wasser auszupumpen und weiter das Schiff in tieferes Wasser abzuschleppen.

Die vollständig gesunkenen Schiffe können im allgemeinen nur an den Stellen gehoben werden, wo keine große Dünung herrscht. Bei den Schiffen, wo das Oberdeck nicht unter 3 m liegt, ist es möglich, nach dem Abdichten der Lecks und aller Öffnungen einen Holzkofferdamm zu errichten und weiter das Wasser aus den Räumen zu pumpen oder zu lenzen. Bei einem höheren Wasserdruck als 3 m hält das Deck der Handelsschiffe nicht aus, und es sollte in diesem Falle ein Kofferdamm auf den Borden des Schiffes ausgeführt werden. Diese Arbeit ist jedoch umständlich und sehr kompliziert und nach Möglichkeit zu vermeiden. Trotzdem wurden mittels dieses Verfahrens sehr viele Schiffe gehoben, besonders an den Stellen, wo keine Bergungsmittel vorhanden waren und diese weit entfernt von den wichtigen Wasserstraßen lagen. Die in ziemlich stillen Gewässern gesunkenen Schiffe können hauptsächlich durch Pontons gehoben werden. Für Bergung von größeren Schiffen sind mindestens vier Pontons nötig, wobei unter den Kiel des gesunkenen Schiffes die Hebestahldrahttaue gezogen werden, deren Enden an den Pontons befestigt werden; dann werden die Pontons leergepumpt, wodurch eine gewisse Anhebung des Schiffes entsteht, und das Schiff wird auf geringerer Tiefe wieder abgesetzt. Diese Arbeit wird weitergeführt, bis es gelingt, das Schiff vollständig zu heben.

Schon eine kleine Dünung und Strömung hindert diese Arbeiten, und in diesen Fällen werden Hebezylinder oder Ballons verwendet, für welche die Dünung unschädlich ist. Es ist bei der Anwendung der Hebezylinder von Vorteil, daß die Hebetaue nur einmal unter dem Kiel durchgeführt zu werden brauchen.

Das Durchziehen der Hebetaue unter dem Kiel ist im allgemeinen eine umständliche Arbeit, da in vielen Fällen (insbesondere bei weichem Sand) das Schiff ziemlich tief in den Boden versinkt. In vielen Fällen ist es möglich, die Stahlhebetaue vom Bug aus vermittels zweier kleiner, jedoch starker Schlepper durchzuziehen. Bei dieser Arbeit wird vorerst auf jedes Ende des Schiffes eine Boje gelegt, um die Lage des Wracks zu bezeichnen. Nachdem das Hebetau auf den Schlepper genommen ist, gehen die Schlepper mit Volldampf vorwärts längs des gesunkenen Schiffes. Wenn das Tau nur mit Hindernissen durchkommt, so bringt jedes Schiff es der Reihe nach vorwärts und spannt es möglichst straff. Auf diese Weise wird der Boden unter dem Schiffe immer weiter und weiter durchgeschnitten, bis endlich das Hebetau in die ~~tige Lage gekommen ist. Bei sandigem Grund kann man in mancl Fällen das obenbeschriebene Verfahren nicht anwenden, weil das Schiff zu tief in den Boden eingesunken ist. In diesem Falle müssen die Hebetaue durch Taucher angelegt werden, wobei ein Durchgang unter dem Boden vermittels Preßluft im Sande ausgespült wird und zuerst ein dünnes Tau durchgezogen wird, an welches das Hebetau befestigt wird. In einigen Fällen kann auch eine Pumpe verwendet werden oder ein Feuerschlauch, wodurch das Durchbringen der Taue unter dem Boden ermöglicht wird.

Das Schiff, das auf einer Schlagseite liegt oder eine bedeutende Krängung hat, soll zweckmäßig vorher aufgerichtet werden, wie das in Kapitel XII beschrieben ist. Das kieloben liegende Schiff, wenn es durch Hebekräne oder Kranhebeschiffe nicht zu heben ist, kann vermittels Preßluft gehoben werden.

4. Klassifikation der Bergungsverfahren.

Laut oben gegebener kurzer Beschreibung können die Bergungsverfahren auf folgende Weise eingeteilt werden, wobei gleichzeitig auch die Kapitel angegeben sind, in denen das betreffende Verfahren ausführlich beschrieben ist.

a) Abschleppen (s. näheres Kap. XI) und Aufrichten (s. näheres Kap.).

b) Bergung in stillen Gewässern, und zwar Anheben durch Verdrängungskräfte (Pontons, elastische Pontons, Kofferdämme; s. näheres Kap. XIII). Anheben durch äußere Kräfte (Schwimmkräne, Kranhebeschiffe und durch Hebespindeln; s. näheres Kap. XIV). Abtrocknen auf dem Grunde (s. Kap. XV).

c) Bergungen in offener See, und zwar: Anheben von kleiner Tiefe (durch Hebezylinder, Aufbau eines Kofferdammes und Abtrocknen des Schiffes; s. näheres Kap. XVI). Anheben von großer Tiefe (durch Anwendung der äußeren Kraft oder durch Preßluft; s. näheres Kap. XVII).

5. Bergungsmittel.

Die bei den Bergungsarbeiten zur Verwendung kommenden Mittel können auf folgende Weise eingeteilt werden:

a) Taue, Ketten und Zubehör, einschließlich auch der Verbindungsstücke der Taue und Ketten (s. Kap. VI).

b) Abdichtungsmittel, und zwar die Lecksegel und Segelpflaster, Abdichten durch Holzwerk (Plattformen, Schotten und Kofferdamm), Falsche Spanten, Zementierung, gründliche Abdichtung von innen und von außen, Abdichtung durch Anbau eines Leckmantels (s. näheres Kap. VII).

c) Pumpen und Lenzen, und zwar die Anwendung der Pumpen, der Preßluft und der Kompressoren (s. näheres Kap. VIII).

d) Mittel zum Anheben, und zwar Pontons, Leichter, elastische Pontons, Hebezylinder, Hebeballons, Kranhebeschiffe und Bergungsschiffe (s. näheres Kap. IX).

e) Hilfseinrichtungen und Hilfsarbeiten, und zwar Taucherarbeiten, autogenes Schneiden, Unterwasserschneiden und Sprengmittel (s. näheres Kap. X).

III. Einfache Formeln zur Bestimmung der Quer- und Längsneigung und der Stabilität.

1. Allgemeines.

Bei den Schiffsbergungen, die regelmäßig sehr schnell vorgenommen werden sollen, tritt öfters der Fall ein, daß die genauen Berechnungen der Krängung, des Trimmes und der Stabilität nicht möglich sind, da die nötige Zeit sowie Schiffszeichnungen oder Vorkenntnisse fehlen. Für diesen Fall geben wir einfache Formeln zur Bestimmung der Neigung und der Stabilität, mit dem Vorbehalt, daß diese Formeln nur in den obenerwähnten Fällen verwendet werden sollen. Überall, wo genauere Berechnungen möglich sind, sollen diese selbstverständlich vorgenommen werden.

In den weiteren Ausführungen werden folgende Bezeichnungen angenommen:

Normale Wasserverdrängung	— F_0 (in tons),
Mittlerer Tiefgang	— H_0,
Metazentrische Höhe	— Mg_0 (quer) und $M_L g_0$ (längs),
Länge	— L_0,
Breite	— B_0,
Verdrängung auf 1 m des Tiefganges	— S,

(worin: $S = K L_0 B_0$, und $k \cong 0{,}75$ angenommen werden kann).

Veränderung des Tiefganges hinten bzw. vorn — n,

Moment, welches den Trimm auf $1\,\mathrm{m}$ verändert — m,

Moment, welches die Krängung auf 1^0 verändert — K.

Falls die Verschiebung des Gewichtes $\underline{p}$ vom Punkt $\underline{p_1}$ in $\underline{p_2}$ gleich 1 ist, so können wir bei der Verschiebung des Schwerpunktes des Schiffes von g_0 und g_1 (s. Abb. 1), folgende Gleichung schreiben:

$$g_0\,g_1: l = p : P_0; \quad \operatorname{tang}\varphi = \frac{g_0\,g_1}{M_L g_0} = \frac{pl}{P_0\,M_L g_0}; \quad n = \frac{1}{2}\,L_0\operatorname{tang}\varphi = \frac{pl\,L_0}{2\,P_0\,M_L g_0};$$

Gesamte Veränderung des Trimmes $\delta = 2n = \dfrac{pl}{P_0}\cdot\dfrac{L_0}{M_L g_0}$.

Bei $\delta = 1\,m$ ist $m = pl = \dfrac{P_0\,M_L g_0}{L_0}$

Der Krängungswinkel θ kann nach folgender Formel berechnet werden:

$\operatorname{tang}\theta = \dfrac{py}{P_0\,M g_0}$, worin y — Abstand des Gewichtes p von der diametralen Ebene.

Bei $\theta = 1$ ist $K = py = \operatorname{tang}1^0.\ P_0\,M g_0 = 0{,}01\,746\,P_0\,M g_0.$

2. Zufügen, Wegnehmen und Verschieben von Gewichten.

Bezeichnet man mit

p das in Frage kommende Gewicht ($+$ bei Zufügen, $-$ bei Wegnehmen),

x den Abstand des Schwerpunktes des Gewichtes von dem Schwerpunkte des Schiffes ($+$ hinten, $-$ vorn),

l die Strecke der Verschiebung,

so sind:

die Veränderung des mittleren Tiefganges $e = \dfrac{p}{S}$,

die Trimmveränderung beim Zufügen bzw. Wegnehmen $d = \dfrac{px}{m}$,

die Veränderung des Tiefganges vorn $n = e - \dfrac{1}{2}\,d$,

die Veränderung des Tiefganges hinten $d_1 = e + \dfrac{1}{2}\,d$,

die Trimmveränderung beim Verschieben $d_2 = \dfrac{pl}{m}$,

der Krängungswinkel $C = \dfrac{pl}{K}$.

3. Veränderung der metazentrischen Höhe bei senkrechter Bewegung von Gewichten.

Bezeichnet man mit

p das Gewicht,

l die senkrechte Verschiebung (+ hoch),

so sind (s. Abb. 2, worin: I und II: — die alte und neue Lage des Gewichtes, g_1 — neuer Schwerpunkt des Schiffes),

die Veränderung der metazentrischen Höhe $b = \dfrac{pl}{P_o}$,

die neue metazentrische Höhe $Mg_1 = Mg_o + b$,

das Moment, welches die Krängung auf 1^0 ändert (bei neuer Lage

des Gewichtes) $K_1 = K \dfrac{Mg_1}{Mg}$.

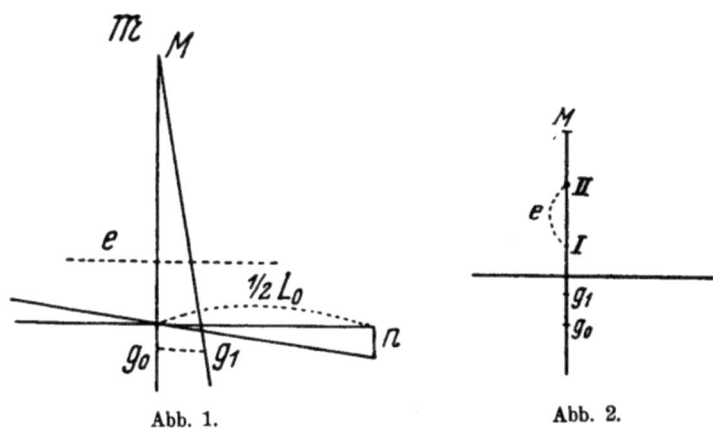

Abb. 1.   Abb. 2.

4. Veränderung der metazentrischen Höhe bei Zufügen oder Wegnehmen von Gewichten.

Bezeichnet man mit

p das in Frage kommende Gewicht (+ bei Zufügen, — bei Wegnehmen),

Z die Höhe des Schwerpunktes des Gewichtes über dem Kiel (K auf der Abb. 3),

so sind:

die Veränderung des mittleren Tiefganges $e_1 = \dfrac{p}{S}$,

die Veränderung der metazentrischen Höhe

$$b = \frac{P_o + p}{P_o}\left[H_o + \frac{1}{2}e_1 - Mg_o - Z\right]$$

Aus der Abbildung 3 ist ersichtlich, daß der Verdrängungsschwerpunkt von C_0 in C_1 kommt, so daß:

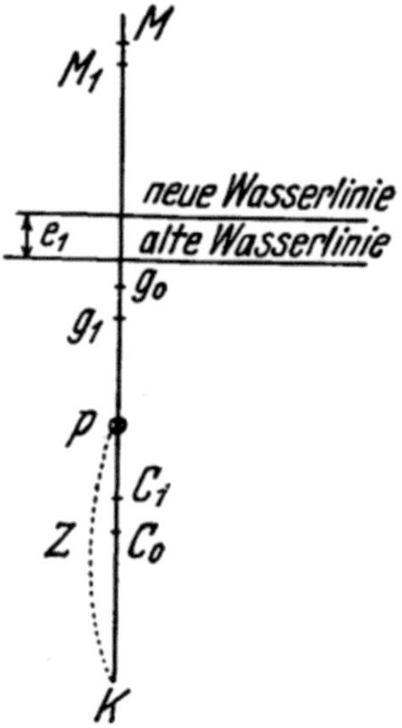

$$(P_0 + p)\,KC_1 = P_0\,KC_0 + p\,Z,$$

oder

$$KC_1 = KC_0 + \frac{p\,(Z - KC_0)}{P_0 + p}$$

$$C_1 M_1 = \frac{J}{v^0 + v} = C_0 M - \frac{p}{P_0 + p}\,C_0 M$$

(v_0 — normaler Umfang des Schiffes, v — der zusätzliche Umfang).

Der Schwerpunkt des Schiffes kommt dabei in g_1, so daß:

$$(P_0 + p)\,Kg_1 = P_0\,Kg_0 + p\,Z,$$

$$Kg = Kg_0 + \frac{p}{P_0 + p}(Z - Kg_0).$$

Abb. 3.

Aus der Abbildung ist ersichtlich, daß:

$$M_1 g_1 = Kg_1 + C_1 M_1 - Kg_0 = Kg_0 + Mg_0 - Kg_0$$

$$= \frac{p}{P_0 + p}\left[H_0 - (KC_0 + C_0 M_0 - Kg_0) + \frac{e_1}{2} - Z\right]$$

oder

$$b = M_1 g_1 - Mg_0 = \frac{p}{P_0 + p}\left[H_0 + \frac{1}{2} e_1 - Mg_0 - Z\right].$$

Die neue metazentrische Höhe $Mg_1 = Mg_0 + b$.

Das Moment, welches die Krängung auf 1° verändert, bei neuer Lage des Schiffes

$$K_1 = K\,\frac{P_0 + p}{P_0} \cdot \frac{Mg_1}{Mg_0}$$

(da $K = 0{,}01746\,P_0\,Mg_0$ und $K_1 = 0{,}01746\,(P_0 + p)\cdot Mg_1$).

5. Der Einfluß des Leckwerdens der Räume auf die Quer- und Längsneigung und auf die Stabilität.

Bei der Berechnung des Einflusses des Leckwerdens der Räume auf die Quer- und Längsneigung und die Stabilität des Schiffes sind folgende Fälle zu unterscheiden:

a) Der geflutete Raum hat keine Verbindung mit dem Außenwasser, und die Menge des Wassers im Raum bleibt also bei der Neigung des Schiffes unveränderlich;

b) der geflutete Raum hat ein Leck und die Menge des Wassers ändert sich mit der Neigung des Schiffes.

Wir wollen vorerst die allgemeinen Formeln feststellen, welche in jedem von diesen Fällen anwendbar sind, wobei wir annehmen, daß der Umfang des gefluteten Raumes so gering im Vergleich zur Verdrängung des Schiffes ist, daß die Stabilitätsformel anwendbar ist. Weiter nehmen wir an, daß wir es mit einem Vollschiff zu tun haben. Aus den Erfahrungen der Praxis ist ersichtlich, daß die weiter gegebenen Formeln ihre Gültigkeit in weiten Grenzen beibehalten, und zwar bis das Oberdeck über dem Wasser bleibt.

a) Der Fall, wenn der geflutete Raum mit dem Außenwasser keine Verbindung hat, ist der Aufnahme flüssiger Ladung von bestimmter Größe gleich. Es sind daher die oben gegebenen Formeln gültig, mit der Korrektur, daß die metazentrische Höhe Mg auf eine Größe von $\dfrac{i}{v_0}$ verkleinert werden soll, worin i das Trägheitsmoment der Wasseroberfläche im Raum (bezogen auf die Achse, die durch den Schwerpunkt der Fläche parallel der Achse der Neigung des Schiffes geführt ist) ist. Auf solche Weise erhalten wir folgende Gleichung:

$$Mg_1 = Mg_0 + \frac{p}{P_0 + p}\left[H_0 + \frac{e}{2} + Mg_0 - Z\right] - \frac{i}{v_0}$$

Die Fläche des Wassers kann man sich rechtwinklig vorstellen und in diesem Falle ist i gleich $\dfrac{1}{12}\,ab^3$, worin a die Länge des Raumes und b die Breite des Raumes darstellt. Aus dieser Gleichung ist zu entnehmen, daß die Verringerung der Stabilität unter dem Einfluß der flüssigen Ladung durch Anwendung der Längsschotten zu vermeiden ist.

b) Der Fall, wenn der geflutete Raum ein Leck hat, ist gleichwertig dem Abschluß des gefluteten Raumes aus dem Schiff, wobei die Schotten des Raumes als Außenhaut des Schiffes gelten sollen. In diesem Falle verändert sich also nicht das Gewicht des Schiffes, sondern die Form des Schiffes, und einer Verschiebung ist nicht der Schwerpunkt des Schiffes, sondern der Verdrängungsschwerpunkt und das mit ihm verbundene Metazentrum unterworfen.

Um die entsprechenden Formeln zu bestimmen, nehmen wir vorerst an, daß das Schiff durch die Wirkung eines Momentes in einer aufrechten Lage bleibt. Bezeichnet man durch v den Umfang, der von der anfänglichen Verdrängung des Schiffes ausgeschlossen ist, x, y und z die Koordinaten des Schwerpunktes dieses Umfanges und s die verlorene Fläche der theoretischen Wasserfläche, so können wir folgende Gleichungen (1 und 2) schreiben, worin:

q — die neue Verdrängung auf 1 m des Tiefganges,

e — die Vergrößerung des mittleren Tiefganges des Schiffes,

z_0 — die Abszisse des Schwerpunktes der Fläche der theoretischen Wasserlinie,

a u. b — die Koordinaten des Schwerpunktes der verlorenen Fläche sind.

$$(1)\quad q = S - s; \quad e = \frac{p}{q} \quad (2)$$

Der Verdrängungsschwerpunkt des Schiffes kommt in C_1, die Koordinaten ξ, η, ζ, werden aus folgenden Gleichungen ausgerechnet:

$$v_0\,\xi = -vx + \left(a_0 - \frac{s\,(a-a_0)}{S-s}\right)v,$$

$$v_0\,\eta = -vy + v\,\frac{sb}{S-s} \qquad (3)$$

$$v_0\,\zeta = -v\,z + v\left(h_0 + \frac{e}{2}\right) + v_0\,z_0,$$

oder

$$\xi = -\frac{v}{v_0}x + \frac{v}{v_0}\left[a_0 - \frac{s(a-a_0)}{S-s}\right],$$

$$\eta = -\frac{v}{v_0}y + \frac{v}{v_0}\cdot\frac{sb}{S-s}, \qquad (3')$$

$$\zeta - z_0 = -\frac{v}{v_0}z + \frac{v}{v_0}\left(h_0 + \frac{e}{2}\right).$$

Falls $a_0 = o$ und $a = x$ sind, so erhalten wir

$$\xi = -\frac{v}{v_0}x\left(1 + \frac{s}{S-s}\right),$$

$$\eta = -\frac{vy}{v_0} + \frac{v}{v_0}\cdot\frac{sb}{S-s}, \qquad (3'')$$

$$\zeta - z_0 = -\frac{v}{v_0}z + \frac{v}{v_0}\left(h_0 + \frac{e}{2}\right).$$

Da $\dfrac{s}{S-s}$ gewöhnlich sehr klein ist, so können die Formeln auf folgende Weise geschrieben werden:

$$\xi = -\frac{v}{v_0}\mathbf{x},$$

$$\eta = -\frac{v}{v_0}y, \qquad (3''')$$

$$\zeta - z_0 = -\frac{v}{v_0}z + \frac{v}{v_0}\left(h_0 + \frac{e}{2}\right).$$

Das Quermetazentrum kommt in M_1 (s. Abb. 4), wobei

$$C_1 M_1 = \frac{I_1}{v_0},$$

worin: $I_1 = I_0 - i_1$ und $i_1 = i + s\left(b + \frac{sb}{S - s}\right)^2.$

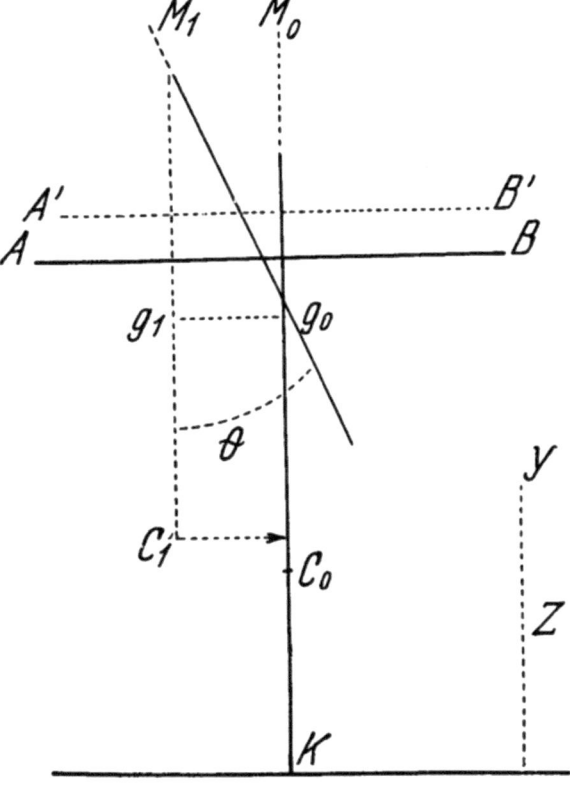

Abb. 4.

In den meisten Fällen kann man annehmen:

$$i_1 = i + sb^2.$$

Auf solche Weise erhält man

$$C_1 M_1 = C_0 M_0 - \frac{i}{v_0}. \qquad (4)$$

Das Schiff bekommt eine Krängung Θ, so daß $M_1 C_1$ senkrecht wird und

$$\tan g\, \Theta = \frac{\eta}{M_1 g_1} = \frac{vy}{v_0 M_1 g_1} = \frac{py}{P_0 M_1 g_1}. \quad (5)$$

Neue metazentrische Höhe

$$M_1 g_1 = M_0 g_0 - \frac{i_1}{v_0} + \frac{v}{v_0}\left(h_0 + \frac{e}{2} - z\right).$$

Veränderung des Tiefganges vorn n und hinten k werden auf folgende Weise ausgerechnet:

$$g_0 \mathfrak{M}_1 = g_0 \mathfrak{M}_0 - \frac{j}{v_0},$$

$$j_1 = sa^2 + j,$$

$$n = e + \frac{vx}{v_0} \cdot \frac{L_1}{g_0 \mathfrak{M}_0}\left(1 + \frac{s}{S-s}\right) = e + \frac{px}{g_0 \mathfrak{M}_0} \cdot \frac{L_1}{P_0}\left(1 + \frac{s}{S-s}\right),$$

$$k = e - \frac{vx}{v_0} \cdot \frac{L_1}{g_0 \mathfrak{M}_0}\left(1 + \frac{s}{S-s}\right) = e - \frac{px}{g_0 \mathfrak{M}_0} \cdot \frac{L_2}{P_0}\left(1 + \frac{s}{S-s}\right), \qquad (6)$$

oder

$$n = e + \frac{vx}{v_0} \cdot \frac{L_1}{g_0 \mathfrak{M}_0} = e + \frac{px}{P_0} \cdot \frac{L_1}{g_0 \mathfrak{M}_0},$$

$$k = e - \frac{vx}{v_0} \cdot \frac{L_2}{g_0 \mathfrak{M}_0} = e - \frac{px}{P_0} \cdot \frac{L_2}{g_0 \mathfrak{M}_0}. \qquad (6')$$

Wir können also jetzt folgende endgültige Formeln für die beiden Fälle schreiben:

a) Der leckgewordene Raum hat keine Verbindung mit dem Außenwasser.

die Veränderung des mittleren Tiefganges $e = \dfrac{p}{q_0}$,

die Veränderung des Tiefganges vorn $n = e + \dfrac{px}{P_0 + p} \cdot \dfrac{L_1}{g_0 \mathfrak{M}_0}$,

die Veränderung des Tiefganges hinten $k = e - \dfrac{px}{P_0 + p} \cdot \dfrac{L_2}{g_0 \mathfrak{M}_0}$,

die Veränderung der metazentrischen Höhe

$$m = g_1 M_1 - g_0 M_0 = \frac{p}{P+p}\left[h_0 - g_0 M_0 + \frac{l}{2} - z\right],$$

die Krängung: $\tan \Theta = \dfrac{py}{(P_0 + p) M_1 g_1}$;

b) der geflutete Raum hat ein Leck,

die Veränderung des mittleren Tiefganges $e = \dfrac{p}{q_0 - s}$,

die Veränderung des Tiefganges vorn $n = e + \dfrac{px}{P_0} \cdot \dfrac{L_1}{g_0 \mathfrak{M}_0}\left(1 + \dfrac{s}{S-s}\right)$,

die Veränderung des Tiefganges hinten $k = e - \dfrac{px}{P_0} \cdot \dfrac{L_2}{g_0 \mathfrak{M}_0}\left(1 - \dfrac{s}{S-s}\right)$, die Veränderung der metazentrischen Höhe

$$m = M_1 g_1 - M_0 g_0 = \frac{p}{P_0}\left(h + \frac{e}{2} - z\right) - \frac{i + sb^2}{v_0},$$

die Krängung: tang $\Theta = \dfrac{py}{P_0 g_1 M_1}$,

die neue metazentrische Höhe (längs) $g_0 \mathfrak{M}_1 = g_0 \mathfrak{M}_0 - \dfrac{j + sa^2}{v_0}$.

IV. Stabilität der havarierten Schiffe.

1. Allgemeines.

Die Stabilität jedes havarierten Schiffes, sei es gestrandet oder gesunken, ist kleiner als die anfängliche Stabilität. Bei der Ausführung der Bergungsarbeiten ist es nötig, diesem Umstande Rechnung zu tragen, um die nötigen Maßnahmen im Moment des Aufschwimmens zu treffen und das Kentern des Schiffes zu verhindern. In den weiteren Ausführungen sind folgende Fälle ausführlich besprochen:

a) Die Änderung der Stabilität der gestrandeten Schiffe und Vorsichtsmaßnahmen gegen Kentern;

b) die Aufrechterhaltung der Stabilität während des Aufschwimmens des havarierten Schiffes;

c) Stabilität der kieloben liegenden Schiffe.

2. Änderung der Stabilität der gestrandeten Schiffe.

Bei einer Strandung des Schiffes mit dem Bug erhält das Schiff einen Trimmwinkel auf das Heck, wobei sein Bugteil auf die Bank mit einer Kraft drückt, die dem Unterschied zwischen dem Gewicht des Schiffes (anfängliche Wasserverdrängung) und der Wasserverdrängung bei der Havarie gleich ist. Der Druck des Schiffes auf die Bank kann durch folgende Formel bestimmt werden:

$$K = (H - h)\,q,$$

worin H mittlerer Tiefgang des Schiffes vor der Havarie, h mittlerer Tiefgang des Schiffes auf der Bank und q Verdrängung in Tonnen auf 1 m des Tiefganges ist.

Für den Druck des Bugteiles des Schiffes auf die Bank kann auch folgende Formel angewendet werden:

$$K = 2\,P_0\,\frac{\delta}{L_0},$$

worin P_0 die anfängliche Verdrängung des Schiffes, L_0 die Länge des Schiffes und δ die Veränderung des Trimmes des Schiffes nach der Havarie ist.

2*

Falls ein gestrandetes Schiff eine Krängung erhält, so verkleinert sich das Aufrichtungsmoment, da der Einfluß des Druckes durch die Verringerung der metazentrischen Höhe des Schiffes sich fühlbar macht. Diese Verkleinerung ist leicht zu berechnen, wenn wir das Gewicht K in die Berechnung bringen und ihn als vom Kiel bis zur Wasserlinie verschoben ansehen.

Um die Gefahr des Kenterns des gestrandeten Schiffes zu verhindern, muß die Ladung ausgeschifft werden oder vom Bug ans Heck verschoben werden, um den Druck auf die Bank zu verkleinern. Der geflutete Raum wird mit Fässern oder Gummisäcken gefüllt, in die später Preßluft eingeführt wird. In einigen Fällen wird auch eine Reihe von Stützen angebracht.

3. Die Aufrechterhaltung der Stabilität während des Aufschwimmens des havarierten Schiffes.

Das gesunkene Schiff verliert seine Stabilität, und im Moment des Abreißen vom Boden ist es erforderlich, die Außenkräfte anzulegen, um eine Krängung des Schiffes zu vermeiden. Der Verlust der Stabilität kann aus der Formel:

$$M = V(\varrho - a)\, Sin\, \Theta$$

festgestellt werden, worin ϱ = metazentrischer Radius, a = Abstand zwischen dem Schwerpunkt und dem Verdrängungsschwerpunkt und Θ = Winkel der Krängung ist. Bei dem gesunkenen Schiff ist ϱ gleich o, da keine Wasserlinie vorhanden ist.

In dem Falle, wo das Schiff aufschwimmt, ist eine Wasserlinie vorhanden, aber das in dem Schiffe befindliche Wasser verringert das Trägheitsmoment, wie aus folgender Formel ersichtlich ist:

$$\varrho = \frac{J - sb^2}{V},$$

worin s = Fläche des Wassers im Schiff, J = Trägheitsmoment der Wasserlinie, sb^2 = Trägheitsmoment der Wasserfläche und V = Wasserverdrängung ist. Falls das Schiff durch die Preßluft oder durch das Auspumpen abgetrocknet ist, so ist es in diesem Zustande gleich seinem normalen Zustand, und sein Metazentrum und der Verdrängungsschwerpunkt ist also in der anfänglichen Lage, wobei nur der Schwerpunkt sich verschiebt[1]. Dieser Umstand bringt die Verringerung der metazentrischen Höhe ($\varrho - a$) mit sich und aus diesem Grunde müssen die Vorsichtsmaßnahmen getroffen werden, um den Verlust der Sta-

---

[1] Der Einfluß des oberhalb des Decks befindlichen Wasser soll dabei in Rechnung genommen werden.

bilität auszugleichen. In einigen Fällen wird dabei ein zusätzliches Gewicht dem Schiffe zugegeben oder das Schiff wird mit Hilfe von Hebeleichtern, Hebezylindern aufrecht gehalten. In einigen Fällen können auch äußere Kräfte angelegt oder das Aufrechthalten durch das an Schleppern angelegte Tauwerk gesichert werden.

4. Die Stabilität der kieloben liegenden Schiffe[1]).

Bei der Hebung kieloben liegender Schiffe wird gewöhnlich Preßluft verwendet, wobei die Luft auf solche Weise eingeführt werden soll, daß das Schiff auch bei einem schnellen Aufschwimmen seine kielobene Lage beibehält, da es sonst unmöglich ist, die Sicherheit der Arbeiten zu gewährleisten. Aus diesem Grunde ist es nötig, auch die Stabilität des kieloben schwimmenden Schiffes zu bestimmen. Hierbei sind zwei Fälle zu unterscheiden:

a) Das Schiff schwimmt kieloben, hat jedoch keine wirkende Wasserlinie (s. Abb. 5);

b) das Schiff hat eine wirkende Wasserlinie und sein Boden ist also teilweise über dem Wasser (s. Abb. 7).

Weiter wird die Stabilität des kieloben schwimmenden Schiffes in beiden Fällen genau betrachtet.

a) Wir nehmen an, daß das kieloben schwimmende Schiff eine kleine Krängung erhalten hat, so daß seine untere Wasserlinie $A_1 - B_1$ nicht in Übereinstimmung mit $A - B$ ist, was bei einer senkrechten Lage der diametralen Ebene des Schiffes der Fall ist (s. Abb. 5). Man bezeichnet durch C_0 den Verdrängungsschwerpunkt des Umfanges AKB, durch C_1 den Verdrängungsschwerpunkt des Umfanges A_1KB_1, durch M_0 das Metazentrum entsprechend der Wasserlinie $A - B$ und durch J_0 Trägheitsmoment seiner Fläche.

Falls im Schiff keine wasserdichten Längsschotten vorhanden sind, so sind die bei Krängung wirkenden Räume AOA_1 und BOB_1, dieselben Räume also wie bei der Krängung bei normalen Verhältnissen. Bei gleicher Wasserlinie haben wir auch entsprechend dasselbe Metazentrum M_0 wie bei aufrechter normaler Lage des Schiffes (kielunten). Diese Lage des Punktes M_0 wird durch den metazentrischen Radius C_0M_0 bestimmt, dessen Lage durch folgende Formel berechnet werden kann:

$$C_0M_0 = \frac{J}{V_0},$$

worin V_0 der Umfang AKB ist, der die Anfangswasserverdrängung des mit Luft gefüllten Schiffes darstellt.

---

[1]) Beitrag von Prof. A. N. Kryloff.

Für die Stabilität des Schiffes in dieser Lage (kieloben) ist es notwendig, daß sein Schwerpunkt unter dem Metazentrum M_o liegt; da jedoch vor dem Kentern das Schiff kielunten geschwommen hat beim gleichen Metazentrum M_o, so liegt sein Schwerpunkt irgendwo in einem Punkt zwischen M_o und C_o; ohne wasserdichte Längsschotten, welche die Bildung der wirkenden Räume AOA_1 und BOB_1 hindern, wird also die Lage des Schiffes kieloben unstabil und in solcher Lage kann es nicht schwimmen, da es von selbst bestrebt sein wird, eine andere Lage einzunehmen.

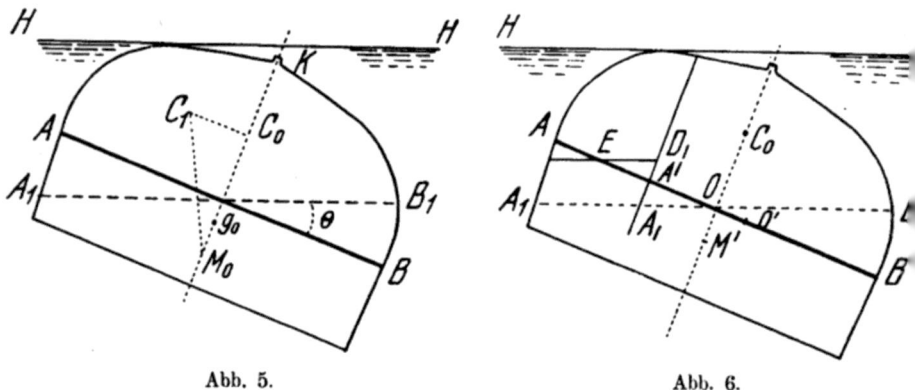

Abb. 5.   Abb. 6.

Es ist verständlich, daß es wichtig ist, ob sich die wirkenden Räume AOA_1 und BOB_1 bilden oder nicht, so z. B. wenn sich auf der Wasserlinie AB ein dichtes Deck befindet, so wird bei einer Krängung des Schiffes der Punkt C_1 und C übereinstimmen. In diesem Punkte würde auch das Metazentrum M_o liegen und für die Stabilität in kielobener Lage würde in diesem Falle genügen, daß der Schwerpunkt g unterhalb C_o liegt.

Wenn das Schiff ein wasserdichtes Längsschott N—N hat, so wird bei einer Krängung auf einen kleinen Winkel Θ der wirkende Raum nicht AOA_1, sondern $A'OA_1$ und Räume DEA und D_1EA' sein (siehe Abb. 6).

Um das Metazentrum M' in diesem Falle zu bestimmen, muß man also nicht das vollständige Trägheitsmoment J_o nehmen, sondern das Trägheitsmoment des Teiles $A'OB$ plus dem Trägheitsmoment der Fläche AEA' bezogen auf die Achse E; wir haben also die Gleichung:

$$C_oM' = \frac{J_o - Sb^2}{V_o},$$

worin S die Fläche AA' ist und $b = EO'$ der Abstand zwischen der Achse E, welche durch den Schwerpunkt der Fläche S durchgeht, und der Achse O', welche durch den Schwerpunkt der übrigen Fläche durchgeht. Falls die Fläche S klein im Vergleich zur Fläche AB ist oder die Längsschotten der beiden Seiten symmetrisch sind, so stimmen die Achsen O und O' überein. Wir lassen den Einfluß der Luftausdehnung in den einzelnen Räumen ohne Berücksichtigung, da bei den kleinen Neigungen eine solche ohne Bedeutung ist.

b) Im zweiten Falle nehmen wir an, daß das Schiff mit äußerer Wasserlinie $F-F_1$ und mit innerer Wasserlinie $L-L_1$ schwimmt. Der Umfang $F-L-L_1-F_1$ ist dabei der Wasserverdrängung V_0 des

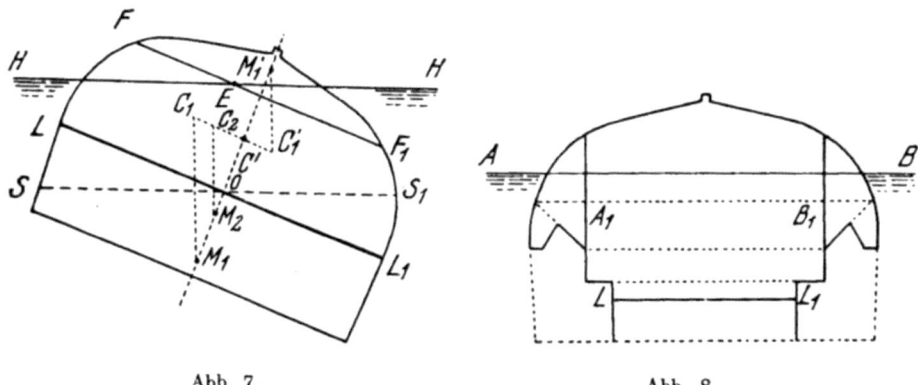

Abb. 7.   Abb. 8.

Schiffes gleich, welche dem Gewicht des Schiffes gleich ist. C_1 ist dabei der Verdrängungsschwerpunkt, welcher diesem Umfang entspricht (siehe Abb. 7). Bei der Krängung auf einem Winkel Θ_1 und bei wirkenden Räumen LOS und L_1OS_1 verschiebt sich das Verdrängungszentrum in den Punkt C_1; Metazentrum M_1 wird dabei durch folgende Gleichung bestimmt:

$$C'M_1 = \frac{\text{Trägheitsmoment d. Fläche } LL_1}{V_0}.$$

Bei den wirkenden Räumen FEH und F_1EH_1 verschiebt sich das Metazentrum von Punkt C_1 in Punkt C_1', welchem das Metazentrum M_1' entspricht, der nach folgender Formel berechnet wird:

$$C'M_1' = \frac{\text{Trägheitsmoment d. Fläche } FF_1}{V_0}.$$

Von der Gesamtwirkung der beiden Einflüsse kommt der Verdrängungsschwerpunkt in Punkt C_2, wobei $C_1C_2 = C'C_1'$ ist. Diesem Punkt C_2 entspricht das Metazentrum M_2, wobei

$$C'M_2 = C'M_1 - C'M_1'.$$

Für die Stabilität des Schiffes bei kielobener Lage und bei einer Wasserlinie FF_1 ist es nötig, daß sein Schwerpunkt unterhalb des Metazentrums M_2 liegt.

Aus diesen Erörterungen ist es klar, daß zur Aufrechterhaltung der Stabilität kieloben jede Verringerung der wirkenden Räume an der inneren Wasserlinie wichtig ist. Bei den Kriegsschiffen und bei vielen Handelsschiffen ist diese Bedingung leicht erzielbar. Nachdem die Wasserdichtheit der Teile, die durch eine gezogene Linie bezeichnet sind, gesichert ist, erhalten wir nach dem Aufschwimmen des mit Luft gefüllten (bis $A'B'$) Schiffes eine äußere Wasserlinie AB (siehe Abb. 8). In dieser Lage und in allen Zwischenlagen beim Aufschwimmen bleibt das Schiff dank der Längsschotten stabil und ist also vor eigenmächtigem Kentern gesichert.

V. Wasserdichtheit und Fortbewegung der Schiffe.

1. Wasserdichtheit.

Die Wasserdichtheit der Außenhaut des Schiffes ist eine unbedingte Notwendigkeit der Schiffahrt, und wir wollen aus diesem Grunde weiter hauptsächlich die Einteilung der Schiffe durch wasserdichte Räume näher besprechen. Die wasserdichten Schotten wurden zum erstenmal in der britischen Marine im Jahre 1791 auf Veranlassung des Kapitäns Shank in einem Kutter von 120 t eingebaut. Das Problem der wasserdichten Schotten wurde jedoch nur bei der Einführung des Eisenschiffbaues in den Vordergrund gebracht, wobei im Jahre 1847 die ersten wasserdichten Schotten auf eisernen Schiffen eingebaut wurden. Die weitere Entwicklung der wasserdichten Einteilung des Schiffes ist eng mit den Klassifikationsgesellschaften, und zwar mit dem Englischen Lloyd, dem Germanischen Lloyd und Bureau Veritas verbunden, und die Einteilung der Schiffe auf wasserdichte Räume wird jetzt als eine unbedingte Notwendigkeit betrachtet.

Die wasserdichten Schotten sollen das Schiff auf seiner ganzen Höhe verteilen. Es wird ein sogenannter Abteilungsfaktor in Rechnung gebracht, und die in der Mitte liegenden wasserdichten Schotten können dabei eine kleinere Höhe erhalten. Das wichtigste der wasserdichten Schotten ist das sogenannte Kollisionsschott, welches im Bugteil des Schiffes eingebaut wird, wobei der Abstand vom Vordersteven möglichst groß gehalten sein soll, jedoch ist diese Größe andererseits wieder begrenzt, da sie auch durch Gefahren einer Trimmlage des Schiffes bestimmt wird.

Die gewöhnliche Querschotteneinteilung bringt dem Schiff hauptsächlich eine Sicherung gegen die Folgen eines Zusammenstoßes mit anderen Schiffen und gegen andere örtliche Beschädigungen. Wenn das

Leck jedoch sehr lang ist, wie das bei einer Strandung oder bei einem Zusammenstoß mit einem Eisberg der Fall ist, so genügen die Querschotten nicht; zur Sicherung des Schiffes gegen solche Fälle sind die Längsschotten, die wasserdichten Decks oder eine doppelte Außenhaut nötig. Ein wasserdichtes Deck birgt jedoch eine Gefahr für den Fall, daß ein Leck über dem Deck entsteht, da dabei eine flüssige Ladung über das Deck entstehen kann.

Bei Schiffsbergungen sind die wasserdichten Räume in dem Sinne von Wichtigkeit, als das Abtrocknungsverfahren oder das Auspumpen sich auf bestimmte Räume des Schiffes erstreckt[1]). Die Wasserdichtheit dieser Räume soll dabei geprüft werden, und falls die Festigkeit der Schotten bezweifelt wird, ist eine Befestigung durch Stützen und Holzbalken unentbehrlich. Falls die wasserdichten Schotte beschädigt sind, ist in den meisten Fällen die Errichtung eines provisorischen Schotts von Vorteil, da eine Reparatur der Schotte in vielen Fällen zu umständlich ist.

Die Wasserdichtheit der Schotten ist im allgemeinen stark durch die Gesamtfestigkeit des Schiffsrumpfes beeinflußt. Bei den Havarien, in deren Verlauf der Schiffsrumpf stark beschädigt worden ist (wie z. B. bei Feuer- und Minenschäden), wird die gesamte Festigkeit des Schiffsrumpfes stark geschwächt, und in diesen Fällen kann man mit einer Wasserdichtheit der Schotten nicht ohne weiteres rechnen.

2. Fortbewegung.

Die für die Fortbewegung der Schiffe nötige Kraft wird aus sogenannten Widerstandsformeln berechnet, wobei die einfachsten Formeln den Widerstand proportional der eingetauchten Hauptspantfläche und dem Quadrat der Geschwindigkeit festsetzen. Die für die Fortbewegung nötige Leistung ist also dem Produkt aus Hauptspantfläche und aus dem Kubus der Geschwindigkeit proportional. Wenn anstatt der Hauptspantfläche der Ausdruck $P_0^{\frac{2}{3}}$ benutzt wird, kann die Formel in einer einfacheren Form geschrieben werden.

Diese Formeln können jedoch nur bei dem Vergleich zwischen ähnlichen Schiffen mit ähnlichen Maschinen und Propellern verwendet werden. Bei dem Entwurf der neuen Schiffe werden die Schleppversuche an den Modellen durchgeführt und dann in entsprechender Weise bearbeitet.

In unserem Fall ist der Schiffswiderstand und die Schleppkraft nur in den Fällen von Bedeutung, wo ein Abschleppen des havarierten Schiffes in Frage kommt. Da jedoch die Geschwindigkeit beim Ab-

---

[1]) Siehe auch S. 166.

schleppen sehr gering ist, so kann der Widerstand aus folgender einfachen Formel berechnet werden,

$$T_1 = 2{,}4 \frac{N_i}{n \cdot H},$$

worin T_1 der Gesamtwiderstand in Tonnen, N_i die indizierte Maschinenleistung in PS, n die Umdrehungen der Maschine pro Minute und H die mittlere Steigung des Propellers in Metern ist.

Bei dem Abschleppen von Schiffen spielt nicht der Schiffswiderstand, sondern die Reibung zwischen dem Schiff und der Bank die entscheidende Rolle; diese Formel kann dementsprechend zur Auswahl der Schlepper verwendet werden, wobei T_1 um 25% größer als die Bruchfestigkeit des Tauwerkes ausgewählt sein soll. Falls bestimmte Taue schon vorhanden sind, so kann man aus dieser Formel die maximalen Umdrehungen der Maschine des Schleppers berechnen, welche noch ohne Gefahr des Zerreißens des Taues zulässig sind.

Zweiter Teil.

Bergungsmittel.

VI. Taue, Ketten und Zubehör.

1. Die nötige Festigkeit der Taue bei Bergungsarbeiten.

Bei der Berechnung der Festigkeit der Stahldraht- und Hanftaue, die als Hebetaue oder bei Anwendung von Leckdichtungen und Pflastern gebraucht werden, ist es unentbehrlich, die Kraft zu berechnen, die zur Spannung eines Lecksegels notwendig ist. Wenn wir den Druck auf einen Quadratmeter auf der Tiefe Hm durch P bezeichnen, so ist

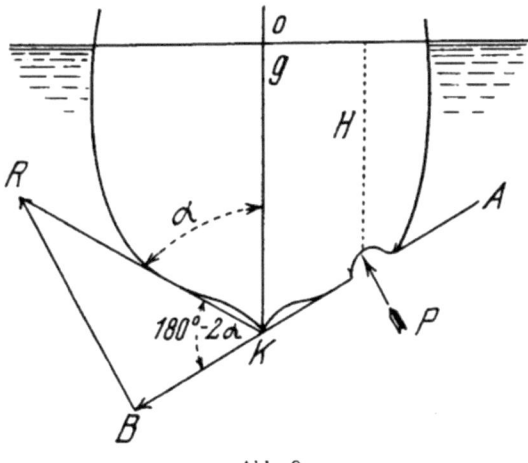

Abb. 9.

dieser Druck in Tonnen $P = H$. Die Kraft, die an die Hebetaue angelegt werden soll, muß, da außerdem Reibungsverluste zu überwinden sind, größer als P sein, wie das aus der Abbildung 9 ersichtlich ist. Wenn wir diese Kraft, die gleich R ist, mittels Parallelogramms der Kräfte zerlegen in der Richtung $A-K$ und in einer senkrechten Richtung, so erhalten wir folgende Gleichung:

$$R \cos(180° - 2\alpha) = H = -R \cos 2\alpha$$

Wenn wir die rechnerische Bruchfestigkeit der Taue durch T bezeichnen und einen Koeffizienten der Sicherheit gleich 4 wählen, so erhalten wir folgende Gleichung:

$$\frac{T}{4} = \frac{H}{cos\,2\alpha}$$

Aus dieser Gleichung kann also nach Tautabellen das nötige Tau ausgewählt werden.

Für den Fall, daß die genaue Bruchfestigkeit der vorhandenen Taue nicht bekannt ist, kann man annehmen, daß

$$T = \mu\,C^2 \text{ und dann: } \frac{\mu\,C^2}{4} = \frac{H}{cos\,2\alpha} \text{ oder } C = \sqrt{\frac{4\,H}{\mu\,cos\,2\alpha}}$$

worin: $\mu =$ Koeffizient, der von dem Material der Taue abhängig ist,
$\qquad C =$ der Umfang der Taue in Zoll ist.

Koeffizient μ hat folgende Werte:

Ungeteertes Hanftauwerk	0,33
Geteertes Hanftauwerk	0,26
Manila-Tauwerk; 3 Litzen	0,36
Manila-Tauwerk; 4 Litzen	0,42
Stahldrahttauwerk, verzinkt	2,6
Stahldrahttauwerk, unverzinkt	3,2

Wenn wir auf Grund oben gegebener Formeln eine Berechnung für ein Leck von 0,4 qm Querschnitt in einer Tiefe von ca. 5 m vornehmen, so erhalten wir ein Stahldrahttau von einem Umfang von 65—70 mm. Stahldrahttaue von dieser Stärke werden hauptsächlich bei Bergungsarbeiten verwendet. Der genügende Koeffizient der Festigkeit gibt ferner die Möglichkeit, diese Taue auch in größerer Tiefe und bei größeren Lecken zu verwenden.

Als Hanftauwerk käme dabei in Frage eines von ca. 200 mm Umfang. Bei Bergungsarbeiten werden jedoch hauptsächlich verzinkte Stahldrahttaue angewendet, die beim Knicken genügende Elastizität haben und daher leichter unter dem Kiel durchgezogen werden können.

2. Stahldraht-Tauwerk und Zubehör.

Die bei Bergungsarbeiten verwendbaren Taue sind aus den Abbildungen 10, 11, 12 und 13 ersichtlich. Die auf den Abbildungen 10 und 11 wiedergegebenen Taue werden auch für laufendes Gut angewendet. Die Taue auf Abbildung 12 und 13 sind Spezialtaue für Hebekräne.

Das Tau auf Abbildung 10 besteht aus 6 Litzen zu 12 Drähten und

7 Hanfseelen. Das Tau auf Abbildung 11 besteht aus 6 Litzen zu 19 Drähten und 1 Hanfseele. Die rechnerische Bruchfestigkeit ist bis 80 t beim Tiegelstahl von 125—140 kg/qmm und bis 105 t bei Tiegelstahl von 170—180 kg/qmm (bei einem Umfang von 5″).

Das Tau auf Abbildung 12 ist von einem doppelten Geflecht und besteht aus 6 Litzen und 1 Hanfseele; jede Litze besteht aus 5 Litzen zu 7 Drähten und aus 1 Hanfseele. Das Tau auf Abbildung 13 ist von ähnlicher Konstruktion und besteht aus 6 Litzen und 1 Hanfseele; jede Litze besteht aus 6 Litzen zu 7 Drähten und 1 Hanfseele. Solche Taue haben die Bruchfestigkeit 200 t bei 8″ Umfang, 205 t bei 9″ Umfang und 320 t bei 10″ Umfang.

Abb. 10.	Abb. 11.	Abb. 12.	Abb. 13.
Stahldrahttau: 6 Litzen je 12 Drähte, 7 Hanfseelen.	Stahldrahttau: 6 Litzen je 19 Drähte, 1 Hanfseele.	Stahldrahttau: 6 Litzen je 35 Drähte, 7 Hanfseelen.	Stahldrahttau: 6 Litzen je 42 Drähte, 7 Hanfseelen.

Ein zerrissenes und gesplissenes Tau ist etwa 12½ % schwächer als das volle. Jedes Stahltau soll alle 2—3 Monate besichtigt werden, wobei auf einer Länge von 10 m die Anzahl der gerissenen Drähte gezählt werden muß; falls diese Anzahl $^1/_{10}$ von der Gesamtzahl erreicht, so ist dieses Tau unbrauchbar. Einer der wichtigsten Vorteile der Stahldrahttaue vor dem Hanftauwerk und vor Ketten besteht darin, daß es möglich ist, nach äußerem Augenschein die Festigkeit des Taues zu bewerten.

Die Art der Lagerung der Taue ist von Wichtigkeit, und zwar soll das Tau auf eine Rolle gewickelt oder in 8-förmige Schlingen gelegt werden. Der Verlust der Verzinkung der Taue ist noch nicht mit der Unbrauchbarkeit der Taue verbunden, da das Eisen nur dann in Abwesenheit des Zinkes zu oxydieren beginnt, wenn nicht mehr als 5 % von der ursprünglichen Menge des Zinkes bleiben.

Bei Bergungsarbeiten ist eine Anzahl immer wiederkehrender Unfälle auf schlechte und unsachgemäße Befestigung des Seiles zurückzuführen. Zur sachgemäßen Verbindung von Drahtseilen sind als Sicherheitsseilklammern Bleicherts „Backenzähne" bekannt, deren Wirkungsweise aus Abbildung 14 (Verbindung und Schleife) ersichtlich ist. Das Anbringen und Lösen dieser Backenzähne erfolgt leichter und schneller als bei jeder anderen Verbindungsart. Zerreißversuche lieferten den Beweis, daß die richtig geschlossene Backenzahnverbindung fester ist als das Seil.

Seildurch-messer mm	Gewicht für 100 St. etwa kg	Haftfestigkeit in kg bei								
		1 Klam-mer	2 Klam-mern	3 Klam-mern	4 Klam-mern	5 Klam-mern	6 Klam-mern	8 Klam-mern	10 Klam-mern	12 Klam-mern
6—9	16	750	3000	6 750	—	—	—	—	—	—
10—13	42	860	3440	7 750	13 750	—	—	—	—	—
14—16	65	1000	4000	9 000	16 000	25 000	—	—	—	—
17—20	108	1135	4540	10 200	18 200	28 400	41 000	—	—	—
21—25	183	1220	4880	11 000	19 500	30 500	44 000	—	—	—
26—31	310	1280	5120	11 500	20 500	32 000	46 000	82 000	—	—
32—37	540	1350	5400	12 150	21 600	33 800	48 600	86 500	—	—
38—43	700	1390	5560	12 500	22 300	34 800	50 000	89 000	139 000	—
44—49	1010	1410	5640	12 700	22 600	35 300	50 800	90 200	141 000	—
50—56	1250	1430	5720	12 900	22 900	35 800	51 500	91 500	143 000	206 000

Die obenstehenden Werte über Haftfestigkeit gelten für zwei aneinander geklemmte Seile; für Kauschen können demnach die angegebenen Werte verdoppelt werden. Die „Backenzähne" sind dicht nebeneinander zu setzen. — Bei stärkeren Seilen empfiehlt sich die Anwendung einer weichen Beilage im Bügel, an Förderseilen in Bergwerksbetrieben ist sie Vorschrift.

Die Backenzähne unterstützen auch den Seilausgleich. Hebt man ein Schiff beispielsweise durch einen Hebezylinder, indem man über den Hebezylinder eine Reihe Trossen laufen läßt, so ist es für die Zerreißsicherheit der Hebeseile erforderlich, daß alle Trossen gleichmäßig gespannt sind. Bei Anwendung von Backenzähnen kann man dies dadurch erreichen, daß man zunächst die Backenzähne noch nicht ganz fest anzieht und hierauf dem Hebezylinder Auftrieb gibt. Die Trossen werden sich dann gegenseitig etwas verschieben und rutschen je nach den vorliegenden Spannungsverhältnissen. Erst wenn allseitiger Spannungsausgleich stattgefunden hat, werden die Backenzähne endgültig festgeschraubt und hierauf die Auftriebsvergrößerung der Hebezylinder fortgesetzt.

Über die Haltefähigkeit der Backenzähne sind an der Zerreißmaschine eingehende Prüfungen vorgenommen worden. Trägt man die Versuchsergebnisse in einem Diagramm an, dessen Ordinate die Zahl der Klammern darstellt, während die Abszisse die übertragene Kraft in Kilogramm wiedergibt, so erhält man für die Seilklammern als Kraftverlaufslinie eine Parabel. Während bei den kleineren Kraftwerten durch das Aufsetzen folgender Klammerpaare eine Vervielfachung der übertragenen Kraft eintritt, ergibt sich aus dem Verlauf der Parabel, daß von sechs Klammern an eine nahezu gradlinige Zunahme der

Haftfestigkeit für jedes folgende angelegte Klammerpaar stattfindet, so daß 10 Klammern beispielsweise 140000 kg, 12 Klammern etwas mehr als 190000 kg und 14 Klammern ungefähr 270000 kg bei einer bestimmten Größe zu übertragen vermögen.

Beim Anlegen mehrerer Seilklammern ist darauf zu achten, daß die Klammern von vornherein eng nebeneinander angeordnet werden. Nach Versuchen hat sich eine Erhöhung der Haftfestigkeit von dem Augenblick an ergeben, in dem sich die Klammern eng aneinander geschoben hatten.

In Nordamerika sind ebenfalls schon seit Jahren Seilverbindungen im Gebrauch, die in der äußeren Form Ähnlichkeit mit den Bleichert-

Abb. 14. Verbindung zweier Seilenden und Bildung einer Seilschleife
mittels Backenzahns.

schen Backenzähnen haben. Die Haftfestigkeit der amerikanischen Klammerkonstruktion ist um etwa 30 % geringer als die der deutschen. Es liegt dies vor allem in der Ausgestaltung der Grundplatte der Klammer, aber auch in der Wahl des Materials für die Platte, denn das Material muß fest genug sein, um den erheblichen Biegungsbeanspruchungen Widerstand zu leisten, es muß aber in der Oberfläche auch so weich sein, daß sich die Drähte noch in das Klammermetall einpressen. Diesen Forderungen genügen die deutschen Spezialstähle, aber nicht das in Amerika angewendete Schmiedeeisen, und zwar um so weniger, als die Amerikaner die Klammer noch oberflächlich sheradisieren. Die aufgebrachte Zinkschicht wirkt bei größeren Kräften wie Öl unter dem Seil, indem das Seil, das sich nur in die Zinkschicht eingedrückt hat, diese glatt abschält.

Provisorisch kann man Halteklammern auch einfach und billig dadurch herstellen, daß man zwei Rundeisenstücke rechteckig umbiegt, die einen Enden derselben mit Ösen versieht, indem sie flach geschlagen und mit einem Dorn aufgetrieben werden, während die anderen Enden mit Gewinden und Muttern versehen werden. Man verbindet dann diese beiden gebogenen Rundeisenstücke derart miteinander, indem man gegenseitig die Gewindeenden durch die an den anderen Enden befindlichen Ösen steckt, wodurch zwischen diesen beiden gebogenen Schraubenstücken sich eine Öffnung bildet, die sich durch die Muttern je nach Bedarf kleiner schrauben läßt und durch welche man die zusammen zu verbindenden Seile durchzieht.

Abb. 15.   Vorrichtung zur Verbindung zweier Seilenden.

Derartige Einsteckklammern mit Ösen, die insbesondere im rheinisch-westfälischen Industriegebiet für Schachtförderseile Verwendung finden, bieten nur eine geringere Sicherheit gegen Rutschen und Durchschlüpfen der Seile durch die Klammern. Die Backenzähne sind mindestens um die Hälfte haltfester und zuverlässiger.

Abb. 16.   Bildung einer Seilschleife.

Abb. 17.   Bildung einer Seilschleife.

Die Verbindung von zwei Buchten der Taue wird auch durch eine mechanische Vorrichtung erreicht, die aus Abbildung 15 ersichtlich ist. Die Enden der Stahldrahttaue sowie auch der Hanftaue werden in Kauschen gelegt, wie das aus den Abbildungen 16 und 17 ersichtlich ist.

3. Knoten, Splissen, Kloben, Haken und übriges Zubehör.

Der aus der Abbildung 18 ersichtliche Knoten wird in den Fällen gebunden, wenn schnell gearbeitet werden muß. Dieser Knoten soll nicht
straff gespannt werden, besonders wenn er über einen dünnen Stock
gebunden wird. Der Knoten, der aus Abbildung 19 ersichtlich, ist mit
einem Schlag gebunden und wird in dem Falle angewandt, wenn die
Verbindung nach Abbildung 18 nicht genügt.

Abb. 18. Kneifsteck.   Abb. 19. Kneifsteck
mit Schlag.

Abb. 20. Steck mit zwei Schlägen.

Abb. 21. Fischersteck.

Die Knoten, die aus den Abbildungen 20 und 21 ersichtlich sind,
werden in den Fällen gebunden, wenn die Verbindung nicht schnell
zu lösen ist.

Die Splissen sind aus den Abbildungen 22 und 23 erkennbar, und
zwar ist auf Abbildung 22 die kurze Splissung gezeigt, auf der
Abbildung 23 die sogenannte lange Splissung. Die langen Splissen
— wenn sie richtig gemacht sind — gehen leicht in einen Block
ein. Die Splissen sind immer schwächer als das Tau selbst und aus
diesem Grunde muß man sie sehr sorgfältig ausführen und vor dem
Einfluß der Feuchtigkeit bewahren.

Auf Abbildung 24 und 25 sind die Verbindungen zweier Taue vermittels eines dünnen Taues dargestellt. Das dünne Tau wird gewöhnlich
Schleiche genannt.

Die Befestigung der Kolben an den Tauen ist aus den Abbildungen 26 und 27 ersichtlich, wobei auf der Abbildung 26 ein einzelner Stropp und auf der Abbildung 27 ein doppelter Stropp gelegt wird. Die Befestigung wird durch Anwendung der Schleiche erreicht.

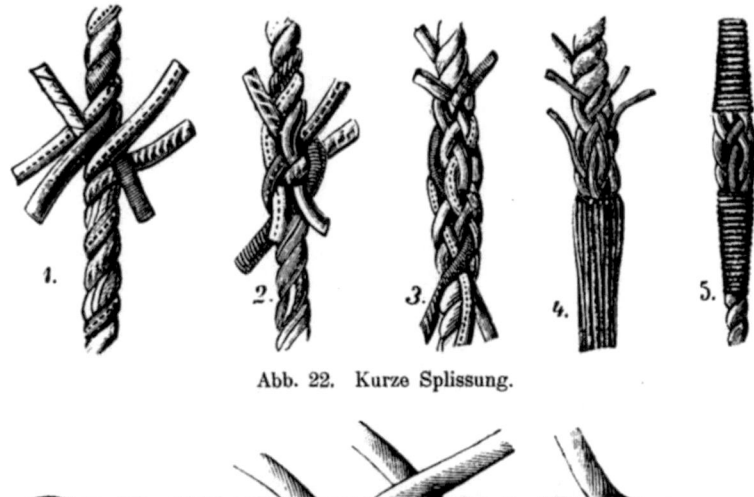

Abb. 22.   Kurze Splissung.

Abb. 23.   Lange Splissung.

Auf der Abbildung 28 und 29 sind Haken dargestellt, die von verschiedener Größe sein können. Die Abbildung 28 zeigt den einzelnen Haken, die Abbildung 29 einen Haken, der in den Beschlägen der Kloben befestigt ist.

Abb. 24.   Bindseil.   Abb. 25.   Beschlagleine.

Auf der Abbildung 30 sind sogenannte Giens dargestellt, die eigentlich sehr große Taljen sind. Auf Abbildung 30 ist eine Anordnung der dreischeibigen Blöcke ersichtlich, wobei das Hißtau aus dem mittleren Block ausgeht und dadurch die Verschiebung der Talje verhindert und

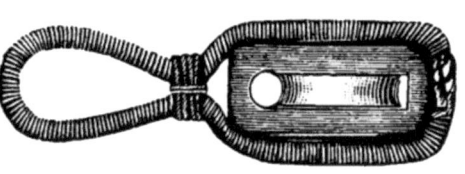

Abb. 26. Befestigung des Klobens
in einem einzelnen Stropp.

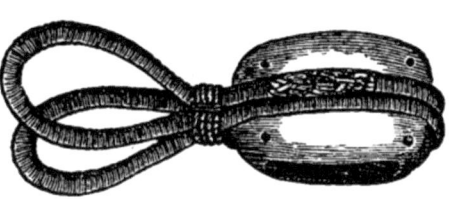

Abb. 27. Befestigung des Klobens
in einem doppelten Stropp.

Abb. 28. Drehhaken.

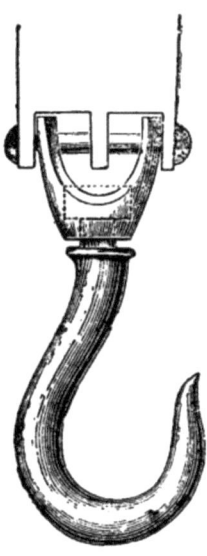

Abb. 29. Drehhaken in den Beschlägen
des Klobens befestigt.

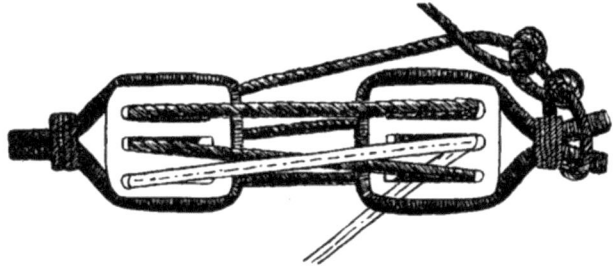

Abb. 30. Giens mit dreischeibigen Blöcken.

die Reibung vermindert. Die Befestigung der Blöcke mittels Schleiche und Knotens ist aus der Abbildung 26 ersichtlich.

4. Ketten.

Die bei den Bergungsarbeiten verwendbaren Ketten sind mit Steg oder ohne Steg üblich. Die letzteren Ketten besitzen eine größere Festigkeit.

Die Ketten brechen oft in einzelnen Gliedern, da bei dem Gange der Kette eine dauernde Reibung stattfindet, die endlich zu einem Bruch führt. Es sind auch viele Fälle des Kettenbruches bekannt, die durch dauernde einseitige Belastung entstanden sind. Von einigen Seiten wurde angegeben, daß bei der Fertigstellung der Ketten der Stahl seine Eigenschaften verliere. Aus diesem Grunde ist die Verwendung der Ketten bei Bergungsarbeiten in See eine sehr geringe. Sie werden meistens in den Fällen verwendet, wenn die Stahldrahttaue nicht aushalten und es nötig ist, der starken Reibung wegen, Ketten zu verwenden. Die Bruchfestigkeit und das Gewicht der Ketten ist aus den Tabellen des Germanischen Lloyd zu entnehmen.

Auch das große Gewicht der Ketten ist bei den Bergungsarbeiten von Nachteil. Einer Kette von 20 t Gewicht entspricht ein Stahldrahttau gleicher Festigkeit von 3,5 t Gewicht und ein Hanftau von 11 t Gewicht.

VII. Abdichtungsmittel.

1. Abdichtung durch Lecksegel und Segelpflaster.

Die Arten der Lecke bei Stoßverletzungen und Strandungen wurden schon oben beschrieben. Sie bestehen gewöhnlich aus starken Öffnun-

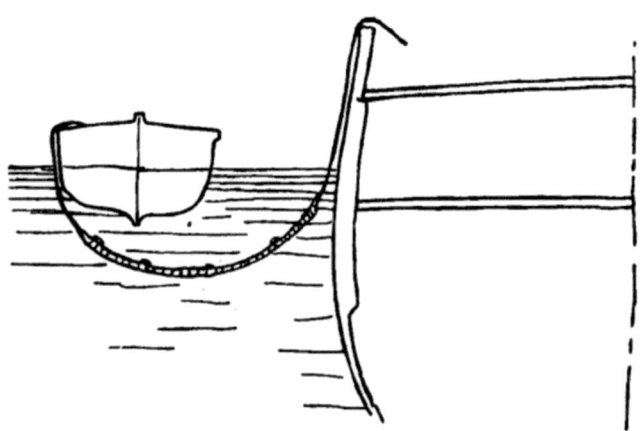

Abb. 31.   Anbringen des Lecksegels vom Boot aus.

gen unter der Wasserlinie. Die Größe und die Form dieser Öffnungen sind von dem Wesen der Havarie abhängig. Zum schnellen Abdichten dieser Lecke werden sogenannte Lecksegel oder Kollisionsmatten verwendet. Ein gänzliches Abdichten wird durch diese Mittel nicht erreicht. Es kommt hier jedoch mehr in Frage, nur so weit zu dichten, daß das eindringende Wasser von den Pumpen bewältigt werden kann. Die Verwendung der Lecksegel wird bei ausgedehnten Leckstellen schwierig, wobei auch einzelne vorragende Teile des Schiffsrumpfes die Verwendung der Lecksegel behindern. Die Lecksegel werden gewöhnlich vermittels Taue befestigt. Das Anbringen von Segeln und

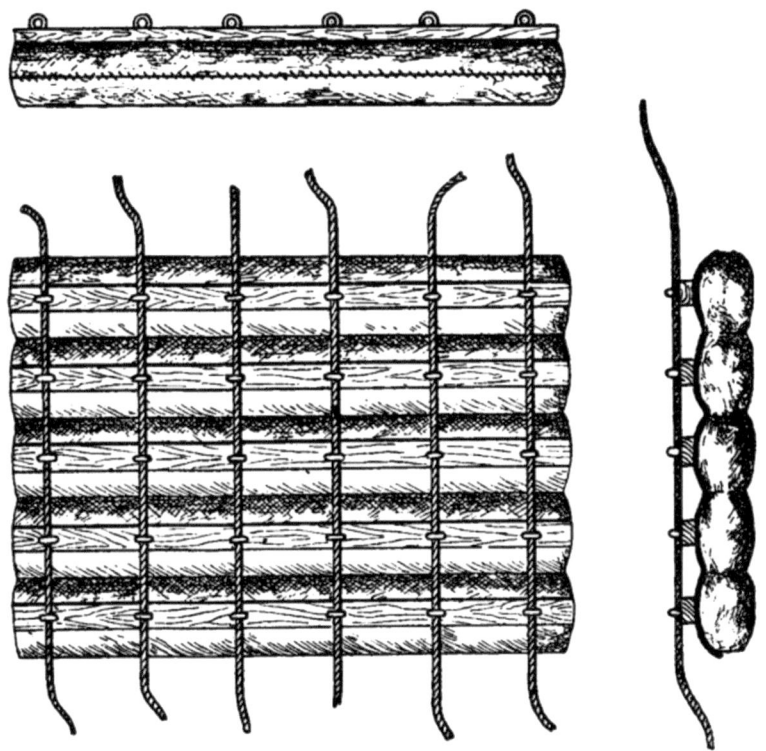

Abb. 32. Matratzenartiges Segelpflaster.

Tauen kann bei Windstille von Booten aus vorgenommen werden (siehe Abb. 31), bei stürmischem Wetter ist das Auflegen derartiger Pflaster schon schwieriger. Die Lecksegel werden aus einem starken Segeltuch genäht, welches gewöhnlich in zwei Reihen gelegt und mit einer Filzzwischenlage versehen wird.

Es werden auch aus Falzen bestehende Segelpflaster verwendet. Die Auflage eines solchen Pflasters vom Boot aus ist aus der Abbildung 31 ersichtlich. Eine Abart der Segelpflaster wird matratzenartig ausgeführt, und zwar werden hierfür einzelne Säcke zusammengesetzt und durch Werg oder ein anderes weiches Material gefüllt. Einzelne Säcke werden dann zusammengenäht und vermittels 70 mm dicker Planken befestigt, wie das aus der Abbildung 32 ersichtlich ist. Die Pflaster werden dann mit dünnen Tauen versehen, die in einem Abstand von 1,2—1,8 m gelegt werden. Der Durchmesser der Taue wird ca. 40 bis 50 mm gewählt. Die Hebetaue werden dabei an den unteren Enden dieser Taue befestigt und dann wird das Pflaster ans Leck gebracht. Die oberen Enden der Taue werden an Deck befestigt und die Hebetaue von der anderen Bordseite aus gespannt. Die beschriebenen Segelpflaster geben eine meist nur rein provisorische Abdichtung des Lecks.

2. Abdichten durch Holzwerk und Holzpflaster.

Beim Abdichten durch Holzwerk werden hauptsächlich Kieferplanken verwendet, die leicht verarbeitet werden können und den Vorteil haben, daß sie infolge ihres Harzgehaltes wenig wasserdurchlässig sind. Bei den Abdichtungsarbeiten sollen Planken von guter Qualität verwendet werden. Außer den Planken wird das Holz auch in Form von Pflöcken und Keilen angewandt. In einzelnen Fällen werden schon vorher zusammengebaute Deckel, Tafeln und Wände benutzt. Als Befestigungsmittel werden Haken oder Bügelschrauben verwendet. Die errichteten Holzwerke werden später vermittels einer Dichtungswulst aus Werg, Seegras usw. aufgepreßt.

Falls ein Abdichten im geraden Vollschiff vorgenommen werden soll, so kann die Arbeit vermittels Holzplanken ausgeführt werden. Man gebraucht dabei Kieferplanken von 300 mm Breite und 100 mm Stärke. Von jeder Seite des Lecks werden aus Werg gemachte Rollen von 125—150 mm Durchmesser angebracht, die in Segeltuch eingedreht werden. Die Länge der benutzten Planken ist von dem Abstand zwischen diesen Rollen abhängig. Diese Art der Abdichtung hat den Vorteil, daß es dem Taucher leichter ist, die Hakenbolzen zu befestigen.

Auf der Abbildung 33 ist die hölzerne Abdichtung eines Dampfers dargestellt, der auf einem Riff im Roten Meer Havarie erlitt. Die Abdichtung hat bei der Fahrt von Perim nach Alexandrien sich als haltbar gezeigt.

Für das Abdichten an den scharfen Stellen des Schiffes können Säcke aus Segeltuch benutzt werden, die durch Holzspäne gefüllt werden. Ein Holzwerk kann an dem Bug in der Weise angeordnet werden, wie das aus der Abbildung 34 ersichtlich ist.

In einigen Fällen werden die Holzquerschotten auf dem havarierten Schiff eingebaut, um die beschädigten Schotten zu ersetzen. In solchen Fällen soll man die Schotten aus einer doppelten Reihe von 70 mm dicken Planken ausführen, wobei eine Reihe senkrecht, die andere Reihe wagerecht ausgeführt wird. Die Zwischenlage zwischen den Planken des Schiffes besteht aus geöltem Segeltuch. Die Planken werden vermittels Bolzen zusammengeschlagen.

Abb. 33. Hölzerne Abdichtung eines Lecks.

Bei der Abdichtung werden auch Holzpflaster verwendet, die von einer schwedischen Bergungsgesellschaft in die Praxis eingeführt worden sind. Diese Pflaster haben gegenüber den Segeltüchern den Vor-

Abb. 34. Holzwerk am Buge des Schiffes.

teil, daß bei dem Leerpumpen des Schiffes diese Holzpflaster den Druck des Wassers auszuhalten vermögen, was bei den Lecksegeln nicht der Fall ist. Bei den stählernen Schiffen hat das Segeltuch auch den Nachteil, daß das Segel durch die scharfen Risse am Schiffsrumpf zerschnitten werden kann. In diesem Falle ist es nicht möglich, die scharfen Risse des Schiffsrumpfes durch das Unterwasserschneiden zu beseitigen, wie das weiter in Kapitel X beschrieben wird.

Die Holzpflaster bestehen aus zwei oder drei Reihen von Planken und sollen so groß ausgeführt werden, daß sie das Leck auf 150 mm auf jeder Seite bei kleinen Lecken und auf 300 mm bei großen Lecken überdecken. Die Dicke des Pflasters ist von der Größe und Tiefe des Lecks abhängig. Die Holzpflaster sind eigentlich auf dem Prinzip gegründet, daß eine lange und dünne Planke leicht zu verbiegen ist. Falls also an einer Tafel von dünnen Planken dicke Querplanken befestigt werden, so verlieren die dünnen Planken ihre Biegsamkeit nicht. An den dicken Querplanken an einer Seite kann man ferner eine parallele Reihe von dicken Planken von anderer Seite befestigen, wobei die Biegsamkeit des Pflasters sich nicht verringern wird. Die dünnen gewöhnlichen 25-mm-Planken sollen 0,6 m größer als die breiteste Stelle des Lecks sein. Die gesamte Breite der dünnen Planken oder die Länge des Pflasters ist der Länge des Lecks gleich plus 0,6 m. Nachdem die dünnen Planken fertig sind, werden sie auf eine solche Weise gelegt, daß die Fugen dicht aneinander liegen und daß die Enden der Planken eine gerade Linie bilden. Diese Tafel bildet die Basis des Pflasters. Bei großen Lecks wird diese innere Tafel mit zwei Reihen Segeltuch überdeckt. Weiter werden quer über die dünnen Planken die 70-mm-Planken gelegt und mit den dünnen durch Nägel befestigt. Die dicken Planken sollen möglichst nahe aneinander gelegt werden. Die Enden des Pflasters werden mit einer Schicht Werg oder Seegras belegt, welches mit Segeltuch befestigt wird.

Die Auflage des Holzpflasters auf das Leck wird durch Taucher ausgeführt, nachdem die Formen und die Abmessungen des Lecks genau festgestellt sind. Um die Arbeit der Taucher zu erleichtern, soll die Schwimmfähigkeit des Pflasters aufs Geringste vermindert und in jedem Falle nicht größer als 2—2,5 kg sein. Bei der Auflage der Pflaster sollen die dicken Planken parallel der Wasserlinie liegen, um die Biegsamkeit des Pflasters am besten auszunutzen. Die Art der Auflage des Pflasters ist aus der Abbildung 35 ersichtlich, wobei am oberen und unteren Ende des Pflasters zwei Taue eingelegt werden. Die beiden unteren Enden dieser Taue werden durch den Kiel nach der anderen Bordseite durchgezogen, während die Enden des oberen Randes auf dem gleichen Bord, wo das Leck ist, befestigt werden. Die endgültige Anbringung der Pflaster erfolgt durch Taucher. Dann werden über das Pflaster zwei oder drei Stahltaue gelegt, die unter dem Schiff durchgezogen und hierauf gespannt werden.

In manchen Fällen werden sehr große Holzpflaster auch mit Stahl-

blech belegt oder es werden dabei dicke hölzerne Versteifungen ausgeführt, wie das aus der Abbildung 36 ersichtlich ist.

Die Pflaster werden gewöhnlich an die Bordwand so stark gedrückt,
daß sie im Dock durch die Taljen abgerissen werden müssen. Die
Praxis der verschiedenen Bergungen hat die Vorzüge dieser Pflaster
gezeigt.

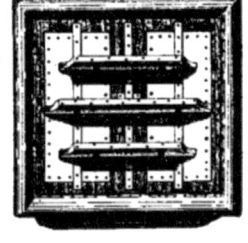

Abb. 35. Auflage des Pflasters.   Abb. 36. Pflaster mit Holzversteifung.

Kleine Öffnungen bis 0,1 qm werden durch kleine Deckel, die dem
Holzpflaster ähnlich ausgeführt werden und aus der Abbildung 37 ersichtlich sind, abgedichtet. Die Deckel werden je mit einer Spann-
schraube versehen, die zum Andrücken der Deckel dient.

3. Falsche Spanten.

Bei bedeutenden Lecken werden sogenannte falsche Spanten hergestellt, die den Zweck haben, die beschädigten Spanten zu ersetzen.
Da neben dem Leck immer Vertiefungen vorhanden sind, ist es nötig,

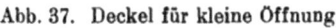
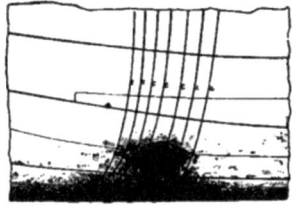

Abb. 37. Deckel für kleine Öffnung.   Abb. 38. Falsche Spanten.

die falschen Spanten nicht nur bei dem Leck selbst, sondern auch an
den Vertiefungen anzubringen. Die falschen Spanten, die aus der Abbildung 38 ersichtlich sind, sollen straff gespannt werden, da nur in
einem solchen Falle sie die beschädigten Spanten wirklich zu ersetzen
vermögen. Über das Leck geht der falsche Spant von der oberen Kante
des Lecks zur unteren Kante. In allen anderen Stellen nimmt er die

Form an, die der Schiffsrumpf hat. Der Teil des falschen Spantes,
der über dem Leck liegt, ist also auf eine Ebene gelegt, und das Holzpflaster berührt sich in diesem Falle mit dem falschen Spanten nicht.
Der Druck des Wassers drückt das Holzpflaster in das Leck. Die falschen Spanten sollen das verhindern. Aus diesem Grunde werden in
einigen Fällen vor der Anlegung der falschen Spanten neben das Leck
Holzbalken gelegt.

Die Lage des Schiffes ist in den Fällen besonders schwierig, wenn
das Leck neben dem Kiel oder den Seitenkielen liegt. In diesem
Falle ist die Verwendung von Holzpflastern sehr umständlich, da in
einzelnen Fällen auch die Entfernung der Seitenkiele in Frage kommt.
Aus diesem Grunde sollten bei jedem bedeutenden Leck (größer als
0,4 qm), das in einer gewissen Tiefe liegt, falsche Spanten gebraucht
werden.

4. Zementierung.

Die Anwendung des Zementes von der inneren Schiffsseite ist ein
sehr verbreitetes Mittel zum Dichten eines Lecks. Zement wird gewöhnlich rein, ohne Sand, gebraucht, da letzterer das Binden des
Zementes verhindert. Zur Mischung des Zementes kann Seewasser
ebensogut wie auch Süßwasser verwendet werden. Zement bindet
sich gut und stark bei Stehwasser, bei einer Strömung ist er jedoch
praktisch unbrauchbar. In den Fällen, wo es nötig ist, das Leck in
einem Raum zu dichten, der stark beschädigt und durch Wasser geflutet ist, muß das Leerpumpen erst dann vorgenommen werden, wenn
der Zement sicher gelegt und schon gebunden ist.

In den Fällen, wo die Lage des Lecks festgestellt ist und alle Gegenstände, die die Arbeit hindern könnten, entfernt sind, kann die Zementierung auf folgende Weise ausgeführt werden. Säcke aus undichtem
Gewebe werden mit trockenem Zement gefüllt und zu dem Leck herabgelassen. Auf die Öffnung des Lecks müssen vorerst eiserne oder
hölzerne Balken gelegt werden, um das Hinausfallen der Säcke zu
verhindern. Hiernach wird das Leck durch eine Reihe von Säcken
gedichtet, und diese Reihe wird vermittels starker Planken gefestigt.
Solches Dichten kann in allen den Fällen sicher verwendet werden,
wenn der vertikale Abstand des Lecks nicht größer als 0,6—1 m ist.

Falls sich die Beschädigungen zwischen den Spanten im Zwischenboden oder in anderen schwer zugänglichen Stellen befinden und die
Pumpen genügend sind, um das Eindringen des Wassers zu bewäl-
tigen, so kann folgendes Verfahren angewandt werden: Der Zwischenboden zwischen den beschädigten Spanten wird durch eine Holzplatt-
form bedeckt, wobei die Möglichkeit vorhanden sein soll, das Wasser

durch die Plattform pumpen zu können. Auf diese Plattform werden kleine Säcke mit Zement gelegt und oben eine Schicht gemischten Zementes, 100—200 mm dick. Auf diese Schicht werden kleinere Stücke der Planken gelegt und dann wird die ganze Verkleidung stark verfestigt. Nachdem der Zement sich gebunden hat, werden die Öffnungen zum Durchlassen des Wassers durch Pfropfen abgedichtet.

Die Zementierung wird in ausgedehntem Maße ausgeführt, und es ist zum Beispiel ein Fall bekannt, daß ein Schiff auf der Länge von 20 m zementiert wurde.

5. Gründliches Abdichten von innen und außen.

Für ein gründliches Abdichten der Lecke sind Preßluftwerkzeuge unentbehrlich. Auf das Leck kann auch ein Stahlblech gelegt werden; eine Reihe von Löchern von ca. 30 mm Durchmesser werden im

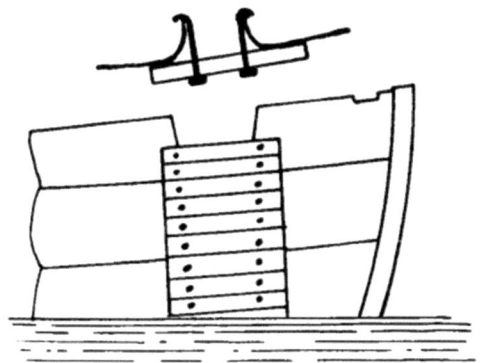

Abb. 39. Abdichten durch hölzerne Planken.

Blech und im unbeschädigten Teil der Außenhaut gebohrt. Hiernach wird das Blech mittels einfacher Bolzen oder Hakenbolzen angeheftet, wobei nötigenfalls das Blech vermittels Winkels verfestigt werden kann. Zum Anhalten des Bleches während der Arbeit werden Hakenbolzen benutzt.

Bei gründlichem Abdichten der Lecke werden auch andere Verfahren angewendet. Man legt, zum Beispiel, von der Innenseite, nachdem die Pflaster schon angelegt sind, eine Holzbekleidung von 75 mm starken Planken, die durch Hakenbolzen an der Außenhaut oder am inneren Boden befestigt werden. Um diese Verkleidung genügend zu befestigen, werden senkrechte und wagerechte Stützen verwendet. Nachdem die Verkleidung durch Werg verdichtet worden ist, werden die Pflaster abgenommen und von außen Plankentafeln gelegt, wobei diese Planken der Schiffsform an der lecken Stelle angepaßt

sein müssen. Die Tafeln werden mit der inneren Verkleidung verbunden und mit besonderen Bolzen befestigt.

Wenn das Leck in der Nähe der Wasserlinie liegt, so wird nach Auflage des Lecksegels oder des Pflasters ein gründliches Abdichten vorgenommen, wozu hölzerne Planken angewandt werden, und zwar in
der Weise, wie dieses aus der Abbildung 39 ersichtlich ist. Zur Befestigung der Planken werden lange Bolzen mit einem Gewinde auf
einem Ende (siehe Abb. 40 und 41) oder Hakenbolzen von 0,3—1 m
Länge (siehe Abb. 42 und 43) verwendet; im Rumpfe des Schiffes
werden dabei die Löcher ausgebohrt oder einige Nieten ausgeschlagen.
Bei Anwendung der Hakenbolzen greifen die Haken an die nach unten

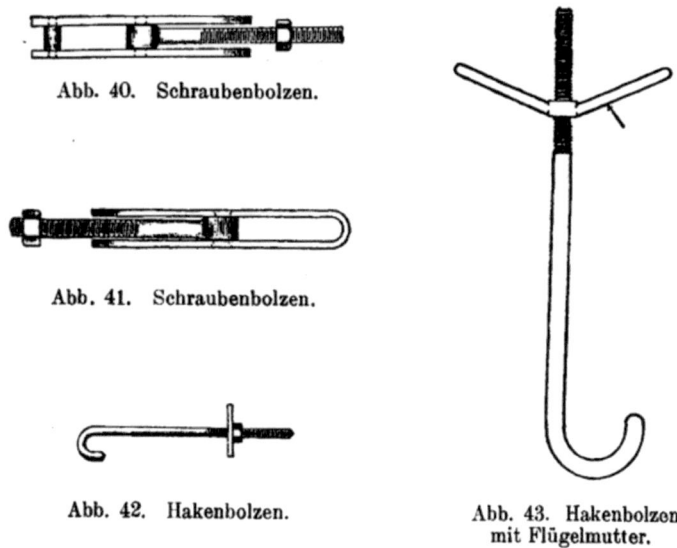

Abb. 40. Schraubenbolzen.

Abb. 41. Schraubenbolzen.

Abb. 42. Hakenbolzen.

Abb. 43. Hakenbolzen
mit Flügelmutter.

eingedrungenen Ränder der Außenhaut (siehe Abb. 39). Die Arbeiten
unter Wasser werden von Tauchern ausgeführt oder — wenn möglich — wird dem Schiffe eine solche Krängung und entsprechender
Trimmwinkel gegeben, um das Leck vollständig über Wasser zu
bringen.

Das Abdichten der Lecke von innen ist in vielen Fällen in der Beziehung schwierig, da das Leck von innen nicht leicht zu erreichen
ist. Zum Beispiel in Fällen, wo der Bord mit Holz bekleidet ist, fließt
das Wasser aus verschiedenen Löchern dieser Bekleidung, und nachdem das eine Loch abgedichtet ist, beginnt das Wasser aus einem
anderen Loch zu fließen. In solchen Fällen soll man diese Holzbekleidung nicht früher entfernen, bis das Leck von außen mit Pflastern
abgedichtet ist. Nachdem jedoch das Pflaster aufgelegt und der Raum

geleert ist, soll das Holz entfernt und das Leck gründlich abgedichtet werden.

Das einfachste Mittel zur Abdichtung des Lecks von innen ist das Anlegen von Matten und Säcken mit Werg oder Seegras von innen aus. In diesen Fällen soll jedoch vorerst das Leck mit Hilfe von hölzernen Keilen ausgeglichen werden. Auf diese ausgeglichene Stelle werden Matten und Säcke gelegt, mit Holzplanken bedeckt und mit Hilfe von Stützen befestigt, wobei diese auf ein Schott oder auf einen Deckbalken gestützt werden. Bei kleineren Lecken kann man das Leck mit Hilfe geölten Werges oder anderen Faserstoffes dichten, mit Hölzern bedecken und durch hölzerne Keile befestigen.

6. Abdichten durch Anbau eines Leckmantels.

Der einfachste Leckmantel, der zum Abdichten verwendet wird, ist aus der Abbildung 44 ersichtlich und besteht aus einem Holzkasten, der aus zwei Reihen Planken ausgeführt und mit Verfestigungen ver-

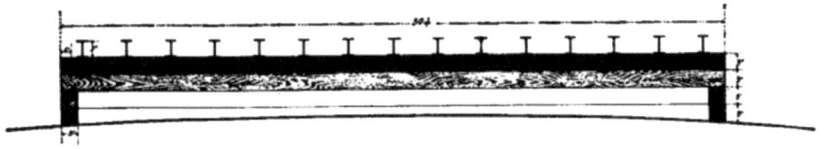

Abb. 44. Leckmantel (flache Form).

sehen ist. Von unten ist der Leckmantel geöffnet, und diese Seite wird den Schiffsformen angepaßt. An die vier Winkel des Leckmantels werden Hakenbolzen gelegt, die zum Verschieben des Leckmantels dienen. Der Leckmantel soll auf eine solche Weise ausgeführt werden, daß seine Schwimmkraft möglichst nahe Null ist, um ihn leichter im Wasser verschieben zu können. Zur Auflage des Leckmantels kann ein Ladebaum an dem Mast des Schiffes oder ein Schwimmkran benutzt werden. Wenn der Leckmantel ungefähr an der erforderlichen Stelle ist, so werden vermittels Tauchers die Kieltaue angelegt, auf den anderen Bord geführt und dann mittels der Taljen straff gespannt. Nach dieser Spannung werden die Taue an dem Poller oder an den Klampen steif befestigt. Der auf der Abbildung 44 wiedergegebene Leckmantel wird nur in den Fällen verwendet, wenn das Leck neben der Wasserlinie liegt.

Falls das Leck sich am Boden des Schiffes befindet, so kann ein Leckmantel angewendet werden, der auf Abbildung 45 gezeigt ist. Dieser Leckmantel wird gleich einem Holzpflaster auf das Leck aufgelegt.

Der Ballast soll dabei am besten von außen befestigt sein, um ihn nach der Auflage des Leckmantels leicht entfernen zu können. Ein solcher Leckmantel soll mit einem Pfropfen versehen werden, der zum

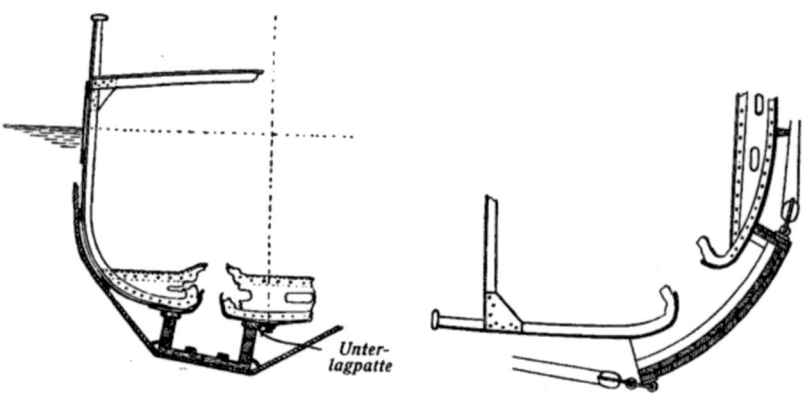

Abb. 45. Leckmantel (Kastenform).   Abb. 46. Auflage eines Leckmantels.

Fluten des Mantels dient. Nach dem Abdichten des Lecks von innen wird der Pfropfen herausgezogen und das Wasser ins Innere des Leckmantels eingeführt, da es sonst schwierig ist, den Leckmantel zu entfernen. Auf Abbildung 46 ist die Auflage eines Leckmantels dargestellt, der zum Abdichten eines Lecks von 2 m Länge verwendet wurde.

VIII. Leerpumpen und Lenzen.

1. Eindringen des Wassers durch Lecke.

Die Größe der Beschädigung wird durch die Menge des in einer Sekunde eindringenden Wassers charakterisiert. Die Schnelligkeit der Strömung wird nach bekannten Formeln ausgerechnet, und zwar

$$v = \sqrt{2\,gh}.$$

Worin: v — die Geschwindigkeit des Wassers,
g — die Erdbeschleunigung $= 9{,}81$ m/sek^2,
h — die Tiefe des Lecks unter dem Wasser.

Die Wassermenge Q in cbm/sek wird nach folgender Formel berechnet:

$$Q = \alpha \cdot \varphi \cdot F \cdot v = \alpha \cdot \varphi \cdot F \cdot \sqrt{2\,gh}.$$

Worin: α — Geschwindigkeitskoeffizient,
F — die Fläche des Lecks in qm,
φ — Kontraktionskoeffizient.

Geschwindigkeitskoeffizient ist im Durchschnitt nach Weißbach $= 0{,}97$.

Kontraktionskoeffizient ist bei langer schlitzartiger Form $= 0{,}9$, bei runden Öffnungen $= 0{,}69$.

Praktisch ist also die Wassermenge in cbm/sek

$$Q_1 = 0,97 \cdot 0,9 \cdot F \cdot \sqrt{2gh} = 0,97 \cdot 0,9 \cdot 4,5 \cdot F \cdot \sqrt{h} = 3,93 \cdot F \cdot \sqrt{h}.$$

Die Anwendung der Formel zeigt, daß zur Bewältigung des eindringenden Wassers schon bei kleinen Lecken große Pumpenanlagen nötig sind. Die eigenen Lenzmittel des Havarieschiffes reichen gewöhnlich nicht aus.

Abb. 47. Anordnung der Pumpen.

2. Pumpen.

Für das Leerpumpen der Havarieschiffe dienen als erste Mittel die Pumpenanlagen des Schiffes selbst; weiter werden tragbare Pumpen verwendet und die Pumpenanlagen der Bergungsschiffe.

Die Pumpenanlagen können auch in folgende Gruppen eingeteilt werden:

a) Kolbenpumpen,

b) Zentrifugalpumpen,

c) Exhaustoren und ähnliche Apparate.

Die Kolbenpumpen stellen die sichersten und die schon längst bekannten Mittel zum Auspumpen des Wassers dar. Sie werden als Dampfpumpen oder als Elektromotorpumpen ausgeführt. Eine gut ausgeführte Kolbenpumpe hat eine Saughöhe bis 9 m, es ist jedoch sicherer, die Pumpe in die Nähe der Wasserlinie zu stellen, so daß die Saughöhe nicht größer als 6 m ist und das Leckwasser nach außenbords von einer tiefstehenden Pumpe aus gedrückt wird (Abb. 47). Da eine Kolbenpumpe das Wasser stoßweise aufnimmt, so sollen an der Saugöffnung und an der Ablauföffnung Lufthauben aufgesetzt werden. Die Kolbenpumpen haben einen guten Liefergrad und eine gute Saugfähigkeit. Sie sind gegen die in die Saugleitung eintretende Luft praktisch unempfindlich.

Die Zentrifugalpumpen können mit einer senk- oder wagerechten Welle ausgeführt werden. Bei Bergungsarbeiten sind die Pumpen mit senkrechter Welle von Vorteil, da es in diesem Falle möglich ist, die Antriebsmaschine oben aufzustellen. Die Zentrifugalpumpen wiegen weniger als die Kolbenpumpen, haben jedoch den Nachteil, daß sie nur dann arbeiten können, wenn sie im Wasser sind. Sie verbrauchen weiter etwas mehr Dampf und lassen sich schlechter regulieren. Die Zentrifugalpumpen werden mit Dampf, Gasmaschinenantrieb und elektrischem Motor betrieben. Der Antrieb durch eine Gasmaschine ist bei den Bergungsarbeiten von Vorteil, weil in diesem Falle der Dampfkessel und die Dampfzufuhrrohre wegfallen. In letzter Zeit werden auch Unterwasserpumpen angewendet, sowohl mit elektrischem als auch mit Druckwasserantrieb, die ersteren bieten jedoch gewisse Schwierigkeiten im Sinne der Sicherung des elektrischen Motors vor dem Wasser. Die Zentrifugalpumpen sind im allgemeinen der Luftstörungen wegen empfindlich. Die Leistung der Zentrifugalpumpen der Bergungsschiffe beträgt bis 4000 m³/St.

Exhaustoren, welche mit Dampfstrahl oder Preßluft arbeiten, Pulsometer usw., sind sehr einfach, da sie fast keine beweglichen Teile besitzen und immer arbeitsfertig sind. Sie wiegen weniger als andere Pumpenanlagen, haben jedoch den Nachteil, daß sie bedeutende Mengen Dampf, eventuell Preßluft, verbrauchen. Sie sind in den Fällen hauptsächlich brauchbar, bei denen die Saughöhe der ortfesten Pumpen nicht ausreicht.

3. Preßluft.

Die Anwendung der Preßluft bei Bergungsarbeiten ist eine sehr vielseitige, und zwar werden durch Preßluft die Werkzeuge angetrieben und die Tauchapparate gespeist; weiter werden durch Preßluft die Pontons und Hebezylinder gelenzt und auch die mit Wasser gefluteten Räume des Schiffes abgetrocknet. Endlich wird die Preßluft direkt zum Heben gesunkener Schiffe angewendet, wobei sie in die Räume eingeführt wird.

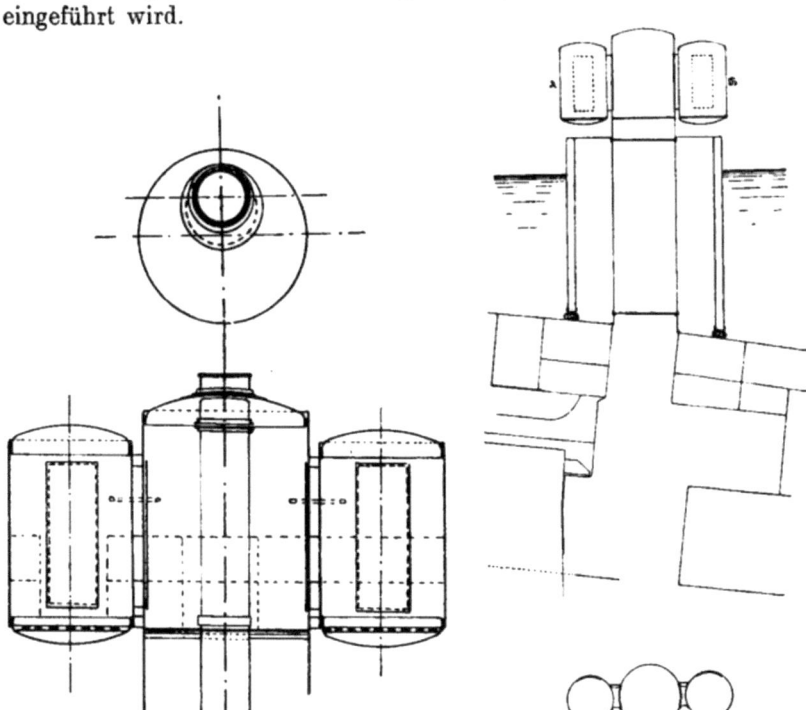

Abb. 48. Schleusenapparat. Abb. 49. Gesamtanlage eines
Schleusenapparates.

Abgesehen von Nebenarbeiten, wie zum Beispiel die Arbeiten vermittels Preßluftwerkzeuge, Lenzen der Hebezylinder und Taucharbeiten, soll bemerkt werden, daß zum Anheben von Schiffen vermittels Preßluft auch Schleusenschächte verwendet werden, die auf Abb. 48 dargestellt sind und ähnlich den bei dem Brückenbau verwendbaren sind. Ein Schleusenapparat, der bei Bergungsarbeiten verwendet wird, besteht aus drei Kammern, die durch innere Türen miteinander verbunden sind. Eine der seitlichen Kammern dient als Eingang der Arbeiter in die Schächte und weiter in das Innere des Schiffes. Die

Größe dieser Kammer ist von der Art der Arbeiten abhängig, und zwar von der Anzahl der Arbeiter. Die zweite seitliche Kammer dient zum Entfernen von verschiedenen Gegenständen aus dem Schiff.

Die Gesamtanlage eines Schleusenapparates ist aus Abbildung 49 ersichtlich. Nachdem die Arbeiter in die Seitenkammer eingetreten sind, wird die Seitenkammer mit der Hauptkammer verbunden, wobei die Preßluft in die Seitenkammer eintritt. Hiernach ist es möglich, die Zwischentür zu öffnen und in die Hauptkammer einzudringen. Beim Ausgang aus dem Schleusenapparat wird der Luftdruck dort allmählich verringert, wozu die Luft aus der Seitenkammer nach außen hinausgelassen wird. Auf die gleiche Weise wird auch die Entfernung der Gegenstände vorgenommen mit dem Unterschied, daß hier das Schleusen schnell vorgenommen werden kann. Das Schleusen beim Durchlassen der Leute dauert physiologischer Gründe wegen eine Zeit bis zu einer Stunde (abhängig vom Arbeitsdruck). Alle Türen werden in der Richtung des größten Druckes geöffnet, mit Ausnahme der Türen der Seitenkammer für die Entfernung der Gegenstände, die nötigenfalls auch in der Richtung des kleinen Druckes geöffnet werden kann. In diesem Falle jedoch ist es nötig, sie mit genügenden Verschlüssen zu versehen.

Die Hauptkammer ist direkt mit dem Schleusenschacht von dem gleichen Durchmesser durch eine Luke verbunden. Die Schleusenkammer wird gewöhnlich aus einzelnen Röhren ausgeführt, die vermittels Flanschen untereinander verbunden werden.

Nach der Anordnung der Schleusenschächte und nach der Erhöhung des Druckes bis auf die Höhe, die der Tiefe des Schiffsrumpfes an der Arbeitsstelle entspricht, wird die untere Luke geöffnet und eine entsprechende Öffnung im Rumpfe des Schiffes ausgeführt, um das Eindringen in das Innere des Schiffes zu erlauben. Nachdem der Eingang in das Schiff geöffnet ist, wird vermittels Preßluft das Wasser aus dem Inneren des Schiffes entfernt.

Die für die Arbeiten nötige Preßluft wird durch die Luftkompressoren geliefert, wobei die Luft zuerst in eine Sammelbatterie eingeführt und dann weiter nach den einzelnen Röhren geleitet wird.

Das Aufstellen des Schleusenapparates auf dem Schiffsraum wird auf folgende Weise ausgeführt. Über dem Raum wird ein Hilfs-Holzmantel aufgestellt, der von oben geöffnet und mit einem faserigen Kissen versehen ist. Um das Aufschwimmen dieses Holzmantels zu verhindern, wird er mit einem Gewicht versehen. Nachdem das Wasser von dem Holzmantel entfernt ist, wird ein besonderer Ausgleichsring vermittels Bolzen aufgestellt, der aus Abb. 50 ersichtlich ist. Dieser Ausgleichsring kann mit einem Deckel bedeckt werden und ist mit Flan-

schen versehen, welche an den Unterflanschen der Schleusenschächte be-
festigt werden. Auf dem Deckel wird eine Öffnung gemacht, die als
Eingang in den Schiffsrumpf nach der Aufstellung des Schachtes dient.
Die Anwendung des Ausgleichsringes hat den Vorteil, daß es möglich

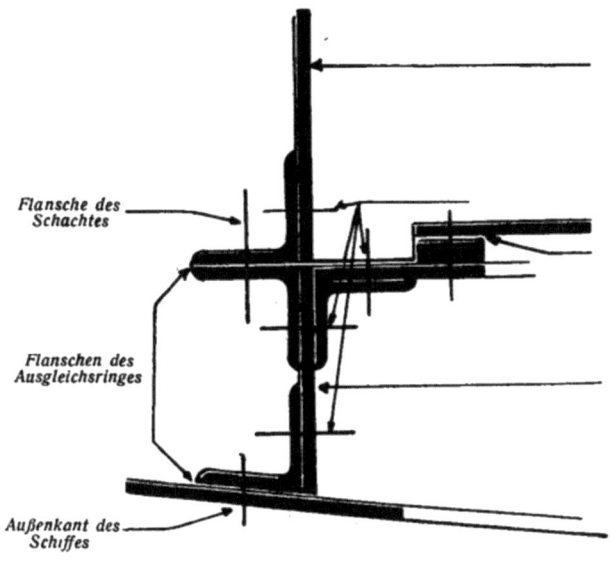

Flansche des Schachtes

Flanschen des Ausgleichsringes

Außenkant des Schiffes

Abb. 50.   Ausgleichsring.

ist, ein und denselben Schleusenapparat auf jeder Stelle des Schiffes
aufzustellen, wozu an jeder Stelle ein besonderer Ausgleichsring verwendet werden soll. Die Höhe des Ausgleichsringes soll so groß sein,
daß es möglich ist, die Deckel herauszunehmen und einzulegen. Die
Flanschen werden vermittels geölten Segels und Bolzen gedichtet.

4. Kompressoren.

Die Luftpumpen, die die Preßluft liefern, sind unter dem Namen
Kompressoren bekannt. Die Kompressoren werden als Kolbenmaschi-
nen oder als Zentrifugalmaschinen ausgeführt, wobei bei Bergungs-
arbeiten hauptsächlich die Kolbenkompressoren verwendet werden.
Nach der Art des Antriebes unterscheidet man Dampf-, Ölmotor- und
Elektromotor-Kompressoren. Nach Anzahl der Zylinder kann man
Ein-, Zwei- und Dreizylinder-Kompressoren, nach dem Vorgang der
Kompression ein-, zwei- und dreistufige Kompressoren unterscheiden.
Die Kompressoren werden in senkrechter oder in wagerechter Aus-
führung gebaut.

Zur Berechnung der Leistung der Kompressoren kann für den Kompressor von einfacher Wirkung folgende Formel verwendet werden:

$$V = \frac{\pi \cdot D^2 \cdot H}{4} \cdot n \cdot \eta.$$

Für den Kompressor von doppelter Wirkung dient folgende Formel:

$$V = 2 \frac{\pi \cdot D^2 \cdot H}{4} \cdot n \cdot \eta,$$

worin $V =$ der Umfang der ansaugenden Luft in m³ pro Minute im Anfangszustand ist (das heißt bei einer bestimmten Temperatur des Ansaugens und bei Anfangsdruck).

D — Durchmesser des Niederdruck-Zylinders in m,
H — Hub des Zylinders in m,
n — Umdrehungen pro Minute,
η — Umfangswirkungsgrad.

Die Auswahl der Hauptabmessungen des Kompressors ist von der Aufgabe abhängig, und zwar von der nötigen Menge der Preßluft und dem notwendigen Druck. Das Verhältnis zwischen diesen Größen ist aus folgenden Formeln zu berechnen:

$$\frac{n_2}{n_1} = \frac{V_2}{V_1}, \text{ oder } n_2 = \frac{V_2}{V_1} \cdot n_1,$$

worin: V_1 — die normale Saugmenge des Kompressors,
n_1 — die normale Umdrehungszahl,
V_2 — die nötige Luftmenge,
n_2 — die entsprechende Umdrehungszahl.

Der theoretische Verbrauch der Energie für die Pression der angegebenen Luftmenge wird vermittels des Diagrammes Abb. 51 bestimmt, in welchem auf der Achse der Abzissen der Druck von 1—13 Atm. aufgetragen ist, auf der Achse der Ordinaten die dazu nötige Arbeit. Die verschiedenen Kurven des Diagrammes entsprechen der Stufenzahl der Kompressoren. Aus der Abbildung ist ersichtlich, daß die einstufigen Kompressoren mehr Arbeit benötigen, was besonders bei Vergrößerung des Druckes der Fall ist. Um den wirklichen Verbrauch der Energie (auf der Welle des Antriebsmotors) zu bestimmen, sollen die theoretischen Zahlen auf 20 % bei größeren Kompressoranlagen und auf 30 % bei kleineren Kompressoranlagen vergrößert werden.

Wie schon oben erwähnt, wird die Preßluft in eine Sammelbatterie unter einen Druck gebracht und von der Sammelbatterie in das Havarieschiff durch kupferne Rohre geleitet, die mit einem dünnen Stahldrahttau an das Schiff geführt und befestigt werden.

Die Auswahl des Antriebmotors ist von der Größe und von den Arbeiten abhängig. Die kleinen Kompressoren bis 20—25 P.S. werden vermittels Treibriemen oder durch Treibseile angetrieben oder durch einen besonderen Elektromotor. Bei größeren Leistungen werden Dampfmaschinen oder große Elektromotoren verwendet.

Die in den Kompressor aufzusaugende Luft soll trocken, kalt und absolut staubfrei sein, so daß diese Luft vorher durch einen Luftfilter durchgelassen sein muß. Es muß immer bevorzugt werden, die Luft aus einer Stelle zu entnehmen, die außerhalb der Maschinenräume liegt.

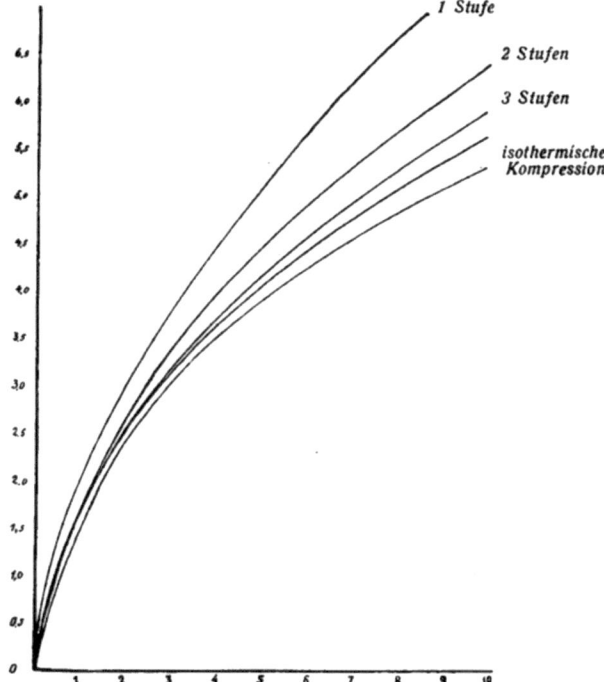

Abb. 51. Diagramm des Energieverbrauches für Kompressoren.

Die Arbeit eines Kompressors wird außer durch Druck und durch Umfang auch durch die Temperatur der Luft charakterisiert, wobei die Temperatur wie beim Ansaugen, so auch die der Preßluft möglichst niedrig gehalten werden soll. Aus diesem Grunde sollen bei den Kompressoren Maßnahmen getroffen werden, die zum Kühlen der Deckel und Zylinder dienen.

IX. Mittel zum Anheben.

1. Pontons und Hebeleichter.

Die bei Bergungsarbeiten verwendbaren Pontons werden durch Schotten in einige wasserdichte Räume unterteilt und sind mit Gangspillen und Dampfwinden ausgerüstet; in einigen Pontons wird ein Zentralschacht für Hebetaue vorgesehen. Die Hebekraft eines Pontons ist im Durchschnitt 400 t.

In England sind in letzter Zeit Pontons gebaut worden, die in der Mitte eine Öffnung haben (von 20,7 m Länge, 0,6 m Breite am Boden und 0,45 m am Heck). Diese Öffnung wird von starken Schotten umgeben, während der ganze Raum des Pontons in sechs wasserdichte Abteilungen geteilt wird.

Die Hebepontons können erfolgreich überall in stillen Gewässern und auch in See an Stellen, wo keine Dünung herrscht, verwendet werden. Die Anwendung von Pontons ist besonders an den Stellen von Vorteil, wo bedeutende Unterschiede zwischen Flut und Ebbe bestehen. In der offenen See kann die Arbeit mit Pontons nur bei stillem Wetter ausgeführt werden, da bei Unwetter Hindernisse entstehen, sowohl bei der Lieferung der Pontons zur Stelle der Hebung so auch bei ihrer Aufstellung und während der Bergung, da die Pontons einen hohen Überseebord haben.

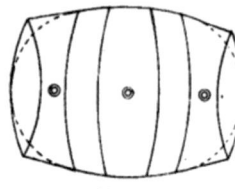

Abb. 52.
Elastischer Ponton.

In stillen Gewässern werden auch Hebeleichter verwendet von ungefähr 400 t Hebekraft. In der Mitte des Leichters wird gewöhnlich eine Öffnung vorgesehen von einer Breite von 0,6 m unten und 0,75 m oben. Diese Öffnung wird durch zwei Querschotten abgeteilt, die auch gleichzeitig das Heck und den Bug des Leichters abgrenzen. Die Leichter werden gewöhnlich mit einem Längsschott versehen. Bei den Hebeleichtern sind Vorrichtungen zum Fluten der Leichter vorzusehen. Im Heck und Bug werden Winden aufgestellt

Die elastischen Pontons, die 1916 bei Bergungen in Rußland verwendet wurden, sind auf der Abbildung 52 dargestellt. Die Hebekraft dieser Pontons beträgt 75, 125 und 200 t. Sie bestehen aus einem inneren Ballon und aus einem biegsamen Gerüst. Der innere Druck in den Ballons wird durch den Druck des Gerüstes ausgeglichen. Die Hauptabmessungen eines elastischen Pontons von 125 t sind die folgenden:

Länge vor der Lufteinführung	6	m
Länge nach der Lufteinführung	7,1	m
Durchmesser	5,25	m
Umfang	130	m³
Gewicht eines kompl. Pontons	3	t

Das Gerüst des elastischen Pontons ist aus Stahltauen ausgeführt; die Hülle des Pontons aus gummiertem Segeltuch.

Der Ballon des Pontons ist durch Schotten aus gummiertem Segeltuch in drei Räume geteilt, und zwar in einen mittleren Ballon und zwei Ausgleichballons. Im oberen Teil des Pontons befinden sich drei Einlaßventile zur Einführung der Luft. Die Ausgleichballons dienen zum Ausgleich des Trimmes des Pontons. Im unteren Teil des Ballons befinden sich drei Sicherheitsventile.

Diese Pontons haben gewisse Vorteile gegenüber den gewöhnlichen Hebepontons, in dem Sinne, daß sie sehr leicht sind und das Anordnen des Pontons am havarierten Schiffe einfach und bequem ist, da es leicht ist, den Pontons eine beliebige Schwimmkraft zu verleihen.

2. Hebezylinder und Ballons[1]).

In letzter Zeit wurden bei Bergungsarbeiten, insbesondere auf See, Hebezylinder verwendet, die zum ersten Male von Kapitän Jung bei der Bergung des Kreuzers „Gladiator" verwendet wurden. Später wurden sie auch bei der Bergung des Kreuzers „San Giorgio" erfolgreich angewendet und gegenwärtig sind die Hebezylinder in die allgemeine Praxis eingeführt worden. Die Vorteile der Hebezylinder gegenüber den Pontons liegen darin, daß die Hebezylinder leicht transportabel

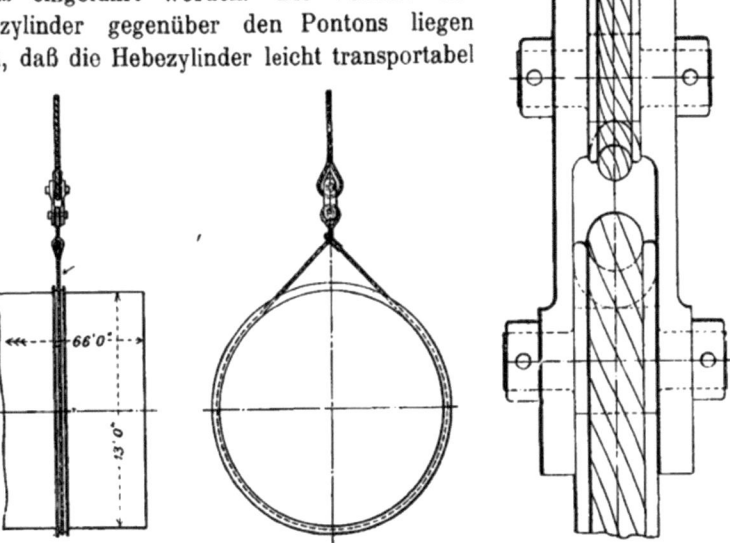

Abb. 53. Anbringen des Hißstropps.

sind und im allgemeinen nur einmal an dem Havarieschiff befestigt werden. Die Hauptabmessungen der gegenwärtig verwendeten Hebezylinder sind die folgenden:

---

[1]) Eine eingehende Beschreibung der Hebezylinder der österreichischen Marine ist in dem Handbuch des Seemannswesens von F. Arvay (Wien und Leipzig 1918) gegeben (S. 551—566); diese Zylinder können jedoch nur auf geringer Tiefe verwendet werden.

Verdrängung	400 t,	Länge	15,2 m,	Durchmesser	5,8 m
„	240 t,	„	22,8 m,	„	3,7 m
„	130 t,	„	12,2 m,	„	3,7 m
„	100 t,	„	15,2 m,	„	3,0 m

Die Hebezylinder werden aus 12 mm Stahlblechen ausgeführt und mit Querverfestigungen versehen, die in einem Abstand von 0,6 m voneinander stehen. An den Außenwänden haben die Zylinder an beiden Enden Stahlrippen von 9 cm Breite im unteren und 25 cm im oberen Teil (s. Abb. 53). Die Streifen sind durch 12 mm dicke Eisenbleche verstärkt. Die Hebezylinder von 15×3 m sind von leichterer Konstruktion und werden aus 8 mm Stahlblechen ausgeführt.

Jeder Zylinder ist mit vier Luftventilen versehen von 100 mm Durchmesser, die zur Einführung der Luft und für den Ablauf des Wassers bestimmt sind. Die Ventile, die zur Einführung der Luft vom Kompressor dienen, sind mit einem 12 mm Luftrohr versehen. Das Wasser wird durch drei Röhren von 50 mm Durchmesser hinausgedrängt. Um Beschädigungen der Zylinder zu verhindern, werden sie von außen durch 25 mm Holzplanken bekleidet. Jeder Zylinder wird auf seine Wasserdichtheit mit 2 Atm. Druck geprüft.

In der ersten Zeit der Verwendung der Zylinder entstanden bedeutende Schwierigkeiten dadurch, daß das Versenken der Zylinder nicht regelmäßig vor sich ging; sie hatten ständig das Bestreben mit einem Ende zu sinken, und aus diesem Grunde sammelte sich die Preßluft immer im oberen Ende. Deshalb sind jetzt immer die Hebezylinder in drei Abteilungen geteilt; die Ausgleichsabteilungen am Ende haben eine konische Gestalt. Auch der Durchmesser der Ventile wird jetzt auf 150 mm vergrößert.

Bei Anwendung der Zylinder sind zwei große Leichter nötig, welche mit je zwei oder drei Kompressoren versehen sind. Die Befestigung der Hebezylinder an dem zu hebenden Schiff ist von der Konstruktion des Zylinders und von der Art der Bergungsarbeiten abhängig. Gewöhnlich werden dabei Stahldrahttaustropps verwendet, die um den ganzen Zylinder herumgelegt werden. An den Außenwänden des Zylinders werden Rippen angebracht, die ein Abgleiten der Stropps verhindern (s. Abb. 53).

Die Bauart der Hebezylinder hinsichtlich der Versteifung der Wandungen und der wasserdichten Unterteilung ist von den Druck- und Stabilitätsverhältnissen abhängig[1]); bei größerer Anwendungstiefe und großen Abmessungen ist eine genaue Durchrechnung der Stabilität (ähnlich wie beim U-Boot) unentbehrlich.

---

[1]) Schneider, Das Heben gesunkener Schiffe. Werft und Reederei, 1921, S. 716.

Die Zylinder haben gegenüber den Pontons bedeutende Vorteile, obwohl das Anordnen der Zylinder mit gewissen Schwierigkeiten verbunden ist, insbesondere bei großen Abmessungen der Zylinder. Nachdem aber die Zylinder befestigt und gesunken sind, halten sie sich stark an dem zu hebenden Schiffe. Der Nachteil der Hebezylinder besteht in der Verminderung der Stabilität des Schiffes, weil die Zylinder den Umfang des Systems vergrößern. Dieser Nachteil ist besonders dann von Einfluß, wenn die Hebezylinder unter dem Schwerpunkt des Schiffes angelegt sind[1]). Bei einer festen Anlage der Hebezylinder an der Wasserlinie erhöhen sie im Gegenteil die Stabilität, wenn dabei die Taue stark und regelmäßig gespannt sind. Bei einer unregelmäßigen Spannung der Taue ist ihr Abreißen zu befürchten.

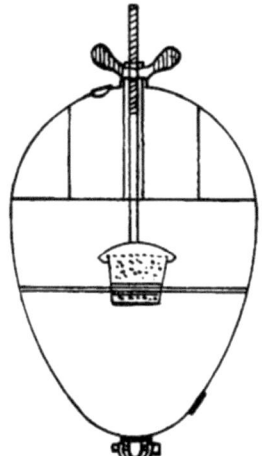

Abb. 54. Hebeballon.

Abb. 54a. Hebung einer Jacht mittels Hebeballons.

Einen weiteren Schritt bei den Bergungsarbeiten bilden die Hebeballons, die von Ingenieur Gaedicke vorgeschlagen worden sind. Diese Ballons sind in der Abbildung 54 wiedergegeben und werden aus 8-mm-Eisenblech hergestellt und haben eine Verdrängung von 10 oder 20 t. Im oberen Teil des Ballons wird eine Luftkammer vorgesehen, von einem solchen Umfang, daß der mit Wasser gefüllte Ballon eine Schwimmkraft von 2—3 kg besitzt. Eine so kleine Schwimmkraft erleichtert die Aufstellung des Ballons durch den Taucher. In der Mitte des Ballons ist ein Eisenstock vorgesehen, auf dem ein Faß mit Kalziumkarbid befestigt ist. Im unteren Teil des Ballons ist ein Sperrventil vorgesehen. Nach Aufstellung der Ballons wird das Faß mit

---

[1]) In Amerika werden auch aufrechtstehende Zylinderkörper benutzt.

Karbid umgekippt, und es entsteht Azetylen, welches das Wasser aus dem Ballon hinausdrängt.

3. Hebeschiffe.

Als ein Beispiel der Kranhebeschiffe wollen wir hier die „Oberelbe" und „Unterelbe" beschreiben (s. Abb. 55). Die Hauptabmessungen der Kranhebeschiffe sind die folgenden:

Hebekraft des Kranes	550 t
Länge des Pontons	36,6 m
Breite	12,2 m
Tiefe des Laderaumes	5,8 m
Normale Verdrängung	1 100 t
Verdrängung mit Wasser gefüllt . .	2 200 t
Maschinenleistung (2 Schrauben) . .	600 IPS

Die beiden Kranhebeschiffe haben ein fast gleiches Aussehen und innere Einrichtung. Der Unterschied besteht im wesentlichen darin,

Abb. 55. Kranhebeschiff „Unterelbe".

daß „Oberelbe" eine stärkere Saugbaggermaschine hat und „Unterelbe" eine stärkere Pumpenanlage. Das Rohr der Saugbaggermaschine der „Oberelbe" hat ca. 600 mm Durchmesser, das der „Unterelbe" 300 mm. Die Leistungen der Saugbagger sind entsprechend 500 und 300 m³ Sand pro Stunde.

Für den Antrieb der Gangspills und Kompressoren ist eine Dampfmaschine von 300 P.S. vorgesehen, für den Saugbagger eine zweite von 300 P.S. und für elektrische Beleuchtung eine von 80 P.S. Die Pumpen ergeben eine Leistung von 6000 t pro Stunde.

Auf jedem Kranhebeschiff sind zwei Kräne aufgestellt von 38 m Länge. Jeder Kran ragt über den Achtersteven um 7,5 m. Der Ab-

Abb. 56. Kräne der „Unterelbe".

Abb. 57. „Unterelbe" bei Bergungsarbeiten.

stand zwischen den Kränen beträgt 10,4 m. Die Kräne sind mit
Schotten verbunden, um die gesamte Festigkeit der Konstruktion zu
erhöhen. Die Kräne sind aus Abbildung 56 ersichtlich. Jeder Kran ist
mit einer Scheibe von 1,3 m versehen.

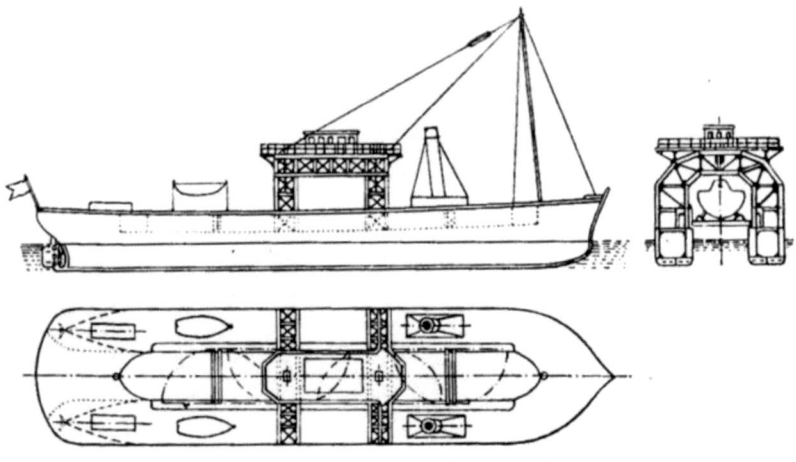

Abb. 58. Dockschiff „Vulkan“.

Die Art der Anwendung der Kranhebeschiffe ist davon abhängig,
ob die Hebung durch die Kräne vorgenommen wird oder durch die
Schwimmkraft des Kranhebeschiffes. Bei der Zusammenwirkung der

Abb. 59. Dockschiff „Wolchow“.

Kräne und der Schwimmkraft des Kranhebeschiffes ist es möglich,
Schiffe bis 2000 t Verdrängung zu heben.

Eine Abart der Kranhebeschiffe stellen die Hebeschiffe für U-Boote
dar, die zuerst nach den Angaben von Ingenieur v. Klitzing gebaut wur-

den[1]). Die deutsche Marine besaß das Dockschiff „Vulkan" und „Cyclop" (Abb. 58). Später (1914) wurde für die russische Marine das Schiff „Wolchow" gebaut, das gewisse Fortschritte in sich barg und auf den Abbildungen 59, 60 und 61 dargestellt ist. Die Hauptabmessungen des Schiffes sind folgende:

Länge	96	m
Breite	18,6	m
Tiefgang	3,66	m
Verdrängung	2 400	t
Größte Hebekraft	1 000	t
Größte Tiefe der Hebung . . .	55	m
Zeit der Hebung	2	St.
Geschwindigkeit	10	kn

Das Schiff unterscheidet sich dem „Vulkan" gegenüber dadurch, daß es Ölgasmaschinen statt Dampfmaschinen verwendet. Wie aus der Abbildung 60 ersichtlich ist, besteht das Schiff aus zwei einzelnen Schiffen, welche durch die gemeinsamen Backe und Poops verbunden sind. In dem Mittelschiff sind vier doppelte Bogen von 18,4 m Höhe aufgestellt. Diese Bogen sind zum Anhängen der Giens bestimmt, die

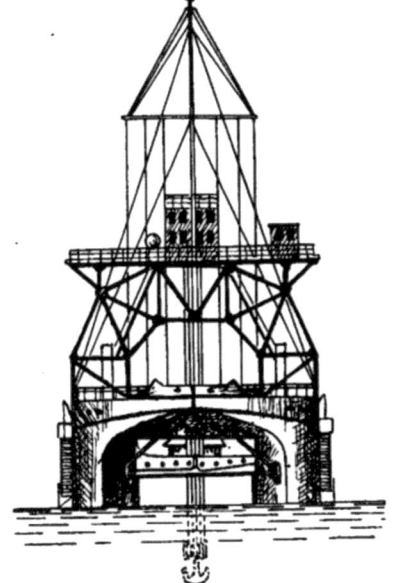

Abb. 60. Dockschiff „Wolchow".

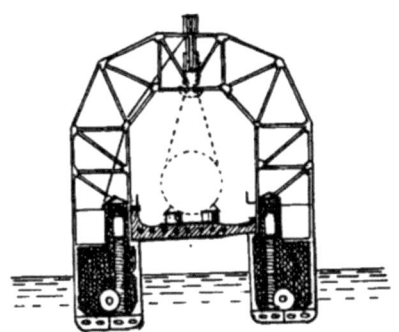

Abb. 61. „Wolchow" mit gehobenem U-Boot.

zum Anheben des U-Bootes dienen. Nachdem das U-Boot gehoben ist, wird es auf ein Gerüst gestellt (s. Abb. 61), welches aus drehbaren Balken besteht. Beim Anheben des U-Bootes werden die drehbaren Balken längs des Schiffes gelegt, so daß eine Hebung des U-Bootes möglich ist. Das Dockschiff ist mit einer mechanischen Werkstatt, mit Lager-

---

[1]) v. Klitzing, U-Boots Bergungsdock. Schiffbau, 1911, S. 329.

räumen, mit elektrischen Kompressoren und mit einer Pumpenanlage von 6000 t stündlicher Leistung versehen.

Praktisch hat sich gezeigt, daß es sehr schwer ist, die U-Boots-hebeschiffe genau über dem gestrandeten U-Boot festzulegen. Wenn auch nach allen vier Seiten Anker ausgefahren werden, dreht und bewegt sich das U-Bootshebeschiff hin und her, besonders wenn Strömungen vorliegen. Auch bei ungünstigem Wetter ist die Verwendungsmöglichkeit stark beeinträchtigt.

4. Bergungsschiffe.

Die für die Ausführung von Bergungsarbeiten bestimmten Schiffe können in zwei Gruppen eingeteilt werden, und zwar in die Bergungsschiffe, die unweit der Häfen arbeiten und die Seebergungsschiffe.

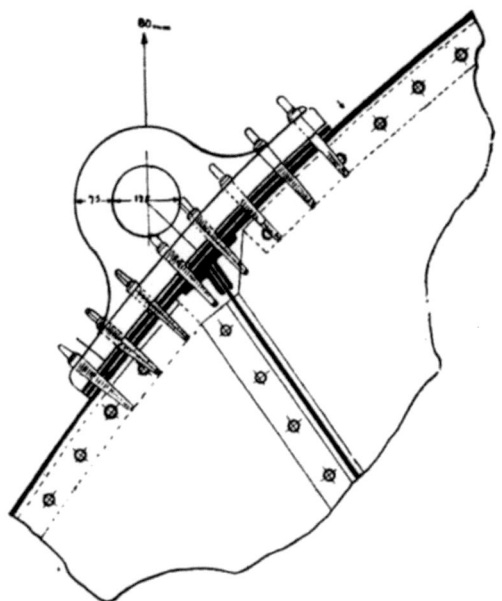

Abb. 62. Befestigung des Hebeschäkels am Rumpfe des Schiffes.

Die Hafenbergungsschiffe arbeiten hauptsächlich auf den Strecken der Wasserstraßen, wo häufig Havarien vorkommen. Diese Schiffe verfügen nicht über bedeutende Bergungsmittel, da ihre Zweckbestimmung in sogenannter erster Hilfe am havarierten Schiff besteht. Die ungefähren Abmessungen eines solchen Schiffes sind folgende:

Länge	40 m
Breite	7—8 m
Tiefgang	3—4 m
Maschinenleistung	200—300 PS
Geschwindigkeit	12—14 kn

Es soll ein Gangspill vorgesehen werden, eine Pumpenanlage von 1000 bis 2000 t Wasser pro Stunde sowie eine Feuerlöschpumpe.

Die Seebergungsschiffe sollen dagegen in großer Entfernung von Häfen Bergungsarbeiten vornehmen; die Typen und die Abmessungen dieser Schiffe sind von der Art der Arbeit abhängig.

Man war früher der Ansicht, daß für die Seebergungsarbeiten sich Schiffe mit hölzerner Bordwand am besten eigneten, die auch bei Unwetter in enger Berührung mit dem Havarieschiff bleiben können, was aus psychologischen wie auch aus materiellen Gründen von Vorteil ist. Hierdurch wird der auf dem Havarieschiff arbeitenden Besatzung eine größere Zuversicht verliehen. Auch die Möglichkeit, jede

Abb. 63. Motorbergungsschiff „Seefalke".

Stunde des guten Wetters zu der Arbeit ausnutzen zu können, ist in einem solchen Falle von Wichtigkeit. Aus diesem Grunde wurden früher in England als Bergungsschiffe alte Kanonenboote von gemischter Konstruktion verwendet, die sich sehr gut bewährt haben, nachdem neue Maschinenanlagen und Kessel aufgestellt worden waren.

Die gegenwärtigen Bergungsschiffe werden aus Stahl gebaut, und die Möglichkeit, an den Havarieschiffen bei jedem Wetter zu bleiben, wird durch besonders starke Holzfender und Rohrgeflechtkörbe gesichert. Die modernen Bergungsschiffe haben 1500 bis 2000 t Verdrängung, sie sollen gute Seeeigenschaften haben und über größere Lagerräume zur Aufbewahrung der Taue und anderer Materialien verfügen. Es muß eine vollständige elektrische Anlage vorgesehen werden, starke Dampfwinden, Ladewinden bis 40 t Hebekraft, mechanische Werkstatt mit

Drehbänken und Bohrmaschinen, pneumatisches Werkzeug zum Unter-
wasserarbeiten, eine autogene Anlage zum Schweißen und Schneiden,
eine Unterwasserschneideanlage, Luftkompressoren, Pumpenanlage,
tragbare und Feuerlösch-Pumpen. Die Kajüten und sonstigen Wohn-
lichkeiten und Unterbringungsmöglichkeiten des Hebeschiffes sollen
etwa für 100 Mann Besatzung und Arbeiter ausreichen.

Die Abb. 63 und Tafel I zeigen ein modernes Motorbergungsschiff
„Seefalke" (erbaut von der J. C. Tecklenborg A. G.). Die Hauptabmessungen des Schiffes sind die folgenden:

Länge über alles	59,2 m
Länge zwischen den Loten	55,5 m
Größte Breite auf Spanten	9,0 m
Seitenhöhe bis Hauptdeck	5,2 m
Tiefgang achtern	4,2 m
„ vorn	3,87 m
Maschinenleistung (2 Schrauben)	900 PS e.
Geschwindigkeit	16,7 kn.

Ein Bergungsschiff soll etwa mit folgenden Materialien versehen
werden:

weiche Stahldrahttaue 125 mm, 100 m Länge	2 St.
„ „ 100 mm, 200 m „	2 „
„ „ 80 mm, 200 m „	2 „
Stahldrahttaue 150 mm, 300 m Länge	2 „
Stahldrahttaue von 50 mm, 80 m Länge	6 „
Befestigungsklammern für 150 mm Taue	4 „
Ankerschäkel mit Zubehör von 40 mm	6 „
„ „ „ „ „ 35 mm	4 „
Verbindungsstücke für Unterkielstahldrahtmatten von 6 cm.	6 „
Blöcke von 40 cm, für 45 t Hebekraft	4 „
„ „ 40 cm, „ 30 t „	4 „
„ „ 40 cm, „ 100 t „	2 „
„ für Hanftaue	1 „
Stropps für 150 mm Trosse	2 „
„ „ 125 mm „	2 „
„ „ 100 mm „	2 „
Kleinere Stropps	6 „
Hanftauwerk von 90 mm	8 „
„ „ „ 20 mm	1 „
Stahldrahtschleichen, doppelte	2 „
Gewöhnliche Schleichen	2 „
Hanfschleichen, 4 Litzen	6 „
Stahldrahttaue von 90 mm, 100 m Länge	1 „
„ „ „ 60 mm, 200 m „	1 „
Pflaster 4 × 4 m	2 „
Segeltuch	100 m
Unterkielstahldrahtmatten	2 St.

sowie verschiedene Werkzeuge, Festklammern, Fässer usw.

Tafel I.

Motorbergungsschiff „Seefalke".

(Siehe S. 63 und 64.)

Länge über alles . . . . 59,2 m
Größte Breite auf Spanten . . . . 9,0 m
Seitenhöhe bis Hauptdeck . . . . 5,2 m
Tiefgang achtern . . . . 4,2 m
Tiefgang vorn . . . . 3,87 m

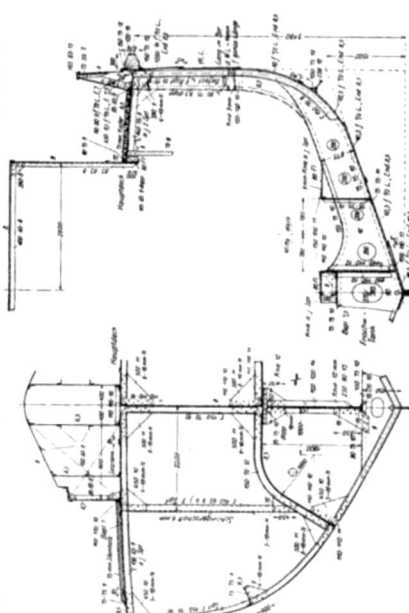

Querschnitt durch den Motorenraum (Hauptspant).

Querschnitt durch den Ölbunkerspant 32.

Eine Bergungsformation, die für die Arbeiten auf hoher See bestimmt ist, besteht außer dem Bergungsschiff aus einem Schlepper, einem Dampfarbeitsschiff für die Aufbewahrung des Materials mit Laderäumen für die Ladung des Havarieschiffes und aus Leichtern und Taucherbooten. Der Schlepper soll außer den oben angeführten Materialien des Bergungsschiffes mit folgendem versehen sein:

Stahldrahttaue von 90 mm . . . . 1 St.
    „   „   „ 80 mm . . . . 1 „
    „   „   „ 50 mm, Länge 60 m . . 1 „
Reserveanker von 1 t . . . . 1 „
Boje . . . . 1 „
Hanftauwerk von 90 mm . . . . 2 „

sowie Befestigungsklammern und weiterem nötigen Zubehör.

Das Personal der Bergungsformation besteht aus Fachleuten, die der Besatzung des Bergungsschiffes und des Schleppers angehören, und aus Leuten, die noch zusätzlich hinzuzuziehen sind und auf dem Arbeitsschiff stationiert sind. Dieses letztere Personal besteht ungefähr aus folgenden Personen: einem Führer der Formation, einem Arzt, einem Heilgehilfen, einem Bootsmann, einem Botelier, einem Kantinengehilfen, zwei Köchen, einem Tauchmeister, vier Tauchern, vier Tauchgehilfen, einem Takelagenmeister, acht Takelagenarbeitern, vierzehn Seeleuten und einem Signalmaat.

Eine Flußbergungsformation besteht außer dem Bergungsdampfer aus einem Pfahlzieher, einem Arbeitsschiff mit Wohnräumen für die Bemannung, einem Taucherboot mit zwei Taucherpumpen und einem Leichter für die Ladung des Havarieschiffes. Das zusätzliche Personal besteht aus einem Führer der Formation, zwei Meistern, einem Tauchmeister, vier Tauchern, drei Vorarbeitern und 30 Arbeitern. Im Notfalle können Hilfsarbeiter hinzugenommen werden. Für Hebungszwecke sollen entsprechende Leichter, Pontons, Einrichtungen usw. vorgesehen werden.

X. Hilfseinrichtungen und Hilfsarbeiten.

1. Tauchergeräte.

Die Taucharbeiten sind bei der Bergung von Schiffen von besonderer Bedeutung, da fast alle Bergungen mit Hilfe der Taucher ausgeführt werden. Aus diesem Grunde ist es von Wichtigkeit, auf die Taucharbeiten an sich genauer einzugehen.

Obwohl zur Einführung der Unterwasserbeleuchtung verschiedene Vorschläge gemacht worden sind, ist es bisher jedoch noch nicht gelungen, eine praktische Einrichtung herzustellen, die dem Taucher

in großen Tiefen in voll befriedigender Weise nützlich sein könnte.
Aus diesem Grunde arbeiten bis jetzt die Taucher in großer Tiefe nur
tastend in trübem Wasser. Trotzdem ist die Arbeit geübter Taucher
so gut ausgeführt, daß es überraschend wirkt. Das Sonnenlicht ist
bis zu einer Tiefe von 9 bis 12 m in den meisten Meeren zu bemerken.
Im Atlantischen Ozean, an der Küste Frankreichs und Englands, ist die
Durchsichtigkeit des Wassers bedeutend größer, so daß der Meeres-
boden noch in einer Tiefe von 25—30 m sichtbar ist. Die Gewässer
des Griechischen Archipels besitzen noch größere Durchsichtigkeit,
so daß noch in einer Tiefe von 60 m die kleinsten Einzelheiten des
Meeresboden zu unterscheiden sind. Im Mittelmeer suchen kleinere
Fischer den Meeresboden ab, indem sie breite Blechröhren in das
Wasser halten, wodurch sie im Innern der Röhre eine unbewegte
Wasseroberfläche erhalten, die ihnen einen klaren Einblick in die
Meerestiefe gestattet.

Je größer die Tiefe desto kürzer ist die Anwesenheit des Tauchers
unter Wasser und desto langsamer soll das Aufziehen ausgeführt werden. Die Grenztiefe für Taucharbeiten, bei der diese Arbeiten noch
genügend produktiv sind, schätzt man gewöhnlich auf 20 m, aus Gründen, die weiter im Kapitel XVII näher besprochen sind. Man kann aber,
wenn auch etwas langsamer und erschwert, Tauch- und Bergungsarbeiten bei 40—50 m durchführen. Südländische Taucher eignen sich für
derartige Tiefen im allgemeinen besser als solche aus nordischen
Gegenden.

Eine zu schnelle Hebung der Taucher aus großer Tiefe kann häufig
Unfälle nach sich ziehen. So haben z. B. bei Hebung von Kästen mit
Gold an den Kanarischen Inseln drei Taucher infolge einer zu schnel-
len Hebung aus einer Tiefe von 60 m ihr Leben einbüßen müssen.

Weiter ist zu bemerken, daß bei großen Tiefen die Stabilität des Tauchers stark vermindert wird. Um dem Taucher eine größere Stabilität
zu ermöglichen, sind verschiedene Konstruktionen vorgeschlagen; von
diesen sind die der Drägerwerke zu erwähnen[1]) (s. Abb. 64 und 65).

Die Apparate der Dräger-Werke D. M. 40 zeigen einen bedeutenden
Fortschritt in dem Sinne der Stabilität des Tauchers. Die Galoschen
mit Bleisohlen sind hier in leichte kupferne verändert, das Brustgewicht aus Blei ist durch eine Preßluftflasche ersetzt. Das hierbei
gewonnene Gewicht ist nach oben versetzt und ist in Form einer Me-
tallplatte zwischen den Füßen des Tauchers angehängt. Diese Ver-
setzung des Gewichtes wirkt sehr günstig auf die Stabilitätsverhält-
nisse des Tauchers, wobei der Schwerpunkt des ganzen Systems im
Wasser sich dem Schwerpunkt der Verdrängung annähert; der Tau-

---

[1]) Siehe auch S. 199.

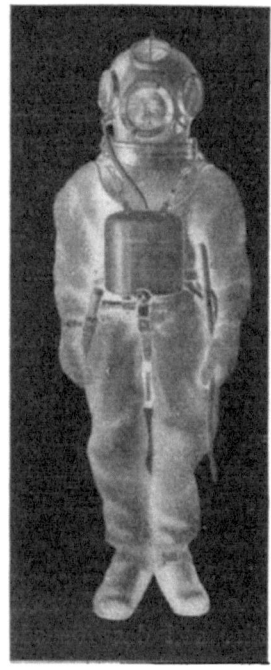 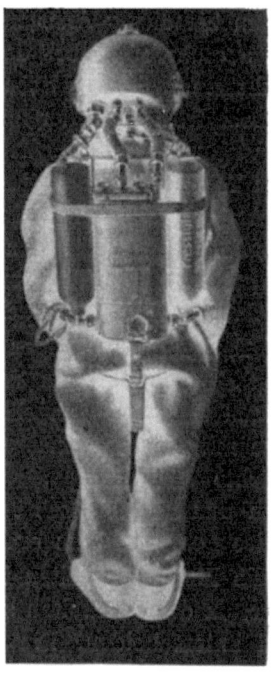

Abb. 64.   Tauchergerät D. M. 40.   Abb. 65.   Tauchergerät D. M. 40.

Abb. 66.   Schlauchtauchergerät bei Bergungsarbeiten.

5*

cher kann bei dieser Anordnung die Arbeiten nicht stehend, sondern
sitzend ausführen, wobei das zusätzliche Gewicht als Bank dient.
Außer diesem sind bei diesen Apparaten keine Luftschläuche vorhanden, welche früher mit der über der Wasseroberfläche stehenden Luftpumpe verbunden waren. Die Abwesenheit dieser Schläuche erleichtert dem Taucher die Bewegung und das Fehlen der Luftpumpe macht
ihn unabhängig von den Hilfsarbeiten über Wasser und also selbständig in seinen Entscheidungen. Die Luft wird dabei aus der Preßluftflasche geliefert. Die Tiefe ersieht der Taucher aus dem Manometer,
das im Taucherhelm angebracht ist.

Diese Taucherausrüstungen sind weit unabhängiger, da sie ohne Ver-
bindungsschlauch arbeiten und die hiermit verbundenen Schwierigkeiten und Gefahren vermeiden. Außerdem werden jetzt alle Tauchapparate mit einem Fernsprecher versehen, wodurch es möglich ist,
eine leichte Verbindung der Taucher mit einer Zentralstation durchzuführen und telephonisch Auskünfte über Art der Beschädigungen,
Größe des Lecks usw. zu erhalten.

Für die Bergungsarbeiten ist nicht jeder Durchschnittstaucher verwendbar, da diese Arbeiten sich von gewöhnlichen Taucharbeiten bedeutend unterscheiden. Ein Bergungstaucher soll das Ausladen der
Güter aus gefluteten Räumen ausführen können, in der Auflage von
Pflastern geübt sein, die Bauarbeiten unter dem Wasser ausführen
sowie auch mit der Arbeit der Preßluftwerkzeuge vertraut sein. Auch
das Unterwasserschneiden sowie ferner die Vornahme von Sprengarbeiten sollen dem Taucher bekannt sein. Die Erfahrungen zeigen,
daß solche Leute in der Hauptsache nicht aus Technikern gewählt
werden sollen, sondern aus Seeleuten, da Seeleute häufiger vor die
Aufgabe gestellt werden, bei schwierigen Lagen einen Ausweg finden
zu müssen. Als beste Taucher werden die Schweden und die Japaner
bezeichnet. Die größten Leistungen im Sinne der Tiefe wurden bei
der Hebung des U-Bootes „F 4" zustandegebracht, wo eine Tiefe bis
zu 93 m erreicht wurde. In dieser Tiefe war es eigentlich unmöglich,
eine Arbeit auf dem Meeresboden zu unternehmen, und es kam hier
ausschließlich die Besichtigung der Hebetaue in Frage.

2. Autogenes Schneiden[1]).

Das Verfahren des autogenen Schneidens, welches bei Bergungsarbeiten von bedeutender Wichtigkeit ist, besteht in der Erwärmung
eines geringen Teiles des zu schneidenden Eisens durch einen brennen-

---

[1]) Über autogenes Schneiden und Unterwasserschneiden s. näher: Achenbach-Lavroff,
Elektrisches und autogenes Schweißen und Schneiden von Metallen. Berlin. 1925.

den Strahl aus Wasserstoff oder Azetylen[1]) bis auf die Temperatur, bei welcher Eisen im Sauerstoff brennt (1350°). Wenn anschließend an die auf solche Weise vorgewärmten Teile ein Strahl Sauerstoff unter Druck geleitet wird, so verbrennt das Eisen in diesem Strahl, indem es Eisenoxyd bildet. Die durch den Verbrennungsvorgang freigewordene Wärme wird weiter dadurch nutzbar gemacht, daß die benachbarten Stellen vorgewärmt werden, so daß weiteres Schneiden ohne eine besondere Vorwärmung erfolgen kann. Um jedoch die günstigste Schneidegeschwindigkeit zu halten, wird auch weiter eine Vorwärmung des Eisens durch Verbrennung des Wasserstoffs evtl. Azetylen vorgenommen. Der Schneidesauerstoff wird mittels eines Schlauches zugeführt, wobei der erforderliche Druck auf 2—15 Atm. eingestellt wird, je nach der Stärke des zu schneidenden Stückes. Dieses Verfahren ist ausschließlich zum Durchschneiden von Stahl verwendbar sowie auch des Schmiedeeisens, Stahlgusses und Panzerstahles. Gußeisen sowie auch weiße und rote Metalle können nicht autogen geschnitten werden, da bei diesen Metallen die Schmelztemperatur unter der Entzündungstemperatur im Sauerstoff liegt. Aus diesem Grunde fließen die Metalle weg, bevor sie verbrannt sind, und es entstehen dabei breite und unsaubere Schnitte, die nur auf eine geringere Dicke durchdringen. Zum Durchschmelzen der nicht schneidbaren Metalle kann man den elektrischen Lichtbogen verwenden, wobei die Kohlenelektroden angewandt werden. Die obere Grenze für dieses Durchschmelzen liegt bei 50—60 mm Stärke. Für das autogene Schneiden dagegen bis 1 m Dicke.

3. Unterwasserschneiden.

Die Anwendung des autogenen Schneidens bei Unterwasserschneidarbeiten hat den Tauchern ein wichtiges Werkzeug in die Hand gegeben, welches mit den anderen bisher verwendeten Werkzeugen kaum zu vergleichen ist. Der Vorteil des autogenen Unterwasserschneidens besteht hauptsächlich darin, daß man von den Tauchern nur eine langsame Bewegung des Brenners und eine leichte Bewegung der Ventile zu verlangen braucht. Der Gedanke des Unterwasserschneidens auf autogenem Wege hat schon lange viele Erfinder beschäftigt. Eine ganze Reihe von Patenten wurde von 1909—1914 angemeldet, und das Verfahren des Unterwasserschneidens dadurch theoretisch klargelegt.

Die praktische Lösung dieser Aufgabe war jedoch nicht leicht ausführbar, da eine grundsätzliche Durcharbeitung des Verfahrens notwendig war. Es ist eigentlich erst der Deutsch-Luxemburgischen Bergwerks- und Hütten-Aktien-Gesellschaft gelungen, einen praktisch ver-

---

[1]) In letzter Zeit werden auch flüssige Brennstoffe verwendet.

wendbaren Unterwasserschneideapparat auf den Markt zu bringen,
nachdem sie sämtliche Patente erworben und die Versuche in breitem
Maßstabe in der Versuchsanstalt für Unterwasserschneiden organi-
siert hat.

Das Verfahren des autogenen Unterwasserschneidens beruht im
wesentlichen darauf, daß durch Zuführung von Preßluft oder Sauerstoff eine Luftabsperrung herbeigeführt wird, die das Auslöschen der
Flamme unter Wasser verhindert. Bei Ausführung kleinerer Unterwasserschneidarbeiten kann man dabei Preßluftballons oder Sauerstoff verwenden. Bei größeren Unterwasserschneidearbeiten ist die
Aufstellung eines Kompressors für Preßluft mit einem Druck von
6—7 Atm. und einer Leistung von 40—50 m³ pro Stunde nötig.

Ein Unterwasserschneideapparat ist auf der Abbildung 67 dargestellt. Das Mundstück des Brenners besteht aus drei Düsen, von denen
die innere für den Sauerstoff, die mittlere für den Wasserstoff, die
äußere für Preßluft dient. Als ein wichtiger Vorzug dieses Apparates
soll die Verstellbarkeit des Brennkopfes hervorgehoben werden, so
daß dem Taucher die Möglichkeit gegeben ist, auch auf bedeutende
Entfernungen zu schneiden, indem er nur das Mundstück verstellt.
Dieses ist vor allem an den Stellen wichtig, welche über dem Kopf
liegen oder schwer zugänglich sind. Eine gleichmäßige Flamme beim
Schneiden wird durch den entsprechenden Druck der Gase in den
Düsen des Brenners gesichert. In diesem Sinne ist die Anwendung
des Wasserstoffes von Vorteil seines geringen spezifischen Gewichtes
wegen.

Die Vorrichtungen für ein schnelles Wiederanzünden der Flamme
unter dem Wasser, wenn diese durch irgendwelche störenden äußeren
Umstände zum Erlöschen kommt, oder im Verlaufe der Arbeit abgestellt wird, besteht im wichtigsten aus einer elektrischen Zündkerze,
die den Hochspannungsstrom von einer sekundäre Wicklung erhält, wobei die Primärwicklung den Strom von einem Akkumulator nach Schlie-
ßung des wasserdichten Schalters erhält. Dadurch wird die magne-
tische Wirkung des Eisenkernes des Induktors des Stromunterbrechers
betätigt, welcher sogleich wieder mit Hilfe einer Feder den Stromkreis
schließt. In der Zeit der Stromunterbrechung arbeitet der Akkumulator auf einen Kondensator, welcher seinerseits bei geschlossenem
Stromkreis die Wirkung des Akkumulators in der Primärwicklung verstärkt. Die nach und nach erhöhte Stromkraft in der Primärwicklung
erhöht die Spannung in der Sekundärwicklung, die den Strom für die
Zündkerze liefert. Der Pol der Hochspannung, von dem der Funke ab-
springt, schließt glatt mit seiner Isolierung ab oder geht auch evtl. darin
ein, um eine leitende Wirkung des Wassers zwischen Pol und armier-

tem Zündkabel zu verhindern. Das zwischen dem Zündkerzbügel und der Zündkerze befindliche Wasser wird mit Hilfe der Gase, die dem Brenner entströmen, beseitigt und auf diese Weise die Bildung von Funken gesichert. Die Zündungsvorrichtungen befinden sich entweder im Brustgewicht des Tauchers oder in einem besonderen Rohr als Handzündung.

Abb. 67. Taucher beim Unterwasserschneiden.

Zu der Ausrüstung der Unterwasserschneidanlage gehören außer diesen Apparaten je eine Anzahl Flaschen Sauerstoff und Wasserstoff mit Ventilen, eine Einrichtung, die das Einfrieren derselben verhindert, sowie auch die Manometer für Sauerstoff und Wasserstoff. In der nachstehenden Zahlentafel sind die Gasdrucke für die verschiedenen Wassertiefen angegeben.

Wassertiefe in m	Preßluft	Druck in atm. Wasserstoff	Sauerstoff	Sauerstoff f. Schneiden
1—5	2—3	2,5	3,5	5
5—10	3—3,5	2,5	3,5	5
10—15	3,6—4	3—3,5	4	5,5
15—20	4	3,5—4	5	5,6
20—25	4,5	4—4,4	6	6
25—30	4,5—5	5—5,5	6,5	6

Die bei den Bergungsarbeiten vorkommenden Materialstärken liegen gewöhnlich bis 20 mm Dicke, bei einer Materialstärke über 50 mm muß der Sauerstoffdruck für das Schneiden erhöht werden.

Die Anwendung des Wasserstoffes wie Brenngases ist hauptsächlich auf die gefahrlose Unterbringung desselben bei hohem Druck zu er-

klären sowie auch durch die günstigen räumlichen Umstände. Die tie-
fere Temperatur der Wasserstofflamme gegenüber Azetylen ist ohne
Bedeutung, denn es genügt, wenn bei dem Schneiden des Eisens die
Verbrennungstemperatur des Eisens im Sauerstoff (1350⁰) erreicht
wird.

Die Anwendung des Unterwasserschneidens bei den Bergungsarbeiten ist von großer Bedeutung, da das Verfahren leicht gestattet, die
deformierten Teile eines Lecks sowie z. B. auch den Seitenkiel heraus-
zuschneiden, wodurch eine dichte Auflage des Pflasters ermöglicht
wird. Auch das Durchschneiden der Löcher und Öffnungen in der
Außenhaut des Schiffes sowie auch das Zerschneiden von Stahltrossen
und Ketten der Schiffsanker wird durch das Verfahren viel leichter ausgeführt als durch die üblichen Werkzeuge.

Abb. 68. Der unter Wasser geschnittene Doppelboden des „Kaiser Friedrich III“.

Das Unterwasserschneidverfahren wurde z. B. bei Hebung des türkischen Zerstörers „Jadhygar-i-Millet“[1]) und des Dampfers „Skandia“
vorteilhaft verwendet, wobei die letzten Arbeiten binnen einer Woche
ausgeführt wurden[2]). Es wurden dabei Platten von 15 mm Stärke
sowie auch die doppelten Platten von 30 mm Stärke abgeschnitten
sowie auch Nieten von 26 mm Durchmesser und Bolzenlöcher
von 26 mm Durchmesser ausgebrannt. Das Unterwasserschneidverfahren gestattete bei letzterem Schiffe, die Bergung sehr schnell
vorzunehmen. Als eine weitere Arbeit mit Hilfe des Unterwasserschneidens ist das Durchschneiden des Doppelbodens des gesunkenen
Wracks „Kaiser Friedrich III“ mit einem Gewicht von 700 t zu be-

---

[1]) Schneider, Die Hebung des „Jadighar-y-Millet“. Werft und Reederei, 1921, S. 347.
[2]) Siehe auch: S. Lavroff, Unterwasserschneiden. Schiffbau, 1926, S. 634.

zeichnen. Dieses Abwrack-Reststück ist unter Wasser geschnitten worden und wurde in einzelnen Stücken von einer Tiefe von 8 m gehoben. Es kamen dabei folgende Stärken der einzelnen Konstruktionsteile in Frage: äußere Bodenhaut 16 und 17 mm, innere Bodenhaut 8 mm, sowie auch Winkel von $75 \times 75 \times 10$ bis $120 \times 120 \times 6$. In diesem Falle ist es also durch das autogene Unterwasserschneiden gelungen, die Schiffsteile zu beseitigen, die ihrer Lage in der Nähe eines Molenkais wegen nicht gesprengt werden konnten. Eine ähnliche Schneidarbeit wurde bei dem russischen Kriegsschiff „Gromoboi" durchgeführt, welches an der Mole von Libau gestrandet ist und dort an Ort und Stelle abgewrackt wurde. Alle diese Arbeiten wurden vermittels der oben-beschriebenen Apparate ausgeführt.

4. Sprengarbeiten.

Für die Sprengarbeiten werden verschiedene Sprengmittel verwendet, die sozusagen brisante Wirkung ausüben, so daß die Zerstörung nur an der Fläche in der Nähe von Sprengpatronen vor sich geht. Die Breite der Patrone wird dabei wie die doppelte Breite des Eisens gewählt. Falls jedoch eine schmale eiserne Stange durchbrochen werden muß, so legt man die Sprengpatrone in eine Längsrichtung.

Die nötige Menge des Sprengstoffes wird aus folgender Formel berechnet:

$$C = 1550 \, a^2 b,$$

worin: $C =$ Gewicht der Sprengpatrone in g,
$b =$ die Breite des Eisens in cm,
$a =$ die Dicke des Eisens in cm ist.

Für das runde Eisen oder für die Stangen bis 150 mm Breite wird die Menge des Sprengstoffes aus folgender Formel berechnet:

$$C = 4000 \, d^2,$$

worin: $d =$ der Durchmesser des Eisens in cm ist.

Für das Gußeisen werden die Koeffizienten doppelt verkleinert.

Für Stahldrahttaue können folgende Angaben der Berechnung zugrunde gelegt werden:

Umfang des Taues	Gewicht der Sprengpatrone
50 mm	400 g
75 mm	1 600 g
100 mm	2 800 g
125 mm	3 200 g
150 mm	3 600 g

Für Holzbalken kann die Größe der Sprengpatronen aus folgender Formel berechnet werden:

$$C = ka\,(a+b),$$

worin: C = das Gewicht des Sprengstoffes in g,
    a = die Dicke des Balkens,
    b = die Breite in cm ist.

Für Balken gilt eine Formel $C = k_1 d^2$, worin d der Durchmesser des Balkens ist. Die Koeffizienten sind dabei für Eiche die folgenden: $k = 50$, $k_1 = 100$.

Für trockene Kiefernbalken: $k = 12,5$, $k_1 = 25$.

5. Zweckmäßige Lukendichtung.

Es wird bei Bergungen häufig notwendig werden, eine Abdichtung von Luken anzustreben, um hierdurch einen wasserdichten Querschottenabschluß zu erreichen. Die Lukendichtungen sind nicht so

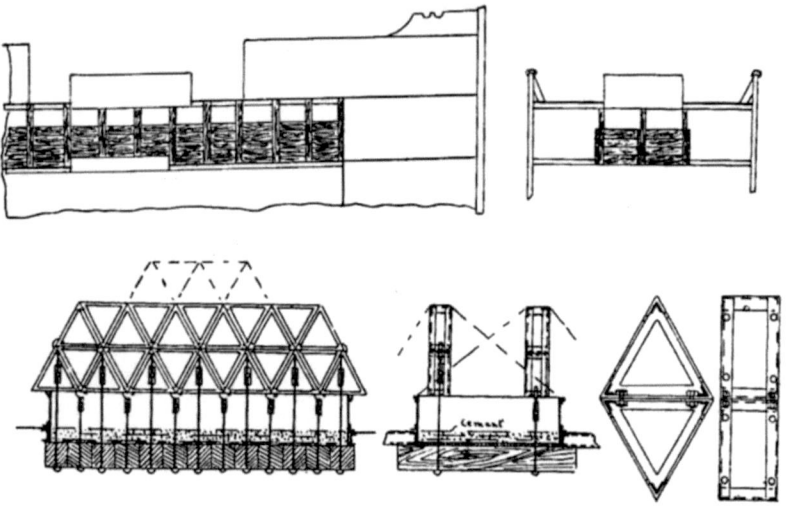

Abb. 69. Lukendichtung mit eisernen Gitterträgern.

gebaut, um bei gewöhnlichen Verhältnissen einen von unten ausgeübten Wasserdruck aushalten zu können. Sie dienen gewöhnlich nur zum Schutz gegen Sturzseen und gegen ein Wassereindringen aus den oberen Decks in die unteren Laderäume. Bei einer Schiffsbeschädigung wird infolge des zunehmenden Schiffstiefgangs das Wasser durch die Lukenöffnungen von unten in die oberen Decks strömen. Eine in Abbildung 69 vorgeschlagene Schiffslukendichtung soll nun ermöglichen, eine zerstörte Lukendichtung im Notfall wasserdicht abschließen zu können. Die Lukenabstützung besteht hierbei aus zwei über dem Luksüll gelegten Brückenträgern, die aus gleichen Einzelteilen — dreieckigen Gitterträgern — sich in beliebiger Länge und Steghöhe zusammenschrauben lassen und auf dem Bergungsdampfer als Hilfsmaterial mit vorhanden sein müssen. Infolge der gleichartigen Unterteilung lassen sich die Brückenträgerteile leicht verstauen, überall bequem befördern und für jede Lukenlänge passend zusammensetzen. In den Knotenpunkten des Trägers werden nun Balken an Drahtenden, die letzteren in einem Haken auslaufend, aufgehängt; nachdem die Balkenenden unter die Unterkante des Luksülls, die sich in Havariefällen unter Wasser befinden wird, geschoben sind, werden die Balken durch Spannschraubbolzen fest angepreßt. Auf diese Weise wird ein Balken neben den anderen gelegt und in sich einzeln fest abgestützt. Ist eine starre Decke erreicht, so werden deren Fugen mit einer Bretter- oder Drahtnetzlage ausgefüllt, und die ganze so geschaffene Luksüllgrube wird mit einer Zement- oder Betonaufschüttung wasserdicht abgeschlossen.

Die auf diese Weise geschaffene Lukenabdichtung hatte sich als völlig wasserdicht erwiesen, so daß der über der Luke befindliche Laderaum ausgepumpt und trocken gemacht werden konnte. Hierdurch konnte soviel Wassergewicht ausgepumpt werden, daß ein Aufschwimmen des Schiffes möglich wurde.

Dritter Teil

Abschleppen und Aufrichten der Havarieschiffe.

XI. Abschleppen der gestrandeten Schiffe.

1. Allgemeine Arbeitsverfahren.

Bei einer Strandung eines Schiffes auf einer glatten Untiefe hebt sich der Bug des Schiffes aus dem Wasser, und zwar um so mehr, je größer die Geschwindigkeit des Schiffes vor der Havarie war. Aus diesem Grunde erhalten öfters die Fluß-Raddampfer einen Trimm nach dem Bug hin, um beim Auflaufen eine möglichst kleine Fläche zu beschädigen. Bei Fahrten flußabwärts gibt man im Gegensatz einen Trimm nach dem Heck hin, um das Schiff daran zu hindern, nach dem Auflaufen sich breitseits gegen die Flußströmung zu stellen.

Zur Abbringung der gestrandeten Schiffe ist es nötig, gleichzeitig mit dem Fluten der Heckabteilungen die Gewichte vom Bug nach dem Heck zu verschieben und mit der Maschine rückwärts zu arbeiten, vom kleinsten bis zum größten Gang. Durch das Verschieben der Gewichte wird der Druck des Schiffes auf die Untiefe bis auf das geringste Maß verringert. Weiter soll man ausrechnen, welche Kraft zum Abschleppen des Schiffes von der Untiefe notwendig ist, wobei auch die Reibungskraft zwischen dem Schiffe und der Bank in Betracht gezogen werden muß. Diese Kraft kann gleich der Hälfte des Druckes des Schiffes auf die Untiefe angenommen werden.

Falls das Schiff bei niedrigem Wasserstand gestrandet ist und Hochwasser zu erwarten ist, so ist es ratsam, die Tankzisternen im Heck zu füllen, um den Bug zu heben (vorausgesetzt, daß das Schiff bei Vorwärtsbewegung aufgelaufen ist); beim Hochwasser ist solches nicht ratsam, da wir das Gewicht des Schiffes vergrößern und keine Aussichten haben, diese Vergrößerung bei Hochwasser auszugleichen.

Man muß bemüht sein, das Schiff beim ersten Hochwasser von der Untiefe abzubringen; falls dieses jedoch nicht gelingt, so ist es notwendig, das Schiff zu hindern, während des folgenden Flutens dem Ufer zu nahe zu kommen, um die Verringerung der Stabilität und die Krängung des Schiffes zu vermeiden. Aus diesem Grunde ist es erforderlich, die notwendigen Maßnahmen zur Befestigung des Schiffes zu treffen. Man legt dabei mit Hilfe von Schleppern Anker aus, legt von diesen Taue zu Bug oder Heck des Schiffes und zieht diese Taue stramm an. Einer der Anker soll dabei nach der Windseite gerichtet sein, der andere in der Richtung der Strömung. In einzelnen Fällen können auch andere Richtungen für die Anker ausgewählt werden im Zusammenhang mit den örtlichen Verhältnissen. Solange die Anker nicht herabgelassen sind, ist es nicht ratsam, die Tankzisternen leerzupumpen, da die Dünung das erleichterte Schiff auf das Ufer werfen kann.

Die Schiffe, die auf einer Sandbank in offenen Stellen gestrandet sind, riskieren, bei Unwetter weiter hinausgeworfen zu werden. Um sie ohne Anker auf der Stelle zu verfestigen, ist es ratsam, Wasser zu fluten. Die Schiffe, die mit einer schweren Ladung im Sande gestrandet sind, können öfters bei Ebbe der Gefahr des teilweisen Bruches unterworfen sein; in diesem Falle werden zu beiden Seiten des Bruches hölzerne Schotten errichtet und bei Hebung des Schiffes wird das Heck und der Bugteil selbständig behandelt. In einigen Fällen kommen die Schiffe so weit auf ein abschüssiges Ufer, daß sie vollkommen aus dem Wasser vorragen. In diesen Fällen ist es nötig, die Schiffe in der üblichen Weise vom Stapel laufen zu lassen oder einen Kanal zu bauen, in den das Schiff abgeschleppt werden kann.

In den Fällen, wenn das Schiff auf einer Sandbank mit der Mitte des Schiffskörpers gestrandet ist und wenn bei Ebbe der Rumpf des Schiffes aus dem Wasser vorragt, ist es möglich, daß es in seinem schwächsten Teil bricht. Um einen solchen Bruch zu verhindern, legt man unter die beiden Enden des Schiffes Sand, vermischt mit Stroh. Bei Flut ergibt sich aus diesem Gemisch eine starke Bank, die das Schiff stützt. In anderen Fällen placiert man unter dem Schiff mit Hilfe von Stahldrahttauen Holzbalken. Die Taue werden hierbei an jeder Seite straff gespannt. Wenn diese Arbeit bei der Flut gelungen ist und das Schiff dabei mit Hilfe der Anker befestigt ist, so stützt es sich bei Ebbe auf diese Balken.

Eine Strandung auf Felsenriffen ist immer eine ernste Havarie, die fast stets die Anwendung von Bergungsschiffen mit Tauchern und voller Bergungsausrüstung erforderlich macht. Die wichtigste Aufgabe ist dabei, den in das Schiff eingedrungenen Stein zu entfernen, wonach auch die Abschleppung erfolgen kann. Nicht immer ist es möglich, nach der Entfernung des Steines das Schiff mit offenem Leck und gefluteten Räumen abzuschleppen, da es auf dem Wasser eine gefährliche Trimmung erhalten und auch zugrunde gehen kann. Sollte es unmöglich sein, das Leck zu dichten und das Wasser auszupumpen, ist es erforderlich, Berechnungen für die Feststellung vorzunehmen,

welche Verdrängungskräfte am Bug des Schiffes anzusetzen sind, um
es vor dem Untergang zu bewahren. Um die nötige Schwimmkraft zu
erhalten, werden an den Bug des Schiffes von beiden Seiten Hebezylinder oder Pontons oder Leichter herangeführt, die nach dem
Fluten mit Ketten unter sich verbunden und die Ketten dann unter
dem Kiel des Havarieschiffes hindurchgeleitet werden. Um die Außenhaut nicht zu beschädigen, werden zwischen dem Schiffe und den
Pontons Matten oder Schutzkörbe gelegt (s. Abb. 70). Hiernach wird
das Wasser aus den Pontons oder Leichtern ausgepumpt.

Um den Stein ungefährlich zu machen, wird in einigen Fällen auch
folgende Einrichtung angewandt: der Stein wird mit einem Holzkasten
bedeckt, der am Boden des Schiffes dicht befestigt wird. Danach wird
der Raum leergepumpt, wobei das Schiff sich manchmal vom Stein
befreien kann. Ein solches Verfahren wurde bei der Havarie des amerikanischen Flußdampfers „Eider"[1]) angewandt. Nachdem das Leck
mit Segeltuch abgedichtet worden war, wurde der Dampfer vom Riff
abgeschleppt.

Schiffe laufen leider häufig bei Strandungen auf Steine, es gibt jedoch bis jetzt kein schnelles Mittel, die Steine zu entfernen. Wenn
das Schiff auf einen scharfen Stein aufläuft, so wird meistens der
Schiffsboden leck und das Schiff bleibt auf der Tiefe bewegungsunfähig.
Vor der Abschleppung soll vorher der Stein durch Sprengungen entfernt werden, wobei jedoch nur kleine Sprengungen möglich sind, um
die Beschädigung des Schiffsrumpfes zu vermeiden. Unter diesen Umständen wird die Entfernung des Steines sehr langsam vor sich gehen;
bei der Strandung des russischen Küstenpanzerschiffes „Admiral
Apraxin" im Jahre 1900 wurden z. B. fünf Monate gebraucht, um
den Stein zu entfernen, wobei auch die große Kälte, bis — 40° C,
einen ungünstigen Einfluß auf den Gang der Bergungsarbeiten ausübte.

Aus diesen Ausführungen ist ersichtlich, daß die Verfahren zum Abschleppen gestrandeter Schiffe von den Eigenschaften des Meeresbodens, von der Lage des Schiffes, von den vorhandenen Bergungsmitteln usw. abhängig sind.

Die Arbeiten vereinfachen sich bedeutend, wenn die Wasserdichtheit
des Havarieschiffes unverletzt ist, und wenn es nur mit dem Heck oder
dem Bug auf der Untiefe liegt. Bei einer Beflutung des Hecks oder
des Bugs werden die Arbeiten umständlicher, und zwar desto mehr,
je bedeutender die Versenkung ist. Bei festem Boden sollen die Ber-
gungsarbei   sätzlich so geführt werden, daß vorerst die Wasserdichtheit (es erreicht sein muß, wonach das Schiff durch
Schleppen in tieferes Wasser abgebracht werden kann.

---

[1]) Engineering, 1892, S. 482 (B. 53).

Falls ein gestrandetes Schiff mit seinem ganzen Rumpf auf der Untiefe sitzt, so ist das Abschleppen nur bei Errichtung von Stapellaufvorrichtungen möglich. In einigen günstigen Fällen ist es möglich, das Schiff mit Hilfe der Bodenspülung von der Untiefe abzuschleppen oder einen Kanal zu bauen, um das Schiff in freies Wasser zu bringen. In vielen Fällen können auch die günstigen örtlichen Bedingungen ausgenutzt werden, z. B. der Unterschied zwischen Flut und Ebbe oder das Hochwasser bei Unwetter, wie das bei der Abschleppung des russischen Dampfers „Russud" im Jahre 1920 der Fall war, wobei das Schiff auf dem Sandufer bei Sulina gestrandet war.

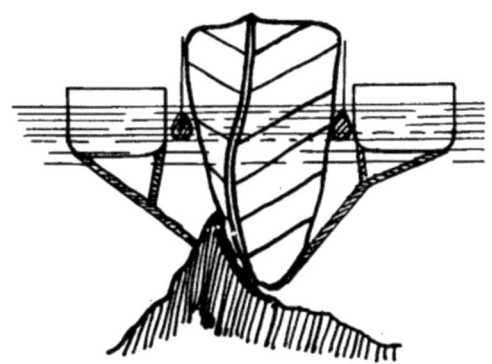

Abb. 70.   Abschleppen von einem Felsen.

Um also die verschiedenen Bergungsverfahren der gestrandeten Schiffe richtig zu bewerten, ist es nötig, folgende einzelnen Fälle ausführlicher zu beschreiben:

a) Abbringen des Schiffes von der Untiefe durch Schleppen von anderen Schiffen;

b) Abbringen von der Untiefe vermittels Ausspülens des Meeresbodens oder Errichtung von Kanälen;

c) Abschleppen der gestrandeten Schiffe mittels Stapellaufvorrichtungen;

d) Abschleppen der Schiffe, die teilweise gesunken sind.

2. Schleppen.

In der Praxis ergibt sich häufig der Fall, daß nur der Bug auf der Untiefe liegt, das Heck aber sich in freiem Wasser befindet. In diesem Falle ist es notwendig, die Heckräume mit Wasser zu füllen, um den Bug zu heben. Das Schiff soll in der Richtung geschleppt werden, aus der es aufgelaufen ist. Zum Abschleppen des Schiffes werden vorerst Giens verwendet, die an die Taue der placierten Anker gelegt werden.

Mit Hilfe der Giens ist es möglich, nur dann eine bedeutende Kraft zum Abschleppen des Schiffes nutzbar zu machen, wenn die Anker festhalten. In den meisten Fällen jedoch kommen die Anker in Bewegung und die an die Giens gelegten Taue reißen. Das Abschleppen vermittels der Giens allein geht zu langsam vor sich und ist nicht immer anwendbar.

Um die Schlepparbeiten auf einem kleinen Einschraubenschiff zu fördern, kann durch fortwährende Bewegung der Mannschaft von einer Bordseite auf die andere eine seitliche Schwingung dem Schiffe erteilt werden, die die Abschleppung erleichtert. Bei Zweischraubendampfern ist es möglich, dieselbe Wirkung durch die verschiedenen Drehungen der beiden Maschinen zu erreichen.

Falls es dem Schiffe nicht gelingen sollte, mit eigener Kraft von der Untiefe loszukommen, so ist die Hilfe von Schleppern unentbehrlich, die dabei auf das Schiff Stahldrahttaue oder Hanftauwerk geben, diese straff spannen und bei vollem Vollgang vorwärts das Schiff abzuschleppen versuchen. Falls es möglich ist, soll auch das Havarieschiff seiner Maschine den Rückwärtsgang geben. Um das Abbringen des Schiffes von der Untiefe durch Schleppen zu ermöglichen, ist es notwendig, daß die an die Taue angelegte Kraft T größer als die Reibung zwischen dem Schiffsrumpf und dem Boden ist. Diese Kraft wird gewöhnlich auf die Hälfte des Druckes K des Schiffes auf die Tiefe angenommen. Zu einem erfolgreichen Abschleppen ist es also nötig, daß folgende Bedingungen ausgeführt werden:

$$T > \frac{K}{2}.$$

Nach rechnerischen Angaben ist es leicht festzustellen, daß für ein erfolgreiches Abschleppen ein Schiff mit einer starken Schleppkraft nötig ist, also ein großes Schiff mit großen Ausmaßen und mit starker Maschine. Im Augenblick des Abschleppens des Schiffes von der Untiefe hat die folgende Gleichung Gültigkeit:

$$Mv = M_1 v_1,$$

worin: M = Masse des Schleppers,

v = Geschwindigkeit des Schleppers,

M_1 = Masse des Havarieschiffes,

v_1 = Geschwindigkeit des Havarieschiffes im Augenblick des Abschleppens bedeutet.

Wenn diese Gleichung in folgender Form geschrieben wird,

$$v_1 = \frac{Mv}{M_1}$$

so kann man nachstehenden Schluß daraus ziehen:

Die Größe v_1 wird bei einem bestimmten M_1 um so größer sein, je größer M ist. Weiter kann man auch den Schluß daraus ziehen, daß bei dem Abschleppen nicht eine allmähliche Spannung der Schlepptaue notwendig ist, sondern ein Anlauf. Dabei müssen selbstverständlich feste und zuverlässige Schlepptaue verwendet und dieselben zuverlässig auf den Schiffen befestigt werden. Es wird gewöhnlich Tiegelgußstahldraht verwendet.

Für den Fall, daß die Festigkeit der Schlepptaue ungenügend sein sollte, wird ein Schleppbrohk gebraucht, und zwar wird dabei eine Bucht der Stahltaue von entsprechender Größe vom Heck bis zum Bug des Schiffes auf einem Bord und dann von Bug nach Heck auf den anderen Bord gelegt. Das so gelegte Tau wird vermittels Hilfshanftauen an Bord befestigt, wobei am Vorsteven, eventuell auch an anderen vorragenden Stellen des Rumpfes Matten gelegt werden. Nachdem diese Arbeit ausgeführt ist, legt man an Schleppklampen und Klüsen die Stahldrahttaustroppen in der Weise, wie das mit Ankerketten gemacht wird.

Die Taue werden kreuzweise auf die Schlepper gegeben, es werden also die Schlepptaue vom Steuerbord des Schleppers auf Steuerbord des Havarieschiffes und vom Backbord des Schleppers auf Backbord des Havarieschiffes geleitet. (Hierbei ist angenommen, daß das Schiff mit dem Bug aufgelaufen ist.) Nach der Verlegung und Befestigung der Schlepptaue sollen sie allmählich ausgeglichen werden.

Die Placierung der Taue, das Ausgleichen und das Schleppen selbst können nur bei ruhigem Meer, bei Vorhandensein der notwendigen Mittel und bei genügender Erfahrung des Personals vorgenommen werden. Nachdem die Schlepptaue ausgeglichen sind, geht der Schlepper vorwärts, indem er allmählich die Drehungen erhöht. Falls dieses Manöver mißlingt, so entsteht ein Schlaffwerden der Schlepptaue. Man gibt dann Volldampf voraus, um den Anlauf auszunutzen. Dieses Verfahren ist mit Gefahr des Abreißens der Taue oder der Befestigung verbunden; überhaupt soll man im Auge behalten, daß das Schleppen ein so umständliches Verfahren ist, daß es nur dann angewandt werden sollte, wenn die Zweckmäßigkeit des Verfahrens durch die vorherige Berechnung erwiesen ist.

3. Entfernung des Grundes unter dem gestrandeten Schiff.

Falls die Wasserdichtheit des gestrandeten Schiffes unverletzt geblieben bzw. wiederhergestellt und das Abschleppen unmöglich ist, dann soll der Boden unter dem Schiffsrumpf entfernt und ein Kanal zum Abbringen des Schiffes in tieferes Wasser gemacht werden. Die

Art der Entfernung des Bodens ist von dessen Eigenschaften und von dem Profile des Bodens abhängig. Bei festem Boden können Sprengverfahren angewandt werden. In unmittelbarer Nähe des Schiffes ist es jedoch nur durch Taucharbeiten möglich. Bei diesen ungünstigen Umständen müssen beim Abschleppen der Schiffe Maßnahmen zur Verminderung des Tiefganges vermittels Hebekräften getroffen werden, deren Art von der Lage des Schiffes abhängig ist. Bei Schlamm- oder Sandboden ist es möglich, einen Kanal unter dem Schiff vermittels Saugbagger oder durch einen Strahl Preßluft oder durch Arbeit der Schrauben zu ziehen. In einigen Fällen ist auch die Anwendung der Dampf- oder Motorpumpen möglich, besonders wenn das Schiff auf einem Sandufer liegt. Der Saugschlauch wird dabei unter den Boden gesteckt, und der Abflußschlauch entfernt den Sand weiter fort. Es ist auch möglich, das Ausspülen des Bodens in der Nähe des Schiffes mittels einer Zentrifugalpumpe mit elektrischem oder hydraulischem Antrieb vorzunehmen, wobei eine oder zwei Pumpen von jedem Boot auf den Boden gesenkt werden. Die bei der Arbeit der Pumpen entstehende Strömung des Wassers entfernt den Schlamm oder den Sand vom Schiffsrumpf.

Bei Anwendung von Saugbaggern bei Bergung des englischen Schlachtschiffes „Victorious"[1]) hat man einen Bagger auf die eine Seite des Schiffes gestellt, wobei er den Schlamm vom Boden durch die Saugröhre entfernte. Von der anderen Seite wurde ein anderer Bagger angestellt, der vermittels eines starken Wasserstrahles den Boden lockerte. Im Laufe einiger Tage konnte das Schiff abgeschleppt werden.

Im Sande können die Kanäle auch vermittels Preßluft errichtet werden, falls eine genügende Strömung vorhanden ist, die den Sand wegträgt. Vom Kompressor wird dabei ein kleiner Schlauch geleitet, der mit Hilfe von Tauchern auf den Boden gelegt wird. Der aufgelockerte Sand wird durch die Strömung fortgetragen.

Das andere Verfahren für die Errichtung eines Kanales besteht in der Arbeit der Schraube des Bergungsschiffes im Sand, wobei das Bergungsschiff durch die Taue mit dem Havarieschiff verbunden wird, um in der nötigen Lage zu verbleiben. Es ist dabei notwendig, festzustellen, in welcher Weise die Bewegung der Schraube für das Aufspülen des Bodens am besten verwendet werden kann. Die Wasserströmungen, die bei der Arbeit der Schraube entstehen, können auf folgende Weise dargestellt werden: das im Bug des Schiffes verteilte Wasser wird in Bewegung gesetzt und zum Heck perpendikulär zu der Schiffsform im Heck des Schiffes gebracht, wobei diese Bewegung

---

[1]) Länge 119 m, Verdrängung 15150 t.

durch die Reibungskräfte erhöht wird. Alle diese Strömungen bilden
eine Vorwärtsbewegung in der Nähe des Schiffsrumpfes und eine
Rückwärtsbewegung in einiger Entfernung vom Schiff, es entsteht
also ein Wasserstrudel um das Schiff herum. Aus dieser Beschreibung
ist ein Schluß zu ziehen, daß bei Bewegung der Schraube auf Vor-
wärtsgang eine Spülung über dem Grunde längs der Bordwände des
Schiffes entsteht, wobei der Sand über das Heck weggeschleudert
wird. Die Spülung des Bodens in der Tiefe entsteht ausschließlich
durch die direkte Wirkung des Wassers in der Nähe des Schiffes.

Man nimmt an, daß die Wirkung der Spülung nur um ein paar
Meter größer als die Abmessungen der Schrauben ist. So wurde
z. B. bemerkt, daß auf den Gewässern mit einer Tiefe von 8—9 Metern
die Trübung des Wassers bei einem Tiefgang des Schiffes von 6—7
Metern entsteht; im Sund, wo die Tiefe nur 6—7 Meter beträgt, entsteht die Trübung bei einem Tiefgang des Schiffes von 5 Metern. Auf
diese Weise sollte man annehmen, daß die Wirkung der Schrauben
auf das Auflockern des Bodens nicht größer als ca. 2 Meter unter
dem Tiefgang des Schiffes ist. Aus den Beobachtungen wurde festgestellt, daß die Trübung bei jeder Drehung der Schraube entsteht.
Beim Übergang der Maschine von vorwärts auf rückwärts wenden sich
auch die Richtungen der Strömungen, wobei Trichterbildungen beobachtet werden können.

Die Wirkung der Schrauben auf den Boden für den Fall, daß der
Tiefgang nahe zur Tiefe des Wassers ist, kann man mit folgenden
Beispielen erklärlich machen: 1916 sollte aus der Mündung des Don
ein Dampfer von einem Tiefgang von 3,5 m ausgeführt werden. Bei
den östlichen Winden ist die Tiefe in der Donmündung auf der Sandbank nicht größer als 2,7 m. Man hat sich entschieden, dem Dampfer
beim Übergang der Sandbank, wo eigentlich der Grund genügend fest
war, volle Geschwindigkeit zu geben. Vor dem Dampfer fuhren drei
Schlepper, die durch die Arbeit ihrer Schrauben den Grund auflockern
sollten. Diese Fahrt gelang vollständig, indem die Schlepper den Boden
vollständig gelockert hatten.

1896 ist der Kreuzer „Dschigit", der in der Meerenge Matotschkin
Schar vor Nowaja Semlja vor Anker lag, durch eine Bora ans Ufer
geworfen worden. Durch die vorgenommenen Maßnahmen war es
möglich, das Schiff vor einer vollständigen Vernichtung zu retten, die
endgültige Lage des Schiffes war jedoch ziemlich schwierig, da die
Tiefe an der Backbordseite 3,7 m war und auf der Steuerbordseite 2,4 m
betrug (normaler Tiefgang des Schiffes war 4,9 m). Nach einer Ge-
wichtserleichterung des Kreuzers war es gelungen, den Sand vermittels der Arbeit der Schraube auszuspülen und nach zwei Tagen

das Schiff ins freie Wasser zu bekommen, indem die Maschine ab-
wechselnd vorwärts und rückwärts gearbeitet hat.

Für die gute Erhaltung der Schraubenwellenlagerung entstehen bei
derartigen Sandarbeiten natürlich Nachteile.

4. Abschleppen der gestrandeten Schiffe mittels Stapellaufvorrichtungen.

In den Fällen, wo die Schiffe so weit auf das Ufer gekommen sind,
daß sie vollständig aus dem Wasser herausragen, ist es notwendig,
unter den Schiffen Stapelvorrichtungen zu bauen und auf die gewöhnliche Weise sie vom Stapel laufen zu lassen oder mit Hilfe der Bagger
einen Kanal zu ziehen.

Als ein Beispiel des Abschleppens mittels Stapellaufvorrichtungen
wird hier die Bergung des Minentransportschiffes „Wsrywatel" beschrieben, das Anfang 1912 bei Wladiwostok infolge eines Sturmes
auf eine steinerne Bank geriet. Das Transportschiff „Wsrywatel"
hatte folgende Abmessungen:

$$
\begin{aligned}
&\text{Länge.} \ldots \ldots \ldots \ldots 58 \ \text{m} \\
&\text{Breite.} \ldots \ldots \ldots \ldots 9,1 \ \text{m} \\
&\text{Tiefgang.} \ldots \ldots \ldots 3 \ \text{m} \\
&\text{Verdrängung} \ldots \ldots 700 \ \text{t}
\end{aligned}
$$

Es wurde folgender Bergungsplan angenommen:

a) Ausschiffung der beweglichen Güter;

b) Verringerung der Krängung;

c) Fertigung der Fundamente und Schlitten für den Stapellauf;

d) Sprengarbeiten, um die Fläche der Bank auszugleichen;

e) Versteifung des Schiffsrumpfes durch Holzstützen;

f) Anbringen eines Pflasters auf dem beschädigten Teil des Schiffes;

g) Leerpumpen der Räume;

h) Placieren der Taue und des Schleppbrohks;

i) Abschleppen des Transportschiffes durch Dampfer.

Die örtlichen Bedingungen ermöglichten den seitlichen Stapellauf
des Schiffes, wobei eine übliche Ablaufbahn errichtet wurde, die aus
einigen Einzelteilen gebildet war. An den Stellen, wo die Ablaufbahn
aufgestellt worden war, mußten Sprengarbeiten vorgenommen werden
und weiter Balken von verschiedener Größe gelegt werden. Alle
Fundamente sowie auch die Ablaufbahn und die Schlitten wurden aus
Zedernholz angefertigt. Um die Schlitten unter dem Schiffe richtig
unterzubringen, mußte die Krängung des Schiffes etwas verkleinert
werden, was durch Anlegen äußerer Kräfte durchgeführt werden
konnte. Im Herbste des gleichen Jahres wurde das Schiff abgeschleppt
und in den Hafen gebracht.

5. Abschleppen von Schiffen, die teilweise gesunken sind.

Falls bei der Strandung das Schiff mit Wasser volläuft, so ist es nötig, gleich die Maßnahmen zu treffen, die zur Wiederherstellung der Wasserdichtheit dienen. Gleichzeitig mit den Arbeiten der Leckabdichtung sollen auf dem Deck des Havarieschiffes tragbare Pumpen aufgestellt und auch Dampfkessel aufgestellt werden, letztere nur, falls es sich nötig erweisen sollte. Wenn einer der Steven des Schiffes unter Wasser liegt, ist es nötig, das Havarieschiff an der Linie des Wasserstandes an Deck durch ein Querschott in zwei Teile zu teilen. Wenn neben dieser Linie des Wasserstandes kein Querschott vorhanden ist, so soll ein provisorisches Holzschott errichtet werden. Die größte Sorgfalt soll an das Leerpumpen der Maschinenabteilungen gewandt werden, um auch das Aufschwimmen der Enden zu erreichen. Falls die Erreichung der Wasserdichtheit unmöglich ist, so müssen an den Enden des Schiffes Hebezylinder oder Pontons oder Leichter verwendet werden. Für kleine Schiffe können sehr vorteilhaft elastische Pontons verwendet werden. Falls diese Verfahren unanwendbar sind, so muß man einen Kofferdamm bauen.

Falls Bug und Heck des Havarieschiffes während der Flut durch Wasser gefüllt sind, so muß durch Lotmessungen festgestellt werden, in welchem Schiffsteile das Wasser während der Ebbe schneller sinkt. Das gibt eine gewisse Angabe über die Lage des größten Lecks und auch eine Vorstellung über die Anzahl der benötigten Pumpen. Sind mehrere Räume voll gelaufen, so kann man die Leckstelle dadurch finden, daß man vom Pumpendampfer zunächst Wasser in das gestrandete Schiff einpumpt und feststellt, in welchem Raume das Wasser durch das Leck wieder auf die normale Außenwasserlinie sinkt. Der Taucher kann sich hierbei durch das ablaufende Stromwasser an das Leck heranfühlen. Jede Minute guten Wetters am Tage und in der Nacht muß ausgenutzt werden, um die Pumpen auf dem Schiffe aufzustellen, wobei auch eine geringe Dünung die Arbeiten nicht verhindern soll. Das Warten auf Stille kann sehr stark die Zeit der Vorbereitung des Schiffes zum Auspumpen verlängern und bei Zeitverlust ist es auch nicht ausgeschlossen, daß ein Unwetter hereinbricht, durch welches die Aufstellung der Pumpen unmöglich wird. Um das Schiff vor dem Abgleiten auf abschüssigem Grunde zu bewahren oder zu verhindern, daß es sich nach einer Gewichts-von-Bord-Gabe auf eine seichte Stelle aufsetzt, werden in Richtung der Winde starke Anker gelegt. Falls neben dem Havarieschiff Riffe oder Felsen vorhanden sind, die die Schlepper an einer Annäherung an das Havarieschiff hindern, werden Stahldrahttaue vermittels Schwimmbojen placiert, die die Taue unterstützen. Wenn der Boden des Havarieschiffes so stark beschädigt ist, daß die Pumpen das anlaufende Wasser nicht auspumpen können, so muß der wichtigste Teil der Arbeit durch Taucher ausgeführt werden.

Die Taucharbeiten werden öfters dadurch kompliziert gemacht, daß das Schiff so stark versandet ist oder so fest auf den Felsen sitzt, daß die Taucher die Lecke nicht erreichen können; sollte sich in diesem Falle die Entfernung der Felsen durch Sprengungen als unmöglich erweisen, so müssen Werg und Stroh auf dem Boden ausgebreitet werden; die Taucher bringen diese Stoffe vermittels langer eiserner Stöcke unter den Schiffsboden an alle Stellen, die zwischen Felsen und Schiffsrumpf erreichbar sind. In der Praxis der Schiffsbergung sind viele Fälle bekannt, wo die Taucher die Lecke nicht erreichen konnten und wo trotz großer Menge ausgepumpten Wassers es unmöglich war, das Einlaufen des Wassers einzustellen. Das Anbringen von Werg und Stroh unter dem Schiffsboden, was mehrere Tage ununterbrochen durchgeführt wurde, hat in vielen Fällen die Möglichkeit gegeben, das Leerpumpen der Räume zu erreichen. Falls hierbei Flut und Ebbe vorhanden sind, so soll ein Teil der Pumpen die ganze Zeit arbeiten, da andernfalls das in das Schiff eingedrungene Wasser das unter dem Boden untergebrachte Werg und Stroh wieder herausdrücken kann.

Nachdem die Wasserdichtheit erreicht ist, sollen die Bergungsarbeiten so geführt werden, wie dies in den vorherigen Unterkapiteln beschrieben ist.

6. Abschleppen des Kreuzers „San Giorgio"[1].

Am 12. August 1911 war der italienische Kreuzer „San Giorgio" auf der Untiefe Gaiola bei Neapel aufgefahren, wobei er eine Geschwindigkeit über 13 Knoten hatte. Die Hauptabmessungen des Schiffes waren die folgenden:

Länge über alles	141	m
Breite	21	m
Tiefgang	7,1	m
Wasserverdrängung	10 450	t
Maschinenleistung	19 500	I.P.S.

Beim Auffahren erlitt das Schiff bedeutende Beschädigungen, da es auf Felsen aus tuffartigem Gestein geraten war und während eines andauernden Knirschens bedeutende Zertrümmerungen erlitt. In das Innere des Schiffes sind ungefähr 4300 t Wasser eingedrungen, was im Vergleich zur Verdrängung sehr viel war. Der Tiefgang des Schiffes vor dem Auffahren betrug 6,9 m vorne und 8,2 m achtern. Nach dem

[1] Siehe Marine-Rundschau, Juni 1912.

Auffahren lag das Schiff vorne 9,2 m und achtern 5,2 m tief. Der Heck-
minenapparat war über dem Wasserspiegel. Das Schiff hatte 6° Krängung auf der B.-B.-Seite.

Nach der Untersuchung war festgestellt worden, daß der Schiffsboden von vorne bis auf ungefähr ⅔ der Länge eingedrückt war, wobei die Außenhaut starke Beschädigungen erlitten und die Beplattung
an mehreren Stellen aufgerissen worden war. Beide vorderen großen
Kesselräume und die vordere Munitionskammer waren mit Wasser
vollgelaufen, alle Räume bis zum vorderen Querschott im Maschinenraum waren mit Wasser gefüllt. Das Gewicht des Schiffes stieg auf
14 750 t und da die Verdrängungskräfte durch das veränderte Ein-
tauchen bis 9600 t verkleinert wurden, so mußte das Schiff auf 5150 t
erleichtert evtl. künstlich aufgetrieben werden, um es schwimmfähig
zu machen.

Nach eingeleiteter Untersuchung wurde folgendes Bergungsverfahren
in Angriff genommen:

    a) Erleichterung des Schiffes durch Ausschiffen von Gewichten;

    b) Auspumpen des Wassers;

    c) Herstellung einer Fahrrinne auf den Felsen durch Sprengarbeiten;

    d) Anbringung äußerer Kräfte.

Außerdem wurden folgende präventive Maßnahmen getroffen, um das
Schiff vor den Folgen des Unwetters zu sichern:

    e) Fortlaufende Untersuchungen bezüglich der Krängung des Schif-
fes, der Krümmung des Decks, des Wasserspiegels in den überfluteten
Räumen, der Flut und Ebbe usw.;

    f) Maßnahmen zur Sicherung der Unbeweglichkeit des Schiffsrumpfes
bei eventuellem Unwetter.

Die Erleichterung des Schiffes wurde mit Hilfe der Hafen-
schwimmkräne und Schiffshebeanlagen ausgeführt, wobei die Haupt-
geschütze mit den Türmen, die kleineren Geschütze und ein Teil der
Panzerplatten ausgeschifft wurden, was eine Verkleinerung des Gewichtes von 1070 t ergab. Weiter wurden die Kohlenvorräte, das Süßwasser, Verbrauchsmaterial und der Lukendeckel von einem Gesamtgewicht von 600 t entfernt. Zwei vordere Schornsteinrohre wurden
abgenommen. Es wurden auch Maßnahmen getroffen, um Kessel und
Maschinenteile im Falle der Notwendigkeit zu entfernen. Nach fünf-
tägiger Arbeit wurden leichte Schwingungen des Schiffes beobachtet.

Zur Entwässerung konnten zwei Verfahren angewandt werden,
und zwar das Pumpen nach der Dichtung aller Öffnungen oder das
Lenzen des Wassers vermittels Preßluft. Beide Verfahren zusammen
können nicht in einem Raum angewandt werden, da das Lenzen eine

vollständige Dichtheit voraussetzt. Aus diesem Grunde hat man mit Pumpen angefangen, wobei die gesamte Pumpenleistung 15 000 t pro Stunde erreichte. Es waren alle Schiffsmittel ausgenutzt worden und auch tragbare Pumpen aufgestellt worden, die teilweise von einer provisorischen Kesselanlage, teilweise von den Achterkesseln des Schiffes gespeist wurden. Dabei wurde festgestellt, daß die Arbeit mit den Dampfpumpen mit großen Unbequemlichkeiten verbunden war, da der Dampf in die Atmosphäre herausgelassen werden mußte, die Pumpen brauchten aus diesem Grunde bedeutende Mengen Speisewasser. Dieser Umstand hat zur Einführung von Verbrennungsmotor-Pumpen gedient, die jetzt bei allen Bergungen unentbehrlich sind.

Die Taucher hatten festgestellt, daß der vordere Kesselraum unmittelbar mit Außenwasser verbunden war, die Nachbarräume dagegen füllten sich mit Wasser infolge der Filtration durch die Schotten. Aus diesem Grunde hatte man sich dafür entschieden, die Querschotten vermittels Holz, Zement und Ziegelsteinen zu verdichten. Die schwer zugänglichen Räume wurden durch Korken und leere Fässer gefüllt.

Der Torpedoraum wurde in den ersten Tagen leergepumpt, die Öffnungen wurden zementiert. Gleichzeitig wurde mit den Arbeiten in allen wichtigen Räumen des Schiffes begonnen, wobei die Gesamtleistung der Schiffspumpen 6000 t stündlich erreichte; 9000 t wurde stündlich durch die tragbaren Pumpen gefördert.

In den zwei vorderen Kesselräumen wurde das Lenzen durch Preßluft angewandt. Diese Abteilungen wurden in Kessons verwandelt, die durch das Panzerdeck abgeschlossen wurden. Alle Öffnungen des Panzerdecks wurden gedichtet, das Lenzen wurde durch drei Kompressoren von 1800 m³ (pro Stunde) ausgeführt. Der Wasserspiegel jedoch konnte nur auf 0,6 m nach unten getrieben werden und bei der Arbeit von drei Kompressoren in einem Raum auf 0,95 m, was bei der Größe der Räume von 1500 m³ als erfolglos angesehen werden mußte. Wie die Untersuchung erwiesen hatte, waren in den Schotten viele kleine Öffnungen, die bei der Installation der elektrischen Anlagen früher entstanden waren, vorhanden; eine Wasserdichte konnte also nicht erreicht werden.

Die Abdichtung des Lecks wurde vermittels dreier Pflaster von je 20 qm erreicht. Auf das Leck wurde vorerst ein stählernes Netz gelegt, auf dieses eine Schicht Werg und endlich das Pflaster selbst. Im vorderen Kesselraum wurden die Lecköffnungen von innen mit Hilfe von Tauchern abgedichtet, wobei Zement und Werg angewendet wurden.

Die Sprengarbeiten konnten nur in geringem Maße vorgenommen werden, um den Rumpf des Schiffes nicht zu beschädigen. Die Eigenschaften des vulkanischen tuffartigen Gesteins hinderten stark die Sprengarbeiten, sie ergaben nur Risse, ohne den Stein auseinanderzusprengen. Aus diesem Grunde schränkte man die Sprengarbeiten aufs Geringste ein und wandte äußere Hebemittel an.

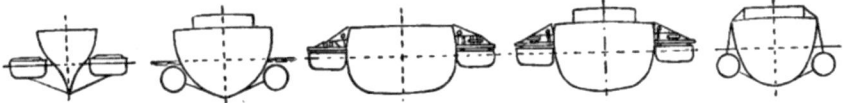

Abb. 71. Übersicht über alle bei Bergung „San Giorgio“ verwendeten Auftriebsmittel·

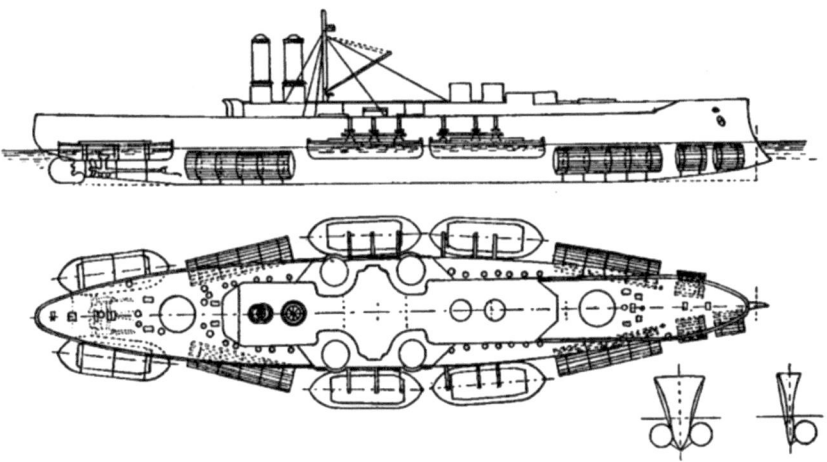

Abb. 72. Übersicht über alle bei Bergung „San Giorgio“ verwendeten Auftriebsmittel.

Als Mittel zur Erzeugung von Auftrieb wurden in den ersten Tagen nur einige Holzleichter benutzt, die am Bug und am Heck durch Stahltaue befestigt wurden. Die Leichter hatten den Zweck, die Stabilität des Schiffes zu sichern. Als jedoch festgestellt wurde, daß auch nach durchgeführter Löschung das Schiff mit 700 t Wasser im Zwischenboden abgeschleppt werden konnte und daß die auf dem Schiffe aufgestellten Pumpen sein Gewicht vergrößerten, entschloß man sich, alle vorhandenen Hebemittel an das Schiff zu bringen. Diese Mittel waren zum Ende der Arbeit folgende:

6 große Hebezylinder zu je	350 t Auftrieb	.	.	2 100 t
8 kleine	„ „	55 t	„	. .	440 t
6 Holzleichter	„ „	150 t	„	. .	900 t

$$\underline{3\,440\,t}$$

In der Mitte des Schiffes wurden die Holzleichter aufgestellt. Die großen Zylinder (Länge 20 m, Durchmesser 5 m) wurden dringend auf den Werften bestellt, die acht kleinen Zylinder wurden von einer Werft genommen.

Die Auftriebskraft betrug also $1/3$ vom Gewichte des Schiffes, wobei außerdem noch zwei starke Schwimmkräne vorhanden waren. Einige von diesen Mitteln blieben jedoch als Reserve bei der Hebung.

Die Befestigung dieser Mittel ist aus den Abbildungen 71 und 72 ersichtlich. In der Mitte des Schiffes wurden einige Panzerplatten entfernt und sechs Paar große Stahlversteifungen von 4,5 m angebracht (s. Abb. 71). Je drei Versteifungen dienten zur Aufstellung eines Leichters, wobei dieser vorerst mit Wasser gefüllt unter der Versteifung aufgestellt wurde, der Zwischenraum zwischen der Versteifung und dem Deck des Pontons wurde durch Balken gefüllt. Nachdem wurde das Wasser aus dem Ponton ausgepumpt. Die vier Pontons wurden in die Mitte des Schiffes gestellt. Vier große Hebezylinder wurden vorne und achtern der Pontons angestellt, die Stahltaue gingen über die Zylinder durch den Kiel des Schiffes. Nach Einführung der Luft in die Zylinder ging der Bug auf 0,6 m in die Höhe und das Heck auf 0,4 m in die Tiefe. Die Zylinder waren dabei nur auf die Hälfte ausgenutzt. Nach der vollständigen Ausnutzung der Zylinder schwamm das Schiff noch weiter auf. Die Preßluft wurde durch 40 P.S.-Kompressoren des Schiffes „Vulcan" geliefert und durch zwei je 60 P.S. starke Elektrokompressoren[1]).

Kurz vor dem Abschleppen des Kreuzers wurden am Bug drei kleine Zylinder angelegt, zwei an der St.-B.-Seite, einer an der B.-B.-Seite. Am Heck wurden zwei Leichter angelegt, wobei die Taue durch den Kiel placiert wurden. Nach Beendigung dieser Arbeit unternahm man am 8. September mit dem Schlachtschiff „Dandalo" den ersten Abschleppversuch, der jedoch vollständig mißlang. Die Taue rissen durch. Ein zweiter Bergungsversuch wurde am anderen Tage vorgenommen, wobei die Taue am Schlachtschiff „Sicilia" befestigt wurden. Der berechnete Druck des Schiffes auf den Grund betrug 600 t. Da auch dieser Abschleppversuch mißlang, wurde eine weitere Erleichterung des Schiffes vorgenommen; außerdem wurden auch die Sprengarbeiten aufgenommen, um die Felsenteile aus dem Inneren des Kreuzers zu entfernen.

Am 15. September wurden drei 75-t-Kräne am Heck in Tätigkeit gesetzt und dieser von dem Schlachtschiff „Sicilia" vorgenommene Abschleppversuch hatte auch Erfolg. Dabei wurden vier dreiteilige Schleppzüge verwendet aus je zwei Hanfkabeln von 42 cm Umfang, zwischen denen zwei Schäkel Kette eingeschaltet waren.

---

[1]) Siehe auch S. 166 ff.

XII. Aufrichten von gesunkenen Schiffen.

1. Aufrichten kleinerer Schiffe.

Beim Aufrichten kleinerer Schiffe, die in Häfen gesunken sind, ist es möglich, die Hebekraft eines Schwimmkranes zu verwenden. In diesem Falle wird ein Stahldrahttau in der Mitte des Schiffes am Deck befestigt und nach dem anderen Bord des Schiffes gebracht. Hiernach wird das Tau vermittels des Schwimmkranes so weit geführt, bis das Schiff in die richtige Lage kommt.

Auf diese Weise wurde 1916 ein Torpedoboot (Wasserverdrängung 400 t) aufgerichtet, das infolge Kesselexplosion im Hafen gesunken war. Nachdem Pflaster aufgelegt worden waren, wurde festgestellt, daß das Leck nicht vollständig abgedichtet werden konnte der großen Risse im Boden wegen, die das Pflaster hinderten, dicht am Schiffs-

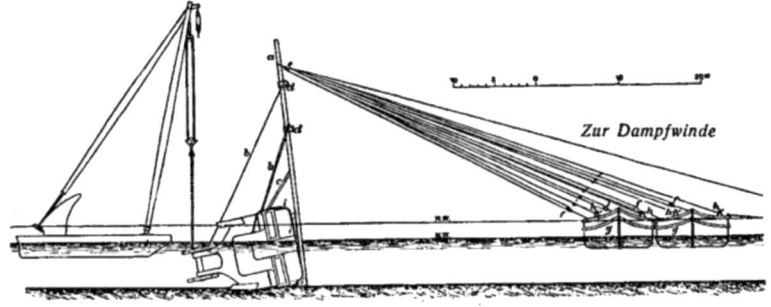

Abb. 73. Aufrichten eines gekenterten Baggers.

boden aufzuliegen. Aus diesem Grunde hatte man vorerst die Krängung des Schiffes beseitigt, wobei ein 100-t-Schwimmkran angewandt worden war. Das Aufrichten des Schiffes vermittels des Schwimmkranes stellte keinerlei Schwierigkeiten dar, wobei die Taue an den Fundamenten des Torpedoapparates angelegt waren, durch den Schiffskiel auf die andere Seite gebracht und durch den Kran vermittels Giens nach und nach aufgewickelt wurden.

Das Aufrichten eines kleinen Schiffes in der Nähe des Ufers ist auch mit Hilfe einfacher Gangspills vorzunehmen. Die Gangspills werden dabei mit Tauen belegt, die am Deck des Schiffes befestigt werden.

Beim Aufrichten kleinerer Schiffe, die in Flüssen oder in der Nähe von Häfen gesunken sind, werden Holzbalken aufgestellt von 200 bis 250 cm Stärke. Die Balken werden auf den Kiel gestützt und vermittels Tauen in senkrechter Lage festgehalten. Am oberen Teil der Balken wird ein Stropp gelegt, der am Mast festgemacht wird. Der Stropp wird vermittels Gangspills vom Ufer durch die Giens geführt, wobei es leicht möglich ist, den Zug des Taues bis 30 t zu steigern, welcher Zug in den meisten Fällen genügend ist, um das Schiff aufzurichten. Falls der Mast es nicht aushalten sollte, so wird noch ein zweites System von Giens auf einen Stropp angelegt, der am Deck des Schiffes befestigt wird.

Will man die Arbeiten mit den Giens erleichtern, so wird zwischen dem Schiff und Ufer ein Ponton aufgestellt. Auf diese Weise wurde z. B. in Swinemünde der Dampfer „Lady Cathrine" gehoben.

Um ein größeres Schiff aufzurichten, sollen größere Zugkräfte angelegt werden, wobei längere Balken a verwendet werden, die durch die Trossen bb und Stützen c verfestigt werden (s. Abb. 73). Die Anzahl der Balken ist von der Größe des Schiffes abhängig und für ein Schiff von 600—700 t beträgt die Zahl ungefähr 15 Stück. Am Ende der Balken werden die Blöcke der Giens befestigt, deren Taue auf die Gangspills gegeben werden. Mittels dieser Vorrichtungen ist es gelungen, das Aufrichten eines gekenterten Baggers auf der Weser vorzunehmen, wobei das Aufrichten ungefähr eine Stunde dauerte.

Eine Bergung eines gekenterten Eimerbaggers[1]) wurde in Danzig 1925 ausgeführt, wobei an Stelle der Balken Hebeböcke aufgestellt wurden. Der Eimerbagger hatte folgende Hauptabmessungen:

Länge des Schwimmkörpers . . . . . . 50 m
Breite auf Spanten . . . . 9,5 m
Seitenhöhe . . . . 3,5 m
Mitte der Welle über Oberkante Kiel . . 11,5 m

Die Bergung wurde im Laufe von 21 Tagen durchgeführt.

2. Aufrichten gekenterter scharfer Schiffe.

Die Schiffsformen des größten Teiles der Kriegsschiffe ergeben in den meisten Fällen im Mittelschiffsquerschnitt eine Kurve, die dem Kreise sehr nahe ist, und bei der der Schwerpunkt über dem Kreiszentrum liegt. Ein solches Schiff, das auf dem Seeboden mit einer Krängung liegt, befindet sich in einem unstabilen Gleichgewicht, und den Vorgang des Kenterns des Schiffes kann man mit dem Vorgang des rollenden Rades vergleichen. Nach dieser Annahme ist es leicht, die ungefähre Größe der nötigen Aufrichtungskraft zu berechnen.

Diese Kraft kann nämlich durch eine Anordnung angelegt werden, die unter dem Namen „Span"[2]) bekannt ist. Unter Span versteht man ein Tau, das in zwei Punkten befestigt ist, die in einer Höhe liegen (s. Abb. 74). Mit

---

[1]) Schröder, Die Bergung eines gekenterten Eimerbaggers. Werft-Reederei-Hafen 1926. S. 90.
[2]) Siehe „Manual of Seamanship". Vol. II. 1909.

dem Tau ist ein Gewicht verbunden. Die Größe des Spans ist von der Größe
der Winkel und von der Lage des Gewichtes abhängig. Wenn z. B. der
Abstand zwischen den Punkten B und C 6000 mm groß ist und ein
Gewicht von 45 kg am Punkt A befestigt ist, so ist der Abstand von

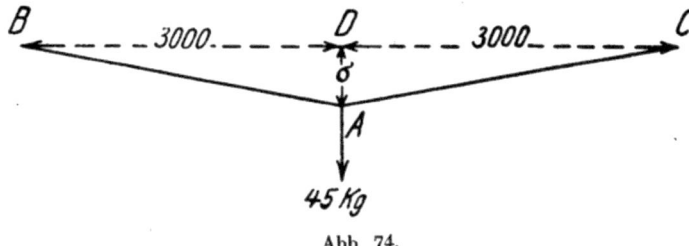

Abb. 74.

A bis D von der Spannung des Taues abhängig. Jeder bestimmte Abstand AD entspricht einer bestimmten Spannung T der Taue. Da in
unserem Falle die zum Punkt A angelegte Kraft senkrecht wirkt, so
ist folgende Gleichung maßgebend: $2T \cos BAD = 45$ kg. Da

$$\cos BAD = \frac{AD}{AC} = \sim \frac{1}{20}, \text{ so ist } T = \sim 450 \text{ kg.}$$

Wenn der Winkel im Punkt, wo das Gewicht an den Span angelegt
ist, groß ist, so ist die Spannung der Taue immer bedeutend größer,
als das Gewicht selbst. Dasselbe kann man auch aus dem Dreieck
der Kräfte entnehmen, und zwar falls der Winkel zwischen den Tauen
und dem Perpendikulär nicht größer als 60° ist, so ist die Spannung
nicht größer als das Gewicht.

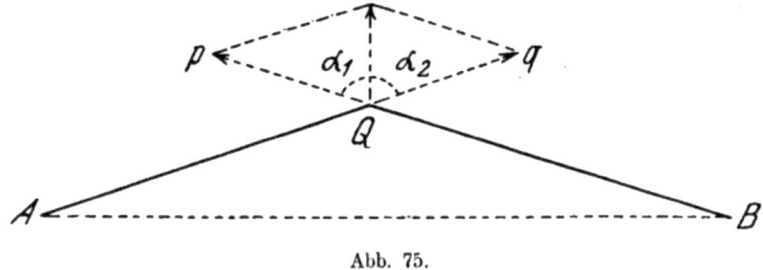

Abb. 75.

Die straffgespannten Taue, die von einem Klampen in verschiedenen
Seiten gelegt sind, bilden ein Beispiel desselben Prinzipes. Es ist zwar
leicht zu zeigen, falls der Winkel zwischen den Tauen größer als
120° ist, so ist die Spannung eines oder des anderen oder der beiden
zusammen in einigen Fällen größer als die Spannung des einzelnen
Taues des ·Schiffes, welches auf einem Anker steht. Da diese Anordnung auch bei der Ausführung der Bergungsarbeiten Anwendung findet,

so wollen wir hier etwas näher auf seine Ausnutzung zur Spannung der Taue eingehen.

Zwischen den Punkten A und B ist eine Trosse gespannt, die schon ihres eigenen Gewichtes wegen die Form einer Kurve annimmt. Wenn auf dieses Tau in einem Punkte eine Kraft wirken wird, so wird in diesem Punkt eine Biegung bemerkt, und zwar entsteht ein Dreieck mit scharfen Winkeln bei A und B. Ungeachtet des Eigengewichtes der Taue können wir nach der Regel des Parallelogramms der Kräfte graphisch oder analytisch die einzelnen Kräfte ausrechnen, die in der Richtung jedes Teiles der Taue wirken. Dabei (s. Abb. 75) ist es leicht, zu einer Entscheidung zu kommen, daß die Anwendung dieser Anordnung sehr zweckmäßig ist, da die dabei erreichten Zugkräfte viel größer

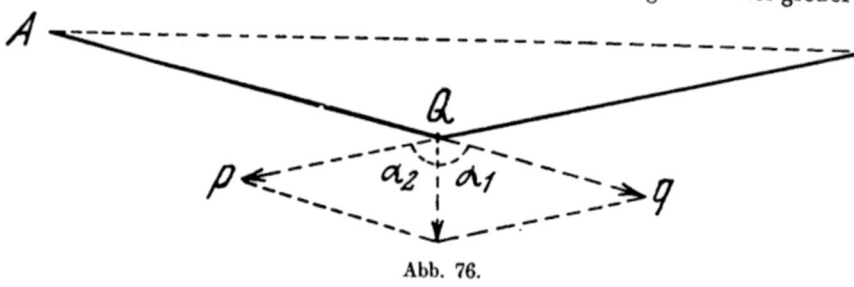

Abb. 76.

als das Gewicht sind. Dieses gleiche Verhältnis der Kräfte erhalten wir auch in dem Falle, wenn an Stelle des Gewichtes auf das Tau eine Kraft wirkt, die von unten nach oben oder in die Seite gerichtet ist. Wenn das Tau in den Punkten A und B befestigt ist und in dem Punkt Q eine Kraft nach oben wirkt (s. Abb. 75), so entsteht in der Richtung $B\!-\!Q$ eine Kraft p und in der Richtung $A\!-\!Q$ eine Kraft q. Aus dem Dreieck der Kräfte ist folgendes zu entnehmen:

$$\frac{p}{q} = \frac{Sin\,_1}{Sin\,\alpha_2};\ q = p\,\frac{Sin\,\alpha_2}{Sin\,\alpha_1};\ Q = q\cos\alpha_1 + p\cos\alpha_2;$$

$$Q = p\,\frac{Sin\,(\alpha_1 + \alpha_2)}{Sin\,\alpha_1};\ p = Q\,\frac{Sin\,\alpha_1}{Sin\,(\alpha_1 + \alpha_2)}.$$

Aus letzter Gleichung ist ersichtlich, daß falls α_1 und $\alpha_2 < 45^0$, so ist $p < Q$. Falls einer dieser Winkel größer als 45^0 ist, so kann die Kraft p größer oder kleiner als Q sein. Aus der Formel ist weiter ersichtlich, daß P in allen Fällen sich vergrößert mit der Vergrößerung des Winkels α_1; aus diesem Grunde soll die Richtung der Taue bei dem Punkt Q möglichst zur Horizontallinie liegen.

Der zweite Fall der Anlegung einer senkrechten Kraft auf die Taue nach unten ist aus der Abbildung 76 ersichtlich:

$$\frac{q}{p} = \frac{Sin\,\alpha_2}{Sin\,\alpha_1}; \quad q = p\,\frac{Sin\,\alpha_2}{Sin\,\alpha_1};$$

$$Q = q\cos\alpha_1 + p\cos\alpha_2; \quad Q = p\cdot\frac{Sin\,(\alpha_1 + \alpha_2)}{Sin\,\alpha_1};$$

$$p = Q\,\frac{Sin\,\alpha_1}{Sin\,(\alpha_1 + \alpha_2)}.$$

Die oben gegebenen Formeln sind im Falle des Aufrichtens des gekenterten Schiffes zu verwenden. Falls T_1 und T_2 die Kräfte sind,
die von rechts und links an das Schiff angelegt sind (s. Abb. 77), so
müssen wir annehmen, daß diese Kräfte im allgemeinen nicht parallel
sind. Es entsteht also eine gleichwirkende Kraft und ein Moment.

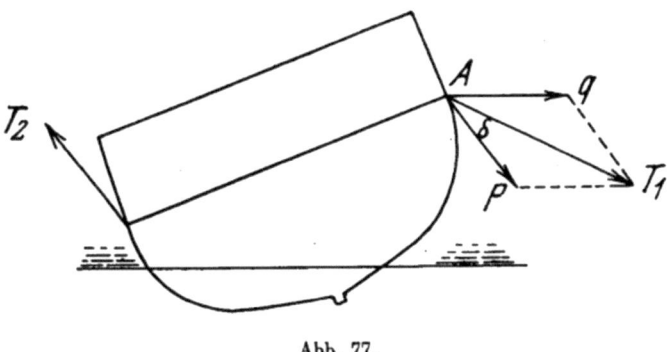

Abb. 77.

Wenn wir ein Parallelogramm der Kräfte aus Punkt A (Kraft T_1) zeichnen, so erhalten wir aus dem Dreieck $A-T_1-p$ folgende Gleichung:

$$p : T_1 = Sin\,\varDelta : Sin\,(\varDelta + \delta),$$

worin $p = $ Kraft in der Richtung parallel der Kraft T_2,

  $q = $ die Kraft in horizontaler Richtung,

  $\varDelta = $ Winkel zwischen T_1 und horizontaler Linie,

  $\delta = $ Winkel zwischen T_1 und T_2 ist.

Die Gleichung kann auch in einer anderen Form geschrieben werden:

$$p = T_1\,\frac{Sin\,\varDelta}{Sin\,(\varDelta + \delta)}.$$

Die Resultierende in horizontaler Richtung Q ist dabei aus folgender Gleichung zu entnehmen:

$$q : T_1 = Sin\,\delta : Sin\,(\varDelta + \delta) \quad \text{oder} \quad q = T_1\cdot\frac{Sin\,\delta}{Sin\,(\varDelta + \delta)}.$$

Aus diesen Gleichungen ist ersichtlich, daß das Moment sich vergrößert mit der Vergrößerung des Winkels $\varDelta$. Aus diesem Grunde

müssen die Kräfte möglichst näher zum gesunkenen Schiffe angelegt werden (s. Abb. 78).

Jetzt wollen wir die horizontale Kraft bestimmen, die am Bord angelegt werden muß, um das Schiff aufzurichten.

Wenn: $x=$ die Kraft, die an das Deck des Schiffes angelegt ist,

$r=$ Arm des Momentes oder der Abstand bis zum Boden des Schiffes,

$l=$ Abstand des Schwerpunktes des Schiffes vom Kiel,

$D=$ Gewicht des Schiffes,

$f=$ Widerstandskoeffizient beim Rollen ist,

so wird: $xr=fDl.$

Es ist dabei zu bemerken, daß die Kraft, die zum Rollen notwendig ist, von der Fläche der Berührung nicht abhängig ist; das Rollen wird in dem Augenblick beendigt sein, sobald der Kiel am Seeboden aufsitzt.

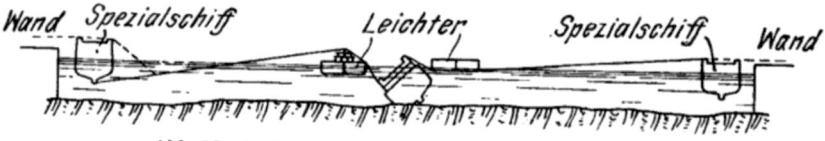

Abb. 78. Aufrichten eines gekenterten scharfen Schiffes.

Koeffizient f ist von den Eigenschaften des Weges abhängig und ändert sich von $1/5$ bis zu $1/50$ für gewöhnliche Bodenverhältnisse.

Letztere Gleichung kann man auf folgende Weise schreiben:

$$x=\frac{fDl}{r}.$$

Alle Größen in dieser Gleichung sind bekannt, da l und r aus den Zeichnungen des Schiffes zu berechnen sind und man für f den größten Wert annehmen kann. Nachdem die Kraft x ausgerechnet ist, ist es leicht, zu einer resultierenden Kraft und zu einem Moment überzugehen.

Auf die oben beschriebene Weise besteht der Vorgang des Aufrichtens des gekenterten scharfen Schiffes aus folgendem:

a) Durch ein Auftriebsmoment wird eine Drehung des Schiffes um den Schwerpunkt erreicht, bis der Kiel auf den Seeboden kommt;

b) weiter wird eine Drehung des Schiffes um den Kiel durchgeführt, wobei der Schwerpunkt seine Lage ändern wird.

Es ist selbstverständlich möglich, die beiden Bewegungen gleichzeitig vorzunehmen. Dabei ist es notwendig, daß der Punkt der Befestigung der Taue, die den gesunkenen Bord anheben, verstellbar ist, so daß die anderen Enden dieser Taue auf spezielle Schiffe eingelegt werden. Die Zugkräfte, welche in einem Falle nach unten, im anderen Falle nach oben wirken, können dabei vermittels der Leichter hergestellt werden (s. Abb. 78).

Die Anwendung dieses Verfahrens an einem Schiff von 170 m Länge und 6400 t Wasserverdrängung hat folgende Daten ergeben:

$$x = 540 \text{ t bei } f = {}^1/_5.$$

3. Aufrichten von gekenterten Vollschiffen.

Die Stabilität der Frachtschiffe ist von der Ladung abhängig und sie kann sehr klein oder sogar negativ sein, wenn das Schiff unbeladen ist. Das unbeladene Schiff muß bei den Fahrten einen flüssigen oder festen Ballast an Bord nehmen, doch bei einem Schiffe mit ungenügender Stabilität kommen oft Verfehlungen vor, besonders bei der Verwendung flüssigen Ballastes. Aus diesem Grunde sind öfters auch Fälle bekannt, wo ein Schiff auf dem Anker oder im Hafen kenterte.

Für weitere Ausführungen nehmen wir an, daß das in Frage kommende Schiff einen Querschnitt auf den Spanten hat, der nahe dem Rechteck ist. Das aufzurichtende Schiff liegt auf der Schlagseite, wobei der Krängungswinkel 90° ist.

Das Aufrichten und Anheben dieses Schiffes wird in folgender Weise ausgeführt werden:

a) Man entfernt aus dem Schiffe Schornsteinrohre, Ventilatoren, Bootsdavits und andere bewegliche Gewichte.

b) Um das Schiff aufzurichten, ist es nötig, die Möglichkeit der Grundausspülung unter dem Schiffe festzustellen.

c) Die Möglichkeit der Anwendung äußerer Kräfte mit Hilfe von Kränen, Ladebäumen und Hebelböcken muß untersucht werden.

d) Die Möglichkeit der Preßluftanwendung muß untersucht werden, um das Gewicht des Schiffes möglichst zu vermindern.

Bei der Errichtung der Rinne ist es nötig, solche Maßnahmen anzuwenden, die den Abmessungen des Bodens entsprechen und die bequeme Ausspülung desselben ermöglichen. Auch die richtige Auswahl des Querschnittes der Rinne ist von Wichtigkeit. Die Länge der Rinne soll nicht größer als $l-k-n$ genommen werden, wobei l die Länge des Schiffes ist, n die Länge des Bugs und k die Länge des Hecks. Im allgemeinen ist $l-k-n = 0,8\,l$. Die Breite der Rinne muß etwas größer als die Breite des Schiffes sein, um das Gleiten des Schiffes beim Kentern nicht zu hindern. Der Querschnitt der Rinne soll so ausgeführt werden, daß an der Seite des Ufers die abschüssige Fläche und von der Seite des Schiffes eine senkrechte Wand von einer Höhe nicht über 3 m vorgesehen sein soll. Die Rinne soll also auf folgende Weise ausgeführt werden: Längsseits des Schiffes soll durch den Bagger eine Anfangsrinne 3 m breit ausgehoben werden. Längs dieser Anfangsrinne soll die Rinne 9 m breit hergestellt werden, die an der Anfangsrinne 3 m tiefer als der Boden sein muß. Der Rinnenboden wird bis zur abschüssigen Fläche gehalten.

Wenn die Rinne vermittels Sprengarbeiten ausgeführt werden soll, so müssen erst Versuchssprengungen gemacht werden, um die Abhängigkeit der Abmessungen der Trichter von der Größe der Sprengpatronen festzustellen. Nachdem die günstigen Abmessungen der Trichter festgesetzt sind, muß man auf dem Plan die Lage der Trichter bezeichnen.

Beim Ausspülen des Seebodens unter dem Schiffsrumpf wird das Schiff sich um die Achse des Schwerpunktes drehen. Wenn der Boden fest ist und keine Verschmutzung der Rinne eintritt, so wird durch diese Arbeit ungefähr ein Aufrichten auf 45° erreicht (siehe weiter die Bergung des „Narodowoletz"). Bei morastigem Grund ist eine Rinne überhaupt nicht nötig, da in diesem Falle eine Ausspülung genügt (siehe weiter die Bergung des „Warjag"), wobei ein Aufrichten bis 15° erreicht werden kann.

Bei mittlerem Grund ist ein Aufrichten auf 30° zu erwarten. Nachdem das Schiff auf den Boden der Rinne sich gelegt hat, bleibt sein Oberdeck ungefähr in gleicher Lage.

Bei Anlegung der Aufrichtungskräfte ist es sehr wichtig, Bäume oder Hebelböcke zu verwenden, die gewöhnlich in Verbindung des zweiten Decks und der Querschotten aufgestellt werden. Die Bäume werden in Form eines Dreimastes von Holzbalken hergestellt. Die Höhe beträgt ca. 9 m. Vom Oberteil des Dreimastes werden Hakenstropps an dem Schiffsmast oder an den Planken gelegt. Bei einigen ausgeführten Bergungen („Gneisenau", „Avaré") wurden eiserne Konstruktionen der Hebelböcke angewandt, die an einem Bord des Schiffes aufgestellt wurden (siehe weiter die Bergung der „Avaré").

Wenn das Schiff in der Nähe des Ufers gesunken ist, so werden die Taue in Richtung des Ufers angelegt.

Die Anwendung von Dreimasten und Hebelböcken hat den Vorteil, daß die Rinne kleiner gemacht werden kann und daß der Augenblick des Aufrichtens des Schiffes willkürlich festgelegt sein kann. Die Aufrichtungskraft kann dabei auch weiter nach einer gewissen Aufrichtung des Schiffes in der Rinne vorgenommen werden. Die eisernen Hebelböcke wurden zum erstenmal bei der Bergung des 13 000-t-Dampfers „Gneisenau"[1]) in der Schelde 1917 benutzt, die Arbeit kostete ungefähr 1½ Millionen Goldmark. Beim Aufrichten wurden auch die Baggerarbeiten vorgenommen, um eine Spülung des Grundes unter dem Schiffe zu erleichtern. Vermittels der Auftriebskräfte von Winden durch Giens und auch unter Mithilfe der Rinne ist es gelungen, das Schiff im Laufe von drei Monaten zu heben.

Um allgemeine Verhältnisse bei dem Aufrichten von Schiffen nach diesem Verfahren klarzumachen, wollen wir auf die Sache näher eingehen. Das Aufrichtungsmoment ist dem Produkte der Aufrichtungskraft auf den Arm gleich, wobei der Arm der Länge des Perpendikulärs gleich ist, der aus der Drehungsachse auf die Kraft bezogen ist.

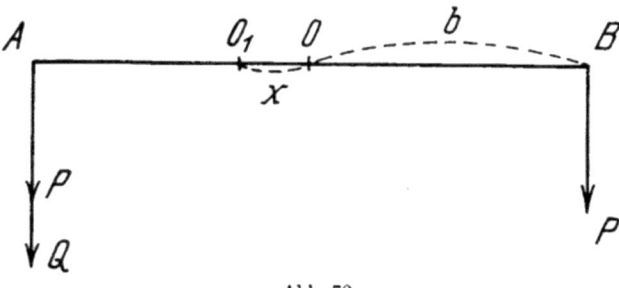

Abb. 79.

Die Größe der Auftriebskraft und deren Einfluß auf das Gleichgewicht des Schiffes ist aus der Abbildung 79 ersichtlich, in der das Schiff durch die Linie $A-B$ dargestellt ist.

Bei dem Anlegen des Aufrichtungsmomentes M (äußere Kraft Q) wird der Drehpunkt A auf den Abstand x sich nach links verschieben. Die Gleichgewichtsgleichung kann in diesem Falle in folgender Form geschrieben werden:

$$(P+Q)(l-x)=P(l+x),$$
$$Q(l-x)=2\,Px.$$

Da $M=Q(l-x)$,

so haben wir $2Px=M$, oder $x=\dfrac{M}{2P}$,

wo $2P$ gesamte Wasserverdrängung des Schiffes ist.

Aus dieser Gleichung ist ersichtlich, daß bei der Anwendung der äußeren Kräfte der Drehpunkt sich von O nach O_1 verschiebt; die Rinne kann also kleiner gemacht werden.

Um den Winkel zu bestimmen, bei welchem das Aufrichtungsmoment

---

[1]) Die Hebung des Loyddampfers „Gneisenau". Zentralblatt der Bauverwaltung, 1917, s. 67.

dem Gewichtsmoment gleich wird, schreiben wir folgende Gleichung
(siehe Abb. 80).

$$2P \cdot O_1 g_1 \cos(\delta + \theta) = M_1,$$

worin: $O_1 g_1 = O_1 g$ — Radius der Drehung des Schwerpunktes um O_1,

δ — der Anfangswinkel des Radius mit dem Wasserspiegel (kann aus der Gleichung: $tg \delta = \dfrac{gO}{O_1 O}$ bestimmt werden),

θ — der nötige Drehungswinkel

oder $\cos(\delta + \theta) = \dfrac{M}{2P \cdot O_1 g}.$

Aus dieser Gleichung ist ersichtlich, daß bei der Drehung auf den
Winkel θ und weiter das Aufrichtungsmoment größer als das Gewichtsmoment wird.

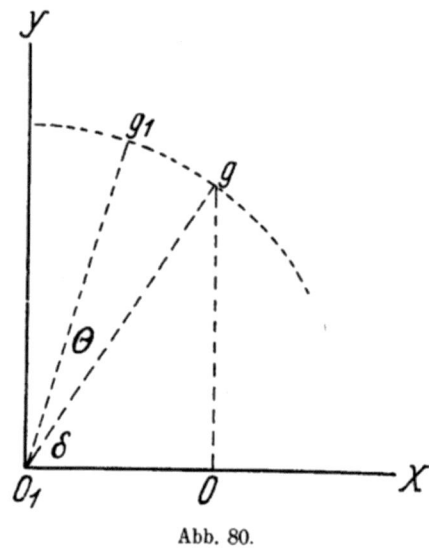

Abb. 80.

4. Aufrichten der kieloben gesunkenen Schiffe.

Wenn die Wasserverdrängung der kieloben gesunkenen Schiffe eine
gewisse Grenze, bei welcher das Aufrichten durch Kräne noch möglich ist, übersteigt, so ist das Aufrichten nur nach dem Aufschwimmen
möglich. Das Aufschwimmen dieser Schiffe kann in den meisten Fällen
nur mit Hilfe von Preßluft erreicht werden. Um die Adhäsion des
Schiffsbodens mit dem Grund zu überwinden, soll die in das Schiff
eingeführte Luft in solcher Menge eingeführt werden, daß der Umfang des ausgedrängten Wassers größer ist, als der Umfang des Schiffes
bis zur Wasserlinie, die es vor dem Sinken hatte. Um die Adhäsions-

kraft zu verringern, muß auch der Seeboden unter dem Schiffe durch
Wasser oder Luft ausgespült werden. Nachdem die Adhäsion bis zu
einer genügenden Menge verringert worden ist, reißt sich das Schiff
vom Grunde los und schwimmt kieloben auf. Die Arbeiten des Aufrichtens dieses Schiffes können nur nach dem Aufschwimmen begonnen werden.

Beim Aufrichten ist es nötig im Auge zu behalten, daß beim Schwimmen des Schiffes kieloben die Luft im Schiff bis zu einem Druck gepreßt ist, der von den Abmessungen des Schiffes abhängig ist und
nahe an 1 Atm. grenzt. Wenn also das Deck an den Wasserspiegel
kommt oder von Wasser frei wird, so werden alle diese Teile sowie
auch Dichtungen und Luken diesem Druck unterworfen werden, wobei er von innen nach außen wirken wird. Bei einer großen Fläche
der Dichtungen ist also auch eine starke Befestigung nötig, da sonst
ein Abbrechen dieser Befestigung entstehen kann. Das Befestigungs-
system kann dabei sehr kompliziert und sehr schwer werden.

Aus diesem Grunde ist es vorteilhafter, ein anderes Verfahren des
Aufrichtens zu verwenden, bei welchem die Decks diesem Preßluft-
druck nicht unterworfen sind; es ist unentbehrlich, auch bei diesem
Verfahren die Decks luftdicht auszuführen, alle Luken und Öffnungen
zu dichten und auf eine solche Weise das Deck in einen provisorischen Schiffsboden zu verwandeln. Nachdem diese nicht leichte Arbeit
ausgeführt worden ist, soll die Luft aus dem Schiffe herausgelassen
werden oder eventuell ein kleiner Überdruck bis zu 2—3,5 m Wassersäule unterhalten werden. Hiernach sollen alle in den Boden gemachten Öffnungen gedichtet und die Schächte ausmontiert werden.
In dieser Lage wird das Schiff wie ein gewöhnliches Überwasserschiff
schwimmen. Nach der Flutung der seitlichen Räume (Kohlenbunker,
Zwischenböden usw.) wird das Schiff kentern, wobei eine Krängung
an der Seite der gefluteten Abteilungen vorhanden sein wird. Nach
dem Leerpumpen des Wassers aus den Räumen wird es möglich
sein, das Schiff aufzurichten.

Bei der Ausführung aller dieser Arbeiten ist es nötig, die Stabilität
und die Lage des Schiffes bei jeder einzelnen Operation auszurechnen.
In gleicher Weise ist zur Ausführung dieses Planes das Vorhandensein
der genügend festen und dichten Längsschotten unvermeidlich. Das
oben beschriebene Verfahren sollte zum Aufrichten des Schlachtschiffes „Imperatriza Maria" verwendet werden, bei dem die wasserdichten Längsschotten vorhanden waren [1]). Die Berechnungen hatten ergeben, daß die Krängung des Schiffes auf 18—20 ⁰ sich einstellen sollte;
das weitere Aufrichten des Schiffes war also leicht durchführbar.

---

[1]) Siehe auch S. 217.

5. Bergung des Kreuzers „Gladiator"[1].

Um die allgemeine Art der Arbeiten für Aufrichten der Schiffe zu erklären, wollen wir weiter die sehr schwierigen und komplizierten Arbeiten des Aufrichtens des englischen Kreuzers „Gladiator" beschreiben.

Der Kreuzer „Gladiator" ist am 15. April 1908 im Solent gesunken nach einer Kollision mit dem amerikanischen Dampfer „St. Paul". Die Kollision entstand bei einem heftigen Schneefall, wobei auch starke Gezeitenströmungen einen ungünstigen Einfluß ausübten. Die Hauptabmessungen des Kreuzers sind folgende:

Länge	97,5 m
Breite	17,3 m
Tiefgang	8,8 m
Verdrängung	6 000 t
Maschinenleistung	10 000 PS

Das Schiff lag in einer Tiefe von 11,5 m am Heck und 13,7 m am Bug bei Ebbe, wobei eine Krängung von 93° auf St.-Bord entstanden war (s. Abb. 81). Das Schiff lag weiter mit seiner Leckseite auf dem Grunde, was die Bergungsarbeiten ungünstig beeinflußte.

Am Anfang der Bergungsarbeiten, die fünf Monate dauerten, wurde festgestellt, daß die starken Gezeitenströme bei der Ebbe, die bis sieben und acht Knoten Geschwindigkeit erreichten, die Arbeiten zur Bergung des Schiffes stark einschränkten, besonders die Arbeiten der Taucher. Unter diesen Umständen war es unmöglich, einen Vorteil aus Flut und Ebbe zu ziehen, obwohl der Unterschied zwischen Ebbe und Flut 2,2–2,4 m betrug. Die Bergungsarbeiten konnten nur während der Ebbe vorgenommen werden, da die Bergungsschiffe bei der Flut nicht zu befestigen waren. Auch die Taucher konnten nicht an den Außenseiten des Schiffes arbeiten.

Vorerst wurde die Ausschiffung der mittleren Artillerie vorgenommen, weiter folgte die Ausschiffung der Boote, Kähne und des anderen beweglichen Gutes. Die Schornsteinrohre und Windfänge wurden vermittels Preßluftwerkzeuge abgeschnitten und alle Öffnungen durch wasserdichte hölzerne Decken mit Hakenbolzen verschlossen.

Am Heck und Bug des Schiffes wurden durch 18-cm-Stahldrahttaue schwere Anker gelegt, um das Schiff daran zu hindern, von der Bank, auf der es lag, in eine größere Tiefe hinabzugleiten.

Nachdem der Boden durch Taucher untersucht worden war, wurde folgender Bergungsplan vorgenommen:

a) Das Abbringen des Schiffes in seichtes Wasser;

b) Aufrichtung;

c) Leerpumpen und Flottmachen.

---

[1] Siehe Marine-Rundschau, 1908, s. 1293 und Engineering 1908, s. 474 (Bd. 86).

Um das Schiff in seichtes Wasser zu bringen, wurden einige Kanonenboote von Portsmouth angefordert, die mit transportablen Dampfpumpen versehen waren. Sie verankerten sich mit dem Bug gegen den „Gladiator". Zwei große Hebezylinder mit konischen Enden wurden auf der Backbordseite des Schiffes befestigt, wobei 228-mm-Stahltaue verwendet wurden. Ein Ende der Taue wurde am Stropp des Zylinders angekettet, das andere durch ein Hilfsschiff unter dem Schiff hindurchgezogen und am Backbord festgemacht. Um eine Beschädigung der Zylinder bei der Flut zu verhindern, bekamen sie eigene Matten und eine Holzbeplankung, was jedoch bei schwerem Seegang nicht immer ausreichte. Bei der Anwendung dieser Mittel und der Hebezylinder (s. Abb. 82) sollte die Fortholung des Schiffes vorgenommen werden, wobei selbstverständlich eine große Zugkraft erforderlich wurde, die mittels der Schlepper nicht zu erreichen war. Aus diesem Grunde hatte man an Land auf einem Fundament zwei starke Dampfwinden aufge-

Abb. 81. Aufrichtungsarbeiten „Gladiator".

stellt, dann wurde mit Leerpumpen des Schiffes begonnen, wobei nur die Räume in Frage kamen, die dicht waren. Für das Leerpumpen wurde eine 300-mm-Dampfpumpe und eine 300-mm-Ölmotorpumpe aufgestellt. Der Pumpversuch war in der Maschinenabteilung und in den Heckräumen gelungen. Die Arbeiten wurden dabei so geführt, daß bei der Ebbe Taucharbeiten vorgenommen wurden, die zur Abdichtung der Öffnungen auf dem Oberdeck und zum Verschließen der Bullaugen und Türen dienten. Als man an das Leerpumpen des Bugtorpedoraumes gelangte, wurde festgestellt, daß die beiden Pumpen zur Arbeit nicht genügten. Es wurde ferner festgestellt, daß das Wasser durch das Ventilationsrohr durchfloß, das unter dem Panzerdeck durch alle Räume hindurchführte. Nach dem Verschließen dieser Ventilationsräume war es leicht möglich geworden, das Wasser auszupumpen und die in den Torpedoräumen befindlichen Sprengmittel zu entfernen.

Weiter wurden 230 m Stahldrahttaue placiert und die Hebezylinder am Schiff festgelegt. Am Heck und Bug war es leicht, die Unterkieltaue zu placieren, schwerer jedoch ging es bei dem Teil des Schiffes,

der auf dem Boden auflag. Die Taue wurden vermittels eines starken
Schleppers unter dem Schiffe placiert, wobei es einige Tage dauerte,
um die Taue auf ein paar Meter zu verschieben. Nach den Unterkiel-
tauen wurden die Hebetaue gelegt, die auf eine Zugkraft von je 280 t
berechnet waren. Jeder Hebezylinder wurde mit Hilfe von drei oder
vier Tauen befestigt. Zur Befestigung dieser Taue wurden vierzehn
Paar Klampen aus Stahl von je 1,2 t Gewicht aufgestellt.

Nach dem Auspumpen des Schiffes wurde durch gleichzeitiges
Lenzen der Hebezylinder, Ansetzen der Schlepper und Arbeiten mit
Gangspillen das Schiff gegen das Ufer in Bewegung gebracht und um
1,8 m dem Lande genähert. Beim nächsten Versuch gelang es, das
Schiff auf weitere 9 m näherzubringen, wobei die Krängung auf 67°
sich verminderte. Da festgestellt wurde, daß eine weitere Fortholung
des Schiffes gegen das Ufer unmöglich war, so wurde mit Aufrichtungsarbeiten begonnen. Die Kalkulation hat gezeigt, daß aus dem Schiff
etwa 2300 t Wasser ausgepumpt wurden und daß eine Verdrängungskraft von 200 t von den Zylindern geliefert wurde. Es ergab sich damit
ein Aufrichtungsmoment von 5100 mt. (Der Abstand des Kieles vom
Schwergewichtspunkt betrug 8,2 m.) Die Aufrichtungskraft sollte stark
vergrößert werden, um das Schiff aufzurichten. Es wurden neue Zylinder hergestellt, von denen man fünf an der St.-B.-Seite und zwei an
der B.-B.-Seite anbrachte, wie das aus Abbildung 82 ersichtlich ist. Es
wurde auch die Pumpenleistung bis 6000 t pro Stunde vergrößert, wobei einige Ölmotorpumpen angebracht wurden. Die Öffnungen des
Schiffes wurden mit Kofferdämmen versehen, um das Pumpen auch
bei der Flut weiterführen zu können. Außer den Zylindern, die ein
Ausmaß von 15 × 3,7 m hatten, wurde auch eine größere Anzahl von
Stahlfässern im beschädigten Raum des Wohndecks untergebracht.
Weiter wurde dwars eines jeden Mastes ein starker Dreifußmast aufgestellt und mit der Außenhaut entsprechend verfestigt. Am Topp jedes
der beiden Masten wurde eine Führungsrolle mit einem 50-cm-Stahl-
drahttau aufgestellt. Ein Ende dieses Taues war am Mast des „Gladiator" belegt, während das andere auf einen Bergungsdampfer geführt
war. Die erwähnten Dreifußmasten dienten also als Stützen. Diese
Taue wurden an die 50-t-Giens angelegt, wobei ein Aufrichtungsmoment
von 1370 mt erreicht wurde, der Zug jeder Trosse betrug 30 t. Außer
diesem wurde auf dem Schlingerkiel des B.-Bordes 280 t Ballastblei
gelegt, die als Gegengewicht beim Aufrichten dienten, und zwar in dem
Sinne, daß sie ins Wasser fallen sollten, wenn das Schiff sich aufrichtete. Um das Übergießen des Wassers zu verhindern, wurde ein
provisorisches Längsschott durch Taucher erbaut

Nachdem diese Vorbereitungen getroffen worden waren, wurde mit der Aufrichtung des Schiffes begonnen. Die Gesamtwirkung aller dieser Aufrichtungsmittel hatte zur Folge, daß das Schiff von 67⁰ auf 7⁰ Kränung sich aufrichtete (s. Abb. 83). Das Oberdeck der linken Seite war trockengelegt, auf der rechten Seite gelang das jedoch nicht. Es wurde daher beschlossen, einen großen Kofferdamm herzustellen, in dem das Spardeck, die Kommandotürme und Schornsteinrohre eingeschlossen werden konnten. Nachdem diese Arbeit ausgeführt worden war und

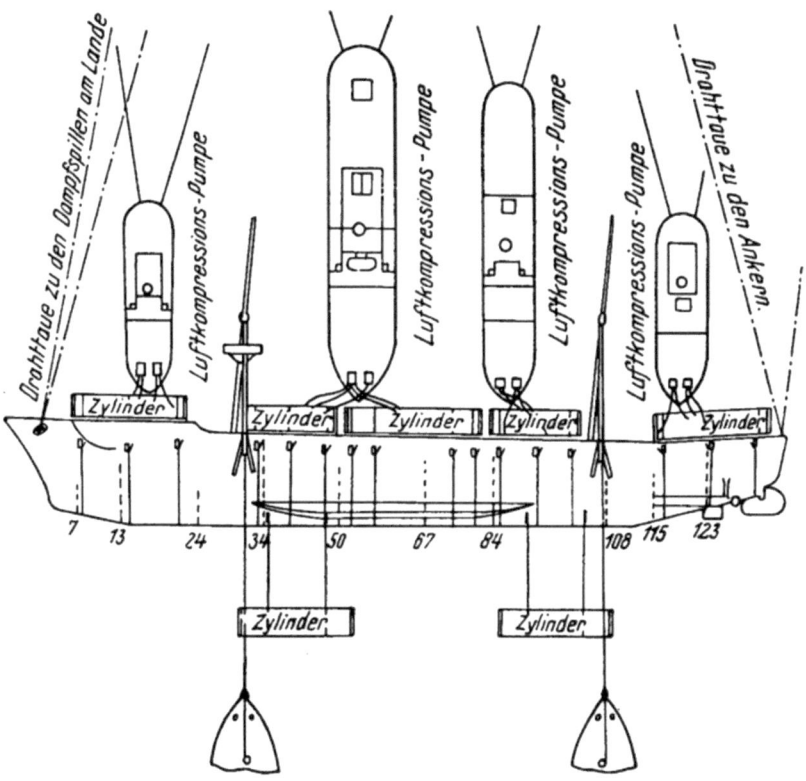

Abb. 82. Übersicht über alle beim Aufrichten „Gladiator“ verwendeten Bergungsmittel.

ein Holzwall von 1,8 m schon kalfatert und ausgepicht auf das Schiff gestellt worden war, hatte man mit dem Leerpumpen wieder begonnen. Es waren im ganzen sieben Motorpumpen und zehn Dampfpumpen aufgestellt, wobei vorerst die Taucher in das Schiffsinnere eindrangen, um die in den Kesselräumen befindlichen sowie die in den unteren Kohlenbunkern vorgefundenen Lecke zu dichten. Diese Arbeiten erforderten einen großen Zeitraum, da die Taucher in den beengten Räumen nur sehr langsam arbeiten konnten.

Beim Auspumpen wurden folgende Maßnahmen getroffen, um die mögliche Krängung des Schiffes zu verhindern. Ein Bergungsdampfer wurde vermittels eines doppelten 150-mm-Stahldrahttaues und 50-t-Giens mit dem Havarieschiff verbunden; dieselbe Anordnung wurde auch auf der anderen Seite des Schiffes getroffen.

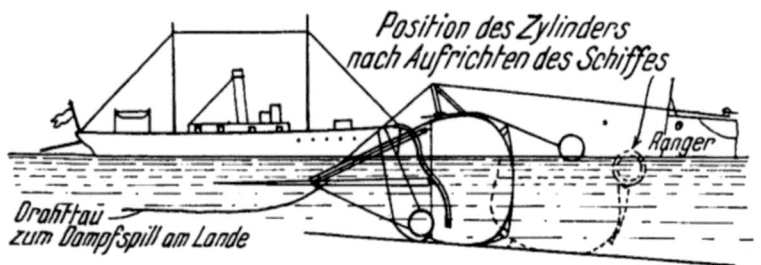

Abb. 83. Querschnitt des Bergungsplanes „Gladiator".

Bei dem Leerpumpen wurden auf der St.-B.-Seite des Schiffes drei Zylinder belassen und die anderen weggeräumt, um den Schleppern genügend Raum zum Anlegen zu schaffen. Für das Abschleppen wurden alle Pumpen mehrere Stunden lang hindurch in Tätigkeit gesetzt und bei steigender Flut schwamm das Schiff auf. Beim Aufschwimmen wurde das Bestreben des Schiffes bemerkt, wieder zu kentern, was jedoch durch die obenbeschriebenen Giens verhindert wurde. Der Schleppzug setzte sich langsam in Bewegung. Nach dem Eindocken des Schiffes wurden starke Beschädigungen der Steuerbord-Außenhaut festgestellt.

6. Bergung des Kreuzers „Warjag"[1].

Der russische Kreuzer „Warjag" sank auf der Reede von Tschemulpo im Januar 1904 in einer Tiefe von 11,5—13 m (während der Ebbe). Während der Flut vergrößerte sich die Tiefe bis 19,5—20 m. Der Boden bestand aus flüssigem Schlick. Die Gezeitenströmungen in der Reede erreichten eine Geschwindigkeit von vier Knoten. Das Schiff lag mit einer Krängung von 65°.

Die Hauptabmessungen des Schiffes waren die folgenden:

Länge . . . . 121,9 m
Breite . . . . 15,9 m
Tiefgang . . . . 6,4 m
Verdrängung . . . . 6 465 t
Maschinenleistung . . . . 20 000 PS

Die Bergungsarbeiten wurden im Februar 1904 begonnen, wobei vorerst die Artillerie, Boote, Kräne und sonstiges bewegliche Gut gebor-

---

[1] Siehe auch Mitteilungen aus dem Gebiete des Seewesens, Bd. 34, Jahrg. 1906, s. 457.

gen wurden. Nach der Ausschiffung von Gewichten wurde die Aufrichtung des Schiffes vorgenommen, die mit Hilfe von Pumpen ausgeführt wurde, wie das aus Abbildung 84 ersichtlich ist. Ohne jegliche Schwierigkeiten gelang es, unter dem Schiff eine Rinne auszuspülen, in die es dann auch einsank, wobei die Krängung auf 24⁰ sich verminderte.

Da die weiteren Aufrichtungsarbeiten durch das Ausspülen des Bodens nur sehr langsam vor sich gingen, so versuchte man mit denselben Pumpen das Wasser aus dem Schiffe selbst zu pumpen. Nach der Dichtung aller Öffnungen auf dem Deck wurden die Saugröhren eingeführt. Obwohl die gesamte Leistung der Pumpen 9000 t pro Stunde betrug, war es unmöglich, das Wasser auszupumpen, da die Filtration des Wassers durch die schlecht abgedichteten Öffnungen des Deckes eine sehr große war. Aus diesem Grunde entschloß man sich, einen

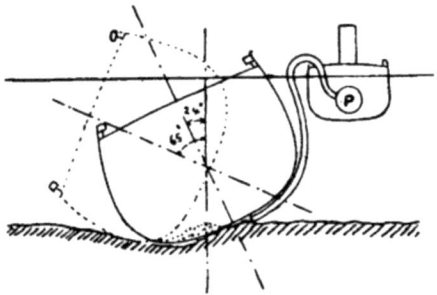

Abb. 84. Ausspülen des Seebodens unter dem Kreuzer „Warjag“.

Kofferdamm zu erbauen. Die Fertigstellung des Kofferdammes wurde auf der St.-B.-Seite begonnen, wobei dicke Planken angewandt wurden und die Versteifungen von 100 mm dicken Balken ausgeführt wurden. Nach Fertigstellung des Kofferdammes auf der rechten Seite des Schiffes wurde wieder die Ausspülung des Grundes auf der B.-B.-Seite vorgenommen. Obwohl die Aufrichtung langsamer vorwärts schritt als zu Anfang, gelang es doch, die Krängung bis 3⁰ zu verringern. Hiernach wurde auch die linke Seite des Kofferdammes fertiggestellt.

Die Auspumpung des Schiffes wurde am 8. August 1905 vorgenommen, als der Unterschied zwischen Flut und Ebbe 10,5 m betrug. Nach dem Auspumpen schwamm das Schiff auf, wobei es schnell gelang, das ganze Wasser aus dem Schiff herauszupumpen und die Lecke abzudichten. Zum Auspumpen dienten drei große Pumpen, von denen zwei in den Kesselräumen und eine über den Maschinenräumen aufgestellt wurden.

7. Bergung des Dampfers „Avaré"[1]).

Der Fracht- und Personendampfer „Avaré" kenterte beim Ausfahren aus dem Schwimmdock infolge ungenügender Stabilität am 16. Juni 1922 im Hafen von Hamburg. Die Hauptabmessungen des Schiffes sind folgende:

Länge zwischen den Loten . . . . . 133,5 m
Breite auf Spanten . . . . 17,0 m
Seitenhöhe . . . . 11,5 m
Tragfähigkeit . . . . 8000 t
Maschinenleistung. . . . . 4000 PS
Gewicht . . . . 6300 t

Die Untersuchung des Schiffsinneren hatte gezeigt, daß beim Kentern des Schiffes keine bedeutenden Beschädigungen des Schiffsrumpfes

Abb. 85. „Avaré" nach dem Unfall.

eingetreten waren. Das Schiff lag mit der St.-B.-Seite mit fast 90⁰ Krängung (s. Abb. 85).

Die Gewichts- und Schwerpunktberechnungen hatten ergeben, daß das Gewicht des Schiffes mit Schlick und Restwasser (10% vom Gewicht des Schiffes) und der Adhäsion auf dem Grunde (auch 10% vom gleichen Gewicht) auf 7800 t geschätzt werden mußte bei einem Moment auf Oberkante Kiel bezogen von ca. 60000 mt; das Moment bezogen auf Drehpunkt betrug ca. 45000 mt. Das Auftriebsmoment wurde (bezogen auf Drehpunkt) auf 94000 mt geschätzt. Da durch Abdichten und Lenzen der Räume die Hälfte dieses Momentes zu gewinnen war, hätte das genügt, um die Aufrichtung des Schiffes auszuführen. Weil

---

[1]) Siehe Probst. Die Bergung der „Avaré". Werft-Reederei-Hafen, 1922, s. 785.

in dem Schiff jedoch viele Bullaugen geöffnet waren und auch die Anzahl der Öffnungen für Luftkanäle, Niedergänge usw. sehr groß war, so
entschied man sich, die nötige Auftriebskraft durch dynamische Zugkraft zu erreichen. Um einen größeren Arm zu erhalten, wurden dabei Hebelböcke verwendet, die aus Abbildung 86 ersichtlich sind. Die
Rinne unter dem Schiff sollte eine Verlegung des Drehpunktes auf
2 m bringen.

Die Form der Hebelböcke wurde durch die Bedingung festgestellt,
daß man bei allen Lagen des Schiffes einen möglichst wirksamen
Hebelarm behalten wollte. Aus diesem Grunde wurde kein gleichsei-
tiges Dreieck als Grundform ausgewählt, sondern der obere Knoten-
punkt wurde möglichst weit nach dem Hauptdeck zu geschoben. Die

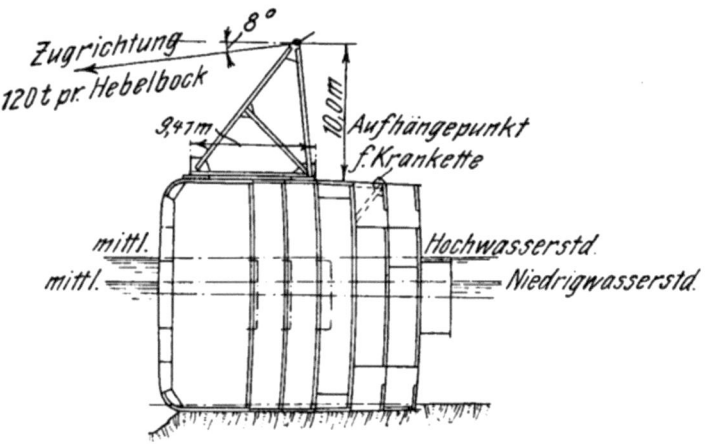

Abb. 86. Hauptquerschnitt der „Avaré" mit Hebelbock.

unteren Knotenpunkte lagen dabei einer in der Nähe des Hauptdeck-
stringers, der andere nahe an der Kimm. Der mittlere Abstand zwischen den Böcken (12 an Zahl) betrug 7,5 m. Die Endhebelböcke
wurden je auf ein Hauptquerschott gestellt, um bei etwaigen seitlichen
Verschiebungen ein starres System zu bilden. Die Verbindungen der
Knotenpunkte wurden auf solche Weise durchgeführt, daß die Hebelböcke an die Längsträger genietet wurden und die Längsträger durch
Kopfschrauben mit dem Schiffsrumpf verbunden wurden.

Die Anwendung von Nieten war vom Nachteil, da die Verbindung
leicht ablösbar sein sollte. Die Böcke wurden zwischeneinander durch
Längsträger verbunden, um die ganze Konstruktion von dem seitlichen
Komponenten des Trossenzuges zu sichern. Die Aufstellung der Hebelböcke nebst der Vernietung der Böcke mit Längspfeilern und die Verschraubung der letzteren mit dem Schiffe wurde am 25. Juli beendet.

Die nötigen Zugkräfte (je 120 t auf 12 Böcke, wobei an jeden Bock drei Trossen angelegt wurden) wurden durch die Giens von 30 Dampfwinden entnommen. Die gesamte Aufstellung der Winden ist aus der Abbildung 87 ersichtlich. Außerdem wurde auch ein Schwimmkran von 100 t Hebekraft in Anspruch genommen.

Die Vorbereitungen wurden am 12. August beendet, und nachdem die Trossen gespannt waren, wurde am 16. August mit dem Aufrichten begonnen (s. Abb. 88). Schon nach 15 Minuten von Beginn der Arbeit war eine Neigung von 7—8° erreicht. Das Abreißen zweier Taue führte jedoch zu einer Unterbrechung der Arbeit. Beim weiteren

Abb. 87. Aufstellung der Winden.

Verlauf der Arbeit wurde auch weiteres Abreißen von Tauen und Verdrehen der Giens beobachtet. Am gleichen Tage wurde eine Neigung des Schiffes von 18° erreicht.

Am 17. August wurden die Arbeiten wieder aufgenommen, und es wurde das Schiff im Laufe von sechs Minuten auf 28° aufgerichtet (s. Abb. 89). Im weiteren Verlauf der Arbeit wurde eine schnelle Aufrichtung des Schiffes erreicht, wonach das Schiff mit 16° Schlagseite lag. Bei der Flut befand sich die Wasserlinie an dem Hochdeck der St.-B.-Seite. Es war daher leicht, an Bord zu arbeiten, um das endgültige Flottmachen des Dampfers zu erreichen.

Beim Aufschwimmen des Schiffes war die Stabilitätsfrage von Wich-

tigkeit. Um die nötige Stabilität zu erreichen, hatte man Sandballast
in das Schiff gebracht, wozu bedeutende Mengen von Sand nötig waren.
Das ausgewählte Verfahren hatte zwei Vorzüge, erstens fiel das Probe-
lenzen und Aufsuchen von Leckstellen vollständig fort, und zweitens
wurde das Krängungsmoment nach St.-B., welches durch Schlick
und Restwasser verursacht war, ausgeglichen.

Abb. 88. „Avaré“ nach dem Spannen der Trossen.

Beim Aufschwimmen des Schiffes wurde im mittleren Teil des Schiffes Wasser eingelassen, aus dem Bug- und äußersten Heckteil wurde

Abb. 89. „Avaré“ während der Aufrichtung.

das Wasser vollständig ausgepumpt, im Heckzwischenraum blieben die
Wasserreste im Tunnel. Die Wasserdichtheit der einzelnen Räume
wurde dabei durch die Taucharbeiten gesichert. Der letzte Sandballast war am 7. September eingebracht worden und alle Räume,
außer dem Maschinenraum, wurden praktisch trocken. Das Auspumpen dieses Raumes wurde im Laufe dieses Tages ausgeführt und ein
vollständiges Flottmachen des Schiffes erreicht. Das Schiff hatte eine

geringe Krängung, konnte jedoch durch die Schlepper ins Dock eingebracht werden. Es ist später zu einem Passagier-Vergnügungsschiff
umgebaut worden.

8. Bergung des Dampfers „Narodowoletz"[1]).

Der „Narodowoletz" kenterte am 6. Juni 1920 in Leningrad auf der
Newa am Kai des Wassiljewki Ostrow, gegenüber der 18. Linie. Glück-
licherweise forderte diese Katastrophe, die am Tage vor sich ging,
nur zwei Menschenopfer.

„Narodolowetz" wurde noch während des Russisch-Japanischen Krieges von der „Hamburg-Amerika-Linie" gekauft und ursprünglich als
Schulschiff in die Kriegsflotte eingereiht.

Die Hauptabmessungen sind folgende:

Länge	140	m
Breite	15,85	m
Seitenhöhe	12,5	m
Wasserverdrängung	13 600	t
Tragfähigkeit	7 000	t
Maschinenleistung	4 200	PS

Bei Einreihung des Schiffes in die Kriegsflotte wurde es einer ganzen
Reihe innerer Veränderungen unterworfen, wobei mechanische und
elektrotechnische Werkstätten, Klassenzimmer, Schiffs- und Lagerräume, ein Lazarett mit 45 Betten, Wohn- und Diensträume eingerichtet wurden. Zu Beginn des Krieges, 1914, wurden viele dieser
Neueinrichtungen entfernt und das Schiff in ein Lazarettschiff für
1800 Betten umgewandelt.

Das Sinken des Schiffes erfolgte, nach Abreißen der Taue auf der
B.-B.-Seite. Das Schiff schlug schnell nach St.-B. um und legte sich
in kurzer Zeit mit der St.-B.-Seite auf den Flußgrund, wobei auch die
Masten im Wasser versanken. Kurz vor dem Kentern waren die B.-B.-
Tanks vollständig gelenzt worden. Es wird auch angenommen, daß
das Schiff an der Kaimauer auf einer Sandbank saß, was die Stabilität
natürlich verringern mußte. Da die Bullaugen und sonstigen Bord-
öffnungen schon bei einer Krängung von 12° unter Wasser lagen, so
wurde die Krängung noch durch Einlauf des Wassers in diese Öffnungen verstärkt. Dieser letztere Umstand war auch mit der hauptsäch-
lichste Grund dafür, daß das Schiff sich bereits 20 Minuten nach dem
Abreißen der Taue mit St.-B. auf den Flußgrund legte. Die Entfernung
vom Schiffsboden am Heck bis zum Kai betrug 13,1 m, vom Seitenkiel am Bug (horizontal gemessen) 21,95 m, vom Vordersteven 24,68 m.

---

[1]) Siehe K. Nechajew und S. J. Lavroff. Die Bergung des Dampfers „Narodowoletz".
Schiffbau, 1926, S. 736.

Der Flußboden verläuft an dieser Stelle vom Kai zur Flußmitte schräg, wobei die Tiefe am Kai 2,44 m, am Schiffsboden an der Heckseite 9,14 m, an der Bugseite 8,53 m war. Am Bugende des Hauptdecks betrug die Tiefe 9,75 m, am Heck 10,67 m. Das Schiff hatte sich mit einer Schlagseite von 96° zum Fluß hin gelegt und erhob sich mit der B.-B.-Seite 5—5,5 m hoch über der Wasserlinie.

Um den „Narodowoletz" wieder in seine natürliche Lage zu bringen, hätte ein Moment (bezogen auf Drehpunkt) von 46000 mt angewandt werden müssen, was die notwendige Zugkraft ungefähr charakterisiert. Als Grundlage für die projektierte Bergungsmethode wurde die Aushebung einer Rinne längs des Schiffsbodens und teilweise unter ihm, sowie die Ausnutzung äußerer Zugkräfte erwogen. Die Verwirklichung dieses Planes erforderte keine sehr erheblichen Kosten, die Aushebung einer Rinne konnte mit Hilfe des Saugbaggers „Nowy Leningrad" bewerkstelligt werden. Vermittels eines Saugbaggers sollte der Fluß

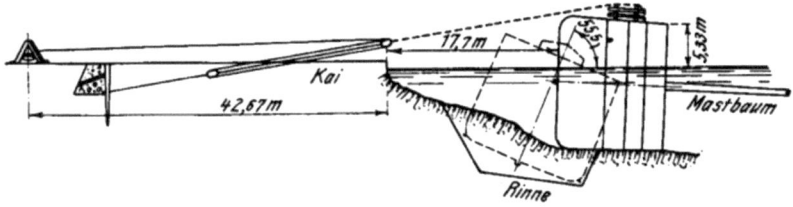

Abb. 90. Querschnitt des Bergungsplanes „Narodowoletz".

am Boden des „Narodowoletz" bis zu 12,2 m vertieft werden, zum Kai hin aber mußte die Rinne flacher werden, um eine Böschung zu bilden, die sich von der vorhandenen natürlichen nicht wesentlich unterschied. Als Unterstützung für den Saugbagger bei der Arbeit unterhalb des Schiffsrumpfes konnte zur Lockerung des Grundes ein hydraulischer Spüler verwendet werden und, falls nötig, sollten zu diesem Zweck auch Sprengkapseln und Preßluft mitwirken. Laut hydrologischer Untersuchungen bestand der Boden zwischen dem „Narodowoletz" und dem Kai aus einer etwa 2,1 m dicken sumpfigen Schlammschicht, ferner aus einer etwa 1,7 m starken Lehm- und Sandmischung und schließlich aus Lehm. Die Oberfläche des Flußbodens war bedeckt von einer Steinschicht und einzelnen Steinen, deren Anzahl, insbesondere am Heck, offenbar sehr groß war. Diesem Untersuchungsergebnis nach mußte der Flußboden einschließlich der aus kleineren Steinen bestehenden Oberschicht zur Säuberung vermittels Saugbaggers geeignet erscheinen. Am Heck, wo eine außerordentlich dichte Steinauflage festgestellt wurde, erschien eine besonders tiefe Aushebung des Bodens in etwa ein Drittel Schiffslänge nicht unbedingt notwendig, weshalb die mit einer Entfernung der Steinschicht verbundenen Schwierigkeiten an diesem Teil des Schiffes nicht als unüberwindliche zu gelten brauchten.

Die Rinnenbreite unterhalb des Schiffsrumpfes sollte überhaupt 5,5 m nicht überschreiten und bis zur Vertikallinie des Schwerpunktes nicht heranreichen, da infolge des sumpfigen Bodens die Drehung des Schiffes viel früher beginnen mußte. Die Berührungsfläche des Schiffsrumpfes mit dem Flußboden hatte eine Länge von 79,5 m, die bei weiterem Versacken auf Kosten von Bug und Heck größer geworden wäre. Aus diesen Gründen konnte bei der Baggerung der Rinne mit ziemlicher Sicherheit auf die Bildung einer Schwelle gerechnet werden, unter deren Einfluß der „Narodowoletz" sich so weit drehen würde, daß der Schiffsboden um 3—4,3 m[1]) tiefer sinken würde. Hierbei rechnete man mit einer Drehung von 28—36°. Um die Bewegungen des „Narodowoletz" regulieren zu können, mußte eine entsprechende Anzahl von Zugvorrichtungen angelegt werden, die das Schiff außerdem bei der Wendung in die neue Lage unterstützen sollten. Zu diesem Zwecke mußten die Zugtrossen mit Giens und diese wiederum mit festen Verankerungen am Ufer versehen werden. Durch die Rinnenaushebung fiel eine Hinzurechnung der Adhäsion auf dem Flußgrunde zum allgemeinen Hubgewicht fort. In die Gewichtsberechnung war auch das Gewicht des im Schiffsinneren angesammelten Schlammes nicht mit hineinbezogen worden, der laut Untersuchungen durch Taucher in nur geringen Mengen vorhanden war. Unter Beachtung dieser Vorbehalte wurde das Gewicht des „Narodowoletz" mit 7200 t angenommen, mit Wasserverlust 6500 t. Die Dauer der Bergungsarbeiten wurde auf 2—3 Monate veranschlagt.

Nach obenbezeichneter Lage der Dinge ließ sich der Bergungsplan folgendermaßen zusammenfassen:

1. Die Hauptarbeit bestand in der Aushebung einer Rinne von 12 bis 13 m zwischen dem „Narodowoletz" und dem Kai durch einen Saugbagger, in die das Schiff vermittels Zugkraft vom Ufer aus gebracht werden sollte.

2. Die Rinne mußte in der Länge der Berührung von Schiffsrumpf und Flußboden zwischen dem 50. und 137. Spant und unter dem Schiffsrumpf in einer Breite von etwa 4,5—5,5 m gebaggert werden. Die ausgehobene Bodenmasse im Umfange von etwa 97 000 m³ sollte unmittelbar in den Fluß abgeschüttet werden.

3. Mit Beginn der Rinnenaushebung mußte der Zustand von Schiff und Kai beobachtet werden.

---

[1]) Aus Vorsicht wurde zu Anfang eine Vertiefung von 3,05 m veranschlagt.

4. Ebenfalls gleichzeitig mit der Rinnenbaggerung mußten am Ufer 15 Zugvorrichtungen aufgestellt werden, mit deren Hilfe nicht nur die Bewegungen des Schiffes reguliert werden konnten, sondern die auch eine genügende Zugkraft besitzen mußten, falls die Drehung des Schiffes eine ungenügende sein sollte.

5. Zur Befestigung der Zugvorrichtungen mußten acht Erdanker hergestellt werden, jeder für eine Höchstzugkraft von 200 t.

6. Der Erdanker sollte aus einer Grube von 4,3—5,3 m Länge und 3,2 m Tiefe bestehen, in deren Längsseite 3,2 m lange Pfähle gerammt werden mußten, die mit eisernen Ringen von 17,7—20 cm Durchmesser verstärkt waren. Hinter diesem Erdanker sollte ein 19 cm starker Hakenstropp schräg angeordnet werden, dessen Enden aus dem Graben hervorragten. Der Graben mußte senkrecht zur Achse des Stropps ausgehoben werden.

7. An dem Uferhakenstropp mußten Giens mit dreischeibigen Blöcken befestigt werden.

8. Hinter den Erdankern sollten auf Pfahlfundamenten Winden oder Spills aufgestellt werden.

Die Ausführung der Aufrichtung.

Die Bergungsarbeiten wurden am 24. Juni 1924 begonnen. Zu diesem Zeitpunkt waren die vorbereitenden Arbeiten, die in der Zeichnung eines genauen Situationsplanes des Kais mit Angabe der Kanalisations- und Wasserleitungsrohre, elektrischen Kabel usw. bestanden, beendet worden. Gleichzeitig wurden die Erdarbeiten zur Herstellung der Erdanker begonnen. Es sollten insgesamt sieben große Gruben für 14 Trossenzüge und eine kleine für einen Trossenzug ausgehoben werden. Anfangs wurden die Pfähle vermittels einer Handramme eingetrieben. Der Boden erwies sich als doppelt gepflastert und über der natürlichen Erdkruste mit Bauschutt bedeckt. Eine solche Bodenbeschaffenheit war zur Bearbeitung mit der Handramme zu widerstandsfähig, weshalb statt, wie vorausgesetzt, täglich 20 nur 10—16 Pfähle von zwei Handrammen eingetrieben wurden. Nach Übergang zu einer Dampframme schritt die Arbeit bedeutend schneller vorwärts. Da im Durchschnitt in jede Grube 20 Pfähle gerammt werden sollten, nahm die Aushebung der Gruben und das Rammen der Pfähle mehr als einen Monat in Anspruch. Statt Handwinden und Handspills wurde Dampfwinden der Vorzug gegeben, die von alten Schiffen, die zum Abbruch bestimmt waren, abmontiert worden waren. Die Verbindungspunkte für die Stropps wurden auf dem eisernen Hauptdeck ausgewählt, zu welchem Zweck zu beiden Seiten des Stoßes zwischen Deck und Bord-

wand und im Deck selbst Öffnungen von 200 × 100 mm herausgeschnit-
ten und durch diese ein 200-mm-Stropp hindurchgezogen wurde.

Vom ersten Tage ab erwies es sich, daß der Arbeitsfortschritt des
Saugbaggers ausschließlich von der Steinmenge auf dem Flußgrund
abhing. Die durch Taucher und mit Sonden vorgenommenen Boden-
untersuchungen ergaben keine erschöpfenden Resultate über die vorhandene Steinmenge, da diese tief im Boden versprengt lagen und zudem noch von einer ansehnlichen weichen Schlammschicht bedeckt
waren. Deshalb wurde die ganze obere Flußbodenschicht zwischen
dem „Narodowoletz" und dem Kai mit Hilfe eines Wasserstrahles
aus dem durch einen Gelenkschlauch um 24,38 m bis auf den Flußgrund verlängerten Ausflußrohr des Saugbaggers durchgespült. Die
Kraft des Wasserstrahles war außerordentlich wirksam für die Fortspülung des Grundes, der nicht nur aus Schlamm, Sand und sonstigen
festen Teilchen bestand, sondern auch kleinere Steine und versunkene
Holz- und Metallgegenstände aufwies. Nach diesen Spülungen ergaben die Untersuchungen durch Taucher noch das Vorhandensein von
Steinen, die ebenfalls entfernt werden mußten. Diese Arbeit konnte
auf zweierlei Weise ausgeführt werden: entweder durch Handarbeit
der Taucher oder vermittels eines Baggers, Greifers oder dergleichen.
Durch Handarbeit konnte eine Taucherstation (drei Taucher) im Laufe
eines Arbeitstages 16—20 Körbe Steine heraufbefördern, was etwa
6 m³ entsprach. Da aber die Hauptfrage — betr. der Steingröße —
nur schätzungsweise hatte gelöst werden können, so wurde der Handarbeit der Vorzug gegeben. Wenn die Anzahl der Taucherstationen
vergrößert wurde, so ließ die Bodenreinigung sich schnell bewerkstelligen. Es traten bei der Rinnenbaggerung aber noch andere Hindernisse
in den Weg. So bildeten zwei zwischen dem „Narodowoletz" und dem
Kai entdeckte versunkene alte, hölzerne Schiffsböden für die Arbeit
des Spülers ein ernstliches Hindernis, welches vermittels des Saugbaggers nicht entfernt werden konnte. Es mußten nach Abspülung
dieser Schiffsböden Hebebäume untergeschoben und die hölzernen
Trümmer durch einen Kran gehoben werden, was auch eine geraume
Zeit in Anspruch nahm. Unter diesen Umständen wurde die Rinnenaushebung von etwa 12 m vom Vordersteven des „Narodowoletz" bis
zum Heck erst gegen Mitte September beendet, wobei die Rinne nur
bis zum 133. Spant geführt werden konnte. Eine Verlängerung der
Rinne bis zum Heck war außerordentlich schwierig zu bewerkstelligen und drohte mit ernsten Beschädigungen des Saugbaggers, da ständig Steine in die Turbinen gerieten. Die Erreichung der vorausgesetz-
ten Tiefe am Heck, die Fortspülung unter dem Schiffsboden sowie die
Unterspülung des Rumpfes wurden der Strahlwirkung des Saugbaggers

überlassen. Die nachfolgenden Ergebnisse bestätigten die Richtigkeit
dieser Methode in vollem Umfange. Zu Beginn der Arbeit wurde an das
Ausflußrohr des Saugbaggers vermittels Kugelgelenkes ein 28 m langes
Rohr angeschlossen, das vom Ausleger des Baggers und einer Wind-
strebe gehalten wurde, die vom Ende des Rohres bis auf den Ponton
lief. Die Mündung des Rohres stützte sich in einem Winkel von etwa
25 ° zur Oberfläche des Flußbodens auf diesen. Dank dieser Stellung
und der 20–30 Minuten langen Wirkung des Wasserstrahles ließ sich
zwar eine Fortspülung des Grundes auf einer Strecke von 8–12 m
durchführen, eine wesentliche Veränderung der Tiefe aber wurde nicht

Abb. 91. „Narodowoletz" am Anfang der Aufrichtung.

erzielt. Um dieses zu erreichen, mußte der Winkel zwischen Rohrachse
und Flußboden vergrößert werden, d. h. das Rohr mußte verkürzt und
der Druck des Wasserstrahles durch Verkleinerung der Rohrmündung
verstärkt werden. Diese Annahme erwies sich als richtig. Bei einer
Rohrlänge von 22 m und Rohrmündung von 0,29 m² im Durchschnitt
bohrte der Wasserstrahl den Flußboden förmlich und brachte innerhalb von 40–50 Minuten die Vertiefung von 9 m auf 15 m.

Zum 30. Oktober waren die Arbeiten an der Rinne nahezu beendet.
Die Tiefe am Bug war 15,8 m, verringerte sich dann bis zum 130. Spant
auf 14,6 und 13,7 m, weiter auf 11,7 m bis zum 145. Spant und blieb
dann fast ohne Veränderung. Der Schiffsrumpf war etwa 3–5 m weit
unterspült worden.

Die Aufstellung der Winden und der Rohrleitung für diese ging zu
diesem Zeitpunkt ihrer Vollendung entgegen. Für vier von elf aufgestellten Winden wurde zur Verminderung des Druckes ein Reduktions-
ventil für 6 Atm. an der Hauptleitung angeschlossen, die Speisung
der übrigen Winden konnte unter einem Druck von 9 Atm. erfolgen.
Die am Ausgang des Bordeinschnittes befindlichen Stropps wurden vor
ihrer Krümmung dem Seitenkiel gegenüber von Balkenvierecken in
90—120 cm Höhe gestützt. Um den Hebelarm zu erhöhen, wurden vier
Züge durch unweit des Seitenkieles untergebrachte alte hölzerne Träger unterstützt. — Die Gesamtleistung der Winden wurde mit 400 P.S.
veranschlagt. Für die Speisung der Winden konnte, unter Berücksichtigung ihrer kurzen Tätigkeitsdauer und ihrer verhältnismäßigen
Ungleichheit in bezug auf Dampfabgang eine leistungsfähige Eisen-
bahnlokomotive als ausreichend angesehen werden. Die Konstruktion
der Pfahlfundamente und die Anzahl der Pfähle hing von der Breit-
seitenlage des Windenunterbaues im Verhältnis zur Zugrichtung ab.
Bei den einfachen Winden fiel die breite Seite des Unterbaues mit der
Zugrichtung zusammen, und es wurden in diesem Falle zur Bildung der
Fundamente 20—26 Pfähle verwendet. Für die Dampfwinden, bei denen
die breite Seite senkrecht zur Zugrichtung lag, wurden die Pfähle in
einer Anzahl von ca. 40 Stück in zwei Parallelreihen eingerammt. Um
die bei der Bewegung immerhin mögliche Annäherung des Schiffs-
hecks an den Kai zu verhindern, wurde unter dem Schiffsrumpf in
der Nähe der Wellentunnel ein Seil gezogen, welches an zwei etwa
15 t schweren Ankern, die in der Mitte der Newa lagen, befestigt war.
Das andere Ende des Seiles war auf dem Oberdeck an der B.-B.-Seite
festgemacht.

Alle diese Arbeiten waren zum 3. November beendet worden, als zur
Befestigung der Trossenschlösser von den beweglichen Gienblöcken
zu den Schiffsstropps geschritten wurde. Die Lage des Schiffes war
von Anbeginn der Arbeiten an genau beobachtet worden. Veränderungen in der Krängung wurden vermittels Krängungsmessers und zweier
an Bord aufgestellter Wasserwagen kontrolliert, Veränderungen in der
Längslage vom Ufer aus mit Hilfe eines Theodolites. Bis Mitte Oktober konnten keinerlei Veränderungen in der Lage des Schiffes bemerkt werden. Erst vom 18. Oktober ab begann man Änderungen wahr-
zunehmen, als die Krängung innerhalb 24 Stunden anfangs 1—2 Minuten betrug, in den folgenden Tagen aber wuchs und die Lage des Schiffes sich am 5. November zur ursprünglichen Lage um 16° 12' geändert hatte. Am Morgen dieses Tages, als die Drehung stattfinden
sollte, waren außer den vorbereiteten elf Winden als Hilfsmittel hinzugenommen worden: ein 200-t-Kran als Zugkraft für eine vom Heck-

mast unter dem Schiff nach St.-B. gezogene Trosse, ein 150-t-Kran als
Zugkraft für eine vom Bug gezogene Trosse, ein 50-t-Kran, der die
16. Zugtrosse spannte, die von einer doppelten Pfahlgrupe ausging.
Die Drehung des Schiffes begann um 3 Uhr 40 Minuten, als alle vor-
genannten Hubkräfte in Tätigkeit traten. Gleich im ersten Augenblick
schied der 200-t-Kran aus, da die Trosse gerissen war. Der 150-t-Kran
arbeitete mit einer Zugkraft von höchstens 20 t, der 50-t-Kran begann
die Pfahlgruppe zu brechen und mußte ausgeschaltet werden. Die
Winden setzten nicht gleichmäßig ein. Einige von ihnen versagten,
weil die betreffenden Trossen vorher nicht genügend angespannt worden waren und dieses Schlaffsein infolge der zahlreichen Rollen in den
Trossen nicht in der gleichen Zeit wie bei den anderen Winden nach-
geholt werden konnte, einige Winden waren langsam laufend, die
Trommeln wieder anderer waren von den aufgerollten Trossen in kürzester Zeit vollgewickelt. Somit waren bei der Drehung des „Narodowoletz" von 15 Zugtrossen nur acht, von elf Winden nur sechs
tätig. Unter der Wirkung dieser Hubmittel begann eine sofortige Drehung des Schiffes, die mit voller Deutlichkeit beobachtet wurde, allmählich
aber, mit Nachlassen der Zugkraft infolge Sinkens des Dampfdruckes
von 9 Atm. auf 4 Atm., aufzuhören begann. Um den Dampfdruck wieder
zu heben, bedurfte es fast einer Stunde, wonach die Winden wiederum
arbeiteten, ihre Tätigkeit bis zum erneuten Sinken des Dampfdruckes
aber kaum eine Minute währte. Auch in diesem Fall schieden gleich
zu Anfang sechs Winden aus denselben Gründen, wie bereits beim
ersten Anziehen, aus. Die in den erwähnten beiden Zwischenräumen
deutlich beobachteten Veränderungen der Schiffslage drückten sich in
einer Drehung um 12° aus. Für die weitere Arbeit der Winden mußten
diese umgewickelt und die Trossenenden gekappt werden, wozu eine
Unterbrechung von drei Stunden erforderlich war. Während dieser
Zeit ließ sich, trotzdem das Schiff vom Ufer aus durch nichts gehalten
wurde, eine langsame Verringerung der Krängung feststellen, was an
der veränderten Lage des Seitenkieles beobachtet werden konnte.
Während des nächstfolgenden viermaligen Anziehens erreichte die
allgemeine Änderung der diametralen Fläche vom Horizont 40°, nach
dem Anziehen am 6. und 7. November wurde diese Veränderung auf
53° gebracht. Diese Lage des Schiffes löste die Hauptaufgabe — die
Möglichkeit der Abdichtung aller Öffnungen an der St.-B.-Seite, die nunmehr vom Flußgrund losgekommen waren. Wenn man berücksichtigt,
daß die untere Bullaugenreihe der St.-B.-Seite von der Oberfläche des
Flußbodens entfernt war, und diese Zahl mit der Entfernung von 3 m
zwischen der Rinne und dem Seitenkiel vergleicht, so läßt sich die
Lage der Drehungsachse aus dem Durchschnitt dieser beiden Zahlen

errechnen. Die Drehungsachse lag der Entfernung zwischen Gewichtsschwerpunkt und Seitenkiel nahe. Somit berührte sich das Schiff bei
einer Lageveränderung mit dem Flußboden auf einer Fläche von 4 m
Breite und drehte sich um eine Achse, die etwa 5 m vom Seitenkiel
entfernt war. Diese Drehung war eine statische, die mit Einstellung
der Windenarbeit erlosch. Das Schiff befand sich also, mit anderen
Worten, bei der Drehung in balancierender Lage, die einer Gleichgewichtslage nahekam. Infolge der sehr bedeutenden Bodenfortspülung
am Bug (bis 15 m), hatte sich an der Flußseite eine steile Böschung
gebildet, unter deren Einwirkung auf den Bug dieser bei der Drehung
eine Verschiebung nach dem Ufer hin erhalten hatte, die im End-
resultat 4,27 m betrug, während das Heck an der alten Stelle verblie-
ben war.

Im Dezember 1924 wurden die Arbeiten zur Bergung des staatlichen
Schiffes „Narodowoletz" in ihren wesentlichsten Teilen beendet. Zu
diesem Zeitpunkt war das Schiff aus seiner ursprünglichen Lage um
53⁰ gedreht worden. Die Bullaugen und sonstigen Öffnungen in der
Bordwand, die nun nicht mehr auf dem Flußgrund auflagen, wurden
gleich den Deckventilatoren und Luken, die sich unter der Wasserlinie befanden, abgedichtet und das ganze Schiff zum Leerpumpen
vorbereitet. Nach Lage der Dinge ließ sich ein günstiges Resultat
der Arbeiten voraussetzen.

Die Trockenlegung des „Narodowoletz".

Die Bullaugen der St.-B.-Seite wurden vermittels konischer hölzerner
Pfropfen abgedichtet und durch einige Schläge eines Vortreibers vollkommen verschlossen. Die Scheiben der Bullaugen wurden durch
einen Schlag der Taucherschuhe eingedrückt. Eine solche Abdichtung
war zweifellos zuverlässig, ließ aber doch Zwischenräume frei, da die
Pfropfen wohl mit der Axt vorgehauen und mit dem Hobel geglättet,
nicht aber gedrechselt waren. Die Bullaugenabdichtung ging nament-
lich in den ersten Tagen sehr langsam vonstatten, mit der Zeit aber
wuchs die Anzahl der täglich eingeschlagenen Pfropfen. Die Ventilatoren wurden nach Entfernung der Köpfe vermittels Pfropfen oder Holzpflaster verschlossen, die Luken mit Segeltuch und einer 2″ dicken
Bretterschicht belegt, deren Fugen mit Werg verstopft und mit einer
Dichtungsleiste verschlossen waren. Um die Anzahl der abgedichteten
Öffnungen genau zählen zu können, waren die Pfropfen numeriert worden. Insgesamt wurden mehr als 250 Öffnungen geschlossen und die
Arbeiten daran erst Anfang Dezember beendet. Der weitere Fortschritt
im Leerpumpen des Schiffes hing von zwei Faktoren ab: von Grad
und Güte der Abdichtung aller Öffnungen und von der Leistungsfähig-

keit der vorhandenen Pumpwerke. Das lag klar auf der Hand. Andererseits war die Möglichkeit der vollständigen Abdichtung aller Öffnungen durch verschiedene Schwierigkeiten beschränkt. Die Arbeit der Taucher unter Wasser, in hängendem Zustande, ohne genügende Beleuchtung, in der Strömung, die Einzelarbeit ohne Handreichungen, immerhin mögliche Lecke und Kontrollschwierigkeiten — alle diese Umstände führten, wie die Tatsachen beweisen, zu Ergebnissen, die noch lange nicht als vollkommene gelten konnten. Somit mußte bei jeder geschlossenen Öffnung mit gewissen vorhandenen Fehlern gerechnet werden, die in ihrer Gesamtheit mit Bezug auf die Zahl der Öffnungen den natürlichen Zulauf des Wassers bestimmten. Beim Versinken des Decks oder seiner Teile unter die Wasserlinie wächst diese natürliche Wasserzunahme in hohem Maße schon durch das undichte Deck selbst und die im Deck befindlichen Öffnungen, Luken, Ventilatoren usw.

Bei Vorhandensein beträchtlicher Wasserabzugsmittel ist die Vollständigkeit der Abdichtung von sekundärer Bedeutung und der zur Abdichtung nötige Zeitraum verringert sich, da die gemachten Fehler rascher zutage treten. Das Auspumpen großer Wassermassen auf einmal ist aus dem Grunde vorzuziehen, weil die Dauer des Lenzens wesentlich verkürzt und hierdurch der Einfluß von Wasserstandsänderungen, Wetterumschlägen usw. vermieden werden kann. Bei längerer Dauer des Lenzens sind immerhin störende Zwischenfälle an den Pumpen, ein Sinken des Druckes, Eindringen von Luft in die Schläuche usw. möglich. Bei der Hebung des „Narodowoletz" waren die Wasserabzugsmittel zu Anfang ungenügend und beschränkten sich auf die Pumpen des Dampfers „Ssilatsch" mit einer Saugfähigkeit von 2000 t statt 4800 t, die mit Rücksicht auf die etwa noch vorhandenen undichten Flächen und für eine sechstündige Pumparbeit veranschlagt waren. Später, Ende Januar 1925, gelang es, die Abzugsfähigkeit der Pumpen bis zu 3500—4000 t zu erhöhen, was die sichere Hoffnung auf ein erfolgreiches Lenzen des Schiffes gab. Da das Aufschwimmen des Hecks des „Narodowoletz" wesentlich hinter dem Aufschwimmen des Buges zurückblieb, so pumpte der Dampfer „Ssilatsch" das Wasser aus dem Heckraum, wobei die Förderhöhe der Pumpen 5,5 m nicht überschritt. Eine Verringerung der Förderhöhe bei den tragbaren Pumpen wurde dadurch erreicht, daß sie, entsprechend dem Sinken des Wasserstandes infolge des Pumpens, allmählich tiefer gesetzt werden konnten. Die Verteilung der Pumpen auf dem Schiff war eine recht gleichmäßige: am Heck der Dampfer „Ssilatsch" eine kleine Kolbenpumpe, im Maschinenraum eine hängende elektrische Pumpe von 500 t, am Bug zwei ebensolche Pumpen, die an einem Schwimmkran hingen und deren Schläuche in den zweiten Schiffsraum hinabgelassen waren. Zwei kleine Pumpen schöpften das Wasser aus dem vierten Schiffsraum. Für die ersten Pumpen war die erforderliche elektrische Kraft mit 480 Amp. bei 220 Volt bestimmt worden, für die anderen 320 Amp. bei 110 Volt. Mit diesen Mitteln, die insgesamt bis 4000 t Wasser abzogen, wurde die vollständige Trockenlegung des Schiffes während des 14., 15., 16. Februar und der folgenden Tage bewerkstelligt.

Umführungen des Schiffsbodens sicherten die Stabilität auf dem Flußgrunde; beim Aufschwimmen würde die Stabilität sich verringern und den Nullpunkt überschreiten. Aus diesem Grunde wird das Lenzen eines Schiffes gewöhnlich erst nach vorläufigem Richten vorgenommen, die Stabilität aber wird durch Pontons an den Seiten des Schiffsrumpfes ersetzt.

Die endgültige Aufrichtung des „Narodowoletz" war unvereinbar mit der gleichzeitigen Beachtung derjenigen Umstände, die für die Erhaltung des Kais notwendig waren. Daher mußte, entgegen den Erfahrungen aus der Praxis, das Lenzen bei geneigter Lage des Schiffes ausgeführt werden. Vorläufige Berechnungen über die Stabilität konnten ohne bestimmte Angaben über die Lastenverteilung in den Schiffsräumen, ohne Angaben über den Zustand der Decks und Schotten, in dieser Hinsicht keine genügende Grundlage geben. Gleichzeitig hiermit bot die hohe Bordwand des Schiffes, die ohne wesentlichen Verlust der Ladefläche eine Krängung bis zu 50 und mehr Grad zuließ und auch die Möglichkeit, das Schiff von der B.-B.-Seite vermittels Zugtrossen zu halten gab, die Basis zur Lösung der Frage betr. des Leerpumpens bei bedeutender Krängung.

Der Gefahrlosigkeitsgrad eines solchen Unternehmens mußte sich durch genaue Beobachtung über die Schnelligkeit der Krängungszunahme im ersten Augenblick des Aufschwimmens offenbaren, wenn das in der Rinne liegende Schiff vor dem Umschlagen gesichert war. Die Generaltrockenlegung wurde am 15. Februar vorgenommen. An diesem Tage begannen die Pumpen um 6 Uhr früh zu arbeiten, und um 11 Uhr sank der Wasserstand im Schiff um 2,75 m, gegen 2 Uhr nachmittags sank er auf 4,5 m und der Bug schwamm auf. Im ersten Augenblick des Aufschwimmens erschlafften die vom Ufer gezogenen Zugtrossen. Je weiter das Leerpumpen fortschritt, um so mehr begann die Krängung sich zu vergrößern, weshalb die Zugtrossen, bis auf eine, bei der es nicht gelang, nachgegeben wurden. Die Krängung des Schiffes wuchs im Verlaufe einer Stunde durchschnittlich um 1⁰. Infolge Reißens der nicht nachgelassenen Zugtrosse erhöhte sich die Krängung des Schiffes auf einmal von 40⁰ auf 46⁰, und es begann um die Mittellage, welche die Gleichgewichtslage ungefähr bestimmte, zu schwanken. Während der weiteren Trockenlegung schien die Krängung zu erlöschen. Das Schiff schwamm parallel zu sich selbst auf, trotzdem aber wuchs, wenn auch langsam, das Krängungsmoment. Zum Morgen des 16. Februar lag das Schiff mit einer Schlagseite bis 50° auf St.-B., wobei der B.-B.-Seitenkiel 0,9 m über der Wasserlinie stand. Eine solche Lage mußte als bedrohlich angesehen werden, und um einer weiteren Krängung vorzubeugen, wurden an B.-B. Panzerplatten im Gewicht von 240 t angehängt.

Das vollständige Aufschwimmen des Schiffes erfolgte am 18. Februar, als unter dem Gewicht der angehängten Panzerplatten und dem Anziehen durch einen Schlepper von B.-B. unter dem Schiffsboden nach St.-B. herüber eine Verminderung des Krängungsmomentes auf 40° gelang. Mit der Trockenlegung des Decks sank der Wasserzulauf allmählich, was die Arbeit der Pumpen erleichterte, die in Ordnung gebracht werden mußten. Im nachfolgenden Zeitabschnitt, gleichzeitig mit der Verringerung der Krängung, erschien bei Vorhandensein eines freien, flüssigen Niveaus im Schiff, zur Erhöhung der Stabilität, die Einbringung von festem Ballast notwendig. Als solcher wurden etwa 70 m³ Kiesel in die B.-B.-Kohlenbunker eingebracht. Außerdem mußten die B.-B.-Ballasttanks und -kessel geflutet, die Süßwassertanks und -kessel auf St.-B. gelenzt werden. Ferner war eine Untersuchung der Schiffsräume und der als Ballast anhängenden Panzerplatten notwendig. Hiernach mußte das Deck von der nach St.-B. übergefallenen Ladung und sämtliche Decks von dem ins Schiff gespülten Schlick befreit werden. Um die Lage der Ballastplatten im Reserve-Kohlenbunker genau feststellen zu können, mußten die dort befindlichen etwa 200 m³ zusammengefrorener Hölzer entfernt werden, was bei der Krängung des Schiffes eine schwere und zeitraubende Arbeit war. Das Fluten der Ballasttanks erforderte eine vorhergehende Untersuchung des Zustandes von Ventilen und Rohrleitungen, wobei durch Reparaturversuche von oben durch im Oberboden an der B.-B.-Seite geschnittene Öffnungen festgestellt werden konnte, daß zahlreiche geplatzte und auseinandergerissene Rohre abgedichtet werden mußten. Unter dem Kesselraum erwies der Boden sich als durchgerostet, weshalb vor dem Fluten der Ballasttanks diese Stelle repariert werden mußte. Die Zwischendecksräume an St.-B. waren vollkommen mit Eis verstopft, welches im Verein mit Schlamm und verschiedenen verstreuten Schiffsgegenständen eine Monolithmasse bildete, die Hacken und Brechstangen nur sehr schwer nachgab. Laut ungefährer Schätzung betrug das Gesamtgewicht des ins Schiffsinnere hineingespülten Schlicks mindestens 400 t.

Die Ausführung dieser Arbeiten zog sich in die Länge, und die Aufrichtung des Schiffes in seine natürliche Lage schritt sehr langsam vorwärts. Als am 28. April 1925 die untere Bullaugenreihe über der Wasserlinie auftauchte, hörte der Wasserzulauf ins Schiffsinnere vollkommen auf, die Stabilität war wiederhergestellt und das Schiff erreichte seinen normalen Tiefgang. Gleichzeitig mit der fortlaufenden Reinigung von Schlick mußten, vor dem endgültigen Abschluß der Arbeiten, die an B.-B. aufgehängten Panzerplatten entfernt werden, was keinerlei Schwierigkeiten machte. Die von einer Kommission vorgenommene Besichtigung ergab, daß der Schiffsrumpf, die Kessel und sonstigen Mechanismen des „Narodowoletz" sich in einem Zustande befanden, der sie nach unbedeutenden Reparaturen weiter gebrauchsfähig erscheinen ließ.

Die Eigenart der Arbeiten am „Narodowoletz" bestand in den außerordentlich schweren Verhältnissen, unter denen sie vor sich gingen. Der beschränkte Spielraum um das Schiff herum, die Befürchtungen für die Erhaltung des Kais, der kleine Wert des Wrackes, das Fehlen der Geldmittel und guter Hilfsvorrichtungen — alle diese Umstände, die eine untrennbare Kette bildeten, erforderten eine besonders starke Anspannung aller Kräfte zur Erreichung des gesteckten Zieles. Die gewählte Bergungsmethode entsprach vollkommen den vorliegenden Umständen und Mitteln und das Endergebnis bestätigte, daß die Voraussetzungen und Wahrscheinlichkeitsberechnungen auf einer richtigen Grundlage aufgebaut waren. Die Bergung kostete 260000 GM. (130 000 g. Rub.).

Vierter Teil.

Bergungen in stillen Gewässern.

XIII. Anheben von Schiffen durch Verdrängungskräfte.

1. Allgemeine Bemerkungen.

Für das Anheben der Schiffe ist es wichtig, die Hebekräfte auf eine solche Weise zu erhalten, daß das Heben wirtschaftlich ausgeführt werden kann. Die nötigen Hebekräfte sind dabei dem Gewichte des Schiffes plus Adhäsionskraft gleich. Die Adhäsionskraft, die zwischen dem Schiffs- und Flußboden entsteht, ist von den Eigenschaften des Bodens abhängig, wie das unten in einzelnen Fällen dargestellt wird.

Die nötigen Hebekräfte können durch die Ausnutzung der Verdrängungskraft nach dem Auspumpen oder Lenzen des Schiffes erhalten werden. Auch kann man dabei Hebepontons oder eventuell Hebeleichter verwenden, die nach Leerpumpen oder Auslenzen der Luft das gesunkene Schiff heben.

Es ist auch möglich, eine andere Art der Kräfte zu verwenden, die wir näher als äußere Kräfte bezeichnen können, und zwar die Hebekräfte der Schwimmkräne und Kranhebeschiffe oder der Hebespindeln (s. Kap. XIV). Es muß dabei bemerkt werden, daß auch die Pontons oder die Hebeleichter eigentlich eine äußere Kraft darstellen. Wir beschreiben jedoch die Hebung vermittels Pontons und Leichter in demselben Kapitel wie das Abtrocknungsverfahren des Schiffes, da die Hebekraft der Pontons durch das Pumpen oder Lenzen entsteht, wie es auch beim Abtrocknen des Schiffes der Fall ist.

Die Art der Anlegung der Kräfte ist auf solche Weise auszuwählen, daß das Schiff oder seine Teile nicht beschädigt und unnütze Überspannungen vermieden werden.

Vor allem soll das Gewicht des Schiffes festgestellt werden, was aus den Zeichnungen berechnet oder bei der Feststellung der Hauptabmessungen des Schiffes und der Type geschätzt werden kann.

Eine genaue Festlegung der örtlichen Verhältnisse, der Art der Beschädigungen, der Eigenschaften des Bodens und der Veränderungen des Wasserstandes ist unentbehrlich, da ohne dieses die Hebung des Schiffes überhaupt undurchführbar ist.

2. Anheben vermittels Pontons.

Da die Pontons einen Überwasserteil haben, der den Einflüssen von Wind und Dünung unterworfen ist, so sind sie wenig für verantwortliche Arbeiten in der offenen See verwendbar. In stillen Gewässern sind die Pontons dagegen eines der einfachsten und billigsten Hebemittel. Ein anderer Vorteil der Pontons ist die Möglichkeit, sie nötigenfalls leicht herzurichten, wobei, falls sie aus Holz gebaut sind, sie das zu hebende Schiff nicht beschädigen. Außerdem sind sie leicht zu reparieren.

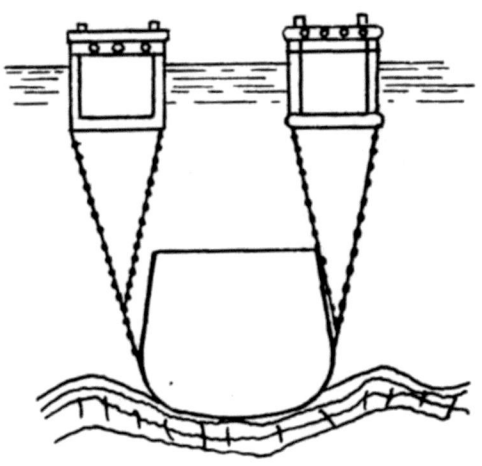

Abb. 92. Anheben durch Pontons.

Die Nachteile der Pontons bestehen in ungenügender Stabilität nach Füllen mit Wasser, wobei die Pontons das Bestreben haben, sich nach der Seite des Schiffes zu legen, wenn das Wasser ausgepumpt wird. Diese Nachteile können durch das Verteilen der Pontons durch Längs- und Querschotten und durch die Befestigungsart der Taue behoben werden.

Das allgemeine Verfahren der Bergung gesunkener Schiffe vermittels Pontons besteht darin, daß auf jeder Seite des gesunkenen Schiffes eine Anzahl von Pontons angebracht wird (s. Abb. 92). Die Pontons werden dann mit Wasser geflutet. Jedes Paar Pontons wird durch Stahldrahttaue oder Ketten untereinander verbunden, wobei die Ketten unter dem Kiel des gesunkenen Schiffes placiert werden. Die Taue werden hiernach mit Hilfe der Blöcke straff gespannt und zwischen den Pontons Stützen angeordnet. Nach dieser Arbeit wird das Wasser aus den Pontons gepumpt oder, wenn die Pontons von geschlossener Konstruktion sind, kann das Wasser mit Hilfe von Preßluft gelenzt werden. Wenn die Schwimmkraft der Pontons ausreichend ist, so heben sie sich zusammen mit dem gesunkenen Schiff aus dem Wasser. Falls das Schiff gekentert ist, so soll es vor dem Heben auf irgendeine Weise aufgerichtet werden. Bei Hebung des Schiffes ist darauf zu achten, daß das Wasser gleichmäßig aus den Pontons zu beiden Bordseiten ausgepumpt wird, da sonst bei nicht gleichmäßigem Aufschwimmen der Pontons eine Krängung des Schiffes entsteht.

Beim Heben des Transportschiffes „Bug" (Verdrängung 1400 t) im Hafen von Sewastopol wurden die Pontons eines Schwimmdocks verwendet und anstatt Hebetaue breite stählerne Bänder benutzt.

Abb. 93. Anheben durch Leichter.

Falls die Bergung auf einer Stelle vorgenommen werden soll, wo Pontons nicht zu haben sind (an mehreren russischen Flüssen z. B.), dann können anstatt Pontons Leichter verwendet werden (s. Abb. 93).

Bei den Arbeiten auf den Flüssen, wo ein großer Unterschied zwischen Hoch- und Niedrigwasser besteht, kann unter günstigen Umständen die Bergung auf folgende Weise vorgenommen werden. Während des niedrigen Wasserstandes müssen alle Öffnungen abgedichtet, das Schiff von Sand gereinigt und das Wasser ausgepumpt werden, außerdem ist eine Rinne in der Nähe des Schiffes zu baggern. Bei Hochwasser kommt dann das Schiff von selbst hoch.

3. Anheben vermittels elastischer Pontons.

Beim Anheben mittels elastischer Pontons soll ein Bergungsschiff zur Verfügung stehen mit genügenden Pumpenanlagen, mit einer Kompressorenanlage, mit Winden zur Aufstellung der Pontons und einem Raum zur Aufbewahrung der Pontons. Falls ein solcher Dampfer nicht vorhanden ist, soll die Ausrüstung der Pontons auf einem besonderen

Leichter aufgestellt werden, der mit zwei Motorpumpen von ca. 250 mm Durchmesser und einer elektrischen Anlage ausgerüstet sein muß. Eventuell sollen auf dem Leichter Dampfkessel vorhanden sein.

Die elastischen Pontons, die oben bereits beschrieben waren, sollen vor dem Versenken ins Wasser kontrolliert werden, wobei die Ventile richtig gestellt werden sollen, und zwar sollen die Einlaßventile geöffnet und die Sicherheitsventile sorgfältig gereinigt werden, um ein Versagen der Ventile zu vermeiden. Die Pontons werden auf das Wasser vermittels zweier Winden herabgelassen, wobei darauf geachtet werden muß, daß der innere Ballon und die Einlaßventile oben sein sollen. Nachdem der Ponton auf das Wasser gesetzt worden ist, soll der innere Ballon mit Luft gefüllt werden, was langsam mit halbgeöffneten Ventilen vorgenommen werden soll. Der Luftüberdruck soll nicht größer als 1,4 m Wassersäule sein. Die Pontons sollen mit der Seite zum Schiff gestellt werden, an der die Einlaßventile sich befinden, da bei dem Spannen der Hebetaue der Ponton sich zwischen einer Längsachse dreht; es werden dann die Einlaß- und Sicherheitsventile näher zu einer vertikalen Ebene kommen. Die Pontons sollen so zu den Hebetauen befestigt werden, daß sie sich möglichst auf einer Linie parallel der Wasserlinie des Schiffes befinden.

Die Anzahl der Pontons, die zur Hebung eines Schiffes notwendig sind, wird durch eine Berechnung festgestellt, wobei auf das Aufschwimmen des Schiffes in horizontaler Lage geachtet werden muß. Dazu sollen in erster Reihe die in der Mitte des Schiffes befindlichen Pontons, weiter die Pontons an den am tiefsten liegenden Stellen und endlich alle restlichen Pontons mit Luft gefüllt werden.

Beim Heben soll darauf geachtet werden, daß die Steven der Schiffe nicht höher aufschwimmen, als nötig ist. Wenn das Schiff sich zu heben beginnt, sollen die Auslaßventile auf dem Verteiler geöffnet und die überflüssige Luft auch durch diese Ventile herausgelassen werden. Nach Beendigung des Anhebens oder bei Unterbrechungen sollen die Einlaßventile des Verteilers geschlossen werden.

Der Luftdruck soll nicht eine gewisse Grenze übersteigen. So erhalten zum Beispiel die 75-t-Pontons die nötige Form bei einem Überdruck von 0,7—1 m Wassersäule; die Sicherheitsventile werden dabei auf 1,5—2 m Wassersäule eingestellt.

Beim Heben von Schiffen, die tief im Schlamm sitzen, sollen vorerst Maßnahmen getroffen werden, um die Adhäsion zu verkleinern, da sonst ein starker Luftüberdruck nötig sein kann, der zu einem Platzen der elastischen Pontons führen kann.

Vermittels Pontons wurde im Oktober 1916 der Trawler „Meteor" gehoben, der im Baresund lag, auf einer Stelle, die von Wind und

Dünung gesichert ist, in einer Tiefe von 21 m am Heck, 8,5 m am Bug
in einer Schicht von Schlamm bis 3 m Dicke. Das Gewicht des Schiffes
wurde auf 450—500 t geschätzt, weshalb außer sechs Pontons zu 75 t
noch Säcke nach dem System des Admiral Makaroff gelegt wurden.
Da das Schiff stark mit Schlamm vollgepfropft war, erwies sich die angelegte Hebekraft als ungenügend, und man mußte die Hebekraft eines
Schiffes „Kama" zu Hilfe nehmen (s. Abb. 94).

Die Pontons arbeiteten vollständig zuverlässig, wobei der innere
Ballon sich sehr zweckmäßig erwies, da er dem Ponton die richtige
Form gab. Die Querschotten der Pontons gaben die Möglichkeit, den
Druck der Luft im Wasser zu regulieren. Die Hebearbeiten dauerten
30 Tage.

Abb. 94. Bergung des Trawlers „Meteor".

Im Juli 1916 wurde das Hilfsschiff „Garpun" aus einer Tiefe von
25,5 m gehoben. Da das Gewicht des Schiffes auf 250 t geschätzt worden war, hatte man zwei elastische Pontons angeordnet, von einer
Hebekraft von je 75 t. Die Länge des Schiffes erlaubte es nicht, eine
größere Anzahl Pontons zu gebrauchen, und die nicht genügende Hebekraft wurde einem Hebekran entnommen. Die Pontons arbeiteten
zuverlässig. Einige Beschädigungen des Ballons haben erwiesen, daß
die elastischen Pontons fester ausgeführt sein müssen und daß die
Sicherheitsventile einen größeren Querschnitt erhalten müssen.

4. Hebung mittels Kofferdammes.

Das Prinzip der Bergung der Schiffe mittels Kofferdammes besteht
in der Errichtung eines geschlossenen Raumes vermittels Holzaufbau-
ten, aus welchem das Wasser ausgepumpt wird, bis zum Aufschwimmen des Schiffes. Alle Unterwasserbeschädigungen des Schiffsrumpfes

sowie auch die Bullaugen und andere Öffnungen müssen vorher abge-
dichtet werden. In den einfachsten Fällen, wo auch eine teilweise Ab-
trocknung des Schiffes geschieht, werden die Kofferdämme über den
Laderäumen oder über den Maschinen- und Kesselräumen aufgestellt.
Zum Anheben der Schiffe vermittels Kofferdammes sind folgende
Mittel und Materialien nötig:

a) eine Taucherpartie,

b) Pumpen und Zubehör,

c) Holzmaterial,

d) Taue, Blöcke usw.

Zu allererst soll das gesunkene Schiff durch die Taucher genau
untersucht werden, um die Größe der Öffnungen oder Beschädigungen
festzustellen, wonach die nötigen Materialien beschafft werden sollen.

Bei den Hebungen vermittels Kofferdammes sind zwei prinzipielle
Fälle zu unterscheiden:

a) das Schiff ist teilweise gesunken, und Heck oder Bug ragen also
aus dem Wasser oder

b) das Schiff liegt aufrecht vollständig im Wasser.

Im ersten Falle ist die Hebung bei unbedeutenden Beschädigungen
einfach. Nachdem die Abmessungen der Öffnungen und der Luken
durch die Taucher festgestellt sind, werden entsprechende Pflaster
zum Abdichten der Lecke angefertigt und für die Luken Holzdeckel.
Die Holzdeckel sollen dabei so hoch sein, daß sie aus dem Wasser hervorragen. Die Holzdeckel werden mit festem Segeltuch verkleidet.
Die kleinen Öffnungen auf dem Deck und im Boden des Schiffes werden
durch hölzerne Pfropfen abgedichtet.

Falls es möglich ist, die Schotte wasserdicht zu halten, kann die
Hebung vereinfacht werden, indem die entsprechenden Räume vorerst
abgetrocknet werden. Auf eine solche Weise wurden beispielsweise
einige Dampfer in Archangels gehoben, wobei die Lecke Ausmaße bis
zu $0,6 \times 1,5$ m und $0,9 \times 1,4$ erreichten.

Das Aufbauen eines Kofferdammes längs des ganzen Bordes des
Schiffes ist nur in den Fällen möglich, wenn keine stark hervorragen-
den Teile, Kajütenaufbauten oder Ruderräume vorhanden sind. Dieses
Verfahren wird hauptsächlich zum Heben der Frachtleichter und
Frachtschiffe verwendet.

Wenn das Schiff nur in geringer Tiefe liegt, bis $1—1,2$ m über dem
Deck, so können leichte Kofferdämme aufgestellt werden, die aus hölzernen Rahmen von 1×2 m bestehen und mit Segeltuch verkleidet
sind. Von jeder Seite der Rahmen hängt das Segeltuch etwa $0,3$ m
vor, damit die Rahmen untereinander zusammengenäht werden können.

In einigen Fällen können die Kofferdämme aus den Wänden der Kajütenräume gebildet werden. In einem solchen Falle müssen auf dem Oberdeck des Schiffes und in den Wänden dieser Räume alle Öffnungen, Bullaugen, Speigate usw. gedichtet werden. Bei einer Tiefe des Decks von mehr als 1,2 m unter dem Wasserspiegel werden hölzerne Planken verwendet von 50 mm Dicke, die zwischen anderen Planken befestigt werden und dann abgedichtet und geteert werden. Der Zwischenraum zwischen den einzelnen Rahmen wird dabei mit Werg abgedichtet und der ganze Kofferdamm mit Segeltuch gedichtet.

Bei Vergrößerung der Tiefe des gesunkenen Schiffes wird der Aufbau des Kofferdammes immer komplizierter, und die Einzelheiten über diese Kofferdämme, welche zur Bergung von Seeschiffen verwendet werden, sind im fünften Teil des Buches angegeben.

5. Hebung der „Leipzig".

Die Maschinenhulk „Leipzig" sank im Innenhafen von Wilhelmshaven mit starker Schlagseite in nächster Nähe des Kais.

Die Hauptabmessungen des Schiffes sind folgende:

Länge		84 m
Breite		14 m
Verdrängung bei 6,3 m Tiefgang =		3 925 t
„ „ $\sim$5,3 m „ =		$\sim$3 000 t

Neigung des gesunkenen Schiffes 35° gegen die Senkrechte (s. Abb. 95).

Das Schiff lag auf 8,0 m auf, war bei seinem Unfall hauptsächlich mit Konserven beladen und verdrängte $\sim$3000 t.

Für die Hebung wurden folgende Erwägungen angestellt:

Angenommen, daß

1. der Gewichtsschwerpunkt der „Leipzig" beim Unfall und bei ca. 3000 t Verdrängung auf ca. 6,0 m über Oberkante Kiel lag,

2. Schiff und Ausrüstung etwa 1000 t ausschwimmen,

3. im Gegensatz zur Feststellung das Schiff auf glattem Grund und vorn und hinten gleichmäßig tief lag,

4. keine Ausrüstung und Ladung übergegangen war,

5. der Sog des Grundes außer Betracht blieb,

so würde zum Aufrichten des Schiffes mindestens ein Moment von $\sim$2000 t $\times$ $\sim$3 m = $\sim$6000 mt erforderlich sein. Dieses Moment ist das Minimalmoment, das errechnet werden könnte. Das wirklich auszuübende Moment ist ein erheblich größeres. Um zu Vergleichen zu kommen, wird mit einem Moment von $\sim$9000 mt gerechnet, und zwar wird dabei die Kraft mit ca. 3000 t angesetzt. Der Hebelarm soll dann unverändert bleiben. Diese ca. 9000 mt aufzubringen mit

1. Auftriebskörpern, die an Steuerbordseite,
2. mit Gewichten, die an Backbordseite angebracht würden oder
3. durch Zug an Flaschenzügen, die an Gerüsten auf dem Schiff befestigt werden, würde nur mit großen Mitteln möglich sein, denn zu 1. würde erforderlich sein, vorausgesetzt, daß die Auftriebskörper entsprechend am Schiff befestigt werden könnten,

$$\text{bei} \sim 10,5 \text{ m Hebelarm} = \sim 860 \text{ t Auftrieb}$$
$$\text{zu 2)} \quad \text{\textquotedbl} \sim 4 \text{ m} \quad \text{\textquotedbl} \quad = \sim 2250 \text{ t Gewicht}$$
$$\text{zu 3)} \quad \text{\textquotedbl} \sim 20 \text{ m} \quad \text{\textquotedbl} \quad = \sim 450 \text{ t Zug}$$

und entsprechende Verankerungspunkte.

Auch eine Verbindung dieser 3 Aufrichtarten zur Erzielung des Momentes von ~ 9000 mt konnte nicht empfohlen werden.

Zudem ist zu beachten, daß, wenn das Schiff wirklich unter Zuhilfenahme dieses großen Apparates aufgerichtet worden wäre, es noch nicht gehoben sein würde. Abdichtarbeiten des Tauchers müßten trotzdem erfolgen.

Würde jedoch der Taucher in der derzeitigen geneigten Lage das Schiff abdichten, hätte er freilich zunächst schwierigere Arbeit, jedoch würde der Erfolg bei dem nunmehrigen Auspumpen sicherer gestellt sein.

Es würde erforderlich sein, einen Kofferdamm auf die Steuerbord-Reling bis über die Wasseroberfläche aufzusetzen und dann auf Steuerbord alle Pforten und Fenster zu schließen und, sofern dies nicht geht, nach Mallen, die von Backbordseite genommen würden, die Öffnungen zu dichten.

Eine Plattform, die an einem an Oberdeck befestigten Dreibein oder dergleichen hängen würde, würde dem Taucher die Arbeit am geneigten Schiff gestatten. Der auf Steuerbord befindliche Schlammberg würde mit Druckschlauch an den erforderlichen Stellen beseitigt werden können.

Die zu ermittelnden Ausgüsse und Bodenventile müßten festgestellt werden, denn der Unfall konnte durch Offenlassen eines dieser Verschlüsse hervorgerufen sein. Vielleicht ließen sich Lecksegel unter dem Schiff durchbringen und damit das spätere Schließen der Verschlüsse erleichtern, vielleicht ließen sie sich durch Drahtgitter, Werg, Zement usw. dichten, vielleicht auch verstopften vor die Öffnung gebrachte Packmaterialien die Verschlüsse beim Auspumpen des Schiffes selbsttätig.

Beim nun erfolgenden Auspumpen des Schiffes, das zweckmäßig durch an Bord gebrachte Pumpen geschehen soll, würde zu be-

achten sein, daß durch den Auftrieb ein auf das Schiff wirkendes Moment entsteht. Während das im Wasser liegende Schiff als Gewicht von
ca. 3000 t (3000 t siehe Vorbemerkung) mit dem Moment von ca. 9000 mt
in bezug auf Oberkante Kiel anzusehen ist (der Kiel selbst wird ver-
nachlässigt), ist das durch das Abdichten wieder hergestellte Schiff
als Schiff mit Ladung, in diesem Falle Wasser, anzusprechen, das mit
ca. 3000 t Druck und ca. 9000 mt Moment auf Schlick sitzt. Mit Hilfe
der ein- und austauchenden Keilstücke und der Tiefenlage des Schiffes
von ca. 8 m ist zu überschlagen, daß die im Schiff eingedrungene
Wassermenge das Schiff bis zu einer Höhe von ca. 8,2 m über Ober-

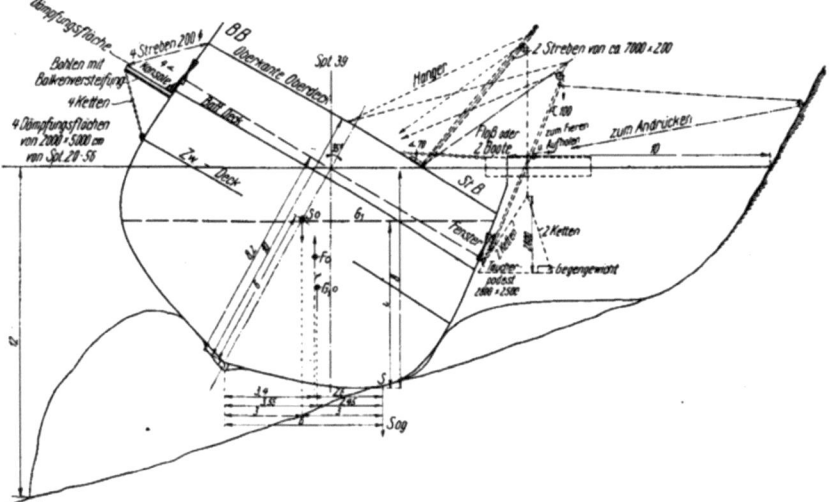

Abb. 95. Bergungssituation der Maschinenhulk „Leipzig“.

kante Kiel füllen würde bei ebenem Kiel. Die Verdrängung des Schiffes auf Außenkante Außenhaut bis zu dieser angenommenen Wasserlinie bei ca. 8,2 m Tiefgang würde überschläglich sein 5700 m³, denn

$$\text{Depl. bei} \sim 5,3 \text{ m Tiefgang} = \sim 3\,000 \text{ t}$$
$$\text{„} \quad 6,3 \text{ m} \quad \text{„} \quad = \quad 3\,925 \text{ t, d. h. bei diesem}$$

Tiefgang pro Dezimeter Tauchungsunterschied $= \sim 92,5$ t Verdrängungs-
unterschied.

Depl. bei $\sim 8,2$ m also $= \sim 5700$ m³.

Es sind in der Vorbemerkung für Ausschwimmen ~ 1000 t angenommen worden.

Es ergibt sich also $\sim 5\,700$ t Verdrängung
$$\underline{\sim 2\,000 \text{ t Schiffsgewicht im Wasser}}$$
$$\sim 7\,700 \text{ t Gesamtgewicht}$$

des bis über die Wasseroberfläche abgedichteten Schiffes.

Für die weitere Betrachtung ist es aber zweckmäßiger, das Gewicht des Schiffskörpers einschließlich Ausrüstung und Ladung wieder einzuführen mit $\sim$ 3000 t, also dem Gewicht, mit dem das Schiff gesunken ist, und das Wasser als Zuladung anzusehen, also $\sim$ 3000 t Schiffskörpergewicht $+\sim$ 4700 t Zuladung Wasser $=\sim$ 7700 t Gesamtgewicht. Im übrigen verringert sich ja auch bei fortschreitendem Auspumpen das Ausschwimmen von Schiff und Ladung.

Werden jetzt $\sim$ 1000 t aus dem Schiff ausgepumpt, so steht im Schiff das Wasser, auf ebenen Kiel umgerechnet, auf $\sim$ 7,1 m. Es wird der Einfachheit halber bei dieser Überschlagsrechnung Innenkante Außenhaut gleichgesetzt. Das Schiffsgewicht ist $\sim$ 6700 t. Da die Schiffsverdrängung $\sim$ 5700 cbm beträgt, herrscht noch $\sim$ 1000 t Untertrieb.

Werden $\sim$ 2000 t ausgepumpt, steht das Wasser, auf ebenen Kiel umgerechnet, auf $\sim$ 6 m im Schiff. Das Schiffsgewicht ist dann $\sim$ 5700 t. Die Schiffsverdrängung bleibt $\sim$ 5700 cbm, es erfolgt daher theoretisch, d. h. ohne Rücksicht auf Sog usw. das Aufschwimmen.

In bezug auf Oberkante Kiel greift der Auftrieb

mit $\sim$ 5 700 t und $\sim$ 3,4 m Hebel an aufrichtend . . . $= \sim$ 19 380 mt
Umkippend wirken . . . .
das Schiffsgewicht $\sim$ 3 000 t $\times \sim$ 3 m . . . . $= \sim$ 9 000 mt
das restliche Wasser $\sim$ 2 700 t $\times \sim$ 3,55 m . . . . . $= \sim$ 9 585 mt
und der Sog des Grundes mit 6 m Hebelarm: umkippend $=$ 18 585 mt
$+$ Sogmoment

Also: Wenn der Wasserspiegel im Schiff, auf ebenen Kiel umgerechnet, um $\sim$ 2,2 m gesunken ist, erfolgt theoretisch das Aufschwimmen. Diese Senkung des Wasserspiegels um $\sim$ 2,2 m bei aufrechtem Schiff entspricht einer Senkung des Wasserspiegels von $\sim$ 2 m bei geneigtem Schiff. Je mehr nun ausgepumpt wird, um so größer wird der Auftrieb und damit das aufrichtende Moment, dagegen um so kleiner das Gewichtsmoment, da hier mit abnehmendem Gewicht des Wassers auch das Moment des Wassers abnimmt, wenngleich der Hebelarm des verbleibenden Wassers größer wird.

Würde das Schiff jedoch durch den Sog am Grunde kleben bleiben, so würde es sich nun mit wachsendem Auftrieb um den Schwerpunkt des Soges drehen und sich dann weiter nach St.-B. neigen. Da der Kofferdamm nur wenig über dem Wasserspiegel stehen würde, würde das Schiff wieder voll laufen; denn unter der Annahme, das Schiff bleibt unter Einwirkung eines Soges von über 1000 t an dem Meeresgrund geheftet und dreht sich um den Angriffspunkt des Soges, so ergibt sich in bezug auf den Angriffspunkt des Soges:

Auftrieb $\sim 5\,700$ t $\times$ $2{,}6$ m Hebel umkippend . $= \sim 13\,820$ mt

Gewicht $\sim 3\,000$ t $\times \sim 3$ m Hebel aufrichtend . . $= \sim 9\,000$ mt

Restliches Wasser $\sim 1\,700$ t $\times \sim 2{,}3$ m aufrichtend $= \sim 3\,910$ mt

$$\text{aufrichtend} \sim 12\,910 \text{ mt}$$

Das Aufrichten des Schiffes beim Auspumpen hängt also ab von der Lage des Schwerpunktes von Schiff und Ladung und vom Sog des Grundes.

Es sind dies Größen, die nicht einwandfrei erfaßt werden können. Bei Unkenntnis der Lage der Ladung kann mit einer ungünstigeren Lage vom Gewichtsschwerpunkt gerechnet werden, als sie hier der Betrachtung zugrunde gelegt worden ist. Liegt aber der Gewichtsschwerpunkt höher als angenommen oder wirkt der Sog des Grundes noch beträchtlicher, so verschlechtert sich das Aufrichtvermögen des Schiffes entsprechend.

Deshalb ist es erforderlich, um diesem Unbekannten zu begegnen, das Schiff an der Seite durch Pontons und deren Hebevermögen zu stützen, und zum Lösen des Schiffes vom Grunde während der kritischen Periode nach der Senkung des Wasserspiegels im geneigten Schiff um ~ 2 m ein Drehmoment, vielleicht durch einen Hilfsdampfer, auf die „Leipzig" auszuüben.

Ein Ponton von 20 m $\times 7$ m $\times 1$ m Nutztiefgang würde ausüben in bezug auf Oberkante Kiel ein Moment von 140 t $\times \sim 10{,}5$ m $= \sim 1470$ mt

$$\text{in bezug auf Sogangriff} = 140 \text{ t} \times \sim 4 \text{ m} = \sim 560 \text{ mt}.$$

Die Verbindung zweier solcher Pontons mit einem Hilfsschiff, das an der „Leipzig" mit einem Hebelsarm von etwa 15 m oder mehr anrucken würde unter gleichzeitiger Unterspülung der „Leipzig", erscheint zum Stützen und Losmachen ausreichend.

Das Aufrichten des Schiffes wird beim Lösen vom Grunde stoßartig erfolgen. Um dabei ein Kippen nach der B.-B.-Seite zu vermeiden, würden entsprechende Bremsen nach Land oder Wasser erforderlich sein. Auch müßte beim Auspumpen des Schiffes abteilungsweise vorgegangen werden, um möglichst wenige freie Wasseroberflächen zu haben. Dazu gehörte das Schließen der Schotte auf Batterie- und Zwischendeck, und, sobald die Luken frei sind, das Lenzen der wasserdichten Abteilungen im Vor- und Hinterschiff bis Spant 20 bzw. Spant 56. Je größer der Auftrieb der „Leipzig" beim Aufschwimmen würde, um so stoßartiger würde sie sich aufrichten, um so schneller flösse das Wasser über, ein um so größeres Moment würde das überschießende Wasser auf das Krängen des Schiffes und auf die Festigkeit der Decks ausüben. Es müßte deshalb schon kurz nach der Zeit, nach der theoretisch das Aufschwimmen erfolgen müßte, also nachdem der Wasserspiegel im geneigten Schiff um ∼ 2 m gesenkt ist, mit allen Mitteln versucht werden, das Schiff vom Grunde zu lösen.

Die Bergungssituation ist aus der Abbildung 95 ersichtlich.

Nachdem von verschiedenen Seiten mehrmals versucht worden war, die „Leipzig" durch Winden und Seile mit Zugkräften aufzurichten und hierbei monatelange mühevolle, aber erfolglose Arbeiten geleistet worden waren, gelang es der Firma Schiffsverwertung Kiel in verhältnismäßig kurzer Zeit die „Leipzig" auf rein dynamischem Wege wieder aufzurichten (vgl. Abb. 95).

XIV. Anheben von Schiffen durch äußere Kräfte.

1. Hebung durch Schwimmkräne und Kranhebeschiffe.

Mit Schwimmkränen (s. Abb. 96) ist es möglich, nur kleine Schiffe anzuheben, deren Verdrängung nicht größer als die Hälfte der Hebe-

Abb. 96. Hebung mittels Schwimmkranes.

kraft des Hebekranes ist. Auf Abb. 97 ist ein Anheben eines Dampfschleppers vermittels Krans ersichtlich, der wegen eines Lecks $a—b$
gesunken war. Nach der Dichtung des Lecks wurde der Schlepper
leergepumpt, wonach er vollständig schwimmfähig war.

Auf die gleiche Weise ist es möglich, kleinere Schiffe durch Kranhebeschiffe zu heben. Solche Arbeiten wurden beispielsweise für ein
Torpedoboot von 30 t angewandt.

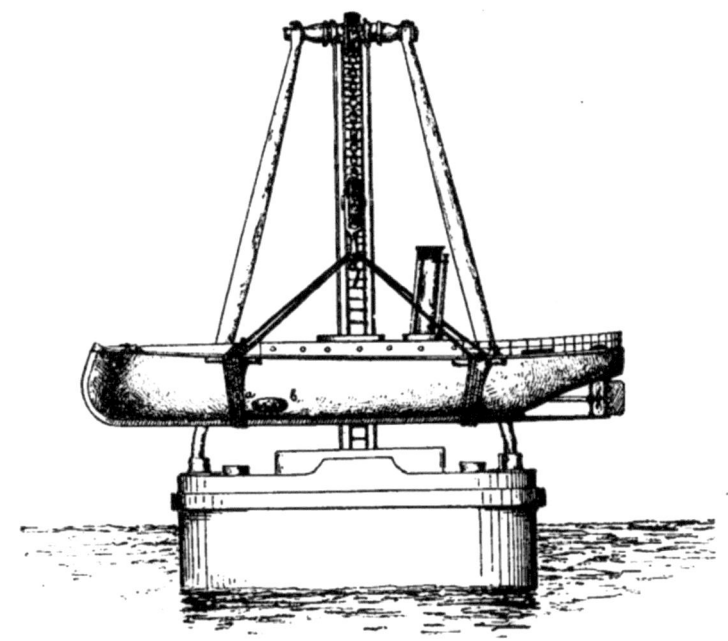

Abb. 97. Anheben eines Dampfschleppers.

Bei den Arbeiten mit Kränen und Kranhebeschiffen in einer Strömung ist es unmöglich, die volle Hebekraft dieser Hebemittel zu verwenden. Im folgenden geben wir eine Untersuchung über die unver-
meidbare Verringerung der Hebekraft der Hebekräne. Es soll dabei
bemerkt werden, daß der ungünstige Einfluß der Strömung vermittels
eines Ankers mit einer Kette verkleinert werden kann, wobei der
Anker gegen die Richtung der Strömung geworfen sein soll. Wenn
diese Anordnung wegen Platzmangels nicht ausgeführt werden kann,
dann ist es nötig, den Kran in eine solche Lage zu bringen, daß die
Strömung mit der Längsfläche des Schiffes einen geraden Winkel
bildet. In diesem Falle wird der Einfluß der Strömung durch eine
Krängung des Kranes fühlbar werden. Also im allgemeinen wirkt die

Strömung auf die Verminderung der Hebekraft und der Stabilität des Kranes.

In den folgenden Formeln (s. Abb. 98) bezeichnet:

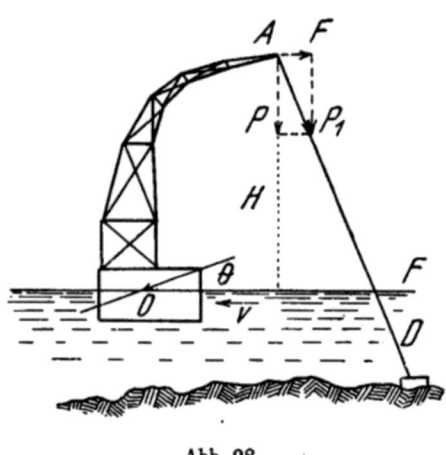

Abb. 98.

P — volle Hebekraft des Kranes,

P_1 — die zulässige Hebekraft,

v — die Geschwindigkeit der Strömung,

w — Querschnitt des Kranes senkrecht zu der Richtung der Strömung,

F — die Kraft, welche an dem Kran der Strömung wegen angelegt wird,

D — Verdrängung des Kranes,

$(\varrho - a)\, sin\, \Theta$ — Arm des Auftriebsmomentes,

l — Spannung des Kranes von der Mitte des Pontons gerechnet,

H — Höhe des Kranes über dem Wasserspiegel.

Diese Größen sind durch folgende Gleichung verbunden:

$$D\,(\varrho - a)\, sin\, \Theta = P_1 l + FH, \qquad (1)$$

wobei: $F = \dfrac{\gamma}{g}\, w\,(v - c) = \dfrac{\gamma}{g}\, w \cdot v,$

worin: γ — Koeffizient,

g — die Erdbeschleunigung $= 9{,}81$ m/sek^2,

c — Fortbewegung des Kranes, die gleich 0 sein soll.

Wenn wir den ersten Teil der Gleichung (1) durch M bezeichnen, so kann die Gleichung in folgender Form geschrieben werden:

$$M = P_1 l + FH,$$

oder

$$P_1 = \frac{M - FH}{l}.$$

Falls der Einfluß der Strömung ausfällt, so ist:

$$M = Pl,$$

oder

$$P = \frac{M}{l}$$

und

$$P_1 = P - \frac{FH}{l} = \Big(1 - \frac{F}{P} \cdot \frac{H}{l}\Big)P,$$

$$\frac{F}{P} = \frac{\gamma w v}{g P} = \frac{1000}{9{,}81}\, v\, \frac{w}{P}.$$

Aus letzter Gleichung ist es leicht, $\frac{F}{P}$ bei angegebener Schnelligkeit der Strömung auszurechnen. Bei einer Strömung von 5 Kn. steigt die Verminderung bis 30 v. H.

Als ein Beispiel der Anwendung der Hebemittel bei Bergung der Schiffe mit Schwimmkränen wollen wir weiter die Bergung des Schleppdampfers „Nargen" beschreiben, der auf der Newa iu einer

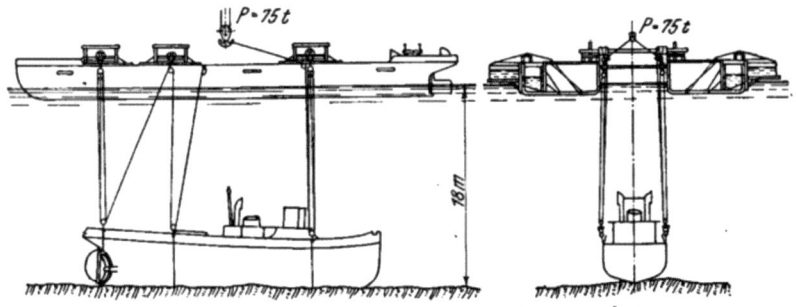

Abb. 99. Hebungsplan des Schleppdampfers „Nargen".

Tiefe von 19,7 m an der Ochta-Brücke gesunken war. Die Hauptabmessungen des Dampfers waren die folgenden:

Länge.	32,3 m
Breite.	7,6 m
Seitenhöhe	3,9 m
Verdrängung	380 t

Die Arbeit wurde 1921 ausgeführt, wobei die Hindernisse außer dem bedeutenden Gewicht auch in der starken Strömung bis 5 Kn. und in Platzmangel der nahen Brücke wegen bestanden. Das Schiff lag aufrecht; Beschädigungen des Rumpfes wurden nicht festgestellt. Das Schiff war teilweise mit Sand gefüllt, teilweise im Bug versandet. Die Hilfsarbeiten bestanden aus der Einrichtung von zwei eisernen Leichtern und zwei Pontons. Die Leichter hatten folgende Abmessungen:

Länge.	47 m
Breite.	8,2 m
Seitenhöhe	3,5 m
Verdrängung	500 t

Auf den Leichtern wurde ein Längsholzschott errichtet und Holzversteifungen eingeführt. Die Pontons hatten folgende Abmessungen:

Länge.	24,4 m
Breite.	3 m
Höhe.	1,35 m
Verdrängung	80 t

Die Hebung sollte durch die Hebekraft des Kranes unter Anwendung von Giens ausgeführt werden (s. Abb. 99 und 100). Zu diesem Zwecke wurden auf den Leichtern Blöcke angebracht und die Taue unter dem Schiff placiert, wie das auf der Abbildung 99 dargestellt ist. Das System der Blöcke war so angeordnet, daß die Hebung des Hecks vermittels eines Paares der Giens möglich war. Die Querträger, auf denen die Blöcke ruhten, bestanden aus 300 mm hohen I-Stahlträgern, die in einer Anzahl von 4 Stück auf den Leichtern aufgestellt worden waren. Die Träger wurden von den Stützen getragen. Um das Kentern

Abb. 100. Hebung des Schleppdampfers „Nargen".

der Leichter beim Anheben zu verhindern, wurden sie von der anderen Seite mit Wasser gefüllt. Diesem Zwecke dienten auch die an der anderen Seite angeordneten Pontons.

Es wurde berechnet, daß die Giens die Hebekraft des Kranes zehnmal vergrößerten, und da die Hebekraft des Schwimmkranes 45 t betrug, so wurde an das gesunkene Schiff eine Auftriebskraft von 450 t angelegt. Der Überschuß der Hebekraft sollte die Adhäsionskraft überwinden. Übrigens war der Dampfer teilweise mit Sand gefüllt, was auch einen Teil der vorhandenen Hebekraft in Anspruch nahm.

Um das Abreißen der Taue zu verhindern, wurde das Anheben allmählich durchgeführt, wobei der Zeitabstand zwischen der größten Spannung der Giens und der Hebung anderthalb Stunden dauerte, welche Zeit für das Abreißen vom Boden nötig war.

2. Anheben vermittels Hebespindel.

Das Heben der Schiffe vermittels der Hebespindeln basiert auf folgenden Grundsätzen. Um ein Gewicht zu heben, ist es nötig, in einer Höhe über dem Gewicht eine Mutter mit Schraubengewinde aufzustellen, durch diese Mutter eine Schraube mit dem gleichen Gewinde durchzuführen und die Schraube an das zu hebende Gewicht zu befestigen. Beim Drehen der Mutter nach einer bestimmten Richtung ist es möglich, das Gewicht zu heben.

Das Heben der Schiffe nach diesem Verfahren besteht also aus der Berechnung der nötigen Spindelanzahl und der Ausmaße derselben, aus der Errichtung der Gerüste an den Muttern der Schrauben, aus der notwendigen Befestigung der Schrauben am Schiffe und aus der Errichtung eines Fundamentes.

Es soll dabei bemerkt werden, daß die Bergung vermittels Hebespindeln gewöhnlich bei nicht besonders großen Schiffen Verwendung findet. Im allgemeinen sind die Schiffe kleiner als 1000 t. Auch die Tiefe, aus der das Schiff vermittels dieses Verfahrens gehoben werden soll, kann nicht groß sein, da zum Heben größerer Schiffe vermittels Hebespindeln aus großer Tiefe sehr kostspielige Gerüste nötig sind.

Die Hebespindel besteht aus einem Stahlbolzen, der im größten Teil seiner Länge mit einem Gewinde versehen ist; eine auf dem Bolzen sitzende hohe Mutter ist mit Handgriffen versehen, durch welche es möglich ist, sie zu drehen. Die Arbeiter, die die Mutter drehen, befinden sich auf einer hölzernen Brücke. Im allgemeinen ist die Mutter mit drei Handgriffen versehen. Am unteren Ende der Hebespindel ist eine Hebekette befestigt. Die Hebekraft einer Hebespindel kann aus folgender Formel bestimmt werden:

$$Q = nP\frac{2\pi R}{h},$$

worin: $Q =$ Hebekraft der Spindel,

$n =$ Wirkungsgrad (0,2—0,4),

$P =$ Kraft dreier Arbeiter, die an die Handgriffe angelegt ist, im Durchschnitt gleich $3 \times 30 = 90$ kg,

$R =$ Arm der Kraft P, der gewöhnlich 1,2 m groß ist,

$h =$ Steigung der Schraube, die bei dem Durchmesser der Schraube von 50—60 mm ca. 15 mm groß ist.

Für die mittleren Werte erhalten wir, daß $Q = 13,5$ t groß ist. Als der größte Wert von Q wird von den Praktikern 16 t angegeben.

Die gewöhnliche Type der Hebespindeln, welche in Flüssen verwendet werden, ist aus der Abbildung 101 ersichtlich. Die Hauptabmessungen der Schraube sind die folgenden:

Durchmesser der Schraube . . . . . . $d = 50{-}60$ mm
Steigung der Schraube . . . . $h = 15$ mm
Arbeitsraum der Schraube . . . . . . $l = 1{,}0{-}1{,}4$ m
Höhe der Mutter . . . . $b = 300$ mm
Länge der Handgriffe . . . . $z = 1{,}8$ m

Die Mutter der Schraube wird in einer Eisenscheibe gelagert, die mit vier Bolzen an der Holzbrücke befestigt wird.

Die Anzahl der Bolzen wird aus folgender Formel berechnet:

$$n = \frac{cD}{Q_1},$$

worin: $n =$ die Anzahl der Hebespindeln,
    $D =$ Gewicht des Schiffes,
    $Q =$ Hebekraft eines Bolzens,
    $c =$ Koeffizient ist.

Oben wurde schon erwähnt, daß die Hebekraft einer Spindel 13,5 bis 16 t ist. Da aber hierbei nicht mit einer gleichzeitigen Arbeit aller Schrauben zu rechnen ist, so kann die Hebekraft einer Spindel mit 10 bis 12 t berechnet werden. Bei Flußschiffen jedoch ist es nötig, weiter nach unten zu gehen und die Hebekraft einer Spindel auf 6—7 t zu beschränken, da bei größerer Kraft die Außenhaut der Flußschiffe beschädigt werden kann.

Koeffizient c ist von den Eigenschaften des Bodens abhängig, sowie auch von der Schnelligkeit, mit der das Abreißen des Schiffes vom Boden vorgenommen wird. Bei steinernem Boden ist dieser Koeffizient gleich 1, bei schlammigem oder lehmigem Boden ist er bei langsamem Abreißen 1,3—1,5, bei schnellem Abreißen erhöht er sich bis 2.

Falls die Hebespindeln allein nicht ausreichen und auch die Blöcke verwendet werden sollen, dann berechnet man nach den oben gegebenen Formeln vorerst die Anzahl der Hebespindeln und die Hebekraft einer Spindel. Hiernach kann die Anzahl der Blöcke aus folgender Formel berechnet werden:

$$m = \frac{(n - n')\,Q_1}{v},$$

worin: $m =$ die Anzahl der Blöcke,
    $n =$ die Anzahl der vorhandenen Hebespindeln,
    $Q_1 =$ Hebekraft der einen Hebespindel für diesen Fall,
    $V =$ Hebekraft der Blöcke ist.

Die Holzbrücke wird in einfacher Form aus Planken hergestellt, um den Arbeitern die Möglichkeit zu geben, bei den Handgriffen zu arbeiten.

Unter dem Schiff wird eine Reihe von Ketten placiert, wobei jede Kette an zwei Hebespindeln befestigt wird. Diese zwei Spindeln sollen

symmetrisch auf beiden Seiten des Schiffes liegen. Wie schon oben
gesagt, ist der Arbeitsraum jeder Schraube 1,0—1,4 m lang. Wenn
also das Schiff auf diese Höhe gehoben ist, werden die Schrauben eine
nach der anderen nach unten verlegt, die Ketten werden dabei mit den
Blöcken unterstützt oder durch einen besonderen Haken befestigt, der
unter der Scheibe der Hebespindel liegt. Es soll dabei bemerkt werden,
daß in dieser Arbeitsperiode auf die gebliebenen Ketten eine zusätzliche Belastung angelegt wird.

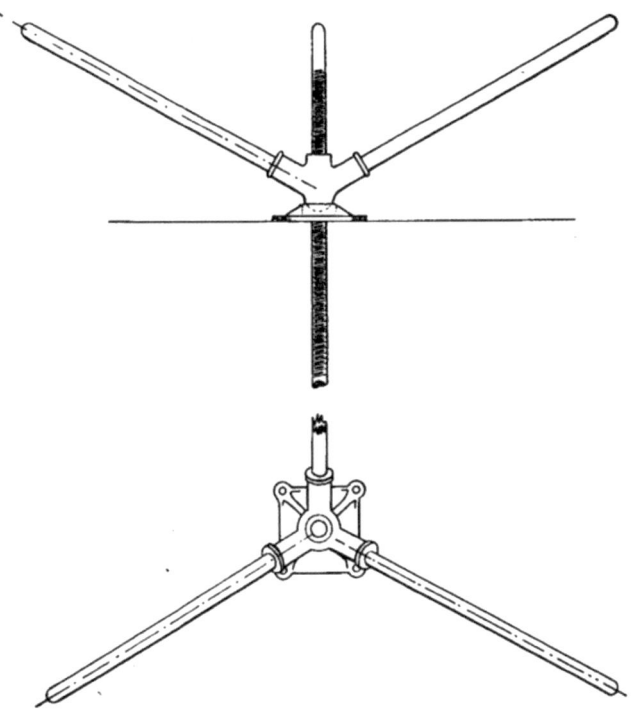

Abb. 101. Hebespindel.

Die komplizierteste Arbeit ist bei dem Anheben vermittels Hebespindeln die Placierung der Ketten unter dem Schiff. Wenn der Boden
fest ist, dann ist diese Arbeit ziemlich leicht auszuführen, wobei die
Taucher jedoch notwendig sind. Die Placierung der Ketten wird im
allgemeinen auf folgende Weise ausgeführt: vom Heck oder vom Bug
in Abhängigkeit von der Konstruktion des Schiffes und den örtlichen
Verhältnissen wird durch Taucher (oder wenn möglich ohne Verwendung der Tauchapparate) ein Hanftau durchgezogen, an welches ein
Stahldrahttau von einem Durchmesser nicht unter 20 mm befestigt
wird. Bei breiteren Schiffen und bei ungünstigem Boden soll der Durch-

messer der Taue größer gewählt werden. An diesen Tauen werden die
Hebeketten befestigt und eine nach der anderen unter dem Kiel durch-
gezogen. Die Ketten sollen entweder an die Schotten oder an die
Spanten gelegt werden, da beim Placieren einer Kette zwischen den
Spanten eine Beschädigung der Außenhaut möglich ist. Es muß darauf
geachtet werden, daß die Hebung vermittels Hebespindeln gleichmäßig
auf der ganzen Länge des Schiffes vorgenommen wird, da sonst auch
Beschädigungen des Schiffsrumpfes entstehen können.

Die Ketten können nach folgender Formel berechnet werden:

$$P = \delta \frac{2\pi d^2}{4},$$

worin: P = die zulässige Belastung in kg,

δ = die zulässige Spannung in kg/cm²,

d = Durchmesser der Kette in cm.

Falls δ = 380 kg/cm² ist, so ist

$$d = 0{,}045\sqrt{P}.$$

Die Einrichtung des Fundamentes, auf dem die Hebespindeln aufgestellt werden, ist ausschließlich von den örtlichen Bedingungen abhängig. Weiter werden folgende Arten der Einrichtung des Fundamentes beschrieben werden:

a) schwimmende Basis (zwei untereinander verbundene Leichter),

b) Errichtung eines Hebegerüstes auf Pfahlwerk,

c) Anwendung der Hebelböcke.

Die erste Einrichtung ist nur bei Vorhandensein der Leichter und
bei nicht zu großer Breite des Schiffes verwendbar, da es sonst
schwierig wird, die Leichter untereinander zu verbinden. Der Aufbau
des Hebegerüstes auf Pfählen wird nur bei größeren Schiffen verwendet.
Auf diese Weise wurde z. B. der Prahm „Pereprawa Wtoraja" (3000 t
Verdrängung) gehoben. Die dritte Einrichtung wird nur zum Anheben
der kleineren Schiffe und in kleiner Tiefe verwendbar.

3. Aufstellen der Hebespindeln auf den Leichtern.

Bei Errichtung einer schwimmenden Basis für die Hebespindeln
werden zwei eiserne oder hölzerne Leichter auf beiden Seiten des zu
hebenden Schiffes angebracht und untereinander durch Holzbalken
verbunden. Die Länge der Balken soll genügend sein, um bis zur Mitte
jedes Leichters zu reichen, da bei den kurzen Balken, die auf den Bord
der Leichter gestützt werden, eine starke Krängung der Leichter
möglich ist. In der Mitte eines jeden Leichters werden Querstücke
untergebracht, worin die Hebespindeln angeordnet werden. Diese Quer-

stücke werden aus zwei oder bei großer Breite des Schiffes aus vier Balken ausgeführt, wie das aus der Abbildung 102 ersichtlich ist. Die Balken dienen als eine Basis für die unbeweglichen Scheiben, deren jede mit Hilfe von vier Bolzen befestigt wird. Wenn der Abstand zwischen den Leichtern sehr groß ist, dann wird eine zusätzliche Befestigung angeordnet, die aus zwei Balken und einem Eisenträger besteht. Der Abstand zwischen diesen hölzernen Verfestigungen ist von der nötigen Anzahl der Hebespindeln abhängig. In jedem Falle soll er genügend groß sein, um den Arbeitern freien Spielraum zu lassen. Die Hebespindeln sollen in der Nähe der Leichter angeordnet werden, um das Biegungsmoment nicht zu vergrößern (s. Abb. 102).

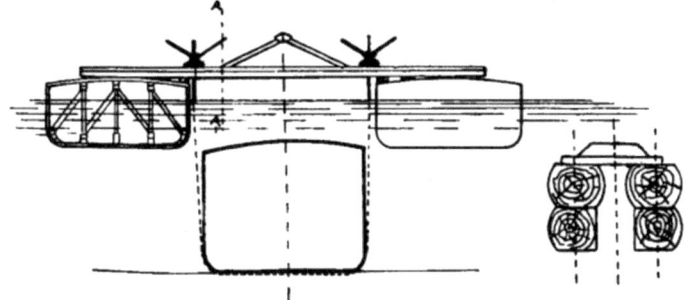

Abb. 102. Aufstellung der Hebespindeln auf den Leichtern.

Das gesunkene Schiff wird auf eine Höhe gebracht, in der ein Leerpumpen des Wassers möglich ist. Falls der Schiffsrumpf nicht leck ist, so ist das Leerpumpen schon dann möglich, wenn die Bullaugen aus dem Wasser hervorragen. Wenn die Bullaugen abgedichtet sind, dann ist das Auspumpen möglich, wenn das Deck aus dem Wasser gekommen ist. Die Lecke sollen vor Anfang der Hebung gedichtet werden.

Wenn das Schiff große Aufbauten hat, dann muß die Höhe der Holzbalken über dem Wasser so berechnet werden, daß die Aufbauten nicht eher in die Balken kommen, bis das Schiff nicht gehoben ist. Nötigenfalles werden die Verbindungsbalken nicht auf den Bord direkt, sondern auf hölzerne Stützen gelegt, wobei diese Anordnung nur an den Stellen zu verwenden ist, wo Aufbauten vorhanden sind. Bei der Berechnung des Platzes muß man auch die Vergrößerung des Tiefganges der Leichter beim Anheben in Betracht ziehen.

Von Anfang der Arbeit an sollen die Leichter verankert oder auf eine andere Weise befestigt werden, auch soll die Änderung des Wasserstandes im Flusse beobachtet werden, da bei einer raschen Veränderung des Wasserstandes ein Abreißen der Hebeketten oder eine Beschädigung der Außenhaut des Schiffes möglich ist.

Zum Heben der Schiffe vermittels Hebespindeln, die auf einer schwimmenden Basis aufgestellt werden, sind folgende Hebemittel nötig;

a) zwei Leichter von einer Hebekraft von 500—2500 t,

b) 10—30 Ketten, ca. 200 m lang für eine Belastung bis 5 t.

c) Hebespindeln mit Scheiben in der doppelten Anzahl wie die Ketten. Jede Spindel ist für eine Belastung von 16 t zu berechnen,

d) Holz für die Errichtung der Brücken, der Tragbalken usw.,

e) ein Schlepper mit Pumpanlage,

f) Taucherpartie für die Placierung der Ketten,

g) Taue, Blöcke und andere Hilfsmittel.

Falls es unmöglich ist, die Leichter an beiden Seiten des zu hebenden Schiffes unterzubringen, so ist es notwendig, an der unzugänglichen Seite ein Hebegerüst zu errichten, was jedoch mit bedeutenden Unkosten verbunden ist.

Eine genaue Anordnung der Leichter ist für den Erfolg der Hebung von ausschlaggebender Bedeutung. Die Leichter werden an Ankern befestigt, wobei außer den Bugankern noch zwei bis sechs Anker an der freien Seite gelegt werden. Die Leichter werden untereinander mit Balken befestigt, wobei die beiden Leichter ein starres System bilden sollen.

Beim Placieren der Ketten ist darauf zu achten, daß die Ketten auf die Spanten des Schiffes gelegt werden. Die Anzahl der Ketten ist von der Länge des Havarieschiffes und von seinem Gewicht abhängig, wobei auf jede Kette 5 t des Gewichtes fallen.

Durch dieses Verfahren wurden 1916 auf der Donau das Kanonenboot „Temes" [1]) (Wasserverdrängung 440 t) und mehrere Dampfer und Prähme auf den russischen Flüssen gehoben.

4. Hebegerüst auf Pfahlwerk.

Wie schon oben gesagt war, wird ein Gerüst auf Pfählen nur in dem Fall verwendet, wenn das Havarieschiff von einer oder von beiden Seiten unzugänglich für die Leichter ist oder wenn größere Schiffe in Frage kommen. Die Pfähle werden zu beiden Seiten des Schiffes in zwei oder drei Reihen von jedem Bord eingerammt (s. Abb. 103).

Auf den Pfählen wird eine hölzerne Brücke errichtet, auf der die Hebespindeln angeordnet werden. Die Höhe der Brücke über dem Wasserspiegel wird, wie das im vorigen Kapitel erklärt war, ausgewählt. Die Anzahl der Pfähle wird aus der notwendigen Kraft zum Anheben des Schiffes und aus der zulässigen Belastung eines Pfahles

---

[1]) Arvey, Handbuch des Seemannswesens. S. 665—674.

berechnet. Letztere ist von den Abmessungen des Pfahles und von den Eigenschaften des Bodens abhängig.

Dieses Verfahren hat den Vorteil, daß rasche Veränderungen des Wasserstandes hierbei nicht gefährlich sind. Die Brücke soll nur so hoch errichtet werden, daß sie bei Hochwasser nicht überflutet wird.

Die Pfähle werden gewöhnlich aus Kiefernholz gefertigt. Der Durchmesser der runden Pfähle wird von 22—26 cm genommen. Für Bodenpfähle nimmt man eine Dicke $d = 12 + 3\,l$ und bei Längspfählen $D = 15 + 2{,}75\,l$, worin d der Durchmesser des Pfahles in Zentimetern, l Länge des Pfahles in Metern ist. Die Pfähle werden vermittels einer Handramme oder Dampframme in den Boden eingetrieben.

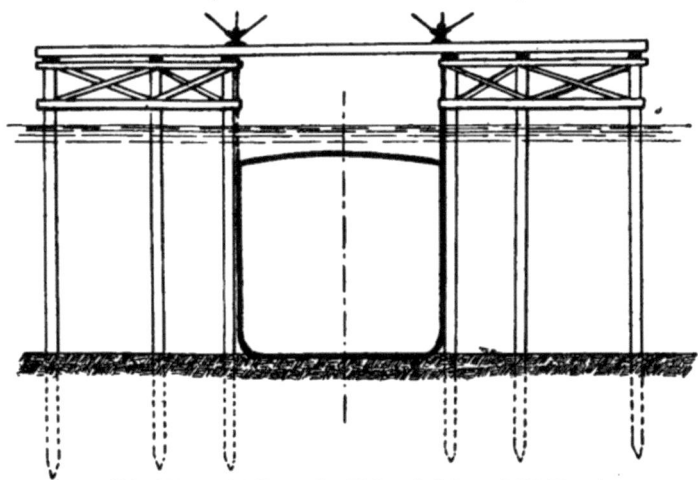

Abb. 103. Aufstellung der Hebespindeln auf Pfahlwerk.

An Stelle hölzerner Pfähle werden auch gußeiserne und eiserne Pfähle genommen, die in den Boden gerammt oder eingedreht werden.

Die zulässige Belastung auf einen Quadratzentimeter des Querschnittes ist die folgende:

bei morastigem Boden von 0,8 bis 1—2 kg,

bei mittelfestem Boden 3—5 kg,

bei festem Lehm- oder Sandboden bis 7 kg.

Beim Anheben des Schiffes wird gewöhnlich die zulässige Belastung mit 5 t pro Pfahl begrenzt.

Bei Errichtung des Pfahlwerkes zum Anheben des Schiffes werden folgende Daten durch Versuche festgestellt:

a) die Größe der senkrechten Belastung, die ein Pfahl tragen kann,

b) das Versenken des Pfahles in den Boden bei größter Belastung,

c) seitliche Verschiebung der Pfähle von den horizontalen Kräften.

Die senkrechte Probebelastung wird durch ein Gewicht von 8 t ausgeführt.

Das größte Versenken binnen 7—10 Tagen während größter Belastung soll nicht größer als 25 mm sein.

Die seitliche Verschiebung der Pfähle bei den Hebungsarbeiten wird dadurch verursacht, daß die Hebeketten einen gewissen Winkel mit vertikaler Richtung haben. Die horizontale Verschiebung des Pfahles soll nicht größer als 70 mm sein.

Die Entfernung der Pfähle wird durch eine Ramme ausgeführt oder vermittels der Leichter, wobei die Schwimmkraft der Leichter ausgenutzt werden kann. In diesem Falle ist es bequem, die symmetrischen Pfähle zu entfernen. Die tief eingerammten Pfähle werden durch Schwimmkräne entfernt oder mit Hilfe von einem besonderen Pfahlzieher. Es soll dabei nur eine kleine Kraft angelegt werden, um das Heben des Pfahles allmählich zu gestalten. Falls es nötig erscheinen sollte, die Pfähle schnell zu entfernen, dann kann dies durch Sprengarbeiten ausgeführt werden, wobei die Sprengpatrone am Ende eines Stockes befestigt wird. Es wird dabei etwa 0,4—0,6 kg Dynamit verwendet. Die Sprengpatrone soll unmittelbar auf den Boden des Flusses gebracht werden, wobei die Länge der Patrone mit der Richtung des Pfahles übereinstimmen muß. Für die Pfähle von 22—26 cm Durchmesser und bei schwachem oder mittlerem Boden ist eine Sprengpatrone von 0,4 kg genügend, um einen Pfahl zu entfernen. Nach der Sprengung kommt der Pfahl aus dem Boden.

Weiter wollen wir die Bergung eines großen Prahmes beschreiben, die bei Saratow vorgenommen wurde.

Der Prahm „Pereprawa Wtoraja" war in folgender Lage auf der Wolga gesunken: Krängung auf Steuerbord ca. 7⁰, Trimmwinkel am Heck ca. 6⁰, Tiefe des Wassers an Steuerbord 12,8 m, an der Backbordseite 10,7 m. Der Vorsteven des Prahmes ragte 1,2 m aus dem Wasser vor, das Deck von dem 56. Spant ab war unter Wasser, wobei die Tiefe des Decks unter Wasser am Heck 7,4 m betrug (s. Abb. 104). Der Prahm lag in einer Länge von 56 m im Schlamm, der am Heckteil stark flüssig war. Die Hauptabmessungen des Prahmes waren die folgenden:

Länge	82	m
Breite	17	m
Seitenhöhe.	4,4	m
Tiefgang	2,85	m
Verdrängung	3 000	t

Der Prahm besaß ein Längsschott und sieben Querschotte, von denen jedoch nur die Querschotte zwischen den Räumen 1 und 3 und die

Längsschotte im Raum 4 vollständig wasserdicht waren. Die Querschotte zwischen den Räumen 3 und 4 konnten leicht gedichtet werden.

Die Bergungsarbeiten wurden nach folgendem Programm ausgeführt:

a) Ausschiffen von Gewichten aus dem Prahme, wobei die auf dem Prahm befindlichen Eisenbahnwagen in erster Reihe entfernt werden mußten.

b) Dichten aller Unterwasseröffnungen durch Taucher, wobei der Raum 4 von den anderen vollständig abgedichtet und in der Längsrichtung in zwei Teile geteilt wurde.

c) Aufstellung der Pumpen auf dem Prahm.

d) Placierung der Ketten unter dem Prahm und Anordnung der Hebespindeln, wobei von St.-B.-Seite ein Pfahlwerk errichtet wurde und von B.-B.-Seite das dort befindliche Pfahlwerk teilweise ausgenutzt wurde.

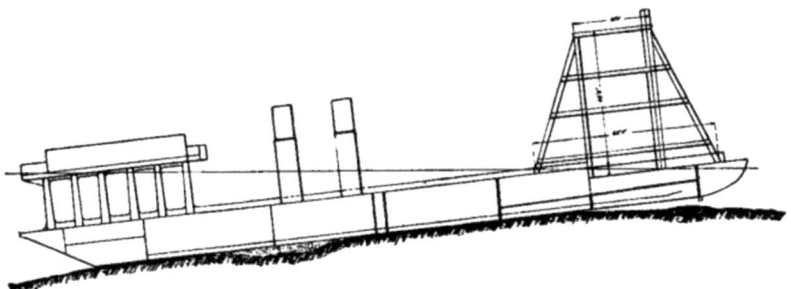

Abb. 104. Bergung des Prahmes „Pereprawa Wtoraja".

Die Bergungsarbeiten wurden am 10. Januar 1917 begonnen, das Ausschiffen dauerte ungefähr zwei Wochen, da kein Schwimmkran vorhanden war.

Die Taucharbeiten wurden vorerst mit drei Apparaten, später mit fünf Apparaten geführt, wobei Unterwasserfernsprecher und elektrische Beleuchtung längs des Schiffes eingerichtet worden waren. Die runden Öffnungen bis 500 mm wurden vermittels hölzerner Pfropfen gedichtet, die Schächte der Unterwasserventile wurden betoniert, wobei die Arbeit bei einer Kälte von −20⁰ ausgeführt wurde. Vor dem Einschütten des Betons in das Führungsrohr wurde siedendes Wasser hineingegossen, Sand wurde vor der Mischung vorgewärmt. Die gesamte Fläche der abgedichteten Öffnungen war ungefähr 40 qm groß.

Die Pumpen wurden im Bugteil des Schiffes in der Nähe des Wassers aufgestellt, um die Saughöhe möglichst zu vergrößern. Es wurde eine provisorische Röhrenanlage aufgestellt, was eine Zeit von ungefähr drei Wochen in Anspruch genommen hat.

Die Arbeit der Placierung der Ketten war sehr schwierig, da im schlammigen Grund gearbeitet werden mußte und unter sehr schweren

Umständen. Am Steuerbord des Prahmes wurden 100 Pfähle eingerammt, an der B.-B.-Seite nur 70 Pfähle, da schon ein Pfahlwerk vorhanden war. Hiernach wurden die Hebegerüste aufgestellt und von jeder Seite 40 Hebespindeln angeordnet. Unter dem Prahm wurden 55 Ketten placiert, deren Enden mit Hebespindeln und Blöcken verbunden waren. Durchmesser der Pfähle betrug 300 mm, die größte Länge war ca. 18 m. Die Placierung der Ketten unter dem Prahm wurde wie oben beschrieben durchgeführt, und zwar zog der Taucher ein Hanftau durch, an welchem ein Stahldrahttau von 40 mm Durchmesser befestigt war. Am anderen Ende des Stahldrahttaues wurde die Kette befestigt. Im Laufe dieser Arbeit wurden auch die Längs- und Querverschiebung der Pfähle beobachtet sowie auch das Versenken in den Boden.

Nach Placierung der Taue wurde eine Untersuchung aller ausgeführten Arbeiten vorgenommen, wobei festgestellt wurde, daß im Bug etwa 2000 t Verdrängungskräfte gesichert waren. Es war daher möglich, 80% der Pumpenleistung im Heck und im Raum 4 zu konzentrieren. Die Arbeit auf den Hebespindeln wurde mit 80 Arbeitern begonnen, zum Ende mußten jedoch 600 Arbeiter eingesetzt werden. Bei den Hebearbeiten wurde auf Wiederbefestigung der Ketten nach Erfolg der Hebung auf ca. 1 m viel Zeit verwendet. Bei dieser Arbeit mußte die Lage des Schiffes genau beobachtet werden, um es von den Ketten nicht abreißen zu lassen. Es wurde dabei berechnet, daß jede Hebespindel ungefähr 10 t Last trug und auf diese Weise wurde eine Kraft von 800 t von den Hebespindeln gewonnen.

Das Heben begann am 2. April 1917 und wurde am 6. April beendet, wobei bei Vorgang des Hebens zwei Perioden zu unterscheiden sind: das Heben bis zum Abreißen vom Boden und das Heben nach dem Abreißen. Die erste Periode war gefahrlos, für die zweite Periode dagegen hegte man gewisse Befürchtungen, da der Prahm auf den Hebeketten hing, ohne mit dem Boden Verbindung zu haben. Eine Unterbrechung des Pumpens war also unmöglich, und die Pumpen mußten deshalb vom Abreißen ohne jede Unterbrechung arbeiten. Am 6. April wurde der Prahm an die Eisenbahn abgeliefert.

5. Anwendung der Hebelböcke.

Beim Anheben kleinerer Schiffe von geringer Tiefe werden beiderseits des Schiffes Hebelböcke aufgestellt, die aus den Abbildungen 105 und 106 ersichtlich sind. Diese Hebelböcke bestehen aus zwei Balken, die vermittels Hilfsstützen untereinander befestigt sind. Die Hilfsstützen dienen dabei zur Befestigung der Hebelböcke. Der Abstand zwischen den Enden wird von 0,5 bis 0,7 m — je nach Eigen-

schaft des Bodens — gehalten. Die Hebespindeln werden auf einen
Querbalken gestellt.

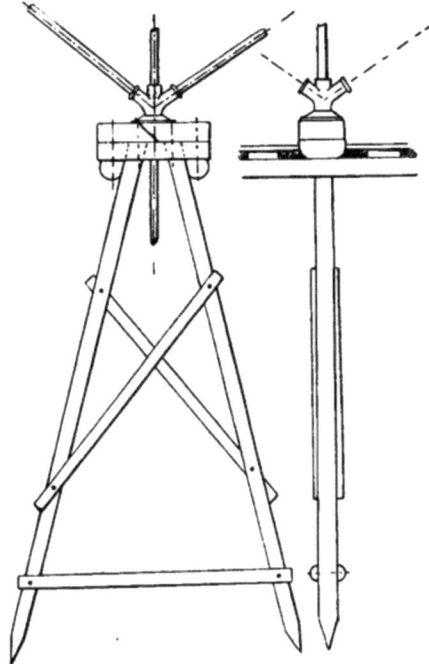

Abb. 105. Aufstellung der Hebespindeln auf Hebelböcken.

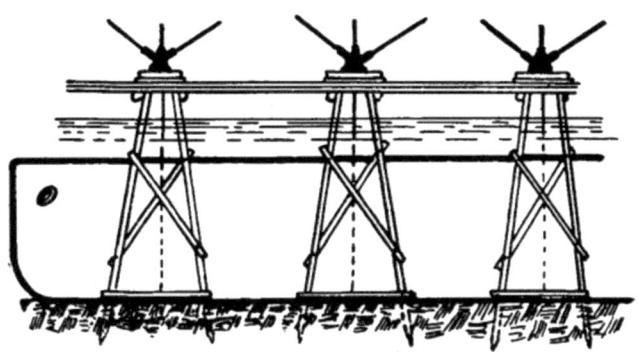

Abb. 106. Aufstellung der Hebelböcke.

Je zwei einzelne Hebelböcke, die symmetrisch auf beiden Seiten des
Schiffes aufgestellt sind, werden vermittels leichter Holzbrücken miteinander verbunden, um den Arbeitern zu ermöglichen, an den Handgriffen der Hebespindeln zu stehen. Es sollen dabei geschulte Arbeiter
verwendet werden, die vor den Arbeiten geprüft werden müssen.

XV. Abtrocknen auf dem Grunde.

1. Wertung des Verfahrens.

Die Hebung der in kleineren Tiefen gesunkenen Schiffe ist auch
durch das Abtrocknen des Schiffes auf dem Grunde möglich, wie das
die Fälle der „Mikasa" und „Maine" gezeigt haben. Für diesen Zweck
baut man um den Schiffskörper einen vollkommenen Damm und
pumpt die Baugrube nachdem leer. Dieser Damm kann aus Sandsäcken
mit Zusatz einer kleinen Menge Zement (1:40) hergestellt werden.
Um das Durchlaufen des Wassers zu verhindern, bringt man eine
gewisse Menge des Sandes mit einem Zusatz Lehm zu. Dieser Bau
wird dann durch weiteres Hinzufügen der Sandsäcke oder vermittels
Spundbohlen oder mit Hilfe von Metallzylindern erweitert, wobei der
Damm genügend fest ausgeführt sein soll, um den Wasserdruck auszuhalten.

Nach der Trocknung des Inneren dieses Fangdammes ist es leicht,
alle Schiffsräume des Havarieschiffes zu dichten. Nach erfolgter Dichtung des Schiffes bringt man wieder das Wasser in den Fangdamm.

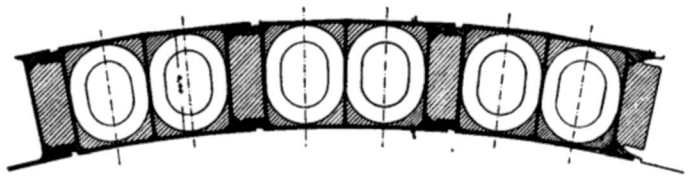

Abb. 107. Eisenbetonfangdamm.

Auf diese Weise war 1906 das japanische Schlachtschiff „Mikasa"[1])
gehoben worden, wobei Spundpfähle verwendet wurden. Die Amerikaner haben 1911 das Schlachtschiff „Maine" durch Abtrocknen auf
dem Grunde gehoben, wobei zylinderförmige Metallkörper verwendet wurden. 1916 wurde ein gleiches Verfahren für die Bergung
des russischen Schlachtschiffes „Imperatriza Maria" vorgeschlagen,
wobei ein Eisenbetonfangdamm um das Schiff ausgeführt werden
sollte. Der Fangdamm sollte dabei aus 48 Elementen ausgeführt werden, die aus den Abbildungen 107 und 108 ersichtlich sind. Diese
Eisenbetonkasten sollten später durch Sand oder durch Wasser gefüllt
werden. Jedes Element sollte 14,3 m hoch, 8,5 m lang und 6 m breit
sein. Als Fundament sollte dabei eine aus Sandsäcken gebildete Grün-
dung dienen.

Das Verfahren der Abtrocknung auf dem Grund ist in jedem Falle
sehr kostspielig, da sehr teure hydrotechnische Arbeiten hierbei in

---

[1]) Engineering, 1906, S. 393 (B. 82).

Frage kommen. Über die Bergung des „Mikasa" liegen keine festen Angaben vor, die Bergung der „Maine" hat sich als sehr teuer erwiesen und wurde auf Drängen der amerikanischen Presse vorgenommen, um die Ursachen des Schiffsunterganges festzustellen.
Auf die Wirtschaftlichkeit der Hebung wurde in diesem Falle keinerlei Rücksicht genommen. Die Kalkulationen für das Schlachtschiff „Imperatriza Maria" haben ebenfalls gezeigt, daß die Ausführung der Bergung nach dem Abtrocknungsverfahren drei Jahre Zeit und mehrere Millionen Goldrubel in Anspruch genommen hätten.

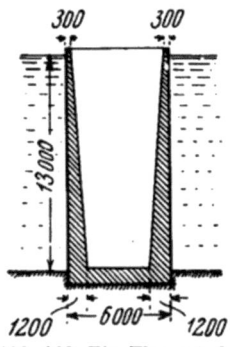

Abb. 108. Ein Element des Eisenbetonfangdammes.

Aus wirtschaftlichen Gründen ist das Verfahren nur in seltenen Fällen verwendbar, wo die Bergung mit anderen Mitteln unmöglich erscheint und wo auf die durchgeführte Bergung ein besonderer Wert gelegt wird.

Als ein Beispiel der Ausführung der Arbeiten nach diesem Verfahren wollen wir die Bergung des Schlachtschiffes „Maine" beschreiben.

2. Bergung des Schlachtschiffes „Maine"[1]).

Am Abend des 15. Februar 1898 erfolgten auf dem amerikanischen Schlachtschiff „Maine" im Hafen von Habana (Kuba) zwei Explosionen, wonach das Schiff in wenigen Minuten gesunken war. Bei dieser Explosion opferten 272 Leute ihr Leben. Die Untersuchung hat erwiesen, daß die Ursache des Sinkens die Explosion einer Mine war, durch die die Explosion der vorderen Munitionskammern hervorgerufen wurde. Dieser Fall verursachte den Ausbruch des Spanisch-amerikanischen Krieges.

Die politische Wichtigkeit dieses Zwischenfalles hat die Bergung des Schiffes notwendig gemacht, obgleich erst 12 Jahre später die Bergungsarbeiten vorgenommen wurden.

Die Hauptabmessungen des Schiffes waren folgende:

Länge	99 m
Breite	17,4 m
Tiefgang	6,6 m
Verdrängung	6 600 t

Das Schiff lag in einer Tiefe von 9—11 m, wobei der Boden aus einer Schicht Schlamm bestand, die 0,9 m dick war. Weiterhin folgte

---

[1]) W. Gutacker, Hebung des amerikanischen Kriegsschiffes „Maine" im Hafen von Havanna. Schiffbau, 1915, S. 438.

eine Schicht von grauem Lehm, 4,3 m dick, tiefer lag rötlicher Lehm
und in einer Tiefe von 36 m kamen die Felsen. Das Schiff ging in den
grauen Lehm ein, bis auf eine Tiefe von 14 m. Der Vergleich der Untersuchung 1898 und 1911 hatte gezeigt, daß in den vergangenen Jahren
nur unwesentliche Veränderungen in der Lage des Schiffes aufge-
treten waren.

Von den verschiedenen Vorschlägen, die zur Hebung des Schiffes
dienen sollten, kamen nur zwei Gruppen ernstlich in Betracht.

Die ersten haben im wesentlichen eine seitliche Anhebung des Schiffes vorgesehen, durch Pontons oder Hebeleichter, die mit Hilfe von
Tauen mit dem Schiff verbunden werden sollten. Das Auspumpen
der Pontons oder der Hebeschiffe sollte die Verdrängungskräfte erzeugen, die zur Hebung des Schiffes erforderlich waren. Gegen diese
Vorschläge wurde richtig erwidert, daß, falls die Taue oder die Ketten
auf den unbeschädigten Teil des Schiffes placiert werden würden, die
Zerstörung des Schiffsrumpfes wegen des großen Gewichtes des beschädigten Teiles unvermeidlich wäre. Auf eine solche Weise erschien
es unmöglich, die Ursachen des Unterganges des Schiffes richtig festzustellen.

Die Entwürfe der zweiten Gruppe haben den Bau eines vollkommenen
Fangdammes um das Schiff vorgeschlagen. Dann sollte die Baugrube
leergepumpt werden, nachdem eine Besichtigung des Schiffes ermöglicht sei. Später konnte man das Schiff abwracken oder durch Reparaturen Wasserdichtheit des Rumpfes erreichen.

Einer von diesen Entwürfen der zweiten Gruppe wurde auch zur
Ausführung angenommen, da die Feststellung der Zerstörungsursache
des Schiffes eine unbedingte Notwendigkeit darstellte. Weiter sollten
die Überreste der untergegangenen Mannschaft geborgen werden.

Eine genaue Untersuchung hatte ergeben, daß das Schiff eine Krängung
von 7^0 nach der B.-B.-Seite hatte. Unter solchen Umständen konnte
das Schiff nach dem Leerpumpen des Wassers aus dem Fangdamme
fest auf dem Grunde stehen, falls es durch leichte Verbindungen an
dem Fangdamm befestigt wurde. Der Fangdamm sollte dabei so ausgeführt werden, daß der Abstand vom Schiff möglichst klein sein
sollte, wobei auch die einzelnen Trümmer, die bei dem Untergang des
Schiffes abgerissen worden waren, auch gleichzeitig gehoben werden
konnten.

Obgleich die Arbeiten zur Herstellung eines solchen Dammes aus
dem Rahmen der üblichen Baupraxis nicht herausfielen, zeigte es sich
bei Ausführung der Arbeiten, daß die Schwierigkeiten ziemlich groß
waren. Der Unterschied des Wasserstandes bei Flut und Ebbe ist im

Hafen von Habana ungefähr 0,9 m. Der Fangdamm sollte wie gegen
Flut und Ebbe so auch gegen Wind und Unwetter widerstandsfähig
sein. Der Fangdamm mußte genügend wasserdicht sein, um die Filtration des Wassers zu verhindern und auch genügend stark, um bei
der Ausführung der Arbeiten gegen den Wasserdruck auszuhalten. Eine
Verstärkung des Fangdammes durch Stützen und Verbindungen war
nicht in Betracht zu ziehen, da diese den Arbeiten der Bergung im
Wege standen und sie verhindern konnten. Weiter wurde auch die
Möglichkeit vorgesehen, den Fangdamm nach erfüllter Arbeit leicht zu
entfernen. Auf·der Abbildung 109 ist der Grundriß des Fangdammes
angegeben, wobei auch die Lage des Schiffes bezeichnet ist. Der Fang-

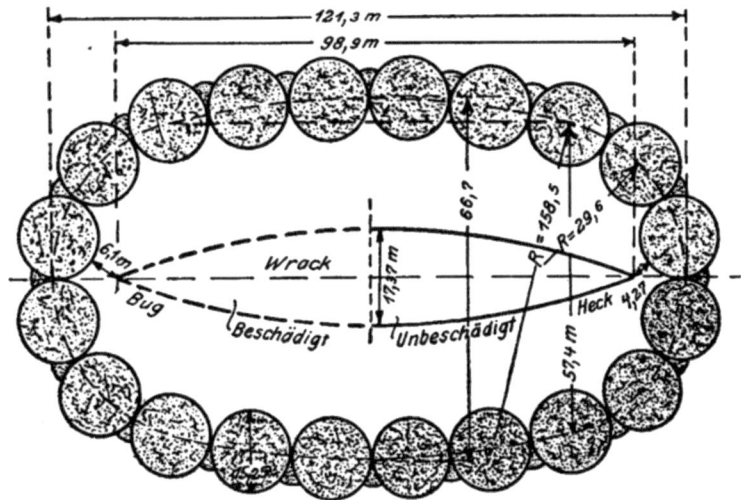

Abb. 109. Grundriß des Fangdammes und Lageplan der „Maine".

damm bestand aus 20 Eisenzylindern, 15,2 m im Durchmesser, welche
aus 323 mm brettartigen Profileisen ausgeführt waren. Diese Spundwandeisen sind auf der Abbildung deutlich zu erkennen. Die Länge
der großen Achse des Fangdammes war 122 m, die der kleinen Achse
66,7 m, wobei der Zwischenraum vom Schiffsrumpf bis zu den Zylindern in der Mitte 6 m betrug, am Bug 4,2 m, am Heck 13,7 m. Diese
Ausmaße waren notwendig, um in den Damm auch die einzelnen Trümmer des Schiffes einzuschließen, die bei der Explosion abgerissen
waren. Die Spundwandeisen, die von der „Lakawanna Steel Company" (New-York) ausgeführt worden waren, gestatteten eine Verbindung in einem Winkel bis 40⁰ (20⁰ an jeder Seite) (s. Abb. 110). Diese
Verbindung wurde durch die Rillen erreicht, die am Ende eines jeden
Spundwandeisens sich befanden. Diese Form des Eisens gab einen

bedeutenden Widerstand gegen die Längsverbindung; die Verbindung
konnte nur dann gelöst werden, wenn das Spundwandeisen parallel
der Achse herausgenommen wurde.

Die Pfähle sollten 29,9 m lang sein, doch der Einfachheit beim Transport halber wurden sie in Längen von 7,6 m und 10,7 m, 12,2 m und
15,3 m ausgeführt, wobei die 7,6-m-Stücke zu den 15,3-m-Stücken genietet werden sollten und die 10,7-m-Stücke mit den 12,2-m-Stücken.
Für jeden Zylinder wurden 150 Spundwandeisen gebraucht und 10 Stück
zu den Bogen (s. Abb. 111).

Der erste Pfahl wurde sechs Wochen nach Beginn der Arbeiten eingerammt, wobei er durch sein Eigengewicht 3,7 m tief in den Tang
eindrang. Das untere Ende des Pfahles befand sich in einer Tiefe von
14 m. Beim Eintreiben der Spundwand wurden hölzerne Lehren verwandt, um die Pfähle genau in einem Kreis von 15,2 m Durchmesser
aufzustellen. Diese Lehren wurden auf einem Holzpfahl befestigt, der
genau im Zentrum jedes Kreises eingetrieben war. Die Lehre schwamm

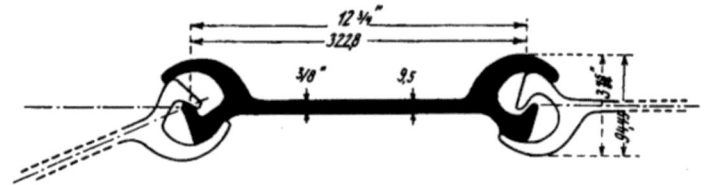

Abb. 110. Spundwandeisen.

auf dem Wasser je nach dem Wasserstand. Der Boden im Hafen war
sehr ungleichmäßig. Es wurden viele Stellen mit schwachem Grund
festgestellt, und man mußte dabei mehrere Pfähle verlängern.

Das Rammen der ganzen Spundwand (Gewicht 4761 t) wurde im
Laufe von 110 Tagen ausgeführt, wobei zwei Dampframmen verwendet
wurden, die mit einem Dampfdruck von 6 Atm. arbeiteten. Bei Aufstellung der Pfähle wurden auch Schwimmkräne verwendet mit einer
Reichweite von 8,5 m und einer Kranlänge von 27,5 m.

Die Verbindung der Zylinder auf der Wasserseite ist aus der Abbildung 111 ersichtlich, wobei ungefähr 16 Pfähle eingetrieben wurden auf einem Kreisteil mit einem Durchmesser von 2,9 m.

Weiter wurden die einzelnen Zylinderkörper mit Erde gefüllt, um eine
gute Wasserdichte zu erzielen. Diese Arbeit wurde durch einen Saugbagger und durch einen Eimerbagger ausgeführt, wobei der Saugbagger
die Erde durch ein 50-cm-Rohr förderte. Jeder Zylinder brauchte
2200 m³ Füllmaterial und auf alle Zylinder nebst Verbindungen benötigte man 54 000 m³. Bei Ausführung der Arbeit wurde ein Unter-

schied in der Grundfläche nur bis 3 m gestattet. Die Höchstleistung der Füllarbeiten erreichte 8 lfd. m in 24 Stunden.

Am Boden wurden Steine ausgelegt, die bis 4,5 m über dem Boden sich erhoben. Diese Steinauflage bezweckte erstens die Festigung der Pfähle im weichen Boden, und zweitens eine Sicherung gegen das Eindringen des Grundes in den Fangdamm. Zwischen je zwei Zylindern wurde auch Lehm und kleine Steine geschüttet auf einer Strecke von 3 m.

Am 3. Januar 1911 wurde das Leerpumpen der Grube des Fangdammes begonnen, wobei zwei Saugpumpen von 200 mm und 300 mm

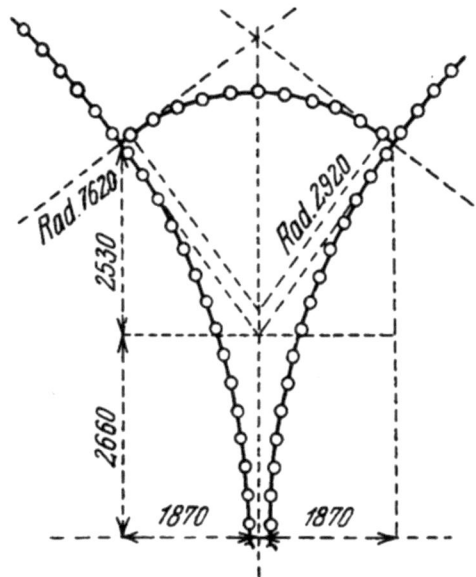

Abb. 111. Verbindung der Zylinder auf der Wasserseite.

Durchmesser angewandt wurden. Die Pumpen wurden von Elektromotoren von 50 und 100 P.S. angetrieben. Diese Pumpen waren in der Mitte des Fangdammes schwimmend aufgestellt und erhielten die Energie von der Kraftanlage der Stadt Habana. Vorerst wurde die 200-mm-Pumpe in Tätigkeit gesetzt, die binnen drei Tagen 3 m Wasser ausgepumpt hatte. Da weiter eine leichte Verschiebung der Zylinder bemerkt wurde, wurde das Wasser binnen eines Monats auf dem Wasserstand von 3,7 m unter dem Horizont erhalten.

Nachdem die Füllung ausgetrocknet war, nahm man das Pumpen wieder auf. Mit dem Fallen des Wasserspiegels wurde das Wrack

ständig versteift, um seine Teile in der ursprünglichen Lage festzuhalten. Die Filtration des Wassers war eine kleine und man mußte
den Fangdamm als außerordentlich dicht bewerten.

Am 5. August 1911 wurde das Wasser praktisch vollständig entfernt;
man hat Photographien von allen Teilen des Schiffes gemacht und
alle Öffnungen des Schiffes gedichtet. Nachdem das Schiff gereinigt
und besichtigt worden war, baute man auf dem Schiff hölzerne wasserdichte Schotte. Das unbeschädigte Achterteil des Schiffes wurde von
dem beschädigten abgetrennt.

Die Untersuchung des Schiffes hatte vollständig die Meinung der
ersten Kommission bestätigt. Die Kessel waren vollständig unbeschä-

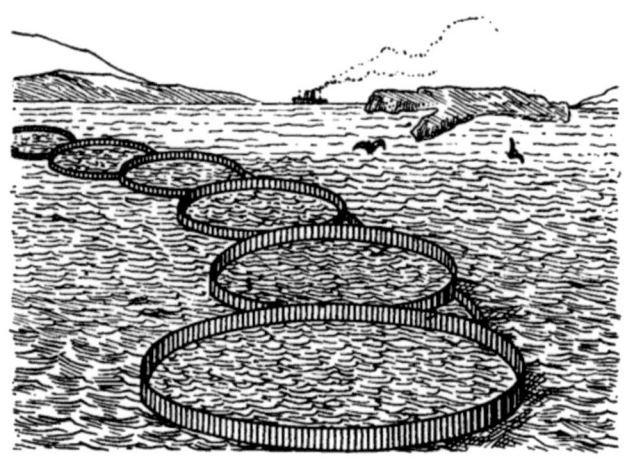

Abb. 112. Teilansicht der Spundwand.

digt und dadurch war die Annahme, daß die Ursache des Unterganges
die Explosion der Kessel war, als falsch erwiesen.

Jetzt wurde die Entfernung des Fangdammes vorgenommen. Das
Füllmaterial wurde durch Greifbagger aus den Zylindern herausgenommen. Das Herausziehen der einzelnen Spundwände wurde vermittels
zweier 150 t hydraulischer Hebezeuge vorgenommen. Die größte Zugkraft (ungefähr 240 t) wurde bei den ersten Bohlen beobachtet. Die
Beseitigung der übrigen fiel bedeutend leichter, wobei ein Schwimmkran von 75 t Hebekraft angewandt wurde. Die größten Schwierigkeiten wurden bei den schrägen Pfählen beobachtet. Im Durchschnitt
hat man täglich 36 Bohlen entfernt.

Die Reste des Schiffes, die keine eigene Schwimmkraft besaßen,
wurden entfernt oder mit Ketten versehen, um später vermittels der
Schwimmkräne gehoben zu werden.

Nachdem das Wasser in den Fangdamm eingelassen worden war, schwamm das Achterteil des Schiffes auf; am 16. März 1912 wurde dieses Achterteil in eine Tiefe von 1200 m gesenkt. Die Arbeiten wurden am 2. Dezember 1912 vollständig beendet. Der Hafenboden wurde auf 11 m unter Wasser ausgeglichen.

Die Hebung kostete 3 300 000 M.; man muß annehmen, daß bei der Anwendung von Larssenspundwandeisen dieser Preis stark nach unten hätte herabgesetzt werden können, da fast alle Arbeiten in diesem Fall viel billiger sind[1]).

[1]) Näheres über Larsseneisen siehe: S. Lavroff, Eiserne Spundwände, Schiffbau, 3. November 1926.

Fünfter Teil

Bergungen in offener See.

XVI. Anheben aus kleiner Tiefe.

1. Allgemeine Bemerkungen.

Das Anheben von Schiffen, die auf kleiner Tiefe gesunken sind, kann vermittels folgender Verfahren durchgeführt werden:

    a) durch Hebekraft von Pontons, Hebezylindern, Leichtern usw.,

    b) durch Aufbauen eines Kofferdammes und späteres Leerpumpen,

    c) durch Leerpumpen oder Lenzen vermittels Preßluft.

In allen diesen Fällen, besonders aber in den Fällen a und c, ist es notwendig, die mögliche Krängung des Schiffes in Betracht zu ziehen. Außerdem ist es nötig, auch die Adhäsionskraft, die im Berührungspunkt des Schiffsbodens zum Meeresboden besteht, zu überwinden. Die Größe dieser Kraft ist von der Eigenschaft des Meeresbodens und von der Lage des Schiffes abhängig und kann nur schätzungsweise bestimmt werden. Bei sehr ungünstigem Meeresboden (lehmartiger Schlick) wird die Adhäsionskraft bis auf 75 % von dem Gewichte des Schiffes geschätzt. Bei diesen Schätzungen, die bei den Hebungen von U-Booten gemacht worden sind, wurden die betreffenden U-Boote sehr schnell von dem Boden befreit. Es muß daher angenommen werden, daß die Schätzung etwas übertrieben war, da im allgemeinen das Abreißen schnell vor sich ging. Nur bei bindendem Boden ist eine Zeit erforderlich, um den Schiffsrumpf vom Boden zu befreien.

Bei Anwendung von Tauen ist es nötig eine solche Anzahl Taue zu placieren, daß die Beschädigung der Außenhaut des Schiffes unmöglich wird. Es ist ferner ratsam, auch Matten unter die Taue zu legen, um eine Beschädigung der Außenhaut zu vermeiden. Besonders in dem Falle, wo Ketten zum Heben verwendet werden, ist eine Beschädigung des Schiffsrumpfes zu befürchten, wie das z. B. bei Hebung des U-Bootes „F 4" der Fall war.

Aus diesem Grunde sollen in allen Fällen, in denen die Festigkeit des Schiffsrumpfes zweifelhaft erscheint (wegen des Alters oder leichter Konstruktion), die Taue an den Berührungsstellen mit dem

Schiffsrumpf wie Gürtel oder wie Matten ausgeführt werden. In diesem Falle werden 0,3 m breite Gürtel aus einer Reihe Stahltrossen hergestellt, die vermittels einer dünnen Trosse verflochten und mit einer Zwischenlage an der inneren Seite aus Hanfmatten versehen sind. Bei Hebung eines Torpedobootes sollen die Hebegürtel nicht weniger als 0,6 m breit sein, wobei die innere Zwischenlage aus einer dichten Schicht Seegras oder Bast angefertigt werden soll.

2. Anheben durch Pontons, Hebezylinder und Hebeschiffe.

Bei Anheben des Schiffes mittels Pontons wird die nötige Anzahl Pontons nach dem Gewichte des Schiffes im Wasser berechnet, wobei auch die Adhäsionskraft in Berechnung gezogen werden muß.

Falls die Hebung an einer Stelle vorgenommen werden muß, wo Gezeiten vorhanden sind, bringt man die nötige Anzahl der Hebetrossen unter dem Kiel des Schiffes an, und nach einer scharfen Spannung befestigt man die Trossen an den Hebepontons während der Ebbe. Nachdem die Flut eingetreten ist, wird bei richtigen Berechnungen und Maßnahmen das Schiff allmählich vom Boden abgerissen und auf die Höhe der Ebbe gehoben, wobei eine gewisse Größe durch Recken der Taue verloren geht. Darauf wird das Schiff wieder auf eine seichtere Stelle geschleppt, bis es wieder auf den Boden kommt. Bei der nächsten Ebbe werden die Taue aufs neue straff befestigt und das Schiff wieder auf eine seichte Stelle gebracht. Diese Operation wiederholt man mit jeder Flut, bis das Deck des gesunkenen Schiffes über das Wasser kommt, wonach die Lecke gedichtet werden und das Wasser ausgepumpt wird. Dieses geschieht mit Hilfe der oben beschriebenen Mittel.

In den Gegenden, wo keine Gezeiten vorhanden sind, werden die Pontons mit Wasser geflutet, die Hebetaue straff an den Pontons befestigt, wonach das Wasser aus den Pontons ausgepumpt wird. Weiter wiederholt man die Operation, indem das Schiff allmählich ans Ufer oder an eine seichtere Stelle geschleppt wird.

An Stelle von Pontons können auch stählerne Hebezylinder angewandt werden, die mit Wasser geflutet und unmittelbar auf den Boden längs des Schiffes gesenkt werden; nach Befestigung der Hebetaue an den Hebezylindern wird das Wasser aus den Zylindern durch Preßluft gelenzt. Die Hebezylinder haben den Vorteil, daß bei ihrer Verwendung keine Befestigung der Taue wiederholt zu werden braucht, und das vermittels der Hebezylinder aufgeschwommene Schiff kann direkt in den Hafen gebracht werden. Bei diesem Manöver ist zu beachten, daß beim Aufschwimmen der Zylinder sich der innere Überdruck je nach der Wassertiefe erheblich ändert. Es kann leicht ein gefahrvolles Emporschießen der Hebezylinder mit dem Wrack an die Oberfläche eintreten. Man verwendet deshalb Hebezylinder auch in der Eigenschaft als Hebepontons, so daß man nur ihren Tauchungsunterschied im schwimmenden Zustand für mehrere Teilhebungen ausnutzt. Gegenüber Pontons haben Hebezylinder den Vorteil, daß man die Befestigungstaue nicht bei drohendem schlechtem Wetter jedesmal zu entfernen braucht, was gerade bei Bergungsarbeiten größere Sicherheit bietet.

Obwohl die Anwendung von Pontons sehr einfach erscheint, stellen derartige Arbeiten gewisse Hindernisse entgegen. Große Schwierigkeiten liegen auch in der Befestigung der Taue; wir beziehen uns an dieser Stelle auf die weiter unten beschriebene Hebung des U-Bootes „F 4“. Um einseitige Belastungen einzelner Taue zu vermeiden, muß möglichst die Anwendung eines praktischen Seilausgleiches angestrebt werden.

Im allgemeinen soll bemerkt werden, daß es im voraus unmöglich ist, alle Umstände vorauszusehen, die mit den örtlichen Verhältnissen verbunden sind. Aus diesem Grunde muß bei den Bergungen den örtlichen Verhältnissen Rechnung getragen werden. Eine weiter beschriebene Hebung eines 800-t-Schiffes, welches in der offenen See bei Irland gesunken war, gibt ein gutes Beispiel einer zweckmäßigen Anwendung der an Ort und Stelle befindlichen Mittel. In diesem Falle wurde die Bergung durch einen Bergungsdampfer und durch ein altes Kanonenboot vorgenommen. Quer über jedes von diesen Schiffen wurden Holzbalken von einem Querschnitt von 150 qcm gelegt. Die Enden der Balken ragten um 1,2 m über jede Bordwand herüber, wozu an diesen Stellen die Reling entfernt worden war. Die Balken wurden an den Längs- und Querverbänden mit dünnen, weichen Stahltauen befestigt. Das Deck wurde an den nötigen Stellen vermittels Holzstützen befestigt. Unter dem gesunkenen Dampfer wurden 230-mm-Stahldrahttaue placiert, die durch Giens an den an den Balkenenden befindlichen Stroppen befestigt wurden. Um die Krängung der Hebeschiffe zu vermeiden, wurden die Hebetaue von den Balkenenden an der Außenseite eines Schiffes zur inneren Seite des anderen Schiffes geführt. Auf diese Weise wurde das gesunkene Schiff angehoben, verdichtet und leergepumpt, wobei die Pontons durch die Hebeschiffe ersetzt worden waren.

3. Bergung durch Kofferdamm.

Das Heben des Schiffes vermittels des Kofferdammes ist nur in den Fällen möglich, wenn das Schiff in einer Gegend gesunken ist, die vor Winden einigermaßen geschützt ist. Dieses Verfahren hat viele Vorteile und insbesondere den, daß es bei Schiffen aller Größen verwendet werden kann. Die Ebben spielen bei diesem Verfahren keine besondere Rolle. Die Nachteile dieses Verfahrens sind folgende: verhältnismäßige Kostspieligkeit, ziemlich lange Dauer der Ausführung und die eventuelle Gefahr des Kenterns nach dem Aufschwimmen wegen des oben angebrachten großen Gewichtes. Aus letzterem Grunde ist es möglich, das Verfahren nur in den Fällen anzuwenden, wenn das Schiffsdeck nicht unter 8,5 m unter Wasser liegt.

Das Verfahren besteht im wesentlichen darin, daß die oberen Öffnungen durch Umschotten — sogenannte Kofferdämme — wasserdicht abgeschlossen werden. Durch dieses Verfahren sind bereits viele Schiffe gehoben worden. In letzter Zeit jedoch findet das Verfahren immer weniger Anwendung und wird durch das Preßluftverfahren ver-

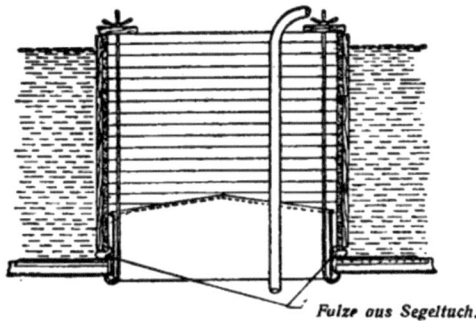

Futze aus Segeltuch.

Abb. 113. Ausführung eines Kofferdammes.

drängt. Der Aufbau des Kofferdammes soll in den Fällen bevorzugt werden, wenn nur eine ungenügende Anzahl Taucher vorhanden ist und wenn es schwierig ist, die Räume des Schiffes luftdicht zu machen.

Der Vorgang des Aufbauens des Kofferdammes wurde schon im Kapitel XIII beschrieben. Wir wollen hier näher auf die Einzelheiten der Kofferdämme eingehen, wie sie beim Anheben des Schiffes in der See Anwendung finden. Die Kofferdämme über den Luken werden gewöhnlich in der Art ausgeführt, wie das aus der Abbildung 113 ersichtlich ist. Die Planken werden dabei mittels geteerten Wergs verdichtet. Die Befestigung besteht aus Bolzen, die an den Ecken angelegt sind. Ins Innere des Kofferdammes werden die Saugschläuche eingeführt.

Wenn das Wasser nicht höher als 4,5—6 m über dem Schiffsdeck steht, werden die Kofferdämme auf folgende Weise errichtet. Auf dem Deck werden in gleichen Abständen Stahlwinkel aufgestellt, die auf eine Höhe über dem Wasserstand geführt werden. Die unteren Enden der Winkel werden an den Holzbalken angebracht, die ihrerseits durch

die Bolzen mit den Deckbalken befestigt sind. In allen Fällen, wo es
möglich ist, wird auch das Schanzkleid zur Befestigung benutzt. Oben
werden die Winkel durch Stahlträger oder hölzerne Balken befestigt,
die quer zum Schiff gelegt werden. Dieses Gerüst wird vermittels Holz
beplankt (bis 90 mm dick), wobei die Beplankung durch Bolzen befestigt und über den Wasserspiegel geführt wird. Nach der Abdichtung
wird die Beplankung mit Segeltuch bedeckt, und die Nähte werden
mit Hilfe hölzerner Balken zugedeckt. Auf diese Weise wird eine gewisse Wasserdichtheit des inneren Schiffsraumes erreicht, wobei der
Kofferdamm genügend fest befestigt sein soll, um den Wasserdruck
auszuhalten, nachdem das Wasser aus dem Inneren des Kofferdammes
ausgepumpt wird. Die Pumpen werden entweder auf dem zu hebenden Schiffe auf einer Plattform, die über dem Kofferdamm liegt, aufgestellt oder auf einem anderen Schiffe neben dem Havarieschiff untergebracht. Nachdem das Schiff aufzuschwimmen beginnt, werden
die Kofferdämme abmontiert, um die Kenterung zu verhindern und
um die Saugschläuche möglichst niedrig aufzustellen.

Als ein Beispiel einer Hebung vermittels Kofferdammes kann die
Hebung eines Kohlenleichters beschrieben werden, der während eines
Sturmes gesunken war. Die Hauptabmessungen des Schiffes waren
folgende:

Länge	25 m
Breite	9,7 m
Tiefgang	0,9 m

Das Deck lag 4,9 m unter Wasser. Da ungenügend Raum vorhanden
war, um Pontons zu verwenden, wurde ein 6 m hoher Kofferdamm
errichtet, wobei auf dem Boden des Schiffes ein Ballast von 420 t gelegt wurde. Auf diese Weise war das Gewicht des Schiffes bis 744 t
gesteigert worden. Der Kofferdamm wurde nur von solcher Höhe und
Breite errichtet, daß er alle Öffnungen des Decks abschloß. Die Berechnungen haben dabei gezeigt, daß nach dem Leerpumpen das Deck
über die Wasserfläche kommen mußte, obwohl nur ein sehr kleiner
Teil des Bordes höher als das Wasser liegen sollte.

Zur Errichtung des Kofferdammes wurden Kiefernbalken 250 mm
× 200 mm verwendet, die auf dem Deck aufgestellt wurden. Die Querbalken hatten einen Querschnitt von 200 mm × 200 mm. Die Beplankung bestand aus Kiefernplanken von 90 mm Stärke, wobei einzelne Teile der Beplankung in Größe 1,8 × 6 m im voraus angefertigt
worden waren. Jeder einzelne Teil wurde nach unten gesenkt und
durch Taucher festgemacht. Zum Leerpumpen wurde eine 300-mm-
Motorpumpe und eine 125-mm-Dampfpumpe verwendet, die auf einer
Plattform über dem Kofferdamm aufgestellt wurden, sowie zwei

300-mm-Dampfpumpen eines Bergungsdampfers. Als das Schiff während des Leerpumpens aufschwamm, hatte es das Bestreben zu kentern. Das Kentern wurde jedoch durch Anlegen von Tauen verhindert. Nach dem Auspumpen wurde das Schiff ins Trockendock gebracht, wobei es auf dem Wege durch die Taue des Bergungsdampfers vor dem Kentern bewahrt wurde.

4. Anheben durch Abtrocknen des Schiffes.

Das Abtrocknen eines gesunkenen Schiffes kann durch Anwendung von Preßluft oder durch Leerpumpen ausgeführt werden. Das Abtrocknen des Schiffes ist nur in den Tiefen verwendbar, wenn das Deck nicht tiefer als 3—3,5 m unter dem Wasserspiegel liegt. Alle Beschädigungen des Unterwasserteiles des Schiffes sollen dabei durch Taucher gedichtet werden, desgleichen auch Öffnungen im Deck, wie Luken usw. Falls die Lukenöffnungen nicht besonders groß sind, werden sie mit Holzdeckeln gedichtet, die aus zwei Teilen bestehen. An den Kanten der Deckel werden Segelkissen gelegt, um die Stelle zu dichten. In der Mitte jedes Deckels werden zwei Öffnungen ausgeschnitten, eine für den Saugschlauch und die andere für den Luftschlauch. Die Deckel werden vermittels Hakenbolzen an der Lukenkante befestigt. Auch andere Deckel werden vermittels Hakenbolzen gedichtet.

Nachdem alle Öffnungen abgedichtet sind, werden die Saugschläuche an die Pumpen gelegt und das Wasser ausgepumpt. Falls das Gewicht des Wassers über dem Deck zu groß sein sollte, dann wird das Deck vermittels Hilfsstützen befestigt, was durch Taucher ausgeführt werden kann. Die einzelnen Stützen sollen dabei untereinander befestigt werden. Die Türen zwischen den einzelnen Abteilungen sollen auch vermittels Holzbalken befestigt und abgedichtet werden.

Wie schon oben gesagt war, liegt die Grenze der Anwendung des Verfahrens bei 3—3,5 m Abstand des Decks von der Wasseroberfläche, wobei bei einer solchen Tiefe das Deck von unten vermittels Stützen befestigt sein soll. Falls die Beschädigungen des Bodens so bedeutend sind, daß es unmöglich ist, sie durch die Taucherarbeiten zu dichten, dann wird ein anderes Abtrocknungsverfahren angewandt, und zwar die Entfernung des Wassers durch Preßluft. In diesem Falle werden die Luken und anderen Öffnungen von der inneren Seite abgedichtet, wobei unter die Luken Stahlbleche gelegt werden, welche die Form der Deckel haben müssen. Diese Bleche werden durch Winkel versteift und mit Sicherheitsventilen versehen sowie auch mit Ventilen, die zur Einführung der Preßluft dienen. Um die vollständige Wasserdichtheit zu erreichen, ist es zweckmäßig, Talg zu verwenden, wobei es sich empfiehlt, die Abdichtung aus den inneren Räumen vorzunehmen.

Bei Anwendung von Preßluft ist es sehr wichtig dem Umstand Rechnung zu tragen, daß dabei die Deckel einem Druck von innen unterworfen werden, im Gegensatz zum Druck von außen, für welchen sie beim Bau des Schiffes berechnet worden waren. Da das Deck auf einen Druck von oben berechnet ist und durch Stützen und Balken unterstützt ist, so kommt es bei dem Druck von unten vor, daß die Nieten der Balken und der Stützen dabei auf Zug beansprucht werden; die Köpfe der Nieten können dabei sehr leicht abgerissen werden. In diesem Falle ist es unentbehrlich, eine starke Versteifung und Befestigung des Decks von oben vorzunehmen. Diese Arbeiten sind öfters sehr schwierig und umständlich und stehen in naher Abhängigkeit zum Schiffstyp. Man errichtet gewöhnlich auf den Decks eine gewisse Anzahl von Stahlträgern oder Holzbalken, die vermittels Bolzen oder Plattversteifungen mit dem Schiffsrumpf verbunden werden. Längs des Decks werden Balken oder dicke Planken gelegt, die unter diese provisorischen Balken gelegt werden sollen. Es soll dabei bemerkt werden, daß die vollständig geschweißten Schiffe in diesem Falle wie auch im allgemeinen bei Schiffshavarien bedeutende Vorteile haben[1]).

Bei Anwendung der Preßluft müssen die Schornsteine abgeschnitten und die Öffnungen gedichtet werden. Nachdem auf solche Weise eine gewisse Luftdichte erreicht ist, wird die Preßluft in das Schiff eingeführt und dadurch das Schiff zum Aufschwimmen gebracht.

Um die Anwendung des Abtrocknungsverfahrens auf Grund von Beispielen zu erklären, sei weiter die Beschreibung der Bergungsversuche des Schlachtschiffes „Montague" wiedergegeben.

5. Bergungsversuche des Schlachtschiffes „Montague"[2]).

Das englische Schlachtschiff „Montague" ist am 30. Mai 1906 nachts im Nebel bei Lundy-Island auf Steine geraten. Nach dem Auffahren wurde ein Versuch der Rückwärtsbewegung gemacht. Es mußte jedoch

---

[1]) S. auch: S. J. Lavroff, Nieten und Schweißen im Eisenbau. Schiffbau. XXVII. Jahrgang, S. 83: „Bei der Havarie des Dampfers Carya (398 Tons, im Jahre 1921 erbaut, vollständig geschweißt) lag er auf einer Bank während der Ebbe, wobei er starken Biegungskräften unterworfen war. Nach der Bergung wurde festgestellt, daß der ganze Rumpf in vollständiger Ordnung geblieben ist. Ein Schlepper, 42 Fuß lang, 11 Fuß breit, vollständig geschweißt, wurde zwischen zwei großen Dampfern zerquetscht, wobei seine Breite sich um 18 Zoll verkleinerte und das Deck auf 6 Zoll nach oben gequetscht wurde; die Reparatur konnte hydraulisch, ohne ein Blech auszuwechseln, durchgeführt werden. Diese zwei Fälle, die aus der Oktober-Nummer 1924 der Zeitschrift der amerikanischen Schweißgesellschaft (Journal of the American Welding Society) entnommen sind, zeigen ohne weiteres, daß die gesamte Festigkeit der vollständig geschweißten Eisenkonstruktionen stark die der genieteten überwiegt, da solche Leistungen bei dem genieteten Rumpf unmöglich sind."

[2] Engineering, 1906, S. 617 (B. 82).

bald festgestellt werden, daß das Schiff
selbst nicht freikommen konnte. Die
angefangenen Bergungsarbeiten miß-
glückten, und am 5. August 1906 hat
die englische Admiralität die Bergungsversuche vollkommen eingestellt. Abgesehen von dem Mißlingen der Bergungsversuche ist es von Interesse,
diesen Fall eingehend zu besprechen,
da die englische Admiralität alle möglichen Maßnahmen getroffen hat, um
das Schiff zu bergen. Die Hauptabmessungen des Schiffes waren folgende:

Länge	120 m
Breite	23 m
Tiefgang	8,1 m
Verdrängung	14 000 t

Schon das erste Herabsteigen der
Taucher hat erwiesen, daß das Schiff
bedeutende Lecke hatte und viele Risse
aufwies (s. Abb. 114). In den Gangspillraum war ein Stein eingedrungen,
der linke Seitenkiel, der linke Propeller
und die ganze Wellenlinie waren
stark beschädigt und teilweise ganz
abgerissen. Unter diesen Umständen
war es ausgeschlossen, die Dichtung
aller dieser Lecks vorzunehmen, da
es den Tauchern unmöglich war, alle
Beschädigungen zu sehen. Man versuchte eine Absprengung des obenerwähnten Steines vorzunehmen, was
auch gelang. Eine Abdichtung durch
Blechplatten hatte auch sehr wenig
Erfolg.

Die Untersuchungen haben jedoch
ergeben, daß es noch einige wasserdichte Räume im Schiff gab, die leergepumpt werden konnten. Maschinen-
und Kesselraum hatten dagegen starke
Beschädigungen erlitten, und das Wasser
konnte hier nur mit Hilfe der Preßluft

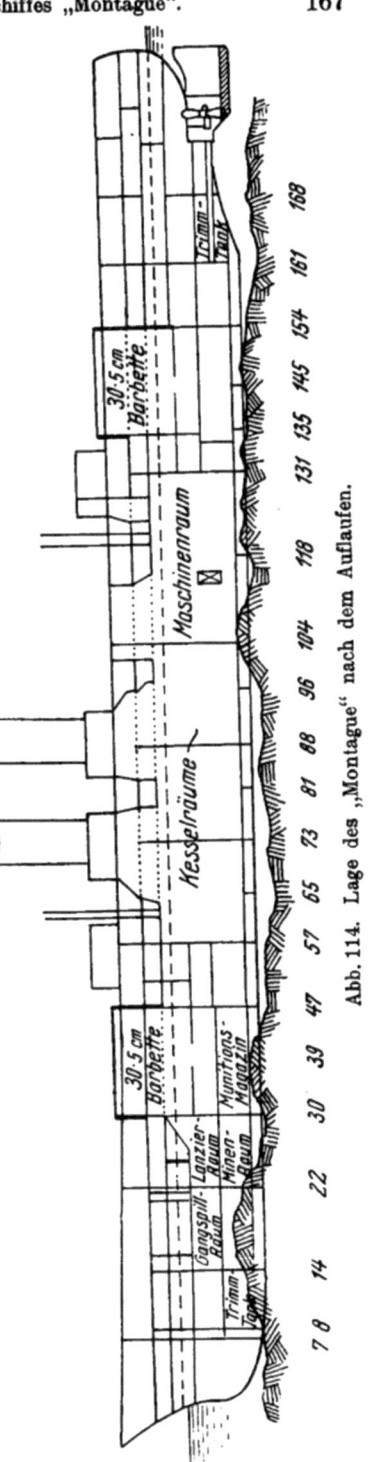

Abb. 114. Lage des „Montague" nach dem Auflaufen.

gelenzt werden, wobei das Panzerdeck als ein guter Oberdeckel dienen
konnte. Der vordere Teil des Schiffes war viel stärker beschädigt worden
als das Heck, und aus diesem Grunde sollten die Arbeiten hauptsächlich
in den übrigen Räumen konzentriert werden. Auf Grund der oben erwähnten Angaben wurde folgender Bergungsplan in Aussicht genommen:

a) Absprengung des Steines im Gangspillraum, was durch kleine
Sprengpatronen ausgeführt wurde;

b) das Auspumpen des Wassers aus den unbeschädigten Räumen;

c) das Lenzen des Wassers vermittels Preßluft aus dem Maschinenraum und den Kesselräumen;

d) Ausschiffen der Panzerplatten, der Ketten, der Anker usw. im Bugteil, um diesen möglichst zu erleichtern;

e) die Anbringung von Luftkästen im Bugteil des Schiffes, um seine
Verdrängungskräfte zu erhöhen.

Im Laufe der Bergungsarbeiten wurden Pumpen, Kompressoren und
andere Anlagen auf das Schiff gebracht. Es wurden folgende Pumpen
angestellt: 1 zu 280 mm, 6 zu 250 mm, 8 zu 200 mm, 5 zu 125 mm
und 1 zu 75 mm. Später wurde noch eine 300-mm-Pumpe angestellt,
die von den Dampfkesseln des Bergungsdampfers gespeist wurde. Die
gesamte Leistung der Pumpen betrug 8600 t Wasser pro Stunde. Die
Pumpversuche in verschiedenen Räumen zeigten, daß alle Räume des
Bugteiles des Schiffes starke Lecks aufwiesen, aus welchem Grunde
die Saugröhren der Pumpen in den Raum der Unterwassertorpedo-
apparate eingeführt wurden, welcher Raum mit der Torpedokammer
verbunden war. Die Arbeiten des Leerpumpens der Abteilungen unter
dem Bugturm waren wegen der sehr komplizierten Einrichtung der
Gänge in diesen Räumen mißlungen. Auch blieben die Pumparbeiten in
den Kesselabteilungen erfolglos.

Bei Flut und Unwetter wurden starke Schwingungen des Schiffes
beobachtet, wobei der Schiffsboden mit den Steinen in Berührung trat.
Um diese gefährliche Berührung zu verhindern, wurden Einrichtungen
getroffen, damit das Schiff mit Wasser gefüllt werden konnte.

Zur besseren Verteilung der Pumpen und um das Tragen der
schweren Schläuche zu vermeiden, hatte man einige benachbarte Abteilungen miteinander vermittels Öffnungen verbunden. Um das Schiff
bei der Flut nicht auf die Grundfelsen aufschlagen zu lassen, richtete
man einige Schiffsräume, hauptsächlich Munitionskammern und Kohlenbunker dazu ein, sie füllen und entleeren zu können. Die Druckluft
wurde durch die tragbaren Luftkompressoren geliefert, die unter einem
Druck von 0,5 Atm. 8,8 m³ Luft pro Minute lieferten. Bei diesem Druck
war es möglich, den Wasserspiegel in der Maschinenabteilung um
3,35 m herabzudrücken. Es wurde dabei jedoch festgestellt, daß die

Schotten nicht genügend luftdicht waren. Da das Dichten vermittels Zements sich nicht bewährte, wurde eine Verschmierung mit Talg auf der Innenseite vorgenommen.

Die Preßluftarbeiten wurden dann weitergeführt, wobei 21,4 m³ Luft pro Minute geliefert wurde. Der Druck betrug dabei 0,42 Atm. Es wurde ausgerechnet, daß für das Herabdrücken des Wassers auf die nötige Tiefe etwa 170 m³ pro Minute nötig waren, bei einem Druck

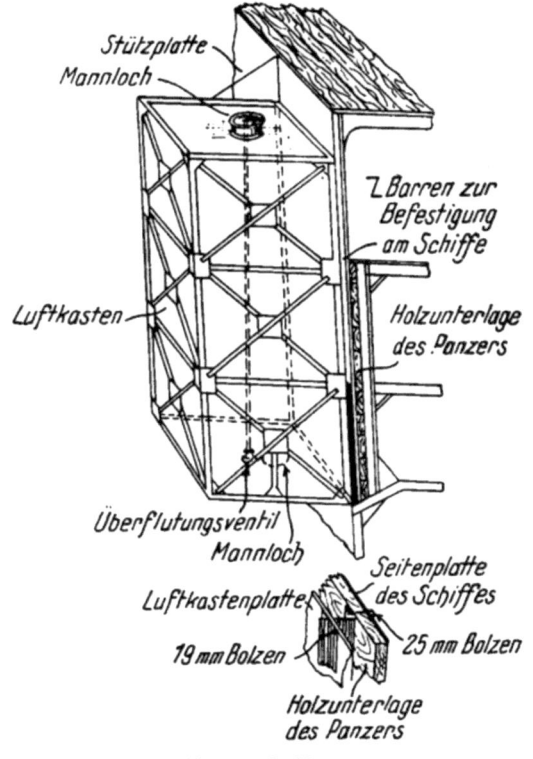

Abb. 115. Luftkasten.

von 0,6 Atm. Um diese Menge Luft zu erhalten, wurden im ganzen fünf kleine Luftkompressoren und ein großer Kompressor angestellt. Die Erhöhung des Luftdruckes bis 0,6 Atm. zeigte, daß es viele Undichten in den Querschotten gab, welche wieder mit Talg verdichtet wurden. Das Wasser war auf 2,13 m unter den Kesselplattformen herabgedrückt worden.

Nachdem die Panzerplatten, die Ketten und die Anker aus dem Bugteil entfernt worden waren, hat man die Anbringung von seitlichen Luftkasten vorgenommen, die einen Rauminhalt von 30 m³ hatten und auf der Abbildung 115 ersichtlich sind. Im Laufe von zwei Wochen wurden zwanzig Luftkasten angebracht, die zusammen eine Schwimmkraft von rund 600 t aufwiesen. Zur Befestigung der Luftkasten hat man an den Stellen der Holzunterlage, an denen der Panzer abgenommen war, Z-Träger befestigt, auf welche durch 48 Bolzen von 19 mm Durchmesser der Luftkasten angebracht wurde. Infolge starken Seeganges wurden mehrere von diesen Bolzen abgescheuert, und man mußte daher die Anbringung der mit Wasser gefüllten Luftkasten genau an ihrer Stelle unter Wasser vornehmen.

Im Laufe der Arbeiten erwartete man, daß während der Flut das Schiff noch abgeschleppt werden konnte. Um dabei die Krängung zu verhindern, die durch verminderte Stabilität des Schiffes verursacht sein konnte, hatte man in der Mitte des Schiffes ein Falschbord von 1,5 m Höhe errichtet.

Nachdem alle diese Vorarbeiten ausgeführt worden waren und das Pumpen und Lenzen der Luftkästen geprüft worden war, hatte man den ersten Versuch des Abschleppens für die nächste Springflut am 5. August festgesetzt. Eine Generalprobe am 22. und 23. Juli war günstig begonnen. Der hohe Seegang am zweiten Tag verursachte aber die sofortige Aufgabe der Versuche. In den nächsten Tagen herrschte auf der See eine lange, fünf Meter hohe Dünung aus westlicher Richtung, die dem Schiff weitere starke Beschädigungen zufügte. Das Rollen des Buges betrug 4 m nach innen, des Hecks 4 m von dem Ufer. Die durch das Aufschlagen verursachten Beschädigungen waren so bedeutend, daß es unmöglich schien, das Schiff bis zum Eintritt der schlechten Jahreszeit zur Hebung vorzubereiten. Vom 1. bis zum 4. August war wieder schwerer Seegang, der bis zum 4. August alle Arbeiten verhinderte. Da es unmöglich war, die nötigen Vorarbeiten vor dem Einsetzen der Springflut am 5. August wieder bereitzustellen, kam die englische Admiralität zum Entschluß, alle Bergungsarbeiten einzustellen und vollständig aufzugeben und das Schiff aus der Marineliste auszustreichen.

Obwohl die englische Presse mit den Arbeiten der Bergungsgesellschaft und der einzelnen Personen aus der Admiralität sehr unzufrieden war, muß man zugeben, daß alles für die Bergung des Schiffes getan worden war, was unter diesen Umständen hatte gemacht werden können. Bei den Arbeiten wurden alle neuesten technischen Verfahren angewandt, wobei die nötigen Mittel schnell und energisch zur Anwendung gelangten. Die Hebung des Schiffes „Montague" konnte durch das ungünstige Wetter nicht zu einem glücklichen Ende gebracht werden, und die Naturkräfte haben sich hier stärker als der Mensch erwiesen.

6. Bergungsversuch des spanischen Linienschiffes „España"[1]).

Die „España" war anfangs 1924 bei Melilla im Nebel auf einen Felsen aufgelaufen, der den Schiffsboden durchbrochen hatte und hierdurch den Bergungsversuch außerordentlich schwierig gestaltete (s. Abb. 116).

Abb. 116. Lancieren der Kanonen des Schlachtschiffes „España".

Die Hauptabmessungen des Schiffes waren folgende:

Länge	141,7 m
Breite	24 m
Tiefgang.	7,8 m
Verdrängung	15 800 t
Maschinenleistung	22 260 I.P.S.

Bestückung 8/30,5 cm in 4 Zwillingstürmen

Das Bergungsprojekt bestand aus einem Arbeitsplan, der von Oberstleutnant Augusto Miranda in seiner technischen Durchführung geleitet wurde und den man in 3 Gruppen einteilen kann:

1. Wegnahme der Gewichte.

2. Entfernung des eingedrungenen Wassers.

3. Erhöhung der Schwimmfähigkeit.

Die relative Wichtigkeit jeder einzelnen dieser 3 Gruppen ist im allgemeinen verschieden, je nach den Verhältnissen, in denen sich das

---

[1]) Revista general de Marina, 1924, Noviembre.

Schiff befindet. In vorliegendem Fall war die erste Gruppe von besonderer Wichtigkeit, denn es war nötig, die gesamte Artillerie von Bord zu nehmen; allein die 8 schweren 30,5 cm-Geschütze mit ihren Wiegen, dem Zubehör, den Schutzschilden usw. stellen ein Gewicht von ungefähr 1400 Tonnen dar. Dieses ist ungefähr der dritte Teil der gesamten Gewichte, die zur Durchführung des Projektes von Bord genommen werden mußten.

Dies war jedoch nicht der einzige Grund, der es ratsam erscheinen ließ, die Geschütze zu retten. Die Lage der Geschütze in bezug auf den Schwerpunkt des Schiffes und mit Rücksicht auf die Stabilität machte es notwendig, sie von Bord zu nehmen. Auch mußte beachtet werden, daß diese Geschütze mit Zubehör einen Wert von 3 500 000 Peseten[1] darstellten. Für den Fall, daß man das Schiff nicht mehr hätte retten können, würde man diese Artillerie an anderer Stelle, z. B. an Bord anderer Schiffe dieses Typs oder für Küstenbatterien verwenden können.

Diese wichtigen Gründe veranlaßten die Kommission, welche zur Bergung des Linienschiffes „España" von der spanischen Admiralität eingesetzt war, zunächst die schweren Geschütze zu bergen. Um eine so schwierige Aufgabe durchführen zu können, konnten zwei Wege beschritten werden: Erwerbung oder Mieten eines großen Schwimmkranes, um die Geschütze von Bord zu nehmen und sie zum Transport nach Cartagena in Barkassen zu legen oder sie über Bord zu werfen und sie mit Hilfe des Bergungsschiffes wieder zu heben.

Zur Durchführung des ersteren Verfahrens wäre ein Schwimmkran von mindestens 100 Tonnen und 15 m Reichweite notwendig gewesen; bei Tres-Forcas muß man auch an den wenigen Tagen, wo ruhiges Wetter herrscht, mit einer leichten Dünung rechnen, bei der derartige Hilfsmittel, wie Kräne und Leichter, nur mit einem großen Sicherheitskoeffizienten arbeiten können. Der hohe Preis eines solchen Kranes, die Schwierigkeiten seines Ankaufes, sowie die Schwierigkeit, ihn von einem entfernten Hafen nach Tres-Forcas zu bringen, ferner die Notwendigkeit, über geeignete Barkassen in genügender Anzahl zu verfügen, um die wenigen Tage guten Wetters ausnutzen zu können, und schließlich die Notwendigkeit der Beschaffung von Schleppern, die für diese Aufgabe unentbehrlich sein würden, und die großen Gefahren, die eine so zahlreiche und wenig seetüchtige Flotte an der navigatorisch schwierigen Küste Marokkos laufen würde, machten dieses Verfahren wenig empfehlenswert.

Das zweite Verfahren dagegen erschien wesentlich vorteilhafter, wenn

---

[1] 1 Peseta = 57 Pf.

es gelänge, die Kanonen auf den Grund des Meeres zu werfen, ohne sie zu beschädigen oder das Schiff in Mitleidenschaft zu ziehen. Das Bergungsschiff war mit geringen Kosten zum Heißen und Transportieren der Kanonen herzurichten. Der Transport der Kanonen zu 2 und 2 oder auch zu 4 und 4 war ohne Schwierigkeit zu ermöglichen.

Ein gründliches Studium der Möglichkeit des Lancierens der Kanonen und des inneren Widerstandes der Kanonen, um den Stoß zu ertragen, dem sie beim Aufstoßen auf den Meeresgrund ausgesetzt sein würden, hatte das Ergebnis, daß man dieses zweite Verfahren auf einfache Art und mit einem geringen Kostenaufwand von nur 20 000 Peseten für Holz und Bolzen durchführen konnte. Wenn man diese Ziffer vergleicht mit den Millionen, die der Schwimmkran, die Barkassen und Schlepper kosten würden, so begreift man, daß nur diese gewichtigen wirtschaftlichen Gründe die Bergungskommission zu ihrem Entschluß bringen konnten. Da diese Gewichtsentfernung bei dem Bergungsversuch dieses spanischen Kriegsschiffs von besonderer Eigenart war, soll auf die technische Durchführung desselben näher eingegangen werden.

Die Gesamtfallhöhe war bei jeder Kanone verschieden, aber in keinem Falle mehr als 15,5 m, und zwar 11 m Wassertiefe und 4,5 m von der Wasserlinie bis zum Schwerpunkt des Geschützes beim Verlassen des Schiffes. Das Gewicht jeder Kanone betrug 63 000 kg, und der Fall von der angegebenen Höhe rief einen Stoß hervor, der ungerechnet die Wasserverdrängung der Kanone und den Wasserwiderstand, die Kanone eine Arbeit von insgesamt 300 000 kgm leisten läßt.

Es ist ohne weiteres klar, daß die beste Art des Lancierens der Kanone die im Longitudinalsinn mit dem Bodenstück nach vorn sein würde. Auf diese Art ist die Biegungsbeanspruchung am geringsten. Eine einfache Rechnung zeigt, daß die Beanspruchung des Materials in diesem Fall genügend unterhalb der Elastizitätsgrenze ist.

Die Linie der größten Schiffsbreite schwankte nach jedem Sturm in geringem Umfange, und zwar zwischen 7 Grad 30 Minuten und 8 Grad 30 Minuten, wenn man als Mittel 8 Grad nimmt und diesen Winkel o und das Gewicht der Kanone P nennt, so erhalten wir:

$$P \cos o = 63\,800 \cdot 0,990 = 63\,162\ kg$$
$$P \sin o = 63\,800 \cdot 0,139 =\ 8\,868\ kg$$

Die Lancierung erfolgt über 2 Ablaufgerüste für jede Kanone. Jeder Schlittenbalken eines solchen Ablaufgerüstes war 6 m lang. Wenn man einen Oberflächendruck $p = 2,5$ kg auf den Quadratzentimeter annimmt und mit a die Breite der Reibungsfläche des Schlittenbalkens mit dem Ablaufgerüst bezeichnet, so erhalten wir

$$p = 1/2\,\frac{P \cos o}{6\,a},$$

daraus ergibt sich $\quad a = \dfrac{63,162}{6 \cdot 2 \cdot 0,025} = 0,22\,m$

Die Gleitbahn wurde beschmiert mit einer Mischung von 80% Talg und 20% Seife in einer Schicht von 10 mm Dicke. Darüber wurde flüssige Seife gegossen. Der Reibungskoeffizient wurde empirisch berechnet nach der Formel

$$= f\,\frac{0,07}{\sqrt{P}} = 0,0443.$$

Dies gibt eine Anfangsbeschleunigung:

$$F = P(sin\ o - f \cdot cos\ o) = 6,08\,t$$

Wenn man mit C den Weg bezeichnet, den der Schwerpunkt auf dem Ablaufgerüst zurücklegt, so wird die Geschwindigkeit der Kanone beim Moment des Ablaufens sein:

$$V = \sqrt{2g\,(sin\ o - f \cdot cos\ o)\,C,}$$

oder für die einzelnen Türme berechnet:

für Turm 1 . . . . . $C = 10,5$ m $V = 4,43$ m/sek
für Turm 2 . . . . . $C = 21,00$ m $V = 6,26$ m/sek
für Turm 3 . . . . . $C = 9,00$ m $V = 4,10$ m/sek
für Turm 4 . . . . . $C = 12,8$ m $V = 4,89$ m/sek

Um die Kanonen in die Lage zu bringen, von der sie aus lanciert werden sollten, waren folgende Arbeiten notwendig:

a) Drehen der Türme, bis ihre Normalachse mit der Diametrallinie des Schiffes übereinstimmte mit den Mündungen der Kanonen nach Steuerbord. Der Turm 3 mußte 270 Grad gedreht werden, nachdem man den Kanonen ihre höchste Erhöhung gegeben hatte. Bei allen Türmen war diese Aufgabe schwierig, da die Hilfsapparate nicht mehr funktionierten infolge Ausfalls der Maschinenräume. Man mußte also alle Bewegungen mit Hilfe von Hebewinden und Differentialflaschenzügen durchführen.

b) Herausnehmen aller Kanonen aus der Batterie.

c) Entfernung aller Hilfsapparate, Abfeuerungsvorrichtungen usw.

d) Entfernung der Schutzschilde. Hierbei war es leicht, die oberen Schilde zu entfernen, nachdem man einmal die Schrauben gelöst hatte. Dagegen waren die 230 mm starken Platten untereinander durch schwalbenschwanzförmige Keile verbunden. Es gelang nicht, letztere herauszuziehen, so daß sie schließlich autogen entfernt werden mußten. Das Gewicht einzelner dieser Platten betrug 23 Tonnen.

e) Herrichten von Stapelklötzen für die Kanonen nach Entfernung der Lafetten. Drehen der Kanone vertikal um 1,5 Grad nach unten und festes Verkeilen der Stapelklötze.

f) Herausziehen der Keile, die die Kanonen mit ihren Wiegen verbinden. Stützen der Lafetten mit hydraulischen Hebewinden, um auf diese Weise die Schildzapfen zu entlasten. Herausziehen der Schildzapfen und ihrer Lager. Entfernen der Platten und Winkel in der Turmhaube, um die Lafetten entfernen zu können. Senken der Lafetten mit Hilfe der Hebewinden um 32 cm, Absetzen der Lafetten auf Schienen, so daß die Rohre lediglich noch auf den Stapelklötzen ruhen.

g) Entfernen der Lafettenwände und der hohen Teile der Lafetten, so daß diese mit dem Boden des Turms auf eine Linie kamen und man so die Ablaufgerüste anbringen konnte.

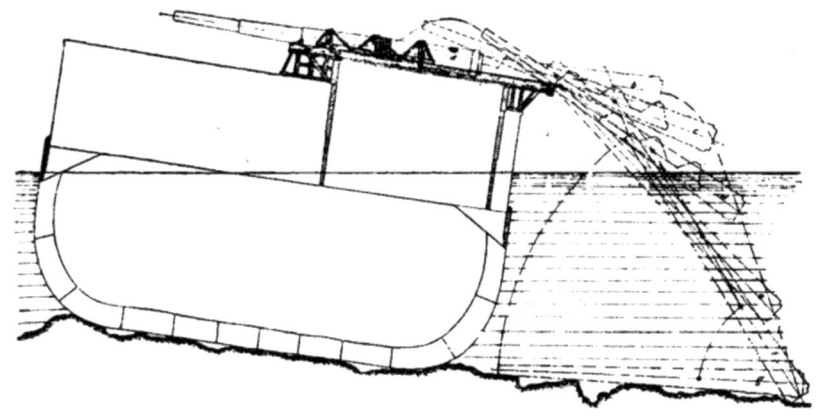

Abb. 117. Die Bewegung der Kanone beim Lancieren.

Aus der Abbildung 117 kann man die Einzelheiten der Konstruktion der Ablaufbühne ersehen.

Nach Beendigung der vorbereitenden Arbeiten wurden die Ablaufgerüste angebracht. Sie wurden gegen das Deck abgestützt; ferner wurde der Querbügel angebracht, gegen den das Rohr bei seinem Fall stoßen sollte. In den Türmen 1, 2 und 3 war die Anbringung des Querbügels leicht, dagegen war die Anbringung in Turm 4 recht schwierig.

Nachdem die Ablaufgerüste eingeseift waren, wurden die Schlittenbalken aufgelegt. Dann wurde die Kanone mittels Schraubenmuttern um etwa 12 cm gehoben, so daß sie sich frei von allen Hindernissen zeigte. So blieb das Rohr durch 3 Eisenklammern gehalten, die wieder mit Holzaufklotzungen auf den Schlittenbalken des Ablaufgerüstes ruhten. Letzteres wurde nur gehalten von zwei Klammern, die wieder durch einen Überfall gesichert wurden. Im gegebenen Moment wurde das Ende, das die Klammern hielt, gekappt, und das Geschütz begann seine Bewegung.

Als Vorsichtsmaßregeln wurden bei den ersten beiden Kanonen hydraulische Schraubenwinden angebracht, um im Notfall dem Geschütz eine Anfangsbewegung zu geben. Da sie sich jedoch als unnötig erwiesen, brachte man sie bei den übrigen Kanonen nicht mehr an.

Als Beispiel des Lancierens nehmen wir den Turm 3 an, bei dem die Arbeit am schwierigsten war, da nur ein geringer Raum zur Verfügung stand. Die Art des Lancierens geht aus der Abbildung 117 hervor. Die Bewegung begann in der Position a. Das Rohr glitt auf dem Ablaufgerüst, wobei es seine Bewegungen beschleunigte, bis zur Position b, in der sich der Schwerpunkt des Rohres am Ende des Ablaufgerüstes befand. Hier begann die Hebelwirkung um diesen Punkt, bis das äußerste Ende der Lancierwiege von dem Ablaufgerüst (Position c) freikam. In diesem Moment blieb die Kanone den Bruchteil einer Sekunde frei in der Luft, bis sie gegen den Querriegel t stieß und ihn zerbrach. Danach glitt das Rohr weiter bis zum Freikommen der Mündung (Position e). Von hier bis zum Meeresgrund ist der Weg des Rohrs eine sehr geneigte Parabel, bis das Bodenstück auf den Grund stößt (Position f). Danach fällt die Kanone mit kreisförmigen Bewegungen (Gg).

Es ist augenscheinlich, daß je größer die Geschwindigkeit des Rohres ist, desto weiter vom Schiff der Aufstoßpunkt des Bodenstückes ist. Das heißt also, daß mit größerer Sicherheit die Mündung beim Beschreiben des letzten Kreisbogens den Schiffskörper nicht berührt. Die oben berechneten Werte waren groß genug, um sicher zu stellen, daß keine Kanone auch nur im geringsten den Schiffskörper berührte.

Die Vonbordgabe sämtlicher in Aussicht genommener Gewichte wurde durch die Bergungskommission in hervorragender Weise durchgeführt. Ebenfalls waren alle Leckdichtungen beendet und das Wasser in der gewünschten Weise aus den in Frage kommenden Räumen ausgepumpt.

Es sollte nur noch das Panzerdeck über dem Maschinenraum auf eine moderne Weise, nämlich durch Vereisung[1]), gedichtet werden, um das Wasser aus dem Maschinenraum durch das Leck am Schiffsboden, in dem sich der Felsen befand, herausdrücken zu können. Alle Vorbereitungen waren hierfür getroffen und die erforderlichen Kühlmaschinen und Hilfsmaterialien bereits nach der „España" unterwegs. Da brach an der Küste von Marokko plötzlich ein Orkan aus, wie er seit Jahrzehnten nicht vorgekommen war. Die Wirkung des Orkans war derart, daß das Kriegsschiff völlig auseinanderbrach und jede

---

[1]) Siehe Kapitel XX.

Bergung nunmehr aussichtslos wurde. Hauptsächlich ist also von diesem Schiff durch sachgemäße Maßnahmen die wertvolle Artillerie gerettet worden.

Abb. 118. „España" vor dem Untergang.

7. Bergung des Linienschiffes „Rheinland"[1]).

Die oben beschriebenen Bergungsversuche der auf dem Felsen gestrandeten Schlachtschiffe „Montague" und „España" zeigen ohne weiteres, wie gefahrvoll eine Strandung auf dem felsigen Boden ist und wie schwierig dabei die Bergungsarbeiten sind. Demzufolge ist es angebracht, ausführlicher die Bergung der „Rheinland" zu beschreiben, d. h. einen Bergungsfall, wo es der Technik gelungen ist, ein auf felsigem Boden gestrandetes Schlachtschiff zu retten.

„Rheinland" geriet mit 15 Knoten Fahrt 7 Uhr 30 Minuten morgens am 11. April 1918 auf eine schräge Felsplatte vor dem Leuchtturm von Lägskar im Baltischen Meer.

---

[1]) Nach dem Aufsatz von Marinebaurat Ahnhudt. Schiffbau, XX. Jahrg., S. 166.

Die Hauptabmessungen des Schiffes waren die folgenden:

Verdrängung beim Auflaufen . 18 900 t
Länge . . . . 145,9 m
Breite . . . .   26,9 m
Tiefgang beim Auflaufen . .   8,7 m
Maschinenleistung . . . . . 25 800 I. PS (3 Schrauben)

Bestückung 12 Geschütze 28 cm in 6 Doppeltürmen.

Die Lage des Schiffes nach der Havarie ist aus der Abbildung 119 ersichtlich, zu welcher noch zu bemerken ist, daß das Schiff von Spant 42 bis Spant 96 aufsaß, wobei das Heck frei überhing. Es hatte die Platte gerade mit dem Auflauf des Vorderstevens gefaßt und sich so weit hinaufgeschoben, daß es am Vordersteven etwa 2 m, am Hintersteven etwa 1 m aus dem Wasser gehoben war, wobei es eine Schlagseite von $3\frac{1}{2}^0$ nach St.-B. angenommen hatte. Der Tiefgang, der vor dem Auflaufen vorn 8,75 m, hinten 8,66 m, im Mittel also rund 8,7 m betragen hatte, war nach dem Auflaufen vorn nur noch 6,7 m, hinten 7,8 m, im Mittel also rund 7,2 m. Die Tiefgangsverminderung war demnach rund 1,5 m, der Druck auf den Felsen betrug ohne Berücksichtigung des Leckwassers bereits 4100 t.

Der Antriebsverlust durch die entstandenen Lecke betrug am 18. April noch rund 3600 t, der Unterschied zwischen dem Schiffsgewicht und dem Auftrieb demnach rund 7700 t.

Das Schiff saß platt auf dem Felsen, die verletzten Teile waren also nicht zugänglich und konnten nicht von außen gedichtet werden.

Als Bergungsmittel standen zur Verfügung: Werkstattschiff „Bosnia", Hebeschiff „Viper", Dampfer „Gießen" und „Udaly" und später ein Schwimmkran. Dampf stand von Bord aus zur Verfügung, da es gelungen war, den hinteren Kesselraum zu pumpen und zwei Kessel in Betrieb zu nehmen.

Auf Grund der obenerwähnten Angaben wurden folgende Bergungsarbeiten angeordnet:

1. Sicherung des Schiffes.
   a) Festhalten in seiner Lage,
   b) Abstützen des Bodens im hinteren Kesselraum.
2. Lenzen und Dichten der lecken Räume
   a) mit Bordmitteln,
   b) durch Beton,
   c) durch Leckpolster mittels Taucher,
   d) durch Preßluft.
3. Abgeben der losen Gewichte.
4. Abnehmen des Panzers und der Geschütze.

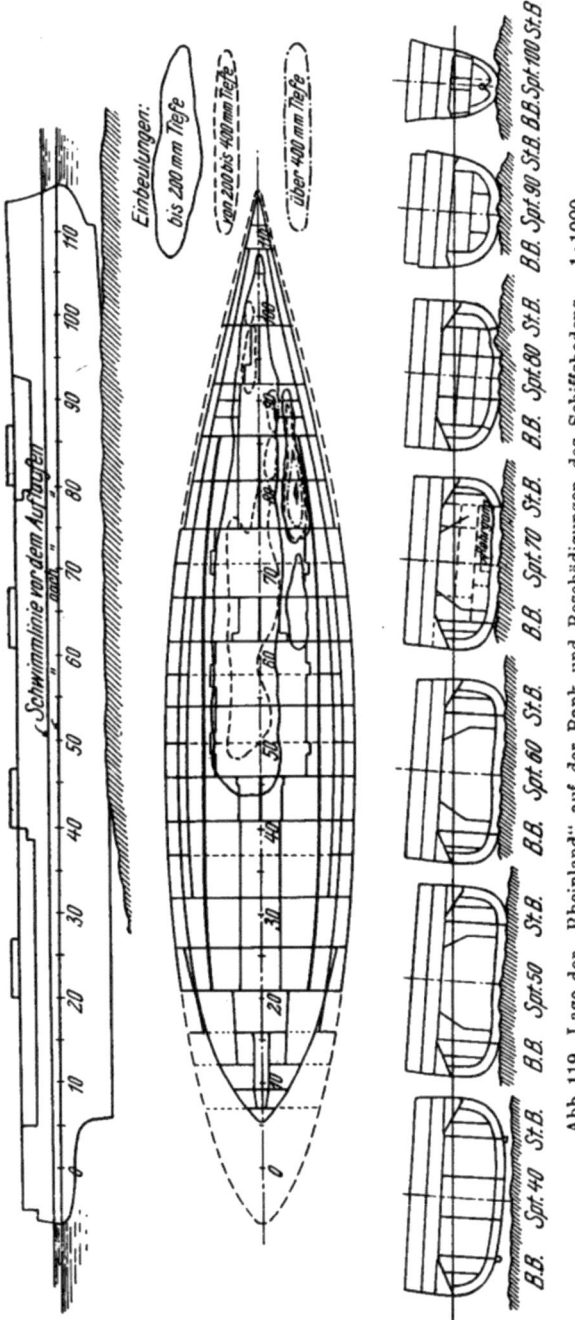

Abb. 119. Lage der „Rheinland" auf der Bank und Beschädigungen des Schiffsbodens.   1:1000.

5. Ausmessen des Riffs durch Taucher und Sprengarbeiten.

6. Anbringen von Hebekästen.

7. Nebenarbeiten.

   a) Anbringen von Peillatten auf der „Rheinland", um etwaige Durchbiegungen zu messen,

   b) Einrichtung eines Wetterdienstes,

   c) Aufstellen von Baken und Anbringen von Marken auf den Riffen, um Veränderungen in der Lage des Schiffes beobachten zu können,

   d) laufendes Messen des Wasserstandes.

Das Festhalten des Schiffes in seiner Lage war notwendig, weil die Gefahr vorlag, daß „Rheinland" durch Stürme aus östlicher Richtung von dem Riff heruntergeschoben oder aus westlicher Richtung weiter auf das Riff hinaufgeschoben werden konnte. Solange nicht geleichtert war, lag das Schiff fest auf dem Felsen auf. Nach Abgeben des Panzers und der Artillerie wurde es jedoch unruhig, und als dazu noch das Wasser stieg, fing es an zu schlingern, wobei man besonders im Kühlraum deutlich das Knirschen und Knacken der Außenhaut hörte, in die sich die Buckel auf dem Riff eindrückten. Es wurden daher die abgenommenen Gewichte in weitem Umfang durch Ballastwasser ersetzt, wovon kurz vor dem Abbringen rund 3000 t eingelassen waren. Außerdem wurden Anker mit Stahltrossen vom Heck schräg nach St.-B. und B.-B. ausgefahren, sowie eine vom Bug nach St.-B. querab, d. h. vom Riff weg zeigende Trosse. In den NW-Stürmen Anfang Juni wurde „Rheinland" trotzdem mit dem Heck etwa 6 m nach St.-B. geschoben, wobei sie sich um einen Punkt etwa unter dem vordersten Turm drehte. Die Hecktrossen verhinderten eine zu große Veränderung der Lage. In der Nacht vom 24. Juni wurde das Schiff von einem schweren SW-Sturm etwa 2 m weiter auf das Riff hinaufgeschoben.

Der Boden des hinteren Kesselraumes war bei der Strandung durchgebeult; die Stützen zwischen Mittelkiel und Mittelgang waren stark eingeknickt. Es war dies die letzte Stelle, wo das Schiff auf dem Riff auflag, und besonders bei fallendem Wasser lag die Gefahr vor, daß der Druck daselbst bis zum Durchbrechen des Bodens wachsen konnte. Besonders hart lag der Boden am B.-B. auf dem Felsen auf, und zwar gerade unter dem Bodenventil, das beim Anlaufen durch den Innenboden gestoßen war. Durch das Leck war vorübergehend der Kesselraum voll gelaufen, aber mit Hilfe eines Pumpendampfers gelenzt und das Leck gedichtet worden. Es bestand nun die Gefahr, daß dieser Ventilstutzen durch den Innenboden weiter durchgestoßen wurde und damit der Kesselraum ausfiel, wodurch unerträgliche Zustände für die

Besatzung geschaffen und sowohl durch Fortfall der eigenen Dampf-
kraft als auch durch den Zutritt von Leckwasser die Bergung erheblich
erschwert worden wäre. Um dies zu verhindern, wurde eine starke
Stütze aus mehreren U-Balken zwischen dem Mittelkiel und dem Boden
des Mittelganges eingebaut und an B.-B. kräftige hölzerne Stützen zwischen Innenboden und Panzerdeck angeordnet. Die Maßnahme hat
sich außerordentlich bewährt. Bei dem mitunter recht schlechten
Wetter sind die Stützen voll zum Tragen gekommen, so daß der
Mittelgang unter Ächzen und Knirschen arbeitete, ohne daß aber der
Doppelboden nachgab. Als nach längeren Dichtungsarbeiten auch der
vordere Kesselraum zugänglich geworden war, wurden in ihm ähnliche Stützen eingebaut, um ein Durchbiegen des Bodens nach dem
Wegnehmen der Hebekasten und während der Überfahrt des Schiffes
bei etwaigem starken Seegang zu verhindern.

Betondichtungen wurden dort versucht, wo die vorstehenden Mittel
nicht zum vollständigen Abdichten führten. Die ersten Versuche schlu-
gen fehl. Das Leckwasser bahnte sich bald einen Weg und wusch
dann allmählich den Beton aus. Schließlich wurden von den Leckstellen aus dünne Röhren gelegt, durch die das Wasser abfließen
konnte, und darüber wurde dann der Betonklotz gebaut. War er er-
härtet, so wurde die Wasserröhre durch einen Pfropfen geschlossen,
und dann hielt die Betondichtung wirklich dicht.

Das Dichten der Lecke von außenbords wurde vom Kommando für
den Bugraum durch Unterbringen einer Leckmatte versucht, führte aber
zu keinem Ergebnis, da der Riß nicht in seiner ganzen Ausdehnung
von der Leckmatte gefaßt werden konnte. Ein Dichten der Lecke
durch Taucher von außenbords war nicht möglich, da das Schiff vollständig auf dem Felsen aufsaß und die Lecke nicht zugänglich waren.
Nicht einmal die Lage der Lecke konnte festgestellt werden.

Dagegen wurde versucht, mit den Hilfsmitteln der „Bosnia" von
innenbords den vorderen Kesselraum zu dichten. Durch die Lenzmittel des Schiffes und durch die Pumpen des Dampfers „Udaly" war
es gelungen, das Wasser zeitweise bis auf die Flurplatten abzusenken,
wobei sich herauszustellen schien, daß der Wassereinbruch lediglich
durch die Öffnung des Rohrganges bei Spant 67 erfolgte. Unter Wasser
brannte der Taucher in langwieriger Arbeit in der St.-B.-Wand und in
der Decke des Rohrtunnels Löcher ein, um so an die Öffnung nach
dem Kesselraum zu herankommen zu können. Als der Rohrgang jedoch
zugänglich gemacht war, wurde in seinem Boden ein längerer Riß
festgestellt, der sich bis in den Kesselraum hin erstreckte und ein
Dichten der Öffnung des Rohrganges nach dem Kesselraum zwecklos
machte. Es wurde nunmehr versucht, den Riß durch Leckpolster ab-

zudichten und hinterher für etwaige übrigbleibende kleinere Leckagen
Beton zu verwenden. Die Arbeit war außerordentlich schwierig, da der
Riß an B.-B. lag, mithin erst die Rohre auf St.-B. zu entfernen waren,
alsdann ein Zugang im Mittellängsschott eingebrannt werden mußte
und erst dann die auf B.-B. liegenden Rohre weggenommen werden
konnten, um an den Riß heranzukommen (siehe Abb. 120). Am 16. Juni
war das erste Leckpolster, bestehend aus passend zugehauenen
Hölzern mit Filzunterlage, die durch Hakenbolzen am Innenboden befestigt wurden, angesetzt. Beim Lenzversuch stellte es sich jedoch
heraus, daß der Riß noch weiter, sowohl nach hinten in den Rohrgang, als auch nach vorn in den Kesselraum hineinragte, als bisher
festgestellt war, und daß die eintretende Wassermenge immer noch so
groß war, daß der Raum nicht lenz gehalten werden konnte. Um die
Arbeit zu beschleunigen und um den an Ort und Stelle recht knappen
Sauerstoff zu sparen, wurde das Wasser nunmehr einige Tage so weit
abgesenkt gehalten, daß es dem Taucher möglich war, durch Überwasserarbeit die noch im Wege stehenden Teile des Querschotts 67
und die anschließenden Kesselträger zu beseitigen, sowie die Rohre
im Kesselraum so weit wegzubrennen, daß der Riß nunmehr endlich
in seiner ganzen Ausdehnung frei lag. Die Räume ließ man alsdann
wieder vollaufen, da die Pumpen nicht überanstrengt werden durften,
und der Taucher vervollständigte die Dichtung des Lecks teils durch
Holz-, teils durch Blechpflaster mit Wergpolster und Hakenbolzen
durch den Innenboden. Zum Schluß wurde eine dicke Betonschicht
über dem Leckpolster aufgebracht und durch Holzstreben gegen die
Decke des Rohrgangs abgestützt.

Ein Versuch, den mittleren Kesselraum zu lenzen, mißlang. Das
Wasser war zwar durch die Zirkulationspumpen bis etwa 2 m über
die Flurplatten abgesenkt, das Leck, ein durchgestoßenes Bodenventil,
lag aber so unglücklich hinter den Kesseln, daß es zum Dichten nicht
zugänglich war. Nach den Erfahrungen mit dem vorderen Kesselraum
mußte außerdem mit noch weiteren, zur Zeit nicht sichtbaren Lecken
gerechnet werden. Da nach Rauminhalt und Einfluß auf den Trimm
diesem Kesselraum nach dem Leichtern des Schiffes keine große Bedeutung beigelegt zu werden brauchte, wurden die Lenzversuche ab-
gebrochen.

Der Versuch zum Lenzen mit Preßluft wurde nur im Vorschiff gemacht, da dort die Verhältnisse günstig lagen. Das dicke Panzerdeck
wies keine Öffnungen auf, abgesehen von dem Panzerschacht, der als
Zugang und zum Aufbau einer Luftschleuse benutzt wurde. Nach
hinten konnte durch Fluten einer Abteilung eine Wasserwand quer
durch das Schiff gespannt werden, welche eine Verstärkung der Schot-

ten gegen Luftdruck unnötig machte und auch in gewissem Grade gegen den Luftdurchtritt abdichtete. Schließlich waren auch die Räume im Vorschiff so klein, daß sie mit den vorhandenen Preßluftpumpen unter Druck gebracht werden konnten. Zur Erzeugung von Preßluft, sowohl für den Dichtungsversuch als vor allem für die Preßluftwerkzeuge, standen drei kleine Motorkompressoren, die von den Werften

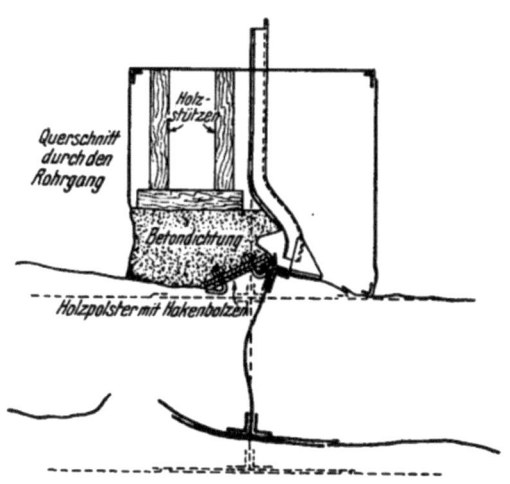

Abb. 120. Dichtungen des Innenbodens.

Kiel, Wilhelmshaven und von der „Bosnia“ geliefert waren, sowie die Torpedoluftpumpen der „Rheinland“ und ein Kompressor von dem Pumpendampfer „Boreas“ zur Verfügung. Die Kompressoren waren auf dem Achterdeck aufgestellt, „Boreas“ lag längsseits. Auf dem Oberdeck war eine Luftleitung gelegt (Abb. 121). Die Arbeit wurde bereits Anfang Mai begonnen, konnte aber erst am 29. Juni beendet werden. Die Räume erwiesen sich als genügend dicht, um sie unter einem Druck von 0,7 kg halten zu können, und es gelang in kurzer

Zeit, das Wasser herauszudrücken. Die recht erheblichen Lecke wurden im Bugraum durch aufgesetzte Blechstücke solide abgedichtet, übrigbleibende kleinere Leckagen durch Betonpolster beseitigt. Beim Aufschwimmen und später hat sich der Bugraum als praktisch vollständig dicht erwiesen.

Mit dem Abgeben der losen Gewichte wurde sofort nach der Havarie begonnen. Die wertvollen Inventarien wurden an den Leichter „Lahn" abgegeben, der mit seinem Inhalt dauernd bei „Rheinland" blieb, so daß Gelegenheit war, Inventarien, die vorzeitig abgegeben waren und später wieder gebraucht wurden, wieder zu bekommen. Die Kohlen wurden im Schiffsbetrieb und für die zahlreichen Hilfsfahrzeuge verbraucht, so daß gegen Ende der Bergungsarbeiten sogar neue Kohlen übernommen werden mußten. Die Besatzung wurde bis auf 400 Mann ausgeschifft und nach der Heimat gesandt, die Munition bis auf etwa 60 t, die in einer lecken Kammer bleiben mußten, vollständig von Bord gegeben.

Von losen Gewichten wurden insgesamt abgegeben:

Kohlen	1758 t
Munition	697 t
Inventar	381 t
Mannschaft	85 t
	2921 t

Wenn auch bei der Unsicherheit der Wetterverhältnisse nicht damit gerechnet werden konnte, große Gewichte an Panzer und Geschützen von Bord zu geben, so mußten doch wenigstens für das Anbringen der Hebekasten einige Panzerplatten entfernt und naturgemäß die Vorbereitungen zur Abgabe von möglichst viel Panzer und Geschützen getroffen werden. Zu diesem Zweck wurde zunächst das Hebeschiff „Viper" zur Verfügung gestellt, das am 2. Mai anlangte und mit dessen Hilfe unter Ausnutzung des im Mai auffallend günstigen Wetters sofort mit dem Abnehmen der Panzerplatten begonnen wurde.

Das Abnehmen ging in der Weise vor sich, daß zunächst die Bolzen bis auf einige in den unteren Reihen, die nur gelockert wurden, entfernt und alsdann durch zwei hydraulische Pressen von je 50 t Leistung die Platten an ihrem oberen Ende abgedrückt wurden. Da besonders die ersten Platten sich hierbei klemmten, so daß sie nicht herausgedrückt werden konnten, wurden sie durch Schläge gegen ihre Nachbarplatten mittels schwerer eiserner Rammen in Schwingungen versetzt, wobei sie dann allmählich heraussprangen. Gegen vorzeitiges Herausfallen wurden sie durch Stroppen, deren Augbolzen in die Löcher für die Panzerbolzen eingesetzt wurden, gesichert. Sobald die

Oberkante der Platte genügend weit abgedrückt war, wurden Augbolzen in die zum Anbringen der Platten vorhandenen Löcher eingesetzt und das Gien der „Viper" angeschlagen. Die „Viper" lag hierbei längsschiffs und etwas schräg neben „Rheinland", mit der einen Schulter an der Bordwand anliegend, mit dem Heck etwas entfernt. Wenn die Platte abgenommen war, wurde das Heck der „Viper"

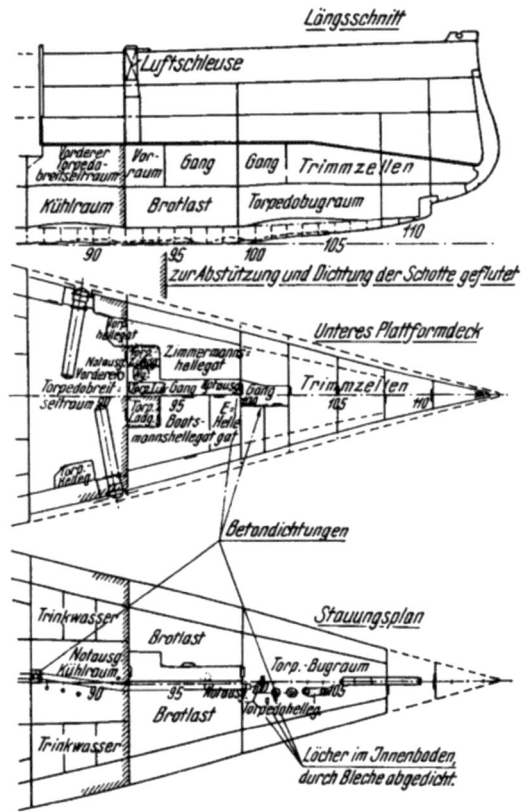

Abb. 121. Preßlufteinrichtung im Vorschiff. 1:500.

an „Rheinland" herangeholt, so daß der Bug mit der im Gien hängenden Platte nach außen auswanderte, bis die Platte über dem Leichter hing (Abb. 122). Der Leichter wurde mit Hand in die richtige Lage verholt. Nach kurzer Zeit hatten sich die Leute an diese Arbeit gewöhnt und erledigten sie mit gutem Geschick. Die Löcher für Panzerbolzen wurden durch aufgeschraubte Blechstücke solid abgedichtet.

Besondere Schwierigkeiten bereitete das Entfernen der Schrauben, mit denen die vordersten Bugplatten an den Bugbändern befestigt waren, da sie von außen eingedreht, zum Teil unter Wasser lagen und nicht herausgedreht werden konnten. Ein Versuch, ihre Köpfe unter Wasser herauszudrehen, mißlang und erforderte auch zuviel von dem knappen Sauerstoff. Schließlich wurde ein Senkkasten gebaut, gerade groß genug, daß zwei Mann in ihm arbeiten konnten, und mit seiner Hilfe die Schrauben durch Überwasserarbeit herausgebrannt. Beim Abnehmen der Platten rissen jedoch meistens die in der Unterkante dieser Platten sitzenden Schrauben ab, ohne aus ihren Löchern gezogen zu werden, so daß vorstehende Arbeit hätte gespart werden können.

Es wurden der gesamte Seitenpanzer im Bereich der Zitadelle und der Bugpanzer abgenommen. Auf das Abgeben des Heckpanzers wurde verzichtet, um die Wegerung der Kammern zu schonen und weil eine Erleichterung des Hinterschiffes nicht notwendig war. Zur Ausladung der Geschütze und Turmpanzer wurde ein Schwimmkran zugezogen, welcher am 23. Mai bei „Rheinland" ankam, und es gelang, unterstützt durch das gute Wetter, sämtliche Geschütze und die Turmpanzerplatten nebst ihren Trägern von Bord zu geben. Um die offenen Türme gegen Regen zu schützen, wurden über ihnen Holzhäuser errichtet. Von der Mittelartillerie wurden sowohl die Rohre mit Hilfe von besonders für diesen Zweck herbeigeschafften Montagewagen, als auch die Sockel und die Panzerschilde entfernt. Am 11. Juni war die Arbeit beendet.

Der Auftrieb der Schwimmkasten mußte so bemessen werden, daß sie imstande waren, das Schiff zu heben, selbst wenn nur einige Panzerplatten und keine Geschütze abgenommen werden konnten. Zur Verfügung standen zunächst nur etwa sechs Kasten von je etwa 650 t Hebekraft. Die Kasten waren solide gearbeitet, hatten Mittellängsschott und zwei wasserdichte Querschotte, Bodenventile und Schieber in den Schotten, sowie eine allerdings nicht brauchbare hydraulische Pumpe. Für den vorliegenden Zweck waren sie aber ohne größere Änderungen nur dort zu verwenden, wo Zugbänder unter dem Boden des Schiffes hindurchgezogen werden konnten, d. h. unmittelbar am Vorsteven und hinter Spant 40.

Zu ihrer Befestigung am Schiff wurden die vorhandenen Halter verwendet, die aus etwa 3 m breiten Platten mit angesetzten Klauen bestanden. Die Haltebleche wurden direkt mit der Bordwand vernietet. Die Klauen griffen über den mit Holz gefütterten Rand des Kastens an einer für diesen Zweck besonders verstärkten Stelle.

Gegen das Abklappen vom Schiff ist als Neuerung ein Grundzurring entworfen worden, mit der Bedingung, daß Taucherarbeiten vermieden werden sollten, da diese besonders am Vorschiff bei abgesenkten Hebekästen wegen der geringen Wassertiefe zu gefährlich erschienen.

Außerdem sollte die Konstruktion so sein, daß sie ein schnelles Überstreifen des Kastens gestattete und nicht erst nach dem Überstreifen angepaßt werden mußte.

Der Zurring bestand aus zwei Seilgurtungen, je einer unter jeder Konsole. Am Boden der Hebekästen wurde eine Grundplatte mittels zweier Winkel angenietet, welche je sieben Löcher von etwa dem Durchmesser einer für die Zugseile passenden Kausche hatte. Vor diesen Löchern war eine Wulst aus Gußeisen befestigt, die durch gegengesetzte Winkel entlastet wurde. Der Kasten wurde paarweise verwendet. Das die beiden zusammengehörigen Hebekasten verbindende Seil wurde durch die Löcher hindurchgeschoren, die Enden erhielten einfache Seilschlösser statt einer Spleißung. Die Länge jeder der so vorhandenen 13 Parten war zeichnerisch möglichst genau er-

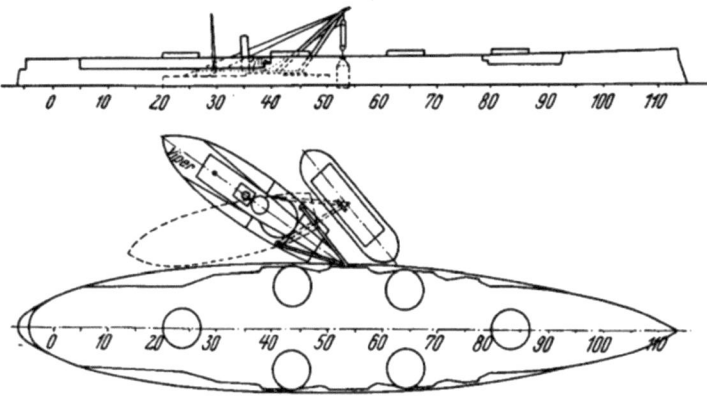

Abb. 122. Abnahme des Seitenpanzers. 1 : 1500.

mittelt, doch sollten die Wülste ermöglichen, daß sich die einzelnen Parten bei kleinen Ungenauigkeiten etwas hinziehen konnten. Die Parten waren miteinander durch leichte Bindseile verbunden, die beim Verschieben brechen sollten, und wurden durch aufgelegte doppelte Planken mit einigen Bolzen gegen Unklarwerden gesichert. An diesen Planken waren schließlich leichte Verholleinen angebracht, um an ihnen bei etwaigem Aufliegen der Trossen auf dem Grund nachhelfen zu können. Diese Leinen haben sich als nicht zweckmäßig erwiesen, sie wurden nicht gebraucht und haben beim Überstreifen der Hebekasten an den Schiffsschrauben gehakt. Bei der Wassertiefe, für welche die Zurrings entworfen waren, zeigten die Seile genau in der Verlängerung ihrer Grundplatten. Als das Wasser jedoch stieg, und die Klauen am Oberende entsprechend höher angeordnet werden mußten, bildeten sie mit den Grundplatten einen Winkel und beanspruchten sie daher stark auf Biegung. Da die auf die Zurrings kommende Kraft aber erheblich kleiner war, als ursprünglich angenommen, und beim Wegbiegen der Winkel höchstens einige Nieten leck springen konnten, wurde dies in den Kauf genommen.

Zum Anbringen der Grundzurrings wurden die Kasten so weit gedrängt, daß ihre Innenkante aus dem Wasser kam, und die Seile demnach in Überwasserarbeit angeschoren werden konnten.

Für die Seile war zuerst ein Umfang von 13 cm vorgesehen. Da derartige Seile aber nicht in genügender Menge in der kurzen Zeit zu beschaffen waren, mußte man sich zum Teil mit 10 cm Umfang begnügen.

Eine besondere Schwierigkeit lag in der Schlagseite des Schiffes. Da die Halter für die Klauen unmittelbar an der Bordwand vernietet wurden, mußten die B.-B.-Kasten parallel zur Bordwand, also schräg liegend, unter die Klauen gebracht werden, während die St.-B.-Kasten senkrecht angeordnet werden konnten.

Das Überstreifen der Heckkasten war so gedacht, daß die Kasten vorher ganz abgesenkt wurden. Die Grundzurring hing dann so weit nach unten durch, daß sie von den Rudern und Schrauben mit Sicherheit frei kam. Während des Überstreifens sollte die Zurring mit wachsendem Abstand der Kasten steif werden, aber nur so weit, daß sie noch über die Schlingerkiele und Deckkiele ohne Taucherhilfe wegkam. Wenn die Kästen unter den Klauen angelangt waren, sollten zunächst die äußeren und inneren Zellen zugleich gelenzt werden, bis die Klauen über den Kastenrand griffen. Von dann ab sollten nur die inneren Zellen gelenzt werden, um die Beanspruchung der Zurrings möglichst gering zu halten.

Bei den Bugkasten war das Überstreifen insofern schwieriger, als die Grundzurrings dort zwischen dem Felsen und dem Schiffsboden hindurchgebracht werden mußten. Sie durften weder auf dem Felsen schleppen, um nicht an Steinen festzuhaken, noch durften sie vorzeitig am Schiff anliegen. Die Kasten mußten daher in leerem Zustande an den Steven gebracht werden und konnten erst, wenn die Zurrings während des Überstreifens mit steigendem Abstand der Kasten steif wurden, abgesenkt werden. Durch Marken am Oberdeck waren die einzelnen Stationen für das Absenken um etwa je 1/2 m bezeichnet.

Das Anbringen der Halter für die Grundzurrings wurde in Libau in der vereinbarten Zeit ausgeführt, die Kasten kamen rechtzeitig an Ort und Stelle und wurden nach Mariehamm geführt, wo im ruhigen Wasser die Grundzurrings eingeschoren wurden. Dann wurden die Kastenpaare zurückgekrängt, erhielten Distanzstücke aus Holz und warteten, bis sie zur Abbringung nach Lagskär geholt wurden.

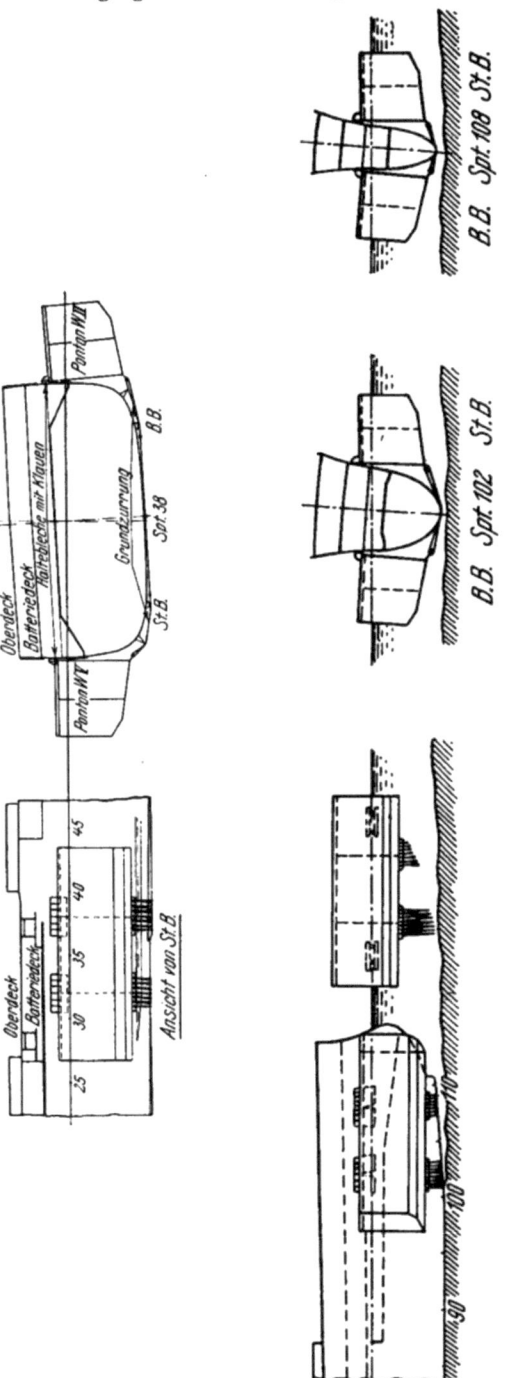

Abb. 123. Befestigung der Heckkästen und Bugkästen. 1:750.

Die Hebekraft der vorhandenen Kasten betrug insgesamt etwa 3900 t, notwendig waren nach Abzug der geleichterten Gewichte rund 6300 t. Der Rest von rund 2300 t mußte durch Neubau beschafft werden. Es mußten je zwei neue Kasten auf jeder Bordseite von je rund 880 t Deplacement und einem nutzbaren Auftrieb von rund je 750 t, zusammen also 3000 t, vorgesehen werden.

Da von einer möglichst schnellen Herstellung der Kasten die Bergung des Schiffes abhing, mußte ihre Konstruktion so einfach wie möglich sein. Aus diesem Grunde und um den Auftrieb bei möglichst geringen Abmessungen möglichst groß zu bekommen, wurde ein rechteckiger Querschnitt gewählt. Zur Übertragung der Kräfte auf die vier Konsolen wurde unter jedem Konsol ein Querschott angeordnet, dagegen auf ein Längsschott, das aus Stabilitätsgründen erwünscht gewesen wäre, zur Vereinfachung der Bauweise verzichtet. Zwei Trimmzellen wurden vorgesehen, die dem Kasten trotz des Fehlens des Mittellängsschottes genügende Stabilität während des Flutens und eine für das Schleppen günstige Trimmlage geben sollten, was bei der großen Entfernung von den Baustellen bis zur „Rheinland" von Wichtigkeit war, und die schließlich das Arbeiten beim Unterbringen der Kasten unter die Konsolen vereinfachen sollten. Die neuen Kasten ließen sich tatsächlich erheblich besser schleppen, als die vorhandenen Kasten, dagegen wurden die Trimmzellen beim Unterbringen der Kasten unter die Konsolen nicht gebraucht, da das Lenzen zu lange gedauert hätte. Zwei von den Querschotten waren wasserdicht, weil es aus Stabilitätsgründen unzulässig war, in die Mittelzelle mehr als 2,5 m Wasser einzulassen. Beim Fluten nahmen die Kasten zunächst eine erhebliche Schlagseite an, bis in allen drei Abteilungen der Wasserstand 2,5 m erreicht hatte. Beim weiteren Füllen der Endzellen wurde die Stabilität positiv, die Kasten richteten sich ziemlich plötzlich auf und blieben bis zum vollständigen Absenken in wagerechter Lage liegen. Zur Vereinfachung des Baues waren für das Füllen der Zellen lediglich Mannlöcher vorgesehen, während die alten Kasten Bodenventile hatten. Selbst die Lieferung der Mannlochverschlüsse sowie der zum Füllen und Lenzen der Trimmzellen nötigen kleinen Verschlüsse stieß wegen des Mangels an Rohstoffen bei den Baufirmen auf Schwierigkeiten.

Bei der Unsicherheit der Witterung mußte angestrebt werden, die Zeit für das Unterbringen der Hebekasten möglichst abzukürzen. Sämtliche Hebekasten mußten daher zu gleicher Zeit, also querschiffs unter die Konsolen heruntergebracht werden, deren Unterkante zu diesem Zweck wagerecht sein mußte.

Die Bauart der Hebekasten mußte der gebotenen Eile wegen so einfach wie möglich sein. Auf Schleppoller z. B. wurde verzichtet, die Schleppkette wurde einfach um den ganzen Kasten herumgenommen und mit einigen Hängern festgehalten. Zum Hantieren mit den Kasten wurden lediglich einige ganz einfache Bleche mit Augen zum Durchnehmen von Schäkeln vorgesehen, die, wenn auch knapp, für diesen Zweck ausreichten.

Für die Lieferung der Kästen kamen bei der gebotenen Eile lediglich die großen Dockbaufirmen Flender und Gutehoffnungshütte in Frage. Am 2. Mai erfolgte die Bestellung von je zwei Hebekasten bei Flender in Benrath und bei der Gutehoffnungshütte in Oberhausen.

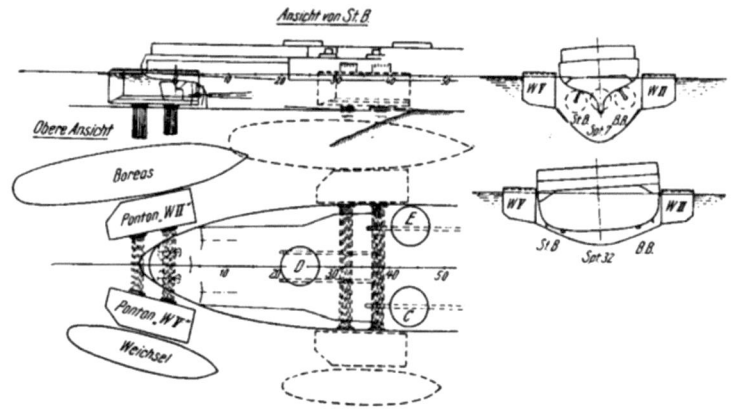

Abb. 124. Überstreifen der Heckkästen. 1 : 1500.

Später wurden bei letzterer Firma noch zwei weitere Kasten als Reserve hinzubestellt. Die einzelnen Teile der Kasten wurden auf den Werken der Firma in Benrath und Sterkrade zugelegt und fertig bearbeitet, dann nach der Dockbauwerft Flender bei Lübeck und der Gutehoffnungshütte auf dem Holm bei Danzig geschafft und dort zusammengebaut.

Die Konsolen für die Anbringung der neuen Kasten wurden zu gleicher Zeit mit den Kasten bei denselben Firmen ausgeschrieben. Ihre Konstruktion war ebenfalls möglichst einfach, volle Plattenträger mit senkrechten U-Versteifungen, an den Rändern mit doppelten Winkeln garniert. Zur Vereinfachung der Montage sollten sowohl die Winkel zur Befestigung am Schiffskörper, als auch die Grundwinkel zur Befestigung an den Hebekasten nicht angebracht, sondern lose mitgeliefert werden. An den Seiten der Konsole nach dem Schiff zu und

nach unten waren erhebliche Zugaben gemacht, die bei der Montage
an Bord abgebrannt werden sollten.

Der Bau der Konsolen wurde schließlich den Werften in Reval
übertragen, da dort genügend Material und Arbeiter zur Verfügung
standen und der Transport zur Strandungsstelle am bequemsten war.

Die Konsolen, die des bequemen Transports wegen in je zwei Teilen geliefert waren, wurden auf der Schanze und auf der Back von
„Rheinland" zusammengenietet, nach Mallen auf genaues Maß be-
schnitten und die Grundwinkel angepaßt. Die Befestigungswinkel an
der Bordwand waren schon vorher angebracht worden. Alsdann wurden die Konsolen mit Hilfe des Krans an der Bordwand angesetzt, was
ohne erhebliche Schwierigkeiten vor sich ging, da die Arbeit im allgemeinen vom Wetter begünstigt wurde.

Eine genügend starke Befestigung der Konsolen am Schiffskörper
stieß insofern auf Schwierigkeiten, als die Höhe, die zum Annieten
der Befestigungswinkel zur Verfügung stand, an der St.-B.-Seite so
gering war, daß die Nieten bei voller Ausnutzung des Auftriebs von
750 t mit mehr als 700 kg pro Quadratzentimeter beansprucht wurden. Zur Aufnahme des Horizontalschubs waren starke Bänder vorgesehen, die mit den Konsolen vernietet, durch die Außenhaut ins
Innere des Schiffes geführt und dort durch Dreiecksbleche mit dem
Panzerdeck bzw. mit dem für diesen Zweck besonders verstärkten
Zwischendeck vernietet wurden.

Am 16. Juni erschien der erste neugebaute Kasten bei „Rheinland"
und wurde am 20. Juni, zunächst probeweise, unter seine Konsolen
gebracht. Durch das gute Wetter verwöhnt, wurde beschlossen, ihn
bis zum Abbringen an Ort und Stelle zu lassen. Am 25. Juni kam
aber schlechtes Wetter auf, bei welchem der Kasten unter den Konsolen hart hin und her geschoben wurde und hierbei die Konsolen so
stark beanspruchte, daß er wieder abgesenkt werden mußte. Hierbei
wurde er von überkommenden Seen vollgeschlagen und sank neben
dem Schiff auf 7 m Wassertiefe. Durch sofortiges Eingreifen eines
Pumpendampfers, flüchtiges Abdichten des mittleren Mannlochs mit
Taucherhilfe und Einführen eines Luftrohres gelang es nach zweistündiger Arbeit ihn wieder hoch zu bekommen, es hatte sich aber
hierbei gezeigt, daß die Befestigung an den Konsolen nicht kräftig
genug war, um schwerem Seegang standzuhalten. Es wurde auf die
starre Befestigung der neuen Kasten mit dem Schiff verzichtet und
die Kasten sollten lediglich durch ihren Auftrieb unter den Konsolen
festgehalten werden. Da das Abbringen des Schiffes nur bei ruhigem
Wetter, das mit Sicherheit zu erwarten war, vor sich gehen sollte,

konnten die Kasten unmittelbar nach dem Abbringen entfernt werden und das Schiff, falls Hilfe durch Kasten überhaupt notwendig erschien, lediglich mit dem sogenannten Weserkasten nach dem nächsten Liegehafen gebracht werden. Um ein nochmaliges Vollschlagen der Kasten in abgesenktem Zustande zu verhindern, wurden die Mannlochsülle von 0,5 m auf 1 m erhöht.

Da Bedenken bestanden, daß das Schiff sich durchbiegen könnte, wurden am Oberdeck Peillatten aufgestellt und eine Zeitlang laufend abgelesen. Als sich jedoch keine meßbaren Durchbiegungen zeigten, wurden die Peillatten während des Abnehmens der Türme, wobei sie im Wege waren, entfernt.

Um Veränderungen der Schiffslage kontrollieren zu können, wurden in der Verlängerung der Mittschiffslinie auf Lagskär zwei Balken erbaut. Querab vom Heck wurden auf zwei hintereinanderliegenden Riffen Marken aus breiten weißen Kalkstreifen aufgemalt.

Der Wasserstand wurde laufend an Marken des Schiffes an Bug und Heck, von Anfang Juni ab auch an einem Pegel an Land gemessen. Nach dem Pegel stieg das Wasser vom 6. Juni bis 9. Juni dauernd mit geringen Schwankungen um 35 cm. Nach den allerdings nicht ganz einwandfreien Messungen am Schiff war es vorher um etwa 45 cm, im ganzen also um etwa 80 cm gestiegen. Hierdurch und infolge des Leichterns tauchte das Heck gegen den Zustand beim Stranden um etwa 30 cm aus, während der Bug um etwa 1,4 m weiter eintauchte. Anscheinend drückte sich das Vorschiff hierbei in die auf dem Riff liegenden Geröllmassen ein, während es weiter hinten auf dem nackten Felsen auflag. Es war dies insofern recht unbequem, als die Unterkante der Konsole zu nahe dem Wasserspiegel kam. Die Konsolen wurden gekürzt und von den neuen Hebkasten die Träger auf Deck entfernt. Die Vergrößerung des Auftriebs betrug rund 300 t, war also unerheblich.

Die Bergungsarbeiten waren im allgemeinen von gutem Wetter begünstigt. Allerdings wehten am 22. Mai, 30. Mai, 5. Juni, 23. bis 25. Juni und 27. Juni Winde bis zur Windstärke 8—9, die das Schiff, besonders nachdem es geleichtert war, stark hin und her rollen ließen und es auch bei gestiegenem Stand etwas weiter auf das Riff hinaufschoben. Aber besonders im Mai war es meistens so windstill, daß mit den Kränen gearbeitet werden konnte und die Bergungsleitung infolgedessen in der Lage war, ganz gegen alles Erwarten etwa 6400 t Gewicht an Kohlen, Munition, Inventar, Panzer und Geschützen von Bord zu geben und nach Libau zu schaffen. Die Rechnung ergab am 11. Juni folgendes Bild:

Schiffsbergung. 13

Gesamtgewicht des Schiffes, nach dem Abgeben der letzten Türme
   sowie aller 15-cm-Geschütze und der Kohlen, rund . . . . 14000 t
Verdrängung beim Auflaufen unter Berücksichtigung des Leckwassers. . . . . 12500 t
Vergrößerung der Verdrängung für den Fall, daß der Bugraum
   und der vordere Kesselraum gelenzt und im zweiten Kesselraum das Wasser wenigstens vorübergehend für den Augenblick des Aufschwimmens abgesenkt werden konnte, rund . . 1500 t
Vergrößerung der Verdrängung durch Steigen des Wassers, rund   300 t

Verdrängung im Augenblick des Aufschwimmens demnach rund 14300 t

Der das Gewicht des Schiffes überschießende Auftrieb von rund
300 t hätte sogar ausgereicht, um die Krängung und die Trimmlage annähernd durch Einnahme von Wasserballast auszugleichen. Es war
also durchaus denkbar, bereits damals einen Versuch zu machen, das
Schiff ohne Hebepontons abzubringen, vorausgesetzt, daß es auf einer
ebenen Platte aufsaß. Letzteres war jedoch, wie sich inzwischen
leider herausgestellt hatte, nicht der Fall.

Die Bergung selbst ging folgendermaßen vor sich:

Nach dem Abgeben der schweren Gewichte waren zur Sicherung
des Schiffes gegen unbeabsichtigtes Abrutschen rund 1400 t Wasserballast eingelassen. Weiter stand der vordere Kesselraum nebst den
mit ihm zu Zwecken der Leckdichtungsarbeiten verbundenen Munitionskammern mit einem Gesamtinhalt von etwa 1500 t unter Wasser,
so daß durch die Hauptlenzeinrichtung des Schiffes in kürzester Zeit
annähernd 3000 t Wasser entfernt werden konnten. Dies sollte erst
dann geschehen, wenn die Hebekasten untergebracht und auf eine genügende Hebekraft ausgepumpt waren, damit die Zeit für das eigentliche Aufschwimmen des Schiffes nach Möglichkeit verkürzt wurde.
Dies war bei der Unsicherheit des Wetters eine der Hauptbedingungen
für den Erfolg. Aus demselben Grunde mußte auch das Unterbringen
der Hebekasten möglichst beschleunigt werden, um nicht vom schlechten Wetter überrascht zu werden. Es war daher in Aussicht genommen, sämtliche Hebekasten mit einem Male am Schiff zu befestigen.

Die Ausführung entsprach genau dem Entwurf. Am 7. Juli abends
wurden bei schönem Wetter die drei neuen Hebekasten geflutet, so
daß sie am 6. Juli, 6 Uhr morgens, fertig zum Unterbringen waren.
Um diese Zeit trafen auch die nach Mariehamm zur Ausführung der
Grundzurrings gesandten beiden Kastenpaare bei „Rheinland" ein.

Leider war der Wind so stark geworden, daß erst nachmittags um 5 Uhr die Arbeiten angefangen wurden. Zu gleicher Zeit marschierten sämtliche Kasten im Schlepp ihrer Pumpendampfer an. Das Unterbringen der neuen Kasten ging, trotz des noch immer ziemlich starken Seeganges, verhältnismäßig schnell. Dagegen war das Anbringen der Bugkasten, die wegen der geringen Wassertiefe am Vordersteven in leerem Zustand an das Schiff gebracht werden mußten und erst während des Überstreifens vollgepumpt werden konnten, sehr schwierig, weil der St.-B.-Kasten von der See dauernd hart gegen die Bordwand und die Konsolen geschleudert wurde, wobei seine Bordwand stark beschädigt und eine Anzahl Reibhölzer zerquetscht wurde. Die Heckkasten wurden in einiger Entfernung vom Schiff ganz abgesenkt, so daß das Überstreifen schnell vor sich ging. Das richtige Anliegen der Grundzurring wurde durch Taucher kontrolliert. Zur Erleichterung der Arbeit waren einige Fahrzeuge auf St.-B.-Seite so verankert, daß sie gegen den herrschenden Südwest Lee bildeten, bei welcher Arbeit sich auch „Nautilus" in dankenswerter Weise beteiligte. Gegen 1 Uhr morgens waren alle Kasten an Ort und Stelle und auf rund 2200 t Hebekraft, davon 1300 B.-B. und 900 St.-B. ausgepumpt, so daß das Schiff ohne Druck auf dem Felsen lag und durch Vergrößerung der Schlagseite um 1° von der gefährlichsten Untiefe an B.-B. abgehoben war. Das Wetter hatte sich währenddessen weiter verschlechtert, so daß die kleineren Dampfer ablegen mußten.

Nunmehr begann das eigentliche Abbringen des Schiffes. Der Befehl zum Lenzen des Kesselraumes und des Ballastwassers wird gegeben, mit dem Auspumpen der Kasten fortgefahren. Die Verholleinen werden durchgeholt und querab vom Bug nach St.-B. greifen zwei Schlepper an. Das Schiff ist am Vordersteven um 1,2 m, am Hintersteven um 0,3 m, im Mittel also um 3/4 m gehoben. 1 Uhr 50 Minuten zeigt sich an den Richtmarken die erste Bewegung, das Schiff geht etwa 2 m achteraus und der Bug wandert nach St.-B. aus. Um 2 Uhr schwimmt „Rheinland" frei, mit dem Heck nach Lagskär zu.

Die ursprüngliche Absicht war, nunmehr an Ort und Stelle die Hebekasten zu entfernen und ohne sie nach Mariehamm zu gehen. Infolgedessen waren die Hebekasten nicht fest mit dem Schiff verbunden, sondern nur durch ihren Auftrieb festgehalten, so daß bei Seegang die Gefahr bestand, daß sie weggeschlagen wurden. Bei dem schlechten Wetter schien es aber bedenklich, in dem Klippengebiet vor Anker zu bleiben, da „Rheinland" nur einen Anker an einer Stahltrosse klar hatte, und die Bergungsleitung mußte sich entschließen, die Fahrt mit

den losen Kasten anzutreten und zu riskieren, einige Kasten zu verlieren. Die Fahrt gestaltete sich insofern recht aufregend, als die
Kasten in dem für die vorliegenden Verhältnisse ziemlich starken Seegang einige Stunden lang unter beängstigendem Knarren und Krachen
unter den Konsolen hin und her geschoben wurden, so daß die Konsolen verbogen und ihre Verstrebungen stark gereckt wurden. Gerade
als die Luvkasten begannen, nach hinten unter den Konsolen auszu-
wandern, so daß jeden Augenblick mit ihrem Herausspringen gerechnet werden mußte, brachte eine Kursänderung die gefährdeten
Kasten in Lee und beseitigte die Gefahr.

Die Fahrt wurde gegen 4 Uhr morgens begonnen. „Rheinland" fuhr
zunächst nur im Schlepp von zwei Schleppern, nachmittags lief auch
die Mittelmaschine mit 46 Umdrehungen mit. Die Geschwindigkeit
betrug mit den Schleppern zwei, nach dem Angehen der Mittelmaschine
etwa fünf Knoten. Gegen 8 Uhr ist „Rheinland" in Mariehamm
eingetroffen, wo die Kasten langsam abgesenkt und schließlich ganz
entfernt wurden, nachdem der Boden des hinteren Kesselraums durch
Stützen gegen Durchbrechen nach Möglichkeit gesichert war. Die Arbeit
war am 23. Juli beendet; die Leckdichtungen blieben auch trotz der
durch die Wegnahme der Hebekasten bedingten Vergrößerung des Tiefgangs am Vordersteven um etwa $1/2$ m dicht. Am 24. Juli nachmittags
wurde die Fahrt nach Kiel angetreten im Schlepp der größten Hapag-
schlepper „Wendemuth" und „Löwer", während die eigene Mittelmaschine mit bis zu 60 Umdrehungen mitlief. Am 27. Juli, abends
10 Uhr, lag „Rheinland" an der Boje im Kieler Hafen, am 29. Juli
wurde sie im Trockendock eingedockt.

8. Festigkeitsrechnung bei Bergung des Schiffes „Bielefeld"[1]).

Bei Bergungen auf kleinen Tiefen liegt oft die Gefahr vor, daß das
Schiff an seiner schwächsten Stelle durchbricht. Aus diesem Grund
geben wir hier die Festigkeitsrechnung des Schiffes „Bielefeld", welche
in einer überschlagenden Form im Jahre 1915 durchgeführt war, und
als Beispiel solcher Bord-Berechnungen dienen kann.

Bei der ungewöhnlichen Belastung der Enden des Schiffes „Bielefeld" bei nahezu leerem Mittelschiff (s. Tafel II) lag die Gefahr nahe,
daß das Schiff an seiner schwächsten Stelle bei dem Absatz vor dem
Brückendeck während der Überführung durchbrach, besonders da es
schon 17 Jahre alt war.

---

[1]) Beitrag von Prof. Laas, der bei der Bergung des torpedierten und auf Strand
gesetzten Schiffes mitwirkte.

Für die Berechnung wurden folgende Daten zugrunde gelegt (siehe auch Tafel II):

Deplac. Skala für 10 m: Hauptspant $14,5 \cdot 10 \cdot 0,97 = 140$ qm.
Völligkeit der Skala $13600 \text{ m}^2 = 120 \cdot 140 \cdot 0,81 \text{ m}^3$.
Also Mittelschiff $\sim 0,61$, Enden $\sim 0,195$ im Dreieck, angenähert verschoben.
Leckkurve verschoben proportional Tiefgang. Hinten Zuschlag für Heck.
Lecktiefgang vorn 7 m, hinten 13 m angenommen.

A. Belastung.

1. Eigengewicht.

Gleichmäßig verteilt angenommen mit 3600 t auf 120 m Länge ergibt
30 t pro lfd. m = 4 mm Höhe. In den Räumen gleichmäßig verteilt angenommen.

2. Stauung.

Raum	Länge m	Gew. t	t pro m	Höhe in mm	Bemerkung:
5	20	800	40	5,3	in den Räumen
4	16	1100	70	9.3	gleichmäßig verteilt,
3	14	700	50	6,7	an den Enden etwas
2	17,5	1300	75	10	schräg gezeichnet.
1	19	1270	67	9,7	
		5170			

3. Kohlen.

Raum	Länge m	Gew. t	t pro m	Höhe (in mm der Zeichnung)
M. u. K.	22	900	41	5,3
3	14	400	29	4
		1300		

4. Leckwasser.

Raum	Länge m	Gew. t	t pro m	Höhe (in mm der Zeichnung)
H.-Piek	3	100	30	4
5	20	1500	75	10
4	16	300	19	2,7
Tunnel	36	300	8	1,3
Doppb. u. M u. K.	22	1400	65	8,7
		3600		

5. Änderungen, um das Schiff schwimmfähig zu machen.

a) Kohlen aus: M. u. K. 400 t geleichtert.
b) 400 t Kohlen aus Raum 3 nach Raum 1 getrimmt, dicht an Kollisionsschott.
c) Wasser in Vorpiek 170 t auf 7 m Länge.

Festigkeit des lecken Schiffes nach Trimmung.

Gefährlich ist die Ecke vor der Brücke.
Die Überschlagsrechnung beschränkt sich auf diese Stelle.
Neutrale Achse etwas unterhalb von H/2 angenommen.

Nicht gerechnet: Dopplungen neben Luken, Überlappungen, Stringer im Unterraum, Längsträger im Doppelboden.

Gegenstand	Quer-schnitt cm²	Hebel ge-messen im ⊗ ¹/₂₄ in cm	Mo-ment cm²×cm	Rich-tiger Hebel m	m²	Träg-heits-moment cm²×m²
Spardeck: Beplattung 3400×10 . . .	340	20,5	6970	5	25	8500
Stringer 1600×14	224	20	4480	4,8	23	5150
„ ⌞ 100×100×11 .	20	20	400	4,8	23	460
Außenhaut: Scheergang 1000×16.5 .	165	19	3140	4,6	21	3460
„ Dopplung 800×15.5	125	19	2380	4,6	21	2620
N-Gang 1000×15,5 . . .	155	15	2330	3,6	13	2020
M-Gang 1100×18	200	10,5	2100	2.5	6	1200
Hauptdeck: Beplattung 3600×10 . .	360	11,5	4140	2,8	8	2880
Stringer 1600×12 . . .	192	10,5	2020	2,5	6	1150
Außenhaut: L-H Gang 4500×16 . . .	720		27960			
G-F-Gang (2 Platten) 2300×16	370	15	5550	3,6	13	4800
Bodenplatten 4¹/₂Pl.(+K.-Doppl.)6500×16	1040	18,7	19450	4,5	20	20800
¹/₂ Kiel 460×18	83	19	1580	4,6	24	1740
Kiel ⌞ unten 130×130×14	34	19	650	4,6	21	710
¹/₂ Mittelplatte: 550×13	71	17	1210	4,1	17	120
⌞ oben 100×100×11 . .	20	14,7	290	3.5	12	240
¹/₂ Topplatte: 900×13	117	14,5	1700	3,5	12	1400
Doppelbodendecke: 5000×10	500	14,5	7250	3,5	12	6000
Doppelseitenplatte: 900×11	100	16	1600	9,8	14,5	1450
„ „ ⌞ 100×100×11 .	20	17,7	350	4,2	17,5	340
	4856		39630			65040

Neutrale Achse: Unteres statisches Moment 39630 cm²cm

             Oberes statisches Moment $\underline{27960}$ cm²cm

                    11670/4856 = 2,40 cm in der Zeichnung ¹).

      Maßstab ¹/₂₄ also im Schiff 2,40×24 = 0,576 m tiefer.

    ¹/₂ Trägheitsmoment: Auf ursprüngliche Achse   =   65040 cm²m²

                — 4856 (0,576² = 0,33)   = — 1600 cm²m²

    ¹/₂ Trägheitsmoment: Auf neutrale Faser   63440 cm²m²

    Volles Trägheitsmoment 2 × 63440   = 126880 m²×cm²

    Seite Spardeck über neutrale Faser   =   5,410 m.

Biegungsmoment aus der Kurve.

Raum	Mittl. m Last t/lfd.	Länge	Last in t	Hebel v. Spt. 117	Moment
Vorpiek	40	7,5	300	44	13200 ⎫
Raum 1	50	19	950	32	30400 ⎬ (+)
					43600
Raum 2	20	17,5	350	14	4900 (—)

                  38700 mt = Biegungsmoment auf Spt. 117.

$$M = W \cdot \sigma = \frac{126880}{5,41} \cdot \sigma = 38700 \cdot 1000 \text{ mkg}$$

$$\sigma = \frac{38700 \cdot 1000 \cdot 5,41}{126880 \cdot 100} \simeq 17 \text{ kg/mm}^2.$$

Zuschlag für Nietlöcher 10% und Verrostung 10%; +3

                                   = 20 kg/mm².

Gesamtbeanspruchung der oberen Verbände auf Zug = 20 kg/mm².
Gefahr des Bruches bei stampfendem Schiff.

---

¹) Blaupause ¹/₂₄.

Tafel II.

Festigkeitsrechnung bei Bergung des Schiffes „Bielefeld".

(Siehe S. 196—199.)

Die mit Bordmitteln überschlagend durchgeführte Festigkeitsrechnung ergab eine derartig hohe Beanspruchung der obersten Verbände bei ruhigem Wasser, daß eine weitere Belastung des Vorschiffes zur Verminderung des hinteren Tiefgangs nicht zulässig war, da sonst bei nur etwas Seegang und stampfendem Schiff ein Durchbrechen des Schiffes erwartet werden mußte. Nach den Änderungen (Nr. 5) schwamm das Schiff mit dem errechneten Tiefgang (s. Tafel II) und wurde bei ruhigem Wetter über See geschleppt. Beim Docken zeigten die Falten im Deck, daß das Schiff während der Überfahrt überlastet war.

XVII. Anheben aus großer Tiefe.

1. Die Grenztiefe der Bergungsarbeiten.

Vorerst ist es nötig festzustellen, welche Tiefe bei der Ausführung der Bergungsarbeiten als klein eventuell als groß zu bewerten ist. Die Antwort auf diese Frage ist mit dem angewandten Bergungsverfahren verbunden. Falls die Bergung des Schiffes vermittels von Pontons oder anderer Hebemittel ausgeführt werden soll, ist die große Tiefe diejenige, die die Grenze der normalen Leistungsfähigkeit der Taucher überschreitet.

In dem Kapitel über Taucharbeiten ist angegeben, daß mit dem Anwachsen der Tiefe über 20 m die Leistung der Taucharbeiten schnell nach unten geht, da viel Zeit mit dem langsamen Heben der Taucher und der damit verbundenen Verkürzung des Aufenthaltes des Tauchers unter dem Wasser verloren wird. An dieser Stelle wollen wir auf diese Fragen näher eingehen, und zwar folgende vier Stufen der Taucharbeiten betrachten.

Zur ersten Kategorie gehören die Taucharbeiten auf den Tiefen unter 15 m. In dieser Tiefe kann der Taucher ziemlich lange Zeit unter Wasser ohne Schaden für die Gesundheit arbeiten und kann auch einige Male an einem Tage ins Wasser hinabsteigen. Bei der Arbeit in dieser Kategorie kann der Taucher bis vier Stunden unter Wasser bleiben.

Zur zweiten Kategorie gehören die Taucharbeiten bis zur Tiefe von 30 m (Wasserdruck 3 Atm.). Der Aufenthalt in diesen Tiefen bleibt auf den Organismus nicht ohne Einwirkung, besonders wenn ein Absteigen über 20 m in Frage kommt. Auch das Anheben des Tauchers erfordert eine gewisse Vorsicht, um eine eventuelle Erkrankung zu verhindern. Diesen Umständen entsprechend soll der Aufenthalt des Tauchers unter Wasser nicht länger als $2\frac{1}{2}$ Stunden bis 20 m Tiefe sein und nicht mehr als 2 Stunden bei einer Tiefe von 20—30 m. Der Taucher kann dabei nicht mehr als zweimal täglich hinabsteigen.

Zur dritten Kategorie gehören die Taucharbeiten bis 40 m Tiefe. Die Druckverhältnisse wirken hier noch stärker auf den Organismus

des Menschen; unrichtige oder schnelle Hebung aus dem Wasser ist
hier gefährlich. Das Wasser ist in den meisten Fällen ziemlich kalt.
Aus diesen Gründen soll der Aufenthalt in diesen Tiefen nicht länger
als 1½ Stunden dauern. Es ist nur ein Tauchen am Tage gestattet.

Zur vierten Kategorie gehören die Taucharbeiten in einer Tiefe über
40 m, zu welchen nur freiwillige Taucher zugelassen sein können,
deren Gesundheit speziell untersucht werden soll. Eine Trainierung
dieser Taucher ist unbedingt notwendig, um sie an den hohen Wasserdruck zu gewöhnen. Die Zeit des Aufenthaltes in diesen Tiefen kann
nicht länger als eine halbe Stunde dauern wegen der bedeutenden
Einwirkung des hohen Druckes auf den Organismus und der Gefahren, die beim Anheben bestehen. Auch die niedrige Temperatur
des Wassers übt ihren ungünstigen Einfluß auf den Organismus aus.

In diesen Daten ist die Zeit des Aufenthaltes des Tauchers ohne die
Zeit des Anhebens angegeben; die letztere ist verschieden für die verschiedenen Kategorien. Um die Leistung der Taucher richtig zu beurteilen, muß man weiterhin im Auge behalten, daß die Arbeit unter
der Wasseroberfläche, dabei auch die leichteste, von dem Organismus
mindestens zwei- oder dreimal mehr Anstrengung fordert, als dieselbe
Arbeit an der Luft. Aus diesem Grund soll schon die normale Länge
des Arbeitstages unter dem Wasser zwei- oder dreimal kürzer als die
des gewöhnlichen Arbeitstages sein. Bei allen Taucharbeiten von 20
bis 40 m soll der Arbeitstag nur drei Stunden dauern, wobei die Zeit
des Herabsteigens und Anhebens auch in die Arbeitszeit eingerechnet
werden muß. Bei den Tiefen über 40 m ist überhaupt jedes Herabsteigen als ein Arbeitstag zu rechnen.

Ein weiterer Umstand vermindert weiter die Leistungsfähigkeit des
Tauchers in großer Tiefe, und zwar der Einfluß der Stabilität. In
großer Tiefe wirkt auf die Stabilität des Tauchers jedes Unwetter,
da der Taucher in seiner senkrechten Lage, je nach der Höhe der
Welle, verschoben wird. Aus diesem Grunde ist das Herabsteigen der
Taucher in große Tiefen nur bei vollständiger Stille möglich. Man
muß auch im Auge behalten, daß eine unbedeutende Anstrengung
des Tauchers bei der Ausführung der Arbeit ihn unstabil machen kann
und er dabei genötigt ist, die stabile Lage wieder zu suchen.

Um dem Taucher eine größere Stabilität zu ermöglichen, sind schon
verschiedene Vorschläge gemacht worden; aus diesen sind die der
Dräger-Werke in Lübeck zu erwähnen (s. oben Kapitel X).

Alle diese Verbesserungen in den Taucherapparaten verändern jedoch
nicht wesentlich die Arbeitsverhältnisse in großer Tiefe. Aus diesem
Grunde ist in allen Fällen, wo Taucharbeiten für das Verstopfen von
Löchern, für das Anlegen von Pflastern, für das Einbinden von Tauen,

für Unterwasserschneiden usw. unentbehrlich sind, folgende Verteilung der Arbeiten maßgebend: die Tiefen bis 20 m sind klein, die Tiefen über 20 m groß. Falls irgendwelche ungünstige Bedingungen in Frage kommen, so soll man eine andere Grenze, die kleiner als 20 m ist, zugrunde legen.

Auch andere Arbeitsverhältnisse üben auf die Grenztiefe ihren Einfluß aus. Bei der Anwendung des Kofferdammes soll das Deck des Schiffes nicht über 8,5 m im Wasser liegen, da sonst die ganze Einrichtung zu schwer wird und bei dem Aufschwimmen des Schiffes ungünstig auf die Stabilität wirkt. Bei der Anwendung des Abtrocknens muß man im Auge behalten, daß der Saugdruck der Pumpe nicht über 8,5 m Wassersäule steigt, und es sind also die Saugpumpen nur bis zu dieser Grenze anwendbar. Bei der Anwendung der Preßluft zeigen die Schotten und Decks in den meisten Fällen ungenügende Luftdichte, wenn sie auf einer Tiefe von mehr als 3 m liegen.

Wenn wir diese verschiedenen Angaben zusammenstellen und auch die Seitenhöhe der Schiffe richtig bewerten, so müssen wir annehmen, daß Bergungsarbeiten bei Bodentiefen von 18—20 m Bergungen von kleiner Tiefe sind, die Bergungen über diese Norm müssen als solche von großer Tiefe bezeichnet werden. Dieses Ergebnis steht auch in vollem Zusammenhang mit der obengenannten Grenztiefe der Taucharbeiten, bei welchen eine normale Arbeitspraxis der Taucharbeiten möglich ist.

Die Bergungen von einer Tiefe, welche den Tauchern fast unzugänglich ist, bilden eine ganz besondere Gruppe der Arbeiten, bei welchen außerordentliche Anstrengungen der Beteiligten notwendig sind. Diese Bergungen, welche weiter unten beschrieben sind, können als Anheben durch äußere Kräfte bezeichnet werden. Die besten weiter beschriebenen Beispiele dieser Hebungen sind das Anheben des Torpedobootes „N 99" aus der Tiefe von 50 m und des U-Bootes „F 4" aus einer Tiefe von 100 m.

2. Anheben vermittels äußerer Kräfte.

Wie schon oben erwähnt war, ist dieses Verfahren hauptsächlich bei den kleineren Schiffen anwendbar. Die Hebekraft ist dabei von Pontons, Zylindern, Hebekränen, von anderen Schiffen usw. zu entnehmen. Die Schwierigkeit der Arbeit besteht fast ausschließlich in der Befestigung der Taue an dem zu hebenden Schiff und in dem Placieren der Buchten. Das mit Hilfe dieser Mittel aufgehobene Schiff wird auf eine kleinere Tiefe abgeschleppt, bis es wieder auf den Boden kommt. Dann wird diese Operation wiederholt, bis endlich das Schiff aufgehoben wird.

In vielen Fällen muß bei Anwendung dieses Verfahrens das Schiff vorerst aufgesucht werden, was durch das Drägen oder Nachschleppen von Schleppbuchten erreicht wird. Diese Schleppbuchten werden mit Kettenbojen oder mit anderen Gewichten versehen. Man verwendet auch Drahttaue und Ketten hierzu. Bei der Arbeit mit Schleppbuchten soll der Schleppzug bei jedem bedeutenden Widerstand eingestellt werden, und der Taucher muß hinabsteigen und feststellen, an welchem Gegenstand die Bucht hängen geblieben ist.

Das Auffinden der Wracks ist häufig sehr schwierig, zeitraubend und kostspielig. Von Flugzeugen aus kann man bisweilen durch das Wasser bis auf den Meeresgrund sehen und Wracks bemerken. Die Technik müßte anstreben, Apparate zu konstruieren, mit denen man sich auf drahtlosem Wege an derartige große unter Wasser liegende Eisenmassen heranfühlen kann.

Die Taucharbeiten in größerer Tiefe sind, wie schon oben erwähnt, mit gewissen Schwierigkeiten verbunden. Es ist deshalb vorteilhaft, sich möglichst ohne Taucharbeiten zu behelfen und die Schleppbucht selbst als Hilfstau zu verwenden. Zu diesem Zwecke gebraucht man gewöhnlich ein 6-cm-Drahttau. Die einzelnen Enden dieses Taues fährt man in großem Bogen um das Schiff herum, mit den Enden jedes zugehörigen Taues in verkehrtem Sinne, um Schlingen zu bilden.

Nachdem die Taue placiert sind, müssen die Tauenden an einer Boje befestigt werden, um den Steven des Schiffes zu bezeichnen. Weiter ist der andere Steven auf dieselbe Weise zu bezeichnen. Nach Ausführung dieser Arbeit wird unter dem Steven des Schiffes ein 9-cm-Stahldraht placiert, welcher die Aufgabe hat, ein 15-cm-Drahttau zu schleppen. Diese Arbeit wird auf folgende Weise durchgeführt: Das Ende einer 9-cm-Trosse wird mit dem Ende eines 15-cm-Taues verbunden; dies 15-cm-Tau wird von einem Bergungsschiff gegeben, welches ungefähr in 300 m in Kiellinie vor dem zu hebenden Schiffe sein soll. Das andere Schiff mit dem schon unter dem zu hebenden Schiff placierten Tau geht etwas vorwärts und hält sich auch in der Kiellinie des gesunkenen Schiffes, wobei die 15-cm-Taue allmählich gespannt werden. Es ist leicht festzustellen und zu bemerken, wann das Verbandstück zwischen den Tauen sich unter dem Havarieschiff befinden wird.

Zwecks Erleichterung des Schleppens wird empfohlen, einen bedeutenden Abstand zwischen den beiden schleppenden Schiffen zu wählen, um das 15-cm-Tau auf den Grund zu legen.

Es ist unmöglich, die beiden Schiffe direkt über das gesunkene Schiff zu bringen, weil dabei die in den Tauen entstandene Spannung zu hoch sein würde, was sowohl für die Taue als auch für das Havarieschiff gefährlich wäre. Wenn das 15-cm-Tau unter dem Schiff placiert ist, so werden die beiden Enden auf das Heck des Bergungsschiffes gebracht und der Abstand von der 6-cm-Trosse gemessen. Dieser Abstand wird auf der Zeichnung des Schiffes abgemessen und auf diese Weise wird festgestellt, wo die anderen Buchten placiert werden müssen.

Für diese Arbeit trennt man wieder die Enden des 15-cm-Taues und schleppt dieselben auf die schon beschriebene Weise bis zum Schiff.

Bei der Hebung des „Jadighar-y-Millet"[1]) wurden die Hebetaue mittels Riegelkopfschrauben und Klemmplatten an der Außenhaut des Wracks befestigt, wobei das autogene Unterwasserschneiden verwendet wurde. Dieses Verfahren hat sich sehr gut bewährt, ist jedoch nur bis zur Grenze der Taucharbeiten verwendbar.

Nachdem drei oder vier Taue placiert sind, ist es möglich mit den Bergungsarbeiten zu beginnen. Es soll dabei bemerkt werden, daß, falls drei Taue placiert werden, diese regelmäßig auf die Länge verteilt werden müssen, bei vier Tauen placiert man zwei am Steven, eins unter der Kesselabteilung und eins unter der Maschinenabteilung.

Wird die Hebung selbst vorgenommen, dann wird das Bergungsschiff über das gesunkene Schiff gestellt. Die Enden des Ankerstropps werden auf den Bug genommen und mit Giens verbunden. Die Ankerstropps können mit einem Leichter verbunden werden, welcher vor dem Bergungsschiff steht.

Das Bergungsschiff und der Leichter werden dabei mit Hilfe der Taue verbunden und bis zum größten Tiefgang gebracht. Die Hakenstropps und die Taue werden danach stark gespannt; hiernach pumpt man von dem Bergungsschiff und von dem Leichter das Wasser aus, um die größte mögliche Verdrängungskraft zu erzielen. Nachdem das Havarieschiff vom Grunde abgerissen ist, muß es langsam zum Ufer geschleppt werden, wobei alle möglichen Maßnahmen vorgenommen werden sollen, um das Schiff nicht wieder auf den Boden zu setzen. Falls das Havarieschiff wieder auf den Boden kommt, muß man dasselbe durch Spille und Winden wieder heben. Auch die Flut kann ausgenutzt werden, um das Schiff wieder in Bewegung zu bringen. Diese Arbeit wird fortgesetzt, bis endlich das Schiff in kleine Tiefe gebracht ist.

Auf diese Weise wurde das englische Hochsee-Torpedoboot „N 99" gehoben, welches am 9. Juni 1907 im Kanal auf einer Tiefe von 50 m, in einer Entfernung von 8 km vom Ufer gesunken war. Die Hauptabmessungen des Schiffes sind folgende:

---

[1]) Schneider, Die Hebung des türkischen Torpedobootszerstörer „Jadighar-y-Millet". Werft und Reederei, 1921, S. 347.

Länge	48,8 m
Breite	5,2 m
Tiefgang	2,5 m
Verdrängung	180 t
Maschinenleistung	2 900 PS

3. Bergung des U-Bootes „F 4"[1]).

Die größte auf diese Weise vorgenommene und glänzend durchgeführte Arbeit ist die Hebung des amerikanischen U-Bootes „F 4".

Die Hauptabmessungen dieses U-Bootes sind folgende:

Länge	43,3 m
Breite	4 m
Verdrängung (über Wasser)	350 t
Verdrängung (unter Wasser)	440 t
Maschinenleistung	800 I.P.S.

Um 9 Uhr 15 morgens des 24. März 1915 lief das U-Boot „F 4" zu einer Tauchfahrt aus dem Hafen von Honolulu aus und tauchte im Kurse von Diamond Head. Nach einigen Stunden wurde das Boot schon gesucht, wobei erst drei Tage später um 12 Uhr Luftblasen und ein Ölstreifen zwischen Diamond Head und Barbers Point (ungefähr 2 km vom Kanaleingang) beobachtet wurden. Die Tiefe nach der Karte beträgt ca. 360 m. Die Lotungen jedoch ergaben, daß in der Nähe der Luftblasen eine Tiefe von ungefähr 100 m vorhanden war. Die Taucher haben dabei nichts von „F 4" gesehen, und es wurde unverzüglich mit Treckversuchen angefangen, wobei eine Bucht von 200 m langen Drahttauen mit einer Kette in der Mitte mittels zwei Schleppern am Boden nachgeschleift wurde. Weiter wurden die Treckversuche mit Hilfe von vier Schleppern geführt, sind jedoch erfolglos verlaufen.

Die Lage des U-Bootes konnte eigentlich erst mit Hilfe des Mikrophonlotes endgültig festgestellt werden. Die Richtigkeit dieser Stellung wurde am nächsten Tage vermittels des Treckverfahrens festgestellt, wobei ein Stück vom Turme des U-Bootes aufgeholt wurde; es bestand also kein Zweifel, daß die richtige Stelle des U-Bootes gefunden worden war.

Jetzt wurden die Arbeiten für die Hebung des Bootes aufgenommen, und es wurden zunächst Versuche gemacht, ein Stahldrahttau unter das Boot zu bringen. Die beiden Enden dieses Drahtes wurden an Bord eines Schleppers genommen, welcher für diese Arbeit bestimmt war. Auch ein zweites Stahldrahttau konnte ohne Schwierigkeiten unter dem Boot placiert werden. Die Versuche, das Boot zu heben,

---

[1]) Schiffbau, 17. Jahrg., S. 319, Engineering, 1916, S. 519 (B. 102).

wurden jedoch als erfolglos angesehen. Die Taue rissen zum Schluß, nachdem sie bis zur vollen Belastung (ca. 100 t) beansprucht worden waren. Es war klar, daß die vorhandenen Bergungsmittel ungenügend waren, da in Honolulu kein fertiges Bergungsmaterial vorhanden war. Es mußte also neues Bergungsmaterial beschafft werden, das zu einer Bergung von 100 m in Betracht kam. Als Fahrzeuge konnten nur zwei Baggerleichter in Frage kommen, die folgende Abmessungen hatten:

Länge . . . . 35 m
Breite . . . . 12 m
Tiefgang . . . . 4 m

In jedem Baggerleichter waren vier Schlammkästen vorgesehen, die oben einen Querschnitt 8×4 m hatten, unten $3,5 \times 4$ m. Da das Gewicht des U-Bootes im Wasser 260 t betrug, wurde angenommen, daß mindestens vier Buchten von Stahldrahttauen nötig waren, wobei zwei Buchten unter dem Bug und zwei andere unter dem Heck des U-Bootes zu placieren waren.

· Jeder Leichter wurde mit zwei Winden versehen, von denen eine jede für eine Bucht bestimmt war. Um den Leichter auf die notwendige Weise verstärken zu können, wurden 0,9 m hohe $\underline{\text{I}}$-Träger angewendet, die mit Winkeleisen zusammen an den Scherstöcken des Kastens befestigt wurden. Die für den Antrieb der Winden in Frage kommenden Wellen hatten eine Länge von 4 m und 400 mm im Durchmesser. Diese Wellen wurden vermittels dreier Ladeböcke unterstützt.

Um die Wellen anzutreiben, wurden auf das viereckige Ende der Wellen Scheiben aufgeschoben, wobei die nötige Übersetzung dadurch erzielt wurde, daß mit der Hand fünf Schläge über die Scheibe gelegt und dann mit Maschinenkraft gearbeitet wurde. Ein Ende des Kabels wurde mit einem Auge ausgestattet und an einem Dorne zwischen den Frontplatten festgemacht. Zwei tote Gänge wurden auf die Welle gelegt, um den Zug auf dem Dorn zu vermindern (s. Abb. 125).

Die Hißeinrichtungen blieben weit hinter der benötigten Kraft zur Hebung des Bootes zurück, und aus diesem Grunde sollten Übersetzungsvorrichtungen angewandt werden. Sie bestanden zwar in einer Übersetzung 1:3, was durch den Unterschied im Durchmesser der Scheiben (1,2 m) und des Durchmessers der Wellen (0,4 m) erreicht war; weiter wurden dreifache Takeln aus 60-mm-Stahldrahttau verwendet, welche eine weitere Kraftvervielfältigung von 1:6 ergaben. Der Mangel an Maschinen hat es nötig gemacht, auf dem anderen Leichter einen Mantel zuzufügen, um eine weitere Übersetzung von 1:2 herzustellen. Die Scheiben mußten aus dicken Stahlplatten ausgeführt werden, wobei die inneren Scheiben aus 10 Stück 12-mm-, die äußeren

aus 20-mm-Platten ausgeführt wurden. Eine Verschraubung und eine
Bekleidung mit Tannenholz hatte die Festigkeit des Systems verstärkt.
Bei jeder Scheibe war eine Stoppvorrichtung aus einem 15 cm starken
Nickelstahlbolzen vorhanden, die das Zurückdrehen der Welle verhindern sollte. Diese Stoppvorrichtungen waren auf das ganze Gewicht des U-Bootes kalkuliert, für den Fall, daß die Einwindetaue
lose würden, was bei der Neubewicklung der Scheiben der Fall war.

Die Höhe der jedesmaligen Hebung wurde durch die Länge der Leichter gegeben, da sie den Spielraum des laufenden Blockes begrenzte.
Nach drei vollen Umdrehungen der Scheiben mußte die Stoppvorrichtung eingelegt werden, die Takel abgeschakt und die Scheiben von
neuem bewickelt werden. Bei dem Leichter mit der schwereren Maschine konnte infolge des Mantels nur 1½ Umdrehungen erreicht werden. Es ist jedoch zu bemerken, daß dieser Mangel an Hebungs-
methoden nur einen unbedeutenden Einfluß im Vergleiche zur ganzen
Dauer der Bergungsarbeiten ausgeübt haben. Das Placieren der Buchten, das Versichern der Hißtaue und andere Vorarbeiten haben im
ganzen 21 Tage gedauert.

Die beiden Enden der Hißtaue wurden auf den Wellen mittels eines
Hakenbolzens von 60 mm Durchmesser festgemacht. Das Ende des
Kabels wurde unter den Haken gelegt, wodurch das Kabel auf die
Welle gepreßt und durch die zwischen den Bolzen und Tauen ent-
stehende Reibung gehalten wurde.

Auf jedem Leichter wurden die Einrichtungen zum Fluten und Pumpen aufgestellt, um nötigenfalls eine größere Kraft zum Abreißen des
U-Bootes leisten zu können, als durch die Hißmaschinen erreicht werden konnte. Auf dem Boden der Schlammkasten wurde ein Gatt für
die Hißtaue aufgestellt, um das eventuelle Kentern zu verhindern. Es
soll dabei bemerkt werden, daß nur einmal ein Leichter geflutet werden mußte. Übrigens war es niemals nötig zum Fluten und Pumpen
der Leichter zu greifen.

Die hydrographischen Bedingungen der Gegend haben es unmöglich
gemacht, die Hebung des U-Bootes mit Hilfe der Ebbe und Flut auszuführen, da der geringe Gezeitenunterschied (ca. 0,45 m) nur eine
sehr langsame Fortführung der Arbeiten gestattete. Es soll noch erwähnt werden, daß die Ausnutzung der Ebbe und Flut nur bei großen
Gezeitenunterschieden anwendbar ist. Bei kleinen Unterschieden wird
die ganze Differenz zwischen Ebbe und Flut dadurch verloren, daß
die Hißtaue immer nachlassen werden, ganz abgesehen davon, wie sie
vorher gespannt wurden. Auch der Unterschied im Tiefgang der
Leichter durch Fluten und Auspumpen würde nur eine geringe Hebung
ermöglichen.

Die Hißtaue, welche unter dem U-Boot placiert wurden, sollten an Bord eines Baggers genommen werden, der mit den Trommeln bis zum gewünschten Maße eingewunden war. Die Trommeln dieses Baggers dienten auch dazu, die Taue in die nötige Lage unter dem Boot zu holen.

Am 12. April 1915 kamen die geübten Taucher in Honolulu an und zu dieser Zeit waren die Hißvorrichtungen fertiggestellt und auf den Leichtern angebracht, der Bagger war nahe dem U-Boot verankert und zwei Stahldrahttaue unter dem U-Boot durchgeholt. Am 14. April hatte ein Taucher festgestellt, daß das Boot etwas St.-B. gekrängt liegt. Die Taue waren auch nicht in der nötigen Lage befunden worden, und aus diesem Grunde mußte man eine neue Placierung der Taue vornehmen und diese wieder durch Taucher kontrollieren lassen.

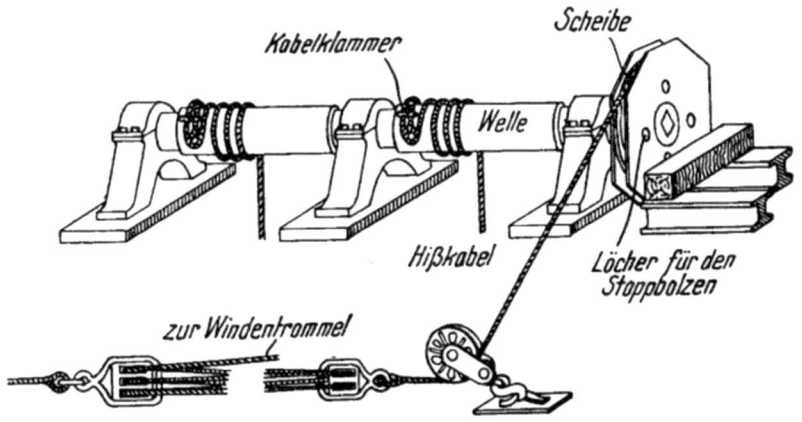

Abb. 125. Schema des Hißwerkes.

Die Taucharbeiten wurden dabei in einer Tiefe von 90 m ausgeführt, und es wurde festgestellt, daß in dieser Tiefe keine Arbeit ausgeführt werden konnte. Die Taucher konnten nur die Lage des Schiffes, eventuell der placierten Taue kontrollieren. Die Dienste der Taucharbeiten waren jedoch in dieser Hinsicht unersetzlich, da es sonst unmöglich gewesen wäre, die Taue an den nötigen Stellen zu placieren.

Nachdem die richtige Lage der Taue festgestellt worden war, hatte man diese soweit abgefiert, um drei tote Gänge um die Wellen nehmen zu können. Dann wurden die Taue an einem Hakenbolzen festgemacht; das übrige Ende wurde mit einem autogenen Brenner abgeschnitten.

Am 18. April 1915 wurden die vier Stahldrahttaue durch die Baggerleichter durchgeholt und endgültig übertragen. Als die letzte Bucht durchgeholt war, hat sich das erste Tau infolge Abwetzung am U-Boot

beträchtlich geschwächt, und nach einer Hebung von 4 m ist es abgerissen. Ein Ersatz dieses Taues konnte wegen schlechten Wetters nicht vorgenommen werden und in dieser Zeit wären auch andere
Taue abgerissen.

Auf diese Weise war der erste der Hebungsversuche erfolglos, indem nur eine Hebung von 7,5 m und eine Verlegung um 45 m gelungen war.

Die gemachten Arbeiten haben jedoch gezeigt, daß die Leichter verwendbar sind und daß es möglich war, die Taue bei dieser Tiefe unter
dem Boote zu placieren. Da die Taue sich stark abnutzten, kam man
zu dem Entschluß, in der Mitte der Taue ein 4,5 m langes Stück Kette
einzuschalten, wobei eine 200-mm-Ankerkette verwendet wurde. Die
Möglichkeit, den Außenboden des U-Bootes durch die Ketten zu beschädigen, wurde nicht ausgeschlossen, die Erfahrung jedoch hatte
gelehrt, daß Stahldrahttaue nie die nötige Zeit aushalten können, um
das U-Boot zu heben.

Der Bagger wurde jetzt mit dem Heck in der Nähe des U-Bootes aufgestellt. Mit Hilfe der Schlepper wurde ein 120 mm starkes Stahldrahttau unter den Bug des U-Bootes gelegt, ein zweites in gleicher Weise
unter das Heck. Die Enden dieses Taues wurden auf den Bagger gelegt, in solcher Weise, daß die Lage des U-Bootes leicht festzustellen
war und daß der Bagger sich beliebig bewegen konnte (s. Abb. 126).
Im weiteren Gange der Arbeit wurde ein Kohlenleichter und zwei
Schlepper angewandt, welche die Placierung der Taue mit Ketten-
stücken vorgenommen hatten. Das Verhalten des Tauendes, welches
am Bagger befestigt war, wurde genau beobachtet, da dies das einzige
Mittel war, um die Arbeit zu kontrollieren. In dem Augenblick, in dem
die Kette sich unter dem U-Boot durchzuwinden begann, konnte man
leicht das Springen eines jeden Gliedes deutlich fühlen. Die Stelle,
an welcher die Buchten auf dem U-Boot zu placieren waren, wurden
vom Bagger angegeben, da der Winkel und die Richtung der Taue
ziemlich genau festgestellt werden konnten.

Auf diese Weise, durch Beobachten und Befühlen des Kabelendes,
wurden die Arbeiten der Placierung der Ketten ausgeführt (s. Abb. 127).
Die vorderen Buchten wurden verhältnismäßig leicht gestellt. Bei den
achteren Buchten ergaben sich große Schwierigkeiten, weil das Ruder
und ein Schraube des U-Bootes im Sande vergraben waren. Der Bug
des Bootes wurde inzwischen soweit gehoben, daß es möglich war,
die zwei für das Heck bestimmten Buchten von vorne nach achtern
passieren zu lassen. Eine der Buchten konnte jedoch nicht in die
nötige Lage gebracht werden, was später zu dem Mißlingen der ersten
Bergungsarbeiten geführt hat.

Nachdem alle Buchten und Verbindungen fertiggestellt worden waren, hatte man die Bergungsversuche vorgenommen, die zunächst durch das Landeinwärtsschleifen vermittels des Zuges des Baggers vorgenommen wurden.

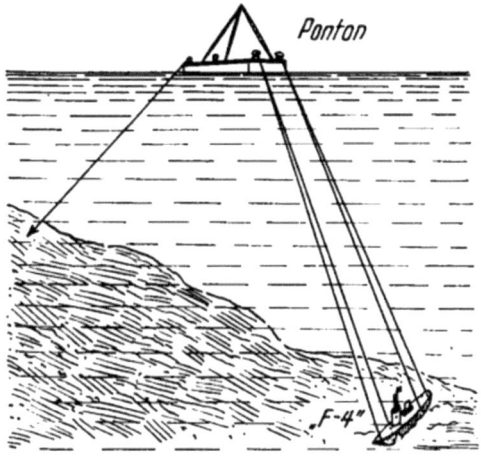

Abb. 126. Bergungsplan des U-Bootes „F 4“.

Am 24. Mai war es gelungen, das U-Boot von einer Tiefe von 84 m auf eine Tiefe von 25 m landeinwärts zu bringen. Weiterer Fortgang der Arbeit war jedoch nicht durchführbar eines Kettengliederbruches wegen. Am 25. Mai wurde das Boot auf eine Tiefe von 15 m gebracht, und die Taucher wurden hinabgeschickt, um das Boot zu besichtigen

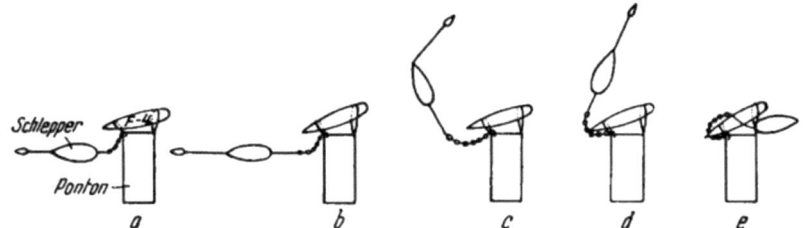

Abb. 127. Placierung der Ketten.

und die nötigen Arbeiten auszuführen. Nach ihren Angaben befand sich das Boot in gutem Zustande, ohne Öffnungen und schwerere Beschädigungen; die Ursache der unbefriedigenden Lage der Bucht lag darin, daß eine Rille in die schwache äußere Beplattung geschnitten war und die Bucht verhinderte, die gewünschte Stellung einzunehmen. Es wurde daher beschlossen, eine neue Stahldrahtbucht durchzuholen, um die Kette zu ersetzen.

Das Unwetter, welches plötzlich entstanden war, hatte die Ausführung der beabsichtigten Arbeiten verhindert. Es wurde versucht, das U-Boot mit drei Buchten allein zu heben, der Versuch blieb jedoch erfolglos, da die einzige achtere Bucht durchriß.

Nach drei Tagen wurde das Wetter besser und es wurden wieder Taucher hinabgeschickt, um das U-Boot zu besichtigen. Es wurde dabei festgestellt, daß die obere Seite achter der vorderen Buchten eingedrückt und fast auf die Seite zum Kiel durchgeschnitten war. Diese Tatsache hat zu einer Veränderung des Planes der Bergungsarbeiten geführt, wobei man im Auge behalten mußte, daß im Juni und Juli in dieser Gegend die schwersten Brandungen auftreten; aus diesem Grunde mußte man mit einer schweren Dünung außerhalb der Hafeneinfahrt von Honolulu rechnen. Das Durchholen von neuen Buchten hätte in jedem Fall einige Tage in Anspruch genommen und auf gutes Wetter in der Zeit konnte nicht gehofft werden. Das schlimmste war eigentlich die Gefahr, daß das U-Boot in zwei Teile brechen konnte, wenn es durch die beiden Leichter gehoben und in den Hafen eingeschleppt werden würde. Die Landung des U-Bootes auf einem anderen Ufer konnte nicht vorgenommen werden, weil überall die Tiefe nicht weniger als 12 m betrug.

Dieser Umstände wegen mußte ein Verfahren angewendet werden, bei welchem das U-Boot von 14 m auf mindestens 7½ m in einem Zuge gehoben werden konnte. Die Teile des Bootes mußten unabhängig voneinander unterstützt werden, um ein Entzweibrechen des Bootes zu verhindern. Aus diesen Gründen wurde die Anwendung einer Reihe von Hebezylindern ausgewählt, welche mit Hilfe von Ketten am U-Boot befestigt werden sollten und die durch Preßluft das Boot auf die gewünschte Tiefe bringen sollten. Es wurden sechs Zylinder (drei pro Seite) und sechs Ketten verwendet. Die Hebekraft der Zylinder betrug 420 t und es war also vollständige Sicherheit für die Ausführung des Abreißens des Bootes vorhanden. Es war auch damit gerechnet worden, daß einer oder der andere Zylinder aus diesem oder jenem Grunde versagen könnte. Die vier Heck- und Bugzylinder hatten 10 m Länge und 3,3 m Durchmesser, die zwei mittleren Zylinder hatten 3,8 m Durchmesser. Die Zylinder waren durch ein wasserdichtes Schott in zwei Teile geteilt, um den Trimm zu regulieren. Um das Rollen im Wasser zu verhindern und den Zylindern eine gewisse Stabilität zu verleihen, wurden zwei Tonnenballaste am Boden angebracht. Die Außenseite der Zylinder mit Tannenholzplanken 80×100 mm bekleidet, die schmäleren Planken waren unverwendbar der Krümmung der Zylinder wegen. Diese Planken hatten den Zweck, die Zylinder vor Beschädigungen zu schützen; diese Vorsichts-

maßregel erwies sich als vollkommen zweckmäßig, da die Holzbeplankung stark bei den Arbeiten abgenutzt wurde. Das Gewicht der großen
Zylinder betrug 3,3 t, der vier kleineren je 2,8 t.

Die Aufstellung der Zylinder auf dem U-Boot wurde auf folgende
Weise durchgeführt: es wurden die Ketten unter dem Boot placiert
und durch zwei Klüsen jedes Zylinders geholt. Auf diese Weise
wurde das U-Boot mit Hilfe von sechs Ketten gehoben. Die Hebezylinder nebst Ketten mußten an den vorher bestimmten Stellen des
U-Bootes angebracht werden, um die zu den Hebungsarbeiten verwendbaren Fahrzeuge nach allen Richtungen hin bewegen zu können.

Das Bergungsschiff war ein Ponton, das früher als Eimerbagger
diente und folgende Abmessungen hatte:

Länge . . . . 30 m
Breite . . . . 11 m

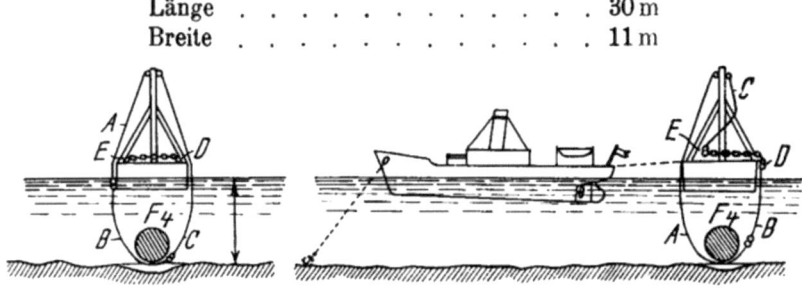

Abb. 128. Durchholen einer Kette unter dem U-Boot.

Die Hißvorrichtungen bestanden aus zwei Maschinen mit je zwei
Trommeln mit 60-mm-Stahlkabeln. Es wurden bei der Hebung 28 m
lange Ketten angewandt, die für eine Tiefe von 14 m genügten. Die
Ketten wurden durch die Taucher angebracht, wobei ein Tunnel aus-
gegraben werden sollte. Für die Anbringung der Ketten wurden die
Spanten 27 und 41 ausgewählt, wobei ein 60-mm-Stahldrahttau in den
Läufer A (s. Abb. 128) eingeschäkelt wurde. Das andere Ende der Taue
passierten die Taucher durch den Tunnel unterhalb des U-Bootes.
Das Tau C der zweiten Trommel wurde dann bis zum Grunde abgefiert
und auf der anderen Seite des U-Bootes in das Tau B eingeschäkelt.
Das Ende des Taues B wurde alsdann auf den Ponton gebracht und
mit dem Ende D der Kette verbunden. Das andere Ende der Kette D
wurde mit Hilfe eines Taustoppers abgefiert und durch Anholen des
Taues A in den Tunnel gebracht. Die Arbeit wurde mit Hilfe von zwei
Schleppern ausgeführt, wobei ein Motorboot bei den Arbeiten mithalf.

Das Passieren der Ketten beim Spant 27 hatte wegen der beschädigten Außenhaut bedeutende Schwierigkeiten gezeigt. Bei Spant 51 und
41 ergaben sich keinerlei Schwierigkeiten. Am Spant 17, 71 und 81

berührte das U-Boot den Grund nicht, und die Ketten konnten also ohne Hilfe des Schleppers durchgeholt werden.

Nachdem alle Ketten auf dem Grund verteilt worden waren, wurde mit der Verlegung der mittleren Zylinder auf dem Ponton begonnen, wobei die Zylinder schon im Hafen bis 1 m Freibord geflutet worden waren. Der Trimm der Zylinder wurde durch das in die beiden Abteilungen der Zylinder eingelassene Wasser geregelt. Nach der Senkung aller Hebezylinder begannen die Taucher die Kettenklampen anzulegen;

Abb. 129. Hebung des englischen U-Bootes „H 29" in Devonport.

diese Arbeit hatte viel Mühe gemacht, besonders infolge der ständigen Bewegung der Ketten durch die Dünung. Um die Taucherarbeiten möglichst zu vermeiden, wurden die Klampen um schwimmende Zylinder über Wasser angebracht, wobei die Zylinder mit einem geringen Auftrieb durch Anholen der Kette an der Bordseite versenkt wurden.

Die Entleerung der Zylinder wurde mit Hilfe von Druckluft vorgenommen, wobei es sehr wichtig war, die Entleerung der Zylinder möglichst rasch und sicher vorzunehmen, um Gefahren durch eventuelle Stürme zu vermeiden. Die Preßluft wurde von 24 Preßluftflaschen entnommen, wobei eine Reduzierung des Druckes von 150 bis 15 Atm. in Rechnung gesetzt war. Der erwartete Gegendruck betrug ungefähr 3½ Atm., falls die Entleerung im Laufe von fünf Minuten ausgeführt werden sollte. Bei Berücksichtigung der Widerstände in den Röhren hatte man berechnet, daß die Zeit des Lenzen ungefähr 100 Minuten dauern sollte. In Wirklichkeit ist das Manöver im Laufe von zwei Stunden ausgeführt worden. Die 24 Preßluftflaschen wurden auf einem Leichter eingestellt und mit einem 170-mm-Sammelrohr verbunden. Dieses Rohr mündete in einen Expansionsraum, welcher aus einem 2,5 m langen und 0,55 m im Durchmesser starken Gußeisenrohr bestand. Expansionsraum und Sammelrohr waren mit Manometern versehen. Die beschriebene Anordnung hatte es möglich gemacht, den

Abb. 130. Hebung des amerikanischen U-Bootes „S 51“. Schleppen in das Trockendock.

Druck im Expansionsraum zu regulieren und im Notfalle eine neue Flasche einzuschalten.

Am 29. August 1915, also fünf Monate nach dem Versinken des Bootes, wurde die Hebung des U-Bootes vorgenommen, wobei die Luft zunächst in die vier Abteilungen der zwei achteren Zylinder eingeführt wurde. Dann wurde die Luft in die mittleren Zylinder geführt und endlich in die vorderen Zylinder, wobei besondere Vorsicht geboten war, um das Bugruder, welches unter einem Winkel von 45° nach auswärts stand, nicht zu beschädigen. Nachdem alle Zylinder vermittels der Ventile in eine ungefähr horizontale Lage gebracht worden waren, ließ man die Luft in alle 12 Abteilungen gleichzeitig voll einströmen. Das U-Boot kam langsam mit einem Teil nach dem anderen über Wasser, wobei einzelne Zylinder erheblich geneigt waren. Wie schon oben erwähnt, waren die Ketten nicht direkt am Boot selbst angebracht worden, sondern von einem Zylinder zum anderen unter dem Boote.

Beim Einschleppen der Fahrzeuge zeigte es sich, daß alle Zylinder horizontal lagen. Auf diese Weise war die Hebung des U-Bootes „F 4" ausgeführt worden.

Aus dieser Beschreibung ist ersichtlich, daß der Hebungsvorgang in zwei Teile geteilt werden kann, und zwar in die Hebung vermittels äußerer Kräfte, im Laufe welcher das Boot von 100 m Tiefe auf 14 m Tiefe gebracht worden war, und in die Hebung von 14 m

Abb. 131. U-Boot „S 51" im Trockendock.

Tiefe vermittels der Hebezylinder und Preßluft. Die Verwendung der Hebezylinder in einer Tiefe von 91 m war unmöglich, da die Taucherarbeiten in dieser Tiefe nicht ausführbar sind. Wie schon oben erwähnt, können die Taucher in dieser Tiefe nur gewisse Beobachtungen machen, nicht jedoch eine physische Arbeit leisten. Das Verfahren der Hebung vermittels äußerer Kräfte mußte infolge der Gefahr des Bruches des U-Bootes eingestellt werden und aus diesem Grund mußten Hebezylinder zu Hilfe genommen werden, die den Vorteil einer gleichmäßigen Hebung sichern.

Anstatt die Preßluft in die Hebezylinder oder in Gummisäcke einzublasen, ist es einfacher und in vielen Fällen auch vorteilhafter, die

Luft direkt in die luftdichten Schiffsräume einzuführen. Das Verfahren wird in dem folgenden Kapitel genauer beschrieben.

4. Anheben vermittels Preßluft.

Die Anwendung der Preßluft bei Bergungsarbeiten hat in den ersten Fällen bei Hebungen von Schiffen aus großen Tiefen keine positiven Resultate ergeben. Im Jahre 1896 z. B. wurde die Hebung eines Dampfers versucht, der bei Gibraltar in einer Tiefe von 48 m lag. Um diese Arbeit vorzunehmen, hatte man vorerst alle Öffnungen des Oberdecks verschlossen, sowie auch die Bullaugen und andere Öffnungen. Diese Arbeit machte viel Mühe und wurde von sehr geübten schwedischen Tauchern ausgeführt. Nachdem alle Öffnungen verschlossen worden waren, führte man durch Luftröhren die Preßluft ein. Die Kompressoren lieferten unter einem Druck von 6—7 Atm. 14 m³ Luft. Die Arbeit dieser Kompressoren dauerte 20 Stunden, und man bezweifelte schon, ob der Druck genügend wäre, um das Schiff vom Grund zu lösen. Diese Zweifel erwiesen sich aber als unbegründet, und der Dampfer tauchte völlig unerwartet aus der Tiefe empor und schwamm mit dem Deck auf der Wasseroberfläche auf. In dieser Lage blieb der Dampfer nur einige Sekunden, wobei die Zerstörungen an Deck bemerkt werden konnten, worauf das Schiff wieder endgültig in die Tiefe versank.

Bei den folgenden Bergungen vermittels Preßluft hatte man Druckregulatoren angewendet, um das Schiff vor der Wirkung der Preßluft zu sichern. Als Regulatoren wurden in einigen Fällen Saugpumpen angewandt, wobei in die inneren Schiffsräume außer den Preßluftröhren auch die Saugröhren der Pumpen eingeführt wurden. Der Luftdruck im Schiff wurde durch die Saugpumpen reguliert. Auf eine solche Weise wurden z. B. die Schwimmdocks gehoben, die südlich Perim in eine Tiefe von 40 m gesunken waren. Das Verfahren erforderte jedoch viel Erfahrung und ist sehr kompliziert.

Auch die Bergungsversuche beim Kreuzer „Yankee" 1908 zeigten die Schwierigkeiten, die mit der Anwendung von Preßluft verbunden sind. Dieser Kreuzer war am Eingang zum New Yorker Hafen auf die Felsen geraten und befand sich in sehr ungünstiger Lage. Die Arbeiten der drei Bergungsgesellschaften waren binnen einiger Wochen erfolglos und erst durch Anwendung von Preßluft gelang es, das Heck des Kreuzers zu heben und den Kreuzer selbst vom Felsen abzuschleppen. Beim weiteren Schleppen des Kreuzers in den Hafen sank er wieder. Im weiteren Verlauf der Arbeiten wurden die Querschotten des Kreuzers mit Hilfe von Segeln gedichtet. In diese improvisierten Kessons führte man die Luft ein, das Schiff wurde wieder gehoben

und gelangte an die Oberfläche des Wassers; in einem der Räume
hielten jedoch die Segel den Druck nicht aus und das Schiff versank
wieder in die See.

Aus diesen kurz beschriebenen Fällen sowie auch bei anderen Bergungsversuchen (z. B. im Falle des Linienschiffes „Montague"), die
vermittels Preßluft vorgenommen worden waren, ist ersichtlich, daß
für die glückliche Bergung von Schiffen durch Preßluft folgende Vorbedingungen vorhanden sein müssen:

1. Luftdichtheit der Räume, in die die Preßluft eingeführt werden
soll. Diese Luftdichtheit kann auch durch die späteren Arbeiten gesichert werden.

2. Die genügende Festigkeit des Schiffsrumpfes in den Teilen, auf die
der Luftdruck ausgeübt wird. Auch hier können zusätzliche Stützen
eingeführt werden.

3. Regelmäßige Einführung der Luft in der ganzen Länge des Schiffes; Möglichkeit, den Druck der Luft im Schiffe zu regulieren.

4. Stabilität des Schiffes in allen Momenten des Aufschwimmens.

Das genaue Verfahren zur Anwendung der Preßluft bei einer bestimmten Schiffshebung ist von der Lage des Schiffes abhängig. In
jedem Falle jedoch sollen die vier obengenannten Bedingungen durchgeführt werden und alle Öffnungen, die Luft durchlassen könnten, gut
abgedichtet werden.

Wenn das Schiff sich in aufrechter Lage befindet, kann man es in
eine Luftglocke verwandeln und die Luft in das Innere des Schiffes
einführen. Es soll hierbei jedoch bemerkt werden, daß, falls das Schiff
einen bedeutenden Trimmwinkel hat, die Luft hauptsächlich in den
oben befindlichen Teilen des Schiffes sich ansammeln wird und dieser
Schiffsteil dann Verdrängungskräfte bekommt, die zum Aufschwimmen
führen. Da ein solcher Umstand eine Gefahr für die Stabilität des Schiffes in sich birgt, so muß ein gleichmäßiges Aufschwimmen des Schiffes als Ziel ins Auge gefaßt werden. Dazu ist es erforderlich, die
wasserdichten Querschotten auszunutzen und auf diese Weise das
Schiff in eine Reihe unabhängiger Räume zu teilen. Im weiteren Gange
der Arbeit wird jeder dieser Räume unabhängig von den anderen mit
Luft beliefert.

Die kieloben gesunkenen Schiffe kommen für eine Hebung vermittels
Preßluft besonders in Frage, da der Schiffsboden immer stärker ausgeführt ist als das Deck. In diesem Falle jedoch ist eine Prüfung
der Festigkeit und der Luftdichtheit des Schiffes unerläßlich, um im
Gange der Bergungsarbeiten keinen unerwarteten Schwierigkeiten zu
begegnen. Bei den kieloben liegenden Schiffen ist die Forderung der

gleichmäßigen Luftzuführung und der Stabilität des Schiffes von besonderer Wichtigkeit.

Es wurde vorgeschlagen, die Luft in Gummisäcke einzublasen, welche zusammengelegt in den Innenraum einzuführen sein sollten, und auf solche Weise das Abdichten des Decks oder der Außenhaut zu sparen. Die großen Kosten und die Empfindlichkeit dieser Gummisäcke sowie auch die Gefahr des Platzens des Gummisackes hindern jedoch die Möglichkeit, dieses Verfahren bei großen Abmessungen des Wrackes zu verwenden. Bei kleinen Abmessungen hatte das Verfahren nur geringe Erfolge[1]).

Die von außen anzubringenden elastischen Pontons wurden oben beschrieben; die Anwendung derselben bei großen Tiefen brachte jedoch bis jetzt keine Erfolge.

Wir haben oben die wichtigsten Grundlagen der Bergung vermittels Preßluft kurz gestreift; die genaue Beschreibung der Preßluftanwendung zur Schiffshebung wird bei Besprechung der einzelnen Hebungen ausgeführt werden, wobei wir bei der Auswahl der Bergungen diejenige bevorzugt haben, bei denen die verschiedenen Verfahren zugrunde liegen.

5. Bergung des Linienschiffes „Imperatriza Maria"[2]).

Um 6 Uhr morgens, am 7. (20.) Oktober 1916, entstand auf dem Linienschiff „Imperatriza Maria" in der Bucht von Sewastopol ein großes Feuer und später eine Explosion, wobei das Schiff um 7 Uhr 12 Minuten früh sank und beim Versinken kenterte. Bei diesem Unglück büßten 310 Menschen ihr Leben ein.

Die Hauptabmessungen des Schiffes, welches erst 1915 in die Flotte eingereiht war, sind folgende:

Verdrängung	23 500	t
Länge (höchste)	168	m
Breite	27,4	m
Tiefgang	8,4	m
Seitenhöhe	14,4	m
Maschinenleistung	22 000	PS
Geschwindigkeit	21	kn
Bestückung 12	30,5 cm in 4 Drillingstürmen	

Das Schiff war auf einer Tiefe von 21 m und in einer Entfernung von 277 m vom Kai eines Trockendockes gesunken. Die endgültige Lage des Schiffes ist am 24. Oktober (6. November) 1916 festgestellt

---

[1]) Mémoires et comptes rendus des travaux de la société des Ingenieurs civils de France, 1907, II v., S. 10.

[2]) Siehe auch Schiffbau, 19. Jahrg., S. 440.

worden, wobei das Schiff mit dem Heck 1,3 m tief lag und mit dem
Bug 9,5 m. In dieser Lage blieb das Schiff unverändert bis zur
Bergung. Eine solche Lage des Schiffes kann dadurch erklärt werden,
daß das Schiff ohne Deckaufbauten ausgeführt war und aus diesem
Grunde den Boden zusammengedrückt und auf 7 m eingedrückt hat
(s. Abb. 132).

Im Heckteil ist das Oberdeck nicht in den Grund eingesunken, und
das Schiff lag im Wasser auf dem hinteren Kommandoturm und dem
dritten und vierten Turm, welche wie Pfähle in den Grund eingedrungen waren. Der Unterschied in der Längslage des Schiffes (8,2 m
mehr auf Bug) zeigt, daß im Bugteil das Schiff nicht gestützt wurde,
was auch im Einklang mit der Entwicklung der Explosion steht, bei
der der vordere Kommandoturm ausgeworfen wurde.

Die Aufnahme der Bergungsarbeiten verzögerte sich vorerst, weil
die Arbeiten große Schwierigkeiten brachten. Es wurden von verschiedenen Seiten Bergungsvorschläge angefordert, von denen eigentlich nur zwei im Wettbewerb eingegangen sind, und zwar einer der
Fachkommission unter Vorsitz des Professors A. N. Kryloff und der
der japanischen Fachleute unter Vorsitz des Kapitäns Tonaka.

Die beiden Vorschläge hatten die Hebung des Schiffes vermittels
Preßluft in Aussicht genommen, mit dem Unterschied, daß der russische Vorschlag das Schiff in einen großen Kesson verwandeln
wollte; dabei sollten die nötigen Arbeiten ausgeführt werden, die zur
Sicherung der Wasserdichtheit der Quer- und Längsschotten dienen
sollten. Das japanische Projekt war auf einem anderen Prinzip aufgebaut, und zwar in der Verwandlung des Schiffes in eine Luftglocke
durch das übliche Preßluftverfahren. In diesem Falle könnte man
leicht die Gefahr des Kenterns des Schiffes verhindern, indem die
Ankerketten durch den Kiel gezogen wurden; später, nach der Einführung der Preßluft konnte man das Schiff vom Boden heben, von
den Türmen befreien und auf einen anderen Platz schleppen.

Die japanische Kommission hatte also folgenden Vorschlag entwickelt: vorerst sollte man auf irgendeine Weise den Bug heben oder
— mit anderen Worten — das Schiff mit dem Heck auf Grund setzen,
damit man später die Preßluft anwenden könne. Nachdem der Bug
gehoben war, sollte das Schiff vorerst von dem Schlamm befreit werden, und zwar durch Ausblasen vermittels Preßluft; weiter sollte das
im Schiff befindliche Wasser allmählich durch Preßluft herausgedrängt
werden, wobei die Stabilität vermittels der Leichter gesichert werden
sollte. Nach dem Aufschwimmen sollte das Schiff auf besondere Blöcke
gestellt werden; nachdem sollten die Taucher das Oberdeck wasserdicht machen. Im Laufe dieser Arbeit sollte das Schiff vermittels Preß-

luft so hoch gehoben werden, daß es von den Türmen befreit werden konnte. Nachdem dies gelungen war, sollte das Schiff kieloben ins Dock gebracht werden.

Alle diese Arbeiten sollten mit Hilfe der Taucher ausgeführt werden; es sollten dabei die japanischen Taucher, welche bekanntlich sehr gewandt sind, nach Rußland entsandt werden.

Das Projekt der russischen Fachkommission wurde auf der Basis gegründet, daß die Taucharbeiten möglichst gering gehalten werden sollten. Die Kalkulation hatte nämlich erwiesen, daß das Schiff in allen Momenten des Aufschwimmens stabil sein würde, falls die Wasserdichtheit der Längskohlenbunkerschotten gesichert wäre. Weiter sollte auch die vollständige Wasserdichtheit der Querschotten gesichert werden, da das Schiff in einem großen Trimmwinkel lag und aus diesem Grunde sollte die Preßluft sich hauptsächlich im Heck ansammeln.

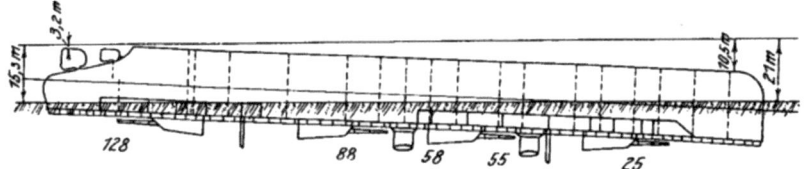

Abb. 132. Lage des Linienschiffes „Imperatriza Maria" nach dem Untergang.

Nach dem russischen Projekt, welches später auch ausgeführt wurde, sollte an jedem Schiffsraum ein Schacht angesetzt werden, der den bei Kessonarbeiten anwendbaren ähnlich ist. Nachdem die Preßluft in die Räume eingeführt worden war, sollten die nötigen Arbeiten zur Sicherung der Wasserdichtheit der Schotten allmählich vorgenommen werden. Sobald die wichtigsten Schotten wasserdicht gemacht worden waren, sollte die Preßluft in alle Räume eingeführt werden, um das Schiff soweit zu heben, daß es sich vom Grund und von den Türmen befreien konnte.

In erster Reihe wurde mit Arbeiten in den Räumen begonnen, wo die Geschosse gelagert waren. Für diese Arbeiten standen folgende Ausrüstungen zur Verfügung:

a) ein Ponton von folgenden Abmessungen:

Höhe	9,1 m
Breite	12,2 m
Länge	36,5 m
Wasserverdrängung	4 000 t

Auf dem Ponton wurden ein Lagerraum, eine kleine Werkstatt und ein Bureau eingerichtet;

b) eine Kompressoranlage von 5 Kompressoren; stündliche Leistung 2500 m³; Druck von 3—4 Atm. Die Kompressoranlage lieferte die Preßluft zum Heben des Schiffes;

c) drei Dampfkessel und eine Lokomobile mit dem nötigen Zubehör;

d) eine Kompressoranlage für 6 Atm. für die Preßluftwerkzeuge;

e) 4 Apparate mit elektrischen Aufzügen, Schachtröhren und anderem Zubehör;

f) mechanische Werkstatt mit Drehbänken, Fräs- und Bohrmaschinen usw.;

g) Zentrifugalpumpen für das Auspumpen des Wassers bei den Anstellungen der Apparate;

h) elektrische Lichtkraftanlage, welche aus einer Ölmaschine und zwei Dynamos mit dem nötigen Zubehör bestand;

i) eine spezielle Reperaturwerkstatt mit Preßluftkammer.

Die Kompressoranlage wurde am 22. August (4. September) 1917 in Tätigkeit gesetzt. Am 4. (17.) September des gleichen Jahres wurde die Luft in das Schiff eingeführt, und zwar zuerst in den Zwischenbodenraum. Nachher war es möglich, auch den inneren Boden des Schiffes durchzuschneiden (s. Abb. 49). Zum 7. (20.) Oktober kam das Wasser bis an die Außenwasserventile, diese ließen die Luft durch, da sie bei dem Brande des Schiffes geöffnet worden waren. Diese Ventile wurden aus den Nachbarräumen geschlossen, wozu vorerst in die betreffenden Räume Preßluft eingeführt werden sollte. Nachdem alle diese Räume durchgesehen waren, konnte festgestellt werden, daß es notwendig war, das Wasser auch aus anderen Räumen zu entfernen.

Nach Durchführung dieser Arbeit im Oktober 1917 war ein bedeutender Teil des Schiffes vom 88. bis zum 128. Spant vom Wasser befreit. Alle Räume, die trockengelegt worden waren, wurden gleich zementiert, um die Rostverbreitung zu verhindern. Anfang November 1917 wurden schon die Maschinenräume, Heckturmraum und Heckkesselraum (bis zum 68. Spant) vom Wasser befreit. Weiter wurden in zwei anderen Kesselräumen Arbeiten begonnen und dann im dritten Turm.

Am 4. (17.) November 1917 ist das Schiff während eines Sturmes mehr als auf die Hälfte seiner Länge aufgeschwommen, wobei es folgende Lage eingenommen hatte: am Heck 4,3 m über der Wasserlinie, am 67. Spant ging das Schiff ins Wasser, Trimmwinkel 8⁰, Krängungswinkel 20⁰. Nachdem die Arbeiten weiter fortgeführt wurden, hatte sich das Schiff allmählich parallel zu dieser Lage gehoben. Ende November lag das Heck 5 m über der Wasserlinie, Krängungswinkel auf der B.-B.-Seite 22,5⁰, Trimmwinkel 8,5⁰. Der Bug des Schiffes war auf 1,3 m weiter in den Boden eingesunken.

Die Bewertung dieser neuen Lage des Schiffes hat zu einer Entscheidung geführt, wonach man vorerst das Schiff von den Geschossen
befreien zu müssen glaubte; die weiteren Bergungsarbeiten waren unmöglich, solange auf dem Schiffe Geschosse und Sprengmittel lagen.
Weiter war es notwendig, den Bugteil des Schiffes zu besichtigen und
die Art der Zerstörung dieses Teiles festzustellen. Man mußte auch
das Schiff von dem Kommandoturme befreien und die mögliche Zerstörung des Decks beim Abfall des Kommandoturmes zu verhindern
suchen. Im Dezember wurden also diese Arbeiten weitergeführt. Als
man in den Raum des dritten Turmes kam, wurde festgestellt, daß der
Geschoßtransport durchs Wasser geführt werden konnte. Weiter wurden die Arbeiten in dem Raume des zweiten Turmes angefangen und

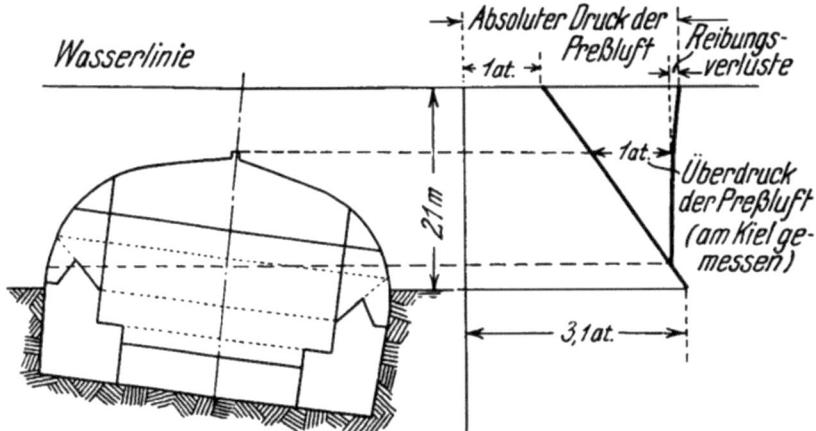

Abb. 133. Lage des Schiffes „Imperatriza Maria“ bei der Bergung.

in dem folgenden Kesselraum. Der Überdruck der Preßluft, am Kiel
gemessen, war hierbei 0,7 Atm. Im zweiten Turmraum wurde eine
Deformation der Querschotten festgestellt. Im folgenden Kesselraum
hatte man die Reste der Explosion bemerkt, welche auf B.-B. entstanden war. Auf dem Schott am 55. Spant wurden starke Zerstörungen festgestellt, die auch an dem nebenstehenden Kessel bemerkbar waren.

Ende Dezember hatte sich das Schiff beim Unwetter bewegt, ein Anheben wurde jedoch nicht festgestellt; hieraus war zu entnehmen, daß
es noch nicht schwimmfähig war.

Im Laufe des Januar 1918 wurden die Arbeiten der Entfernung der
Geschosse und Sprengmittel weiter fortgesetzt; das Schiff wurde dabei
im Sinne des Preßluftdruckes in zwei Teile geteilt. Im Heck bis an
den 88. Spant war der Überdruck 0,4—0,6 Atm.; von diesem Spant

bis zum Bug ca. 0,9—1,1 Atm. (s. Abb. 133). Wegen des Lufteindringens
durch das 88. Schott mußte man die Luft aus dem Heckteil freilassen.
Im Laufe der weiteren Arbeiten hatte man das Schott am 25. Spant
übergangen und das ganze Bild über die durch die Explosion entstandene Zerstörung gewonnen. Der Innenboden war in der Länge des
ganzen Schiffes vollständig in Ordnung. Die Querschotten dagegen vom
zweiten Turm bis Bug waren alle zerstört. Die Kessel waren von ihren
Fundamenten abgerissen und die ganzen Bugräume mit einem Gewirr
von Trümmern vollgepfropft.

Anfang Februar wurde ein dritter Apparat über den zweiten Turmraum gestellt und das Schiff im Sinne des Druckes in drei Teile geteilt, indem am Bug der Druck erhöht wurde. Die Besichtigung des
Schiffes wurde vollständig beendet, wobei man feststellte, daß viele
Längskohlenbunkerschotten an ihrer Verbindungsstelle mit den Querschotten beschädigt waren. Ende Februar wurde festgestellt, daß der
Trimmwinkel des Schiffes 4° beträgt und der Krängungswinkel 20°.
Der Überdruck betrug dabei 1 Atm., im Heck dagegen 0,4 Atm. Bei
der Erhöhung des Druckes wurde eine Anhebung des Schiffes konstatiert und starke Schwingungen bei schwerem Wetter, was für eine
genügende Stabilität zeugte. Um ein eventuelles Kentern zu verhindern, wurde das Schiff verankert.

Mitte März lag das Schiff auf dem Grunde bis zum 44. Spant auf der
B.-B.-Seite und auf dem 90. Spant auf der St.-B.-Seite. Der übrige Teil
des Schiffes lag oberhalb des Bodens. Während der Monate März und
April 1918 wurden die Arbeiten der Entfernung der Geschosse und
Munition weitergeführt, in der Lage des Schiffes wurden keine bedeutenden Unterschiede festgestellt, die Beobachtungen des Schiffes
bei Unwetter erwiesen, daß die Schwingungen immer schwächer und
schwächer wurden und daß also die Verbindung des Schiffes mit dem
Boden immer kleiner wurde — es war also die richtige Zeit, die beim
Aufschwimmen des Schiffes notwendigen Maßnahmen zu treffen, wozu
das Schiff mit Hilfe der Taue mit Bojen verbunden werden mußte.

Am 8. Mai 1918 ist das Schiff während der Erhöhung des Preßluftdruckes im Bug aufgeschwommen, wobei der Kiel 3 m oberhalb der
Wasserlinie lag. Die vier Drillingstürme sowie auch die Reste der
zerstörten Kessel usw. waren im Wasser geblieben.

Weiter wurde das Schiff kieloben in das Trockendock eingeführt, wo
die kleineren Geschütze, Maschinen und Apparate, Einzelteile der Ausrüstung abmontiert wurden. Der Rumpf des Schiffes ohne Türme und
Maschinen stellte keinen großen Wert dar, aus welchem Grunde das
Schiff zum Abwracken bestimmt wurde.

Zum Schluß ist zu bemerken, daß die lange Zeit vom Versinken bis zur Hebung (ca. 18 Monate) hauptsächlich durch die im März 1917 entstandene Umwälzung und später durch den Bürgerkrieg verursacht worden ist. Die Hebungsarbeiten konnten nicht fortdauernd geführt werden. Es sind einige Male starke Verzögerungen eingetreten, die bei normalem Gang der Hebung nicht in Frage gekommen wären.

Das Projekt der russischen Fachkommission wurde in allen seinen Einzelheiten durchgeführt und hat die vollständige Richtigkeit der Stabilitätskalkulationen und des ganzen Planes erwiesen. Hierbei ist zu bemerken, daß die Bergung des Linienschiffes „Imperatriza Maria" Veranlassung gegeben hat zu Untersuchungen der Stabilität der kieloben liegenden Schiffe. Die vom Akademiker A. N. Kryloff entwickelte Theorie ist oben im Kapitel IV wiedergegeben [1]).

6. Bergung des Tankmotorschiffes „Elborus".

Das Tankmotorschiff „Elborus" ist 1918 auf der Außenreede von Noworossijsk in einer Tiefe von 23—26 m gesunken, in einer Entfernung von 3 km vom Hafeneingang. Die Hauptabmessungen des Schiffes, das erst 1913 erbaut worden ist, sind folgende:

Länge	114,3	m
Größte Breite	15,6	m
Seitenhöhe	8,8	m
Tiefgang (geladen)	6,9	m
Verdrängung (geladen)	9 500	t
Eigengewicht	3 700	t
Gewicht zur Hebung	3 200	t
Maschinenleistung	2 200	PS
Geschwindigkeit	11	kn

Das Schiff ist unter Aufsicht des Englischen Lloyd gebaut und, wie das bei Tankschiffen üblich ist, vermittels der dichten Längs- und Querschotten in eine Reihe von selbständigen Räumen geteilt, von denen jeder mit einer Luke auf dem Oberdeck versehen war. Beim Sinken hatte das Schiff keinerlei bedeutende Beschädigungen am Rumpf oder an Maschinen erlitten. Das Schiff befand sich auf dem Grund in aufrechter Lage und war in den Schlamm 3—3$\frac{1}{2}$ m tief eingesunken (s. Abb. 134).

Da die Bauart des Schiffes und sein Zustand nach der Havarie genügende Luftdichtheit der Räume sicherte, so schien das Preßluftverfahren leicht anwendbar. Schon 1918 versuchte die englische Firma MacLoren das Schiff vermittels Preßluft zu heben; der zu große

---

[1]) Zu den Ausführungen dieses Unterkapitals ist zu bemerken, daß der Abstand zwischen den Spanten des Linienschiffes „Imperatriza Maria" 1,2 m betrug. Die Spanten sowie die Reihe der Türme werden vom Bug aus gezählt.

Druck der Luft führte jedoch zu einer Beschädigung des Deckes und zum Wiedersinken des Schiffes.

Als man wieder zur Hebung des Schiffes kam, wurden die unten gegebenen Grundlagen der Hebung ausgearbeitet und folgender Entwurf zur Durchführung vorgeschlagen.

Um die Hebung des Schiffes auszuführen, war es nötig, folgende Bedingungen zu erfüllen:

a) Durch die Preßluft solche Verdrängungskräfte zu entwickeln, die zum Abreißen des Schiffes vom Boden und zum Aufschwimmen genügend waren.

b) Die Festigkeit des Schiffsrumpfes sowie auch die Dichtigkeit durch die Hebung nicht zu beschädigen.

c) Die Querstabilität des Schiffes während des ganzen Ganges der Arbeiten zu sichern, um ein Kentern des Schiffes zu verhüten.

Die Konstruktion des Schiffes selbst und seine aufrechte Lage auf dem Boden haben als ein natürliches Mittel zum Heben des Schiffes das Preßluftverfahren wählen lassen. Die zum Öltransport bestimmten Räume des Schiffes selbst waren öldicht ausgeführt. Die zur Anwendung der Preßluft notwendigen Vorbedingungen waren also in diesem Falle gegeben. Die zweite Bedingung — die Nichtbeschädigung des Schiffsrumpfes während des Vorganges — war wegen der schon oben erwähnten Schwierigkeiten der Preßluftregulierung nicht so leicht erfüllbar. Die 1918 von der Firma MacLoren gemachten Bergungsversuche führten zu einer Beschädigung des Decks des Laderaumes Nr. 3. Man mußte also bei neuen Bergungsarbeiten die Arbeiten mit Vorsicht führen. Diese Bedingung wurde vermittels der Sicherheitsventile von je 0,1 qm Querschnitt ausgeführt, die auf den Lukendeckeln angebracht waren und die überflüssige Luft durchließen. Die dritte Bedingung — die Stabilität des Schiffes — war leicht erfüllbar, wie die genauen Berechnungen erwiesen haben.

Die rechnerische Entwicklung des Hebeprojektes konnte nicht mit Genauigkeit durchgeführt werden, da zwei Größen, die bei dem Aufschwimmen des Schiffes eine ausschlaggebende Rolle spielen, nicht genau ausgerechnet werden konnten. Diese Größen sind nämlich die Adhäsion des Schiffes auf dem Boden und seine Veränderungen beim Aufschwimmen des Schiffes, und weiter die Ausströmungsgeschwindigkeit der Luft beim Verlassen der Sicherheitsventile.

Der Einfluß dieser beiden Größen auf das Aufschwimmen des Schiffes hat sich im Laufe des rechnerischen Verfahrens sehr bedeutend gezeigt, da die Schnelligkeit des Aufschwimmens des Schiffes und die damit verbundenen Veränderungen der Stabilität des Schiffes von diesen beiden Größen direkt abhängig war, besonders wenn man im Auge behält, daß die Sicherheitsventile beschränkte Abmessungen haben könnten.

Wie schon oben gesagt, mußten, da eine genaue Durchrechnung der beim Aufschwimmen entstehenden Erscheinungen unmöglich war, praktische Erfahrungen zugrunde gelegt werden. Es wurden jedoch zwei vollständig entgegengesetzte Ansichten ausgesprochen.

1. Falls für die Adhäsionskraft und für die Ausströmungsgeschwindigkeit der Luft die oberste Grenze genommen werden sollte, so konnte die überflüssige Luft durch die Sicherheitsventile nicht entweichen.

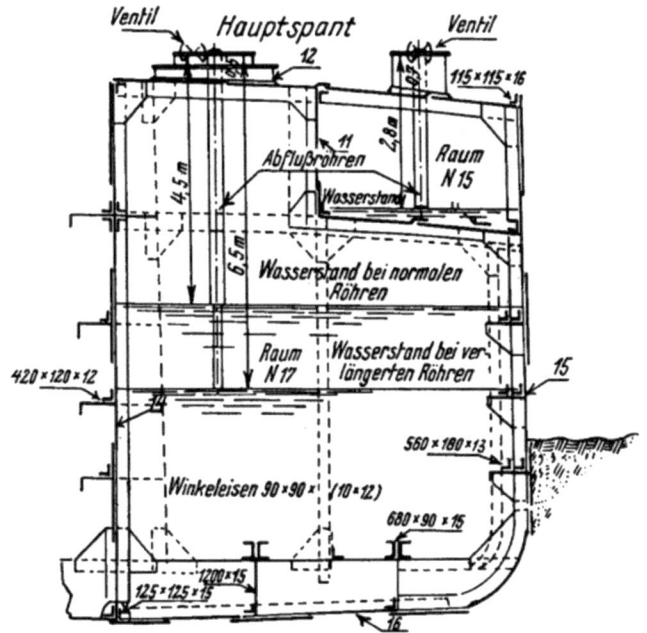

Abb. 134.   Lage des „Elborus“ bei der Bergung.

Es war also die Gefahr der Deckbeschädigung vorhanden. Aus diesem Grunde hatten einige Fachleute es für notwendig gehalten, eine Reserve an Verdrängungskräften im Moment des Abreißens des Schiffes vom Boden zu haben, um ein schnelles Aufschwimmen des Schiffes zu erwirken und die Folgen der Beschädigung des Deckes gefahrlos zu machen. Dieser Gesichtspunkt wurde dem ersten Projekt der Schiffshebung zugrunde gelegt.

2. Professor K. K. Nechaiew sprach eine entgegengesetzte Meinung aus, und zwar meinte er, daß die Höchstgeschwindigkeit des Luftabganges aus den Sicherheitsventilen in jedem Falle genügend wäre, um die überflüssige Luft aus den Schiffsräumen abzuführen. Die Be-

schädigungen des Decks würden also nicht eintreten. Es wäre wichtig, die Hebung des Schiffes derart vorzunehmen, daß das Aufschwimmen möglichst langsam vor sich geht, obwohl bei diesem eine ungenügende Reserve der Verdrängungskräfte beim Aufschwimmen vorhanden sein würde.

Die Meinungsverschiedenheiten konnten nicht auf rechnerischem Wege ausgeglichen werden; da die Mehrheit für den ersten Entwurf war, so wurde bestimmt, die Ausführung der Arbeiten nach dem ersten Entwurf vorzunehmen, wobei die zur Hebung des Schiffes notwendigen Verdrängungskräfte durch die Einführung von Luft in die Schiffsräume Nr. 1—28 erreicht werden sollten. (Die Räume Nr. 3 und 4 wurden bei den ersten Bergungsversuchen ausgeschlossen, da Raum 3 bei den

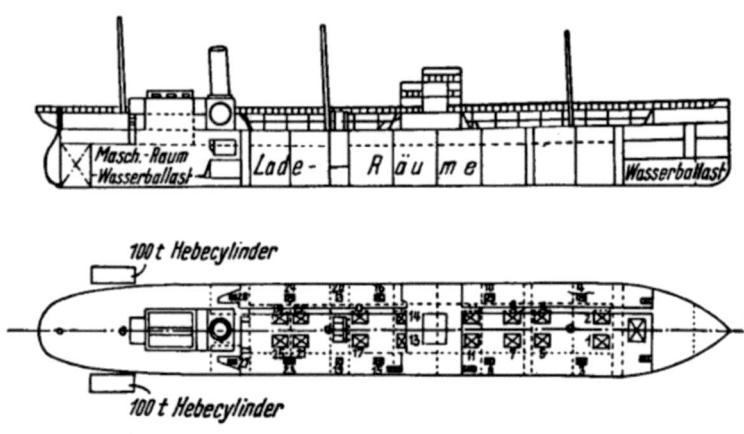

Abb. 135.   Längsansicht und Deckplan des „Elborus“.

Bergungsversuchen 1918 beschädigt worden war.) Der Überdruck (am Deck gemessen) wurde auf 0,4 Atm. eingestellt. Eine solche Einführung der Luft hat dem Schiffe eine Schwimmkraft von 3225 t verliehen. Diese Verdrängungskraft schien jedoch ungenügend gewesen zu sein, da die Adhäsionskraft mit 25% vom Gewichte des Schiffes angenommen worden war. Diese 800 t (25% des Schiffsgewichts im Wasser) sollten durch Einführung von zwei Pontons (400 t) am Heck des Schiffes ausgeglichen werden. Die Verfasser des ersten Entwurfes hatten sich also den Vorgang auf folgende Weise vorgestellt: außer dem Gewichte des Schiffes im Wasser (3200 t) wird vor dem Abreißen des Schiffes die Adhäsionskraft, die 800 t beträgt, gegen die Wasserverdrängungskräfte wirken; nach dem Abreißen des Schiffes wird der Bewegungswiderstand gegen die Verdrängungskräfte wirken; das Maximum dieses Widerstandes wurde auf 800 t geschätzt.

Bei der Ausführung der Arbeiten wurde festgestellt, daß der Boden am Heck des Schiffes für die Arbeiten unzugänglich war. Die Anstellung der Pontons am Heck des Schiffes war also unmöglich. Der Entwurf der Hebung des Schiffes mußte also in dem Sinne verändert werden, daß von einer Verdrängungsreserve im Moment des Abreißens des Schiffes Abstand genommen werden mußte. Der erste Entwurf erwies sich also unausführbar, und man mußte somit zum zweiten Entwurf übergehen. Aus diesem Grunde wurden anstatt zwei 400-t-Pontons zwei 100-t-Hebezylinder angewandt (s. Abb. 135). Der Überdruck der Preßluft wurde in den Heckräumen 21, 22, 25 und 26 bis 0,6 Atm. erhöht. Auch in die Räume 3 und 4 wurde die Preßluft eingeführt, nachdem diese Räume betoniert wurden.

Abb. 136. Plätschern des Wassers beim Ausströmen der Luft durch die Sicherheitsventile.

Dieser Entwurf wurde auch im Sommer 1925 bis auf das Aufschwimmen des Schiffes vollständig ausgeführt, wobei vorerst der Bug des Schiffes gehoben wurde, nachdem die zusätzliche Preßluft im Heck (Räume 21, 22, 25 und 26) eingeführt war. Bei der Hebung wurde festgestellt, daß die Adhäsion ungefähr 500 t groß war (16% vom Schiffsgewicht) und daß die Verminderung der Adhäsionskraft sich allmählich vollzog.

Die Preßlufteinrichtungen, welche in jedem Tankraum aufgestellt wurden, bestanden aus einem Luftventil (12 mm Durchmesser) mit einem Stutzen für den Preßluftschlauch, aus einem Wasserabgangsrohr (100 mm Durchmesser) mit einer Klappe und aus einem automatischen Hebelsicherheitsventil (0,1 m² Querschnitt). Die Wasserabgangsröhren

15*

waren auf 6 m Tiefe in den Räumen Nr. 13, 14, 17, 18, 21, 22, 25, 26 eingesenkt und auf 4 m Tiefe in anderen Räumen. Die Preßluftzufuhrröhren hatten einen Durchmesser von 12 mm. Die Gesamtleistung der Kompressoranlage war ca. 60 P.S.

Obwohl das Aufschwimmen des Schiffes ungefähr eine Minute dauerte, waren die Sicherheitsventile, welche auf 0,5 Atm. eingestellt wurden, genügend, um die überflüssige Luft durchzulassen. Das Deck des Schiffes hat keinerlei Beschädigungen erlitten, wodurch die Richtigkeit der Annahmen des zweiten Entwurfes bestätigt wurde.

Die genauen Kalkulationen des Aufschwimmens, der Stabilität beim Aufschwimmen, der Spannungen im Schiffsrumpf scheinen keine feste rechnerische Grundlage gehabt zu haben, da die wichtigsten Größen, von denen das Aufschwimmen beeinflußt wird, nur sehr annähernd

Abb. 137. Aufschwimmen des Vorschiffes „Elborus".

angenommen sein konnten. Die Zeit des Aufschwimmens wurde z. B. als 15 Sek. ausgerechnet, in Wirklichkeit dauerte das Aufschwimmen über 1 Min. Von der Wiedergabe dieser Berechnungen wird daher Abstand genommen und nur die Grunddaten seien genannt, und zwar: die gesamte Verdrängungskraft 3745 t, das Verdrängungsmoment 21 600 mt, das Gewichtsmoment 164 000 mt, das Adhäsionsmoment 24 000 mt (bezogen auf Hecklot).

Da die Adhäsion und die Ausströmungsgeschwindigkeit der Luft nicht genau zu bestimmen sind, so scheint es praktisch weit wichtiger, die Preßluftarbeiten allmählich und ruhig zu führen, die Adhäsion durch Ausspülen oder Baggerarbeiten zu verkleinern, um auf diese Weise den bei der Anwendung der Preßluft eintretenden Hindernissen und Gefahren zu begegnen.

Die Bergungsarbeiten haben 250 000 Rubel (500 000 Goldmark) gekostet.

7. Scapa-Flow-Bergungen.

Am 19. Juni 1919 wurden bei Scapa-Flow eine Reihe von deutschen Kriegsschiffen durch die eigene Besatzung zum Sinken gebracht, dar-

Abb. 138.   Torpedoboot zwischen zwei Pontons.

Abb. 139.   Die Docksektion nach dem Umbau.

unter die Panzerkreuzer „Hindenburg", „Seydlitz", 18 750-t-Torpedoboote und 7 Torpedoboote von 100 m Länge.

Die Hauptabmessungen der Panzerkreuzer waren die folgenden:

	„Hindenburg"	„Seydlitz"
Wasserverdrängung	27000 ts	25000 ts
Länge	210 m	200 m
Breite	29 m	28,5 m
Tiefgang	8,3 m	8,2 m
Artillerie	8—30,5 in 4	10—28 in 5
	Doppeltürmen	Doppeltürmen

Die Bergungsarbeiten wurden im Juli 1924 angefangen, wobei die Firma Cok & Danks, welche die Arbeiten führt, das von Deutschland abgelieferte Versuchsdock für Unterseeboote und einzelne Sektionen eines der deutschen 40000-t-Schwimmdocks für die Bergungszwecke verwendet hat.

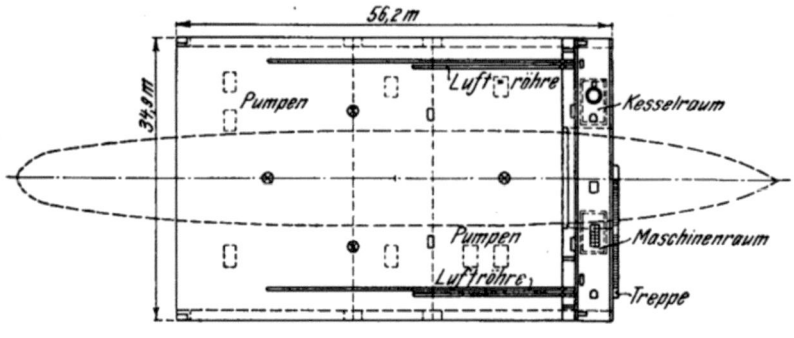

Abb. 140. Plan der Docksektion.

Die Hebung der 12 Stück 750-t-Torpedoboote nahm mehr als ein Jahr in Anspruch, obwohl so starke Mittel wie Docks zur Verfügung standen. Für das Heben der Torpedoboote wurde das Versuchsdock in zwei Teile zerschnitten und teilweise abgebaut. Jeder von den zwei Teilen wurde später als Ponton für die Aufstellung der Winden verwendet. Auf jedem Ponton wurden 10 von Hand betriebene Winden aufgestellt, welche mit Stahldrahttrossen von 178 mm Umfang versehen waren. Nachdem diese Hebetrossen unter dem zu hebenden Boote placiert waren, wurde das Boot durch Arbeit von Winden gehoben. Aus der Abb. 138 ist die Lage des Bootes zwischen den Pontons ersichtlich, wobei das Boot auf dem Seeboden liegt, was durch leichte Krängung der Pontons von der Mitte nach außen erkennbar ist. Die Torpedoboote wurden später nach Mill-Bay gebracht und dort auf das Ufer gesetzt.

Für die Bergung der 100-m-Torpedoboote wurde dasselbe Verfahren angewandt mit dem Unterschied, daß die Torpedoboote nach der erfolgten Hebung bis auf 9 m Tiefe in eine Sektion des 40000-t-Docks eingeführt wurden, wie es aus der Abbildung 140 ersichtlich ist. Die Sektion, welche zu diesem Zwecke umgebaut wurde, ist aus der Abbildung 139 ersichtlich; die Öffnung in der Dockwand, 9 m breit und 12 m hoch, richtete sich nach den Ausmaßen des Torpedobootes. Nachdem das gehobene Boot auf die Kielblöcke gestellt wurde, hat man den Raum Nr. 5 gelenzt, was zu einem Aufschwimmen des Docks bis auf 0,9 m führte.

Bei den Versuchen, den Panzerkreuzer „Hindenburg" zu heben (Sommer 1926) wurden die Mittelsektionen des 40 000-t-Schwimmdocks

Abb. 141. Bergungsversuch des Kreuzers „Hindenburg".

verwandt, welche eine Höhe von 6 m haben. Es gelang im August 1926 das Schiff teilweise zu heben (s. Abb. 141). Bei nordwestlichen Stürmen wurde das Schiff jedoch gegen eine Docksektion geschleudert. Dabei wurde die Außenhaut des Schiffes aufgerissen, und das Wasser füllte die luftdichten Abteile. Das Schiff sank wieder zu Boden und mit ihm eines der Taucherboote mit allem Zubehör.

Nachdem „Hindenburg" fast vollständig wieder an die Oberfläche gebracht worden war, sank er zum zweitenmal in sein Wassergrab zurück. Angeblich soll ein dritter Hebungsversuch nach neueren Methoden gemacht werden.

Zum Heben des Kreuzers „Seydlitz" sind bis jetzt nur Vorbereitungen getroffen.

8. Hebungsversuche des Kreuzers „Franz Josef".

Der frühere österreichische Kreuzer „Franz Josef" (Wasserverdrängung 4000 t) war in der Einfahrt zur Bucht von Cattaro in einer
Wassertiefe von ca. 50 m gesunken. Die Unfallstelle liegt im teilweisen
Schutz gegen Wind und See, so daß während der Sommermonate eine
wenig von Wind gestörte Arbeitsmöglichkeit erwartet werden konnte.
Das Arsenal von Tivat konnte als Stützpunkt im ruhigen Wasser bei
einer Entfernung von acht Seemeilen leicht erreicht werden. Als Hebe-
körper waren zunächst zwei Hebetanks von 250 t Hebekraft und eine
hölzerne Hulk „Schwarzenberg" vorgesehen, welche 3200 t Deplacement
hatte. Die Hulk wäre zwar mit Rücksicht auf ihr Wasserlinienareal
und infolge ihrer beträchtlichen Seitenhöhe von etwa 10 m für Hebungszwecke geeignet gewesen. Da es sich jedoch um ein Holzschiff han-
delte, welches nicht die genügende wasserdichte Unterteilung und
ferner nicht den erforderlichen Längsverband besaß, bestanden später
gegen die Hulk als Hebeschiff schwere Bedenken. Mit der Hulk hätte
man eine jeweilig ausnutzbare Hubhöhe von etwa 1½ bis 2 m erreichen
können. Durch das Nachrecken der Hebeseile bei dieser ungewöhnlichen Wassertiefe wäre natürlich wieder ein Teil der Hubhöhe ver-
lorengegangen, so daß die praktisch erreichbare Hubmöglichkeit sehr
gering gewesen wäre. Es hätte Schwierigkeiten gemacht, auf diese Weise
das Schiff zunächst aus seiner Mulde im Seesand herauszuheben.
Weiterhin wäre für das Versetzen des Wracks auf niedrigeres Wasser
eine große Anzahl Hubmanöver notwendig geworden, wobei man mit
einer erheblichen Abnutzung der Hebetaue hätte rechnen müssen.
Ein Plan, die Hulk „Schwarzenberg" bis obenhin und über Deck
abzudichten und hierdurch einen Hub von etwa 8—10 m zu erreichen,
war infolge des Alters des Schiffes und der hierdurch entstehenden
hohen Unkosten ebenfalls nicht durchführbar. Wenn auch die Hulk,
sobald sie mit dem Wrack durch Hebeseile fest verbunden war, in
diesem abgedeckten Zustand nicht mehr so leicht durch Seeschlag
überflutet werden konnte, so war die Möglichkeit, das hölzerne Schiff
bei Verwendung als Tragponton dicht zu bekommen, nicht sicher und
diese Arbeit derartig schwierig, daß schließlich die Hulk als ungeeignet
abgelehnt wurde. Es bot sich durch Zufall die Möglichkeit, das frühere
italienische U-Bootsdock, das sogenannte „Laurenti-Dock", für die
Hebung benutzen zu können. Dieses Hebedock war genügend fest gebaut und besaß außerdem einen größeren Auftrieb. Das mit dem
U-Bootsdock beabsichtigte Hebungsprogramm ist aus der Abb. 142 ersichtlich.

Phase 1. Das leere Hebeschiff (U-Bootsprüfdock) liegt über dem
Wrack. In diesem leeren Zustand hat das Hebeschiff einen geringen

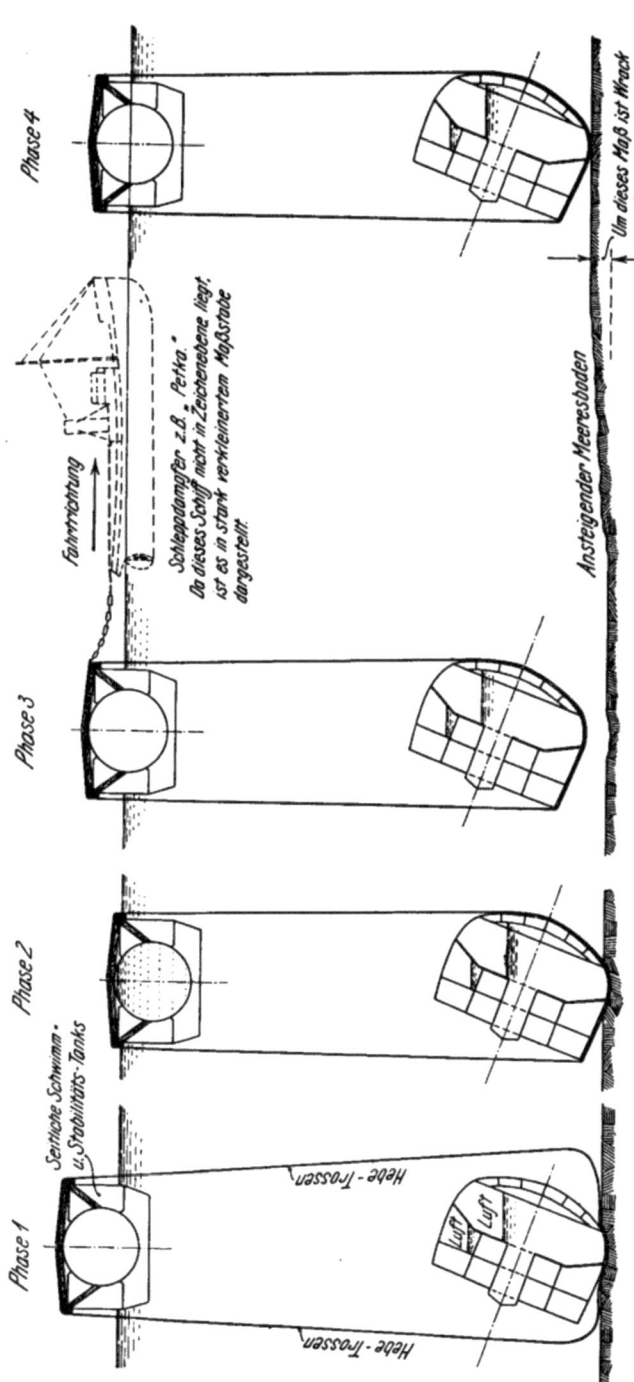

Abb. 142. Hebungsversuche des Kreuzers „Franz Josef“.

Tiefgang. Die Hebetrossen sind unter das Wrack gezogen worden und liegen nicht fest am Wrack. Die Trossenenden hat man oben auf dem Hebeschiff behelfsmäßig befestigt. Das Wrack liegt auf dem Meeresgrund.

Phase 2. Das Hebeschiff ist, abgesehen von den kleinen, kurzen Stabilitätstanks, fast vollkommen mit Seewasser gefüllt worden. Es ist dementsprechend tief eingetaucht. Bei einem möglichst großen Tiefgange werden die Hebetrossen hochgezogen und steif geholt, so daß sie stark gespannt und gereckt werden. Die Enden der Trossen werden auf dem Hebeschiff durch Seilklemmen befestigt. Das Wrack liegt auf dem Meeresgrund und ist mit dem Hebeschiff nunmehr verbunden.

Phase 3. Das eingefüllte Seewasser wird jetzt aus dem Hebeschiff ausgepumpt. Dieses übt nunmehr durch die Hebetrossen ein Hubkraft aus, reißt das Wrack vom Meeresgrunde los und hebt es schließlich hoch. In diesem Zustande wird das Hebeschiff mit dem in den Trossen hängenden Wrack durch einen oder mehrere Schleppdampfer uferwärts an eine seichtere Stelle geschleppt.

Phase 4. An dieser seichteren Stelle wird nunmehr das Hebeschiff ein wenig mit Wasser gefüllt; es sinkt etwas tiefer und setzt das Wrack auf dem seichteren Meeresboden ab. Nunmehr füllt man entsprechend Phase 2 weiter das Hebeschiff mit Wasser, setzt die Trossen abermals steif, und so wiederholen sich die unter 2—4 beschriebenen Vorgänge, wobei das Wrack jedesmal um ein entsprechendes Maß gehoben wird.

Ein nach dieser Methode vorgenommener erster Versuch hatte keinen genügenden Erfolg. Das Wrack bewegte sich zwar, es rissen jedoch die Hebetaue des Hinterschiffs, das Wrack rutschte aus seiner Aufhängung heraus, was zur Folge hatte, daß dasselbe sich weiter in den Schlick eingrub.

Als Hebetrossen hatten Seile von 54—56 mm äußeren Durchmesser Verwendung gefunden, die von Deichsel in Hindenburg besonders für diese Hebung aus besten, feuerverzinkten Drähten angefertigt worden sind, und zwar bestanden dieselben aus sechs Litzen von je 61 Drähten von je 2,9 mm Stärke, mit einer Hanfseele in der Mitte des Seiles in Trossenschlag geschlagen. Die Seile hatten ein rechnerisches Gewicht von 10,5 kg für den laufenden Meter; die Festigkeit des Materials betrug ca. 160/165 kg je qmm; die rechnerische Gesamtbruchfestigkeit ca. 184 100 kg.

Nach weiteren eingehenden Vorbereitungen wurde dann im August 1925 ein erneuter Hebungsversuch unternommen. Beim Auspumpen des Docks hatte sich dieses anfangs wieder etwas steuerlastig gestellt, so daß entsprechende Maßnahmen in der Pumpverteilung vorgenommen werden mußten, um den größten Widerstand des Hinterschiffes zu überwinden. Es wurden insgesamt aus dem Dock 3200 t Wasser ausgepumpt. Außerdem wurde in das Wrack dauernd Luft eingeblasen, die jedoch teilweise wieder durch vorhandene Undichtigkeiten entwich. Als Erfolg konnte konstatiert werden, daß sich das Dock im Vorschiff an Backbord um 23 cm, an Steuerbord um 56 cm und im Hinterschiff an Backbord um 20 cm, an Steuerbord jedoch gar nicht gehoben hatte. Es war also nur eine Schlagseitenbewegung von etwa 5° im aufrichtenden Sinne erreicht worden. Unter pistolenschußähnlichem Knallen rutschten dann plötzlich die Seile durch die Klemmen durch; das Dock schwamm auf, die Seile blieben jedoch alle straff gespannt. Wenn auch keine besonderen Beschädigungen am Hebeponton stattgefunden hatten, mußte jedoch der Hebeversuch wiederum als mißlungen aufgegeben werden. Es war also nur erreicht worden, daß das Wrack bewegt worden ist, man konnte dieses auch dadurch feststellen, daß die Taucher nunmehr mit der Hand unter den Propeller greifen konnten, welcher bisher im Schlick gelegen hatte; außerdem wurde beobachtet, daß der Schlamm auf dem Meeresboden stark aufgewühlt und das Wasser undurchsichtig geworden war. Die Hubkraft von 3200 t hatte also nicht genügt, das Wrack in horizontaler Lage zu heben. Dieses kann darin begründet gewesen sein, daß entweder die Saugkraft des Schiffes größer war als vermutet wurde, oder daß das Wrackgewicht aus irgendeinem Grunde in Wirklichkeit höher als die angenommene Schätzung von 2400 t war, sei es nun, daß Schlickmassen in das Wrack gedrungen sind, oder daß auf dem gesunkenen Kriegsschiff noch größere Kohlen- oder Munitionsmengen vorhanden sein mußten. Es lag deshalb nahe, zu erwägen, ob mit den vorhandenen Bergungsmitteln nicht eine andere Bergungsmethode aussichtsreicher wäre. Es wurde deshalb das Projekt diskutiert, das Dock ganz auf das Schiff zu versenken. Eine Befestigung der Hebeseile durch die Taucher auf dem U-Bootsdock und eine Kontrolle der Klemmen wäre jedoch in diesem Falle sehr schwierig gewesen. Bei einem Brechen der Seile wäre dann ein katastrophales Aufschießen des Bergungsdocks an die Wasseroberfläche zu befürchten gewesen. Ein vollständiges Heben des Wracks bis zur Wasseroberfläche wäre jedoch auch in diesem Falle unmöglich gewesen. Da das Wrack im Hinterschiff am schwersten war, mußte angestrebt werden, auch den Schwerpunkt der Auftriebsgeräte möglichst weit hinter die Schiffsmitte zu legen, was durch Zusatzhebekräfte in Gestalt von kleineren Bergungszylindern erreicht werden konnte. Die Saugkraft des Schlicks, welche schätzungsweise mehrere 100 t betragen haben dürfte, konnte in Zukunft dadurch vermindert werden, daß man Luft in den Schlick einblies, um den Schlick in eine schlammige Masse zu verwandeln. Ein Vorschlag, an dem Wrack eine

große Anzahl Einzelbojen zu befestigen, die alle unabhängig von sich
einen getrennten Auftrieb verursachten, der geringer als die Zerreiß-
festigkeit der Hebeseile war, mußte aufgegeben werden, da nicht die
genügende Anzahl der erforderlich gewesenen großen Bojen aufgetrieben werden konnte. Da das Wrack nur noch als ein metallreiches
Abwrackobjekt in Frage kam, wurde deshalb empfohlen, das Wrack
dicht über dem Boden Kiel oben zu drehen und dann durch Einblasen
von Luft zu heben. Wäre der Hebeversuch in horizontaler Aufzugs-
bewegung gelungen, so wäre es für dieses Projekt dann wohl zweckmäßig gewesen, das Wrack auf einer Böschung im Meeresgrunde aufzusetzen, wo man es hier leicht hätte umkippen können, anstatt zu
versuchen, durch zahlreiche wiederholte Hebungsversuche das Wrack
allmählich auf eine immer seichter werdende Stelle zu bringen. Um
das Wrack umzuwerfen, bestand zunächst die Absicht, dasselbe nach
der bisherigen Methode anzulüften, so daß es frei vom Grunde schwebte,
und es dann in dieser Lage zu krängen. Die Krängung hätte man
durch Entleeren bzw. Vollpumpen der Seitenzellen des Bergungsdocks erreichen und durch die Anbringung von zwei vorhandenen
Hebezylindern an einer Seite unterstützen können. Außerdem wäre
es in diesem Falle notwendig geworden, möglichst viel Luft unter das
Panzerdeck des Wracks einzublasen und hierdurch das Krängungs-
bestreben zu erhöhen. Aber auch in diesem Falle wäre aus Vor-
sichtsgründen ein mehrmals wiederholtes Manöver erforderlich gewesen, um das Schiff vollends zu krängen. Gelänge dieser Versuch,
so war beabsichtigt, das Wrack nur so weit mit Luft zu füllen, daß
es noch nicht vollen Auftrieb hatte. In diesem Zustand wollte man
dann an dem auf dem Grunde liegenden Wrack am Heck das Dock
und am Bug die beiden Hebezylinder befestigen. Die Hebungsmittel
an dem einen Schiffsende, beispielsweise am Bug, sollten etwa 5 m
unter der Wasseroberfläche liegen, während die Hebungsmittel am
anderen Schiffsende, also am Heck, in einer Tiefenlage von etwa
10 m unter Wasseroberfläche angebracht sein sollten. Beim Auspumpen der Hebemittel würde dann das Wrack um 5 m gehoben und auf
Grund abgesetzt werden können. Nach entsprechender Kürzung der
Trossen müßte man dieses Spiel wiederholen. Ein Heben in derartigen Etappen ist zweckmäßig, um den Gefahren plötzlicher Trimm-
änderungen und eines Hochschießens des Wracks entgegenzuwir-
ken. Bei geringer noch verbleibender Wassertiefe könnte man dann
das Wrack zum Schluß nur durch Einpumpen von Luft ohne Risiko
ganz aufschwimmen lassen. Ein zweiter Vorschlag des Umkippens
des Wracks ging dahin, die ganze Hubkraft aller Hebungsgeräte lediglich auf das Umkippen anzuwenden, ohne auf eine Anlüftung Rück-

sicht zu nehmen. In diesem Falle hätte man alle Seile nur an einer Buchtseite des Wracks angreifen lassen müssen. Man hätte dann zwar eine größere Hubkraft zur Verfügung gehabt, es wäre andererseits aber auch wieder eine größere Drehkraft erforderlich gewesen, um das auf dem Grunde festliegende Wrack umkippen zu können. In diesem Falle wäre jedoch ein einmaliges Umkippmanöver ausreichend gewesen, und man hätte auf das Abschleppen des Wracks nach einer geeigneten Böschung verzichten können. Voraussetzung für diese Hebungsvorschläge muß natürlich sein, daß die Außenhaut dicht ist, so daß die eingedrückte Preßluft nicht entweichen kann. Undichte Ventile konnte man sicher mit Leichtigkeit dicht bekommen.

Um die angefangenen Bergungsversuche des „Franz Josef" mit Erfolg weiter durchführen zu können, hatte man große Kosten aufgewendet und alle Möglichkeiten sachlich und theoretisch erwogen. Für die praktische Durchführung standen jedoch nur wenige Monate im Jahre zur Verfügung, allerdings konnte man in dieser Zeit damit rechnen, daß genügend ruhige Arbeitstage zur Durchführung des Projektes vorlagen. Diese Voraussetzungen trafen jedoch leider nicht ein. Das Wetter war dauernd derartig stürmisch, daß sich die Durchführung des Versuches immer mehr in die schlechte Jahreszeit hinausschob, und die Beendigung bis zum Eintritt nicht mehr abzusehen war. Von einer nochmaligen Überwinterung des Bergungsapparates und einer Wiederaufnahme der Arbeiten im folgenden Jahre wurde wegen der beträchtlichen Erhöhung der Unkosten, die das Unternehmen nicht mehr rentabel erscheinen ließen, Abstand genommen.

Sechster Teil

Allgemeines.

XVIII. Verwertung des Wracks.

1. Reparaturen und Umbau.

Ist ein Schiff geborgen, so wird es in den meisten Fällen erforderlich sein, das Schiff zunächst in ein Dock zu schleppen. Es interessiert deshalb, eine Übersicht über die Dockkosten zu erhalten. Als Beispiel soll hier der Hamburger Docktarif wiedergegeben werden, wie er für deutsche Schiffe vom 1. Oktober 1925 an gültig ist, und welchem sich die Werften Blohm & Voß, Deutsche Werft A. G., Reiherstieg Schiffswerfte und Maschinenfabrik, Norderwerft A. G., Schiffswerfte und Maschinenfabrik (vorm. Janssen & Schmilinsky) A. G., H. C. Stülchen Sohn, Vulcan Werke Hamburg und Stettin A. G., Otto Werft A. G. Harburg angeschlossen haben.

Brutto-Reg.-Tonnen			1. Tag	2 Tage	folgende Tage
			£ s d	£ s d	£ s d
	bis	150		13.15.—	4. 7. 6
über 150	„	200		15.—.—	5.—.—
„ 200	„	300		16. 5.—	5.12. 6
„ 300	„	400		17.10.—	6. 5.—
„ 400	„	500		18.15.—	6.17. 6
„ 500	„	600		20.—.—	7.10.—
„ 600	„	700		21.17. 6	8.15.—
„ 700	„	800		23.15.—	10.—.—
„ 800	„	900		25.—.—	11. 5.—
„ 900	„	1000		26. 5.—	12.10.—
„ 1000	„	1200		27.10.—	13.10.—
„ 1200	„	1400		30.—.—	13.15.—
„ 1400	„	1600		32.10.—	14.—.—
„ 1600	„	1800		35.—.—	15.—.—
„ 1800	„	2000		37.10.—	16. 5.—
„ 2000	„	2250	38.15.—	42.10.—	16. 5.—
„ 2250	„	2500	41. 5.—	47.10.—	17.10.—
„ 2500	„	2750	43.15.—	50.—.—	17.10.—
„ 2750	„	3000	47.10.—	52.10.—	17.10.—
„ 3000	„	3500	50.—.—	55.—.—	18.15.—
„ 3500	„	4000	55.—.—	65.—.—	18.15.—
„ 4000	„	4500	60.—.—		20.—.—
„ 4500	„	5000	67.10.—		20.—.—
„ 5000	„	5500	75.—.—		22.10.—
„ 5500	„	6000	87.10.—		25.—.—
„ 6000	„	6750	100.—.—		27.10.—
„ 6750	„	7500	110.—.—		32.10.—
„ 7500	„	8250	120.—.—		37.10.—
„ 8250	„	9000	132.—.—		42.10.—
„ 9000	„	10000	142.10.—		45.—.—

Brutto-Reg.-Tonnen	1. Tag	2 Tage	folgende Tage
	£ s d		£ s d
über 10000 bis 11000	155.—.—		45.—.—
„ 11000 „ 12000	165.—.—		47.10.—
„ 12000 „ 13000	175.—.—		47.10.—
„ 13000 „ 14000	187.10.—		47.10.—
„ 14000 „ 15000	200.—.—		50.—.—
„ 15000 „ 16000	210.—.—		52.10.—
„ 16000 „ 17000	220.—.—		55.—.—
„ 17000 „ 18000	235.—.—		57.10.—
„ 18000 „ 19000	250.—.—		60.—.—
„ 19000 „ 20000	275.—.—		62.10.—
„ 20000 „ 21000	300.—.—		65.—.—
„ 21000 „ 22000	330.—.—		70.—.—
„ 22000 „ 23000	360.—.—		77.10.—
„ 23000 „ 24000	390.—.—		82.10.—
„ 24000 „ 25000	425.—.—		90.—.—
„ 25000 „ 26000	475.—.—		95.—.—
„ 26000 „ 27000	525 —.—		100.—.—
„ 27000 „ 28000	600.—.—		112.10.—
„ 28000 „ 30000	700.—.—		125.—.—

Dock- und Reparaturbedingungen.

1. Für die Bestimmung des Brutto-Register-Tonnengehalts gilt im Zweifelsfalle das Schiffszertifikat; für die Nationalität die Flagge des Schiffes beim Eindocken.

2. Die Tarifsätze verstehen sich ohne jeden Abzug, einschließlich Versetzen der Kimmpallen und Stellinge für Reinigen und Malen des Bodens, jedoch ausschließlich Schlepplöhne und Verholmannschaften. Für Benutzung der Dockpumpen und Schläuche zum Bodenreinigen werden dem Schiff 8 sh. für die Stunde berechnet, einerlei wer sie bestellt.

In Havariefällen, bei denen die Dockung mit größerer Gefahr als gewöhnlich verknüpft ist, oder beim Docken von Schiffen mit beträchtlicher Ladung oder besonderer Bauart (Raddampfern, Baggern, Hebern usw.) sowie von Marinefahrzeugen bleiben besondere Abmachungen vorbehalten.

3. Das zu dockende Schiff ist zur vereinbarten Zeit vor das Dock zu liefern und von dort wieder abzuholen. Verholmannschaften werden auf Wunsch von der Dockwerft gegen Berechnung gestellt, jedoch ohne Verantwortung für die mit dem Verholen verbundene Gefahr. Die Dockwerft übernimmt ferner keinerlei Verantwortung für die mit An- und Abschleppen verbundene Gefahr, auch dann nicht, wenn die Schlepper von der Dockwerft gestellt, durch ihre Vermittlung bestellt oder verrechnet werden.

Die Werft haftet für keinerlei Schaden, den das Schiff nebst Ladung bei Gelegenheit oder durch die Dockung bzw. die am Schiff auszuführenden Arbeiten bis zur Ablieferung erleidet oder anrichtet. Für Bewachung und Versicherung hat das Schiff selbst zu sorgen.

4. Die Dock- und Reparaturrechnungen sind, sofern nichts anderes vereinbart ist, zahlbar in Goldmark ($^{10}/_{42}$ U.S.A. Dollar gleich einer Goldmark), und zwar bei Fertigstellung der Arbeit, spätestens beim Empfang der Rechnung ohne jeden Abzug. Auf Antrag sind angemessene Teilzahlungen schon vorher zu leisten. Bei verspäteter Zahlung bleibt Zinsberechnung vorbehalten. Angebots- und Rechnungspreise sind so gestellt, daß das Altmaterial der Werft verbleibt.

5. Alle Lieferungen und Leistungen gelten als erfüllt, sobald das betreffende Objekt das Dock oder die Werft verlassen hat oder vom Auftraggeber abgenommen ist. Schadenersatzansprüche irgendwelcher Art, auch auf Wandlung oder Minderung, sind ausgeschlossen.

6. Alle Lieferfristen verstehen sich vorbehaltlich Streiks, Aussperrungen und sonstiger Betriebsstörungen.

7. Erfüllungsort für beide Teile ist Hamburg.

Um einen Anhalt für die Reparaturpreise zu haben, sollen als Beispiel im folgenden die Richtpreise für die Abschätzung von Reparaturen an Fluß-, Hafen- und Küstenfahrzeugen wiedergegeben werden, wie sie die Hamburger Gruppe des Vereins der Flußschiffswerften E.V. ihren Mitgliedern im Frühjahr 1924 empfahl.

Die angegebenen Sätze sind Mindestpreise und vollständig freibleibend. Bei Erhöhung oder Senkung der Materialpreise und Löhne tritt entsprechende Änderung der nachstehenden Preise ein.

I. Eisenarbeiten am Schiff.

Preise in Mark für 1 kg fertige Arbeit.

Pos.	von 2 mm bis 3 mm inkl.		über 3 mm bis 4 mm inkl.		über 4 mm bis 6 mm inkl.		über 6 mm bis 8 mm inkl.		über 8 mm bis 10 mm inkl.	
	l.r.f.	neu	l.r.f.	neu	l.r.f.	neu	l.r.f.	neu	l.r.f.	neu
1. Gerade Platten, Winkel- und Profileisen bei Frachtfahrzeugen . .	1.35	1.95	1.10	1.70	1.—	1.55	0.90	1.40	0.80	1.25
2. Futterbleche am inneren Schanzkleid . .	1.—	1.70	0.90	1.45						
3. Gebogene Platten, Winkel- und Profileisen sowie gerade Bodenplatten mit einfacher Längsnahtnietung sowie Außenhautplatten unter 1,10 m Breite .					1.10	1.70	1.—	1.60	1.—	1.50
4. Wie Pos. 3, aber m. Doppellängsnahtnietung .					1.20	1.90	1.15	1.80	1.10	1.70
5. Geflanschte Steven- und Kielplatten . .										
a) mit einfacher Längsnahtnietung . . .							1.10	1.70	1.—	1.60
b) mit doppelter Längsnahtnietung . . .							1.25	1.90	1.15	1.80

	M. pro kg l.r.f. neu

6. Bodenstücke (Bänke) aus U-Eisen 0.80 1.70

„ „ „ Blech und Winkeleisen . . . 0.95 1.55
(Befestigungsschrauben werden besonders berechnet.)

7. Boden- und Seitenstringer aus Blech und Winkeleisen zwischengebaut 1.10 1.70

8. Flurplatten von Riffelblech 1.40

„ „ glattem Blech 1.30

„ schadhafte Stücke abschneiden und neue Stücke ansetzen, Zuschlag 25—75 %.

„ • neue Auflagelaschen . . . . • . . 1.60

9. Herausziehen von Beulen an Ort und Stelle wird nach Größe der Beule berechnet.

10. Spanten an Ort und Stelle ausrichten, Zuschlag auf den Richtpreis für l. r. f. je nach den örtlichen Verhältnissen 30—50 %.

11. Erneuerung einzelner Nieten nur im Tagelohn.

12. Für bei der Reparatur verbrauchte Nieten werden 8 % des verarbeiteten Materials zum kg-Neupreis der betreffenden Materialstärke berechnet.

13. Zuschlag für Tankschiffnietung $33^1/_3$ %.

14. „ zum Richtpreise für Abbrennen oder Abkreuzen der Platten, Winkel und Spanten, neue Löcher je nach Länge der Trennungsstelle 10—50 %.

15. „ zum Richtpreise für neue Laschen 50 %.

16. „ bei Platten unter 1 qm Fläche $33^1/_3$ % zum Richtpreis der jeweiligen Position.

„ bei Flicken unter $^1/_2$ qm Fläche je nach Größe des Flickens 50—200 % zum Richtpreis der jeweiligen Position.

17. „ zum Richtpreise für Schmutzgeld bei Arbeiten an Maschinen- und Kesselfundamenten sowie bei den Arbeiten unter dem Fußboden im Maschinen- und Kesselraum und in den Bunkern 10 %.

18. Reinigungsarbeiten bei gesunken gewesenen Schiffen unterliegen besonderer Vereinbarung.

19. Beschlagschutzschienen an den Berghölzern, Abhaltern und sonstigen Holzteilen von Flacheisen unter 100 mm Breite 0.55 1.05

20. desgl. von Halbrundeisen unter 100 mm Breite 0.55 1.15

21. desgl. von Flacheisen von 100 mm und breiter 0.45 1.05

22. desgl. von Halbrundeisen von 100 mm und breiter . . 0.45 1.15

23. Beschläge vom Steuer 0.55 1.15

Die für Pos. 19—23 erforderlichen Schrauben und das Befestigungsmaterial werden mit 8 % vom Gesamtgewicht zu Neupreisen hinzugerechnet.

II. Schmiedearbeiten.

Pos.		l. r. f.	M. pro kg neu
24.	Steven aus starkem Blech gebogen oder Flacheisen	1.60	2.60
25.	Vorsteven mit gehobelter Sponung (Eiswulst) .	2.—	3.—
26.	Kleine einfache Schmiedeteile		2.— bis 4.—
27.	Große Schmiedestücke (Hintersteven und Ruder) bis 500 kg	2.—	4.20
28.	desgl. über 500 bis 1000 kg		4.20 bis 3.20
		2.—	bis 1.80
29.	desgl. über 1000 kg entsprechend weniger.		
30.	Schwere Mastbeschläge und ähnliche Schmiedearbeiten, neu		4.50 bis 6.—
31.	Neue Steuernägel ohne Bund und Schloß . .		1.70
32.	Pro Schweißstelle extra M. 50—100 bei teilweiser Erneuerung zwischen alt und neu.		
33.	Neue Poller aus Blech und Winkeleisen. . .		2.—

Pos.	III. Holzarbeiten am Schiff.	M.	pro	m³
34.	Boden und Seitenwegerung von 30 mm Stärke	425		
35.	desgl. sowie Luken von 50 mm Stärke . . .	410		
36.	„ „ „ „ 65 „ „ . . .	410		
37.	Gerade Lukenbalken und Deckbäume aus Fichten- und Kiefernholz	340		
38.	Beplankung aus Eichenholz, gerade, einschl. Kalfaterung	750	bis	900
39.	desgl. aus Kiefernholz, gerade, einschl. Kalfaterung	450	„	525
40.	desgl. aus Eichenholz, mittlere Krümmung, einschl. Kalfaterung	900	„	1100
41.	desgl. aus Kiefernholz, mittlere Krümmung, einschl. Kalfaterung	525	„	650
42.	desgl. aus Eichenholz, kurze Krümmung, einschl. Kalfaterung	1100	„	1300
43.	desgl. aus Kiefernholz, kurze Krümmung, einschl. Kalfaterung	650	„	800
44.	Riesbord aus Eichenholz, gerade	750		
45.	„ „ Kiefernholz, „	400		
46.	„ „ Eichenholz, krumm	1000		
47.	„ „ Kiefernholz, „	550		
48.	Trapez aus Eichenholz, gerade	850		
49.	„ „ Kiefernholz, „	440		
50.	„ „ Eichenholz, krumm	1100		

Anmerkung: Filz, Kalfaterung, Kimmbolzen und Schrauben werden für die Positionen 44 bis 50 besonders berechnet.

	M. pro	m³
51. Bugsprit und Schleppoller aus Eiche	825	
52. Bordschandeckel aus Eichenholz, gerade	800	
53. „ „ Kiefernholz, „ . . .	440	
54. „ „ Eichenholz, krumm	1000	
55. „ „ Kiefernholz, „	525	
56. Futterholz am Schanzkleid aus Eichenholz . . .	850	
57. „ „ „ „ Kiefernholz . . .	400	
58. Wallschiene oder Berghölzer aus Eichenholz, gerade	900	
59. „ „ „ „ Kiefernholz, „	440	
60. „ „ „ „ Eichenholz, mittlere Krümmung	1000	
61. Wallschiene oder Berghölzer aus Kiefernholz, mittlere Krümmung	510	
62. Wallschiene oder Berghölzer aus Eichenholz, kurze Krümmung	1000 bis 1300	
63. Wallschiene oder Berghölzer aus Kiefernholz, kurze Krümmung	660 „ 700	
64. Wallschiene oder Berghölzer los und fest $\frac{1}{3}$ bis $\frac{1}{2}$ des Neupreises.		
65. Bodenbeplankung von Fichten- oder Kiefernholz einschl. Kalfaterung der neuen Nähte.	550	
66. Randplanken in Rundung, Zuschlag 20 %.		
67. Bodenwrangen oder Bänke von Kiefernholz einschl. Holznägel.	540	
68. Deckbeplankung von Kiefernholz einschl. Kalfaterung der neuen Nähte	600 „ 750	
Bei Reparaturen einzelner Decksplanken bis zu 50 % Aufschlag.		
69. Nachkalfaterung von alten Nähten mit einem Werg im Deck und in Außenhaut . . . . . per m	1.— „ 1.20	
70. desgl. im Boden . . . . „ „	1.20 „ 1.50	
71. Bei Kalfaterung mit zwei Werg kommt auf die Richtpreise von Pos. 69 und 70 ein Zuschlag von 75 %.		
72. Bodenwechsel (Stöße) kalfatern und verspunden pro Wechsel	2.75	
73. Kimmbolzen 6" lang einschl. Ausziehen der alten und Einschlagen der neuen Bolzen . pro Stück	0.90 „ 1.20	
74. desgl. 8" lang . . . . „ „	1.10 „ 1.35	
75. Aus- und Einbau von Decken- und Seitengarnierung Paneelung) in den Wohnräumen, Kammerwänden und dergl. ausschl. der Arbeiten an Schränken und Bettstellen und der Malerarbeiten . pro qm	12.— „ 20.—	
76. Neues Holz für Paneelung, 15 mm stark, fertig eingeb. . . . . pro qm	21.—	
Neues Holz für Paneelung, 20 mm stark, fertig eingeb. . . . . pro qm	26.—	

Anmerkung: Neue Dachpappenzwischenlage wird zu den Tagespreisen besonders berechnet.

Pos.	IV. Deckarbeiten.		M.
77.	Neue Deckbretter 280×30, fertig eingelegt . . .	pro qm	13.—
78.	Neue Decklukenbretter und Seitenverschläge, fertig bearbeitet, aber ohne Vergurtung	„ m	16. —
79.	Vergurtung	lfd. m	0.90
80.	Hölzerne Mittelsparren von Fichte 120×100 .	„ „	4.25
81.	„ „ „ „ 120×120 .	„ „	5.—
82.	„ Rinnsparren „ „ 120×120 .	„ „	5.75
83.	„ Verschlußschandeckel, Kiefer 120×149 .	„ „	8.50
84.	„ „ „ „ 120×110 .	„ „	6.50
85.	Seitenständer oder Beistecksel	pro St.	5.—
86.	Deckständer aus Fichte oder Kiefer	pro cbm	4.25

Pos.	V. Steuerarbeiten.	M. pro m³
87.	Helmholz oder Ruderpinne aus Eichenholz . . .	900
	Anmerkung: Abmessung erfolgt an der stärksten Stelle.	
88.	Neues Stück an das alte Stück anlaschen, Zuschlag 25 %.	
	Anmerkung: Die Zugringe werden nach Pos. 26 besonders berechnet.	
89.	Krümmling aus Eichenholz	900
90.	Neue Steuerdiele aus Fichte oder Kiefer	475
91.	Neue einzelne Steuerdielen zwischen die alten Steuerdielen einziehen . . . . . . Zuschlag 20 %	
92.	Neue einzelne Steuerdielen aus Eichenholz . . .	550
93.	Neue eichene Dreikantleisten	800
94.	Neue kieferne Dreikantleisten	450
	Anmerkung: Arbeiten am Beschlag unter Schmiedearbeiten Pos. 23. Die zur Verwendung kommenden Schrauben und Nägel werden besonders berechnet.	

VI. Allgemeines.

Reparaturen an Barkassen und kleinen Kähnen werden mit einem Zuschlag von 33⅓ % auf vorstehende Richtpreise berechnet.

Anstrich der neuen und beschädigten Teile ist in den Richtpreisen nicht einbegriffen und wird zu Tagespreisen berechnet, ebenso die zur Verwendung kommenden Schrauben und Nägel.

Die vorstehenden Richtpreise verstehen sich so, daß nur die direkt dazu gehörige Arbeit in Betracht gezogen ist. Die Nebenarbeiten, wie eventuell Abbrennen und Abkreuzen von Platten, Einbohren von Nietlöchern bei neuen Stößen, Wegnehmen von Rohrleitungen, Hochschrauben des Fahrzeuges, Abbau von Slipwagen und Pallungen, Bau von Stellagen, Zementierung, Transport bei größeren Teilen und Arbeiten auf dem Wasser werden besonders berechnet.

Die Preise für Eisenteile sind so gestellt, daß das Altmaterial der Werft kostenlos verbleibt.

VII. Sliptarif.

Benennung	Ladetonne	Länge	Slipen einschl. 2 Tage	Standgeld für jeden weiteren Tag
		m	M.	M.
95. Frachtdampfer, seegehend	200 bis 700	30 bis 56	1.— bis 0.50 pro Ladetonne	0.25 bis 0.15 pro Ladetonne
96. Seeleichter .	100 bis 800	20 bis 65	0.60 bis 0.30 pro Ladetonne	0.15 bis 0.10 pro Ladetonne
97. See- und Hafenschlepper .		34 bis 36	225.—	48.—
		30 bis 33,99	190.—	40.—
		27 bis 29.99	155.—	32.—
		25 bis 26,99	146.--	26.—
		20 bis 24,99	115.—	20.—
		17 bis 19,99	90.—	15.—
		15 bis 16,99	65.—	10.—
		13 bis 14,99	45.—	5.—
98. Elbkähne . .	nach geeichten to		— .45	—.03
99. Offene und Kastenschuten .	bis 49 Tonnen		25.—	2.—
	50 bis 99 Tonnen		33.—	3.—
	100 bis 124 Tonnen		43.—	4.—
	125 bis 149 Tonnen		56.—	5.50
	150 bis 199 Tonnen		70.—	7.50
	200 bis 249 Tonnen		85.—	9 50
	250 Tonnen u. mehr		105.—	12.—
100. Tjalken Segelschuten, Küstenschiffe } mit flachem Boden	50 bis 99 Tonnen		65.—	8.—
	100 bis 124 Tonnen		80.—	10.—
	125 bis 149 Tonnen		100.—	13.—
	150 bis 199 Tonnen		130.—	17.—
	200 bis 249 Tonnen		160.—	22.—
	250 Tonnen u. mehr		180.—	26.—
101. Segler mit Kiel, seegehend . .		wie Position 100 + 30 %		
102. Frachtdampfer, Flußverkehr — mit flachem Boden .			1.— per M/T (Meßtonne)	—.05
103. Schraubenschleppdampfer, Flußverkehr — flachgehend . . .		15 bis 10	90.—	12.—
		20 bis 24	130.—	16.—
		25 bis 29	170.—	20.—
		30 bis 34	210.—	25.—
		35 bis 40	250.—	30.—
104. Radschleppdampfer . .	große	über 16 m Breite	750.—	45.—
	mittlere	unter 16 m „	580.—	35.—
	kleinere	Raddampfer	380.—	25.—
105. Barkassen . .			30.— bis 55.—	4.—
106. Baggerschuten	kleine		150.—	20.—
	mittlere		225.—	25.—
	große		300.—	30 —
107. Bei Ausführung von Reparaturen auf Querslip für Hochheben des Fahrzeuges und Herausnehmen der einzelnen Wagen . pro Stück				70.—
Erforderliche Pallungen . . . . pro Pallung				20.—

VIII. Einheitssätze für die Berechnungen von Schiffs-
und Maschinenbauarbeiten in Regie bzw. Tagelohn.

Betriebskostenzuschlag:

a) bei Schiffsarbeiten

Kleinere Werften mit größtenteils Handbetrieb   80 %
Mittlere Werften mit teilweisem Maschinenbetrieb 100 %
Größere Werften mit allen masch. Einrichtungen 120 %

b) bei Maschinen- und Schmiedearbeiten   200 %

Das Material wird zu Tagespreisen einschließlich Zuschlag für Abfall, Schwund, Transport und sonstige Unkosten berechnet.

Zu der Endsumme von verauslagtem Arbeitslohn plus Betriebskostenzuschlag plus Material ist für Bruttogewinn ein Zuschlag von 10—15 %
zu machen.

Beispiel:

Ausgeführte Reparatur an Kahn Nr. . . . . auf der ·Werft ....
.... (mit teilweisem Maschinenbetrieb).

Arbeitslohn:

Schiffbauer . .	120 Std. je —.60 M.	= 72.—	M.
Betriebskostenzuschlag 100 %		72.—	,,
Schmiede . . .	36 Std. je —.65 M.	= 35.10	,,
Betriebskostenzuschlag 200 %		70.20	,,
		249.30	M.
Material (einschl. Zuschlag)		180. —	,,
		429.30	M.
15 % Bruttogewinn, Steuern, Abgaben		6.45	,,
Endsumme		435.75	M.

IX. Lieferungsbedingungen.

Alle Preise verstehen sich netto Kasse, ohne jeglichen Abzug. Irr-
tümer vorbehalten.

Sämtliche Materialien zu den Bauten müssen von den Vorräten der
Werften entnommen oder müssen durch die Werftleitung bezogen
werden, andernfalls stellt die Werftleitung den verloren gegangenen
Verdienst in Rechnung.

Die vorstehenden Preise sind Mindestpreise. Falls Preissteigerung
in Material und Lohn während der Bauzeit eintreten, so erfolgt entsprechender Aufschlag.

Die angegebenen Lieferzeiten sind stets unverbindlich. Preisofferten
freibleibend.

Die Einhaltung der vereinbarten Lieferfrist versteht sich vorbehaltlich unvorhergesehener Hindernisse, wie Fälle höherer Gewalt, Mobil-
machung, Krieg, Ausschußwerdens eines größeren Arbeitsstückes, Trans-
portverzögerungen, Betriebsstörungen, Arbeiterausstände und Aussperrungen, sowohl im eigenen Geschäft wie bei den Unterlieferern.

Lieferung geschieht, falls nicht anders vereinbart, stets ab Werft.

Erfüllungsort und Gerichtsstand für beide Teile ist der Werftort.

Der Schiffsbesitzer gilt in allen Fällen als der Besteller trotz einer
etwa in Gemeinschaft mit den Versicherungen aufgemachten Taxe und
haftet persönlich, sowie das reparierte Schiff bis zur vollen Zahlung.

Rechnungslegung erfolgt bei Fertigstellung vor Verlassen der Werft.
Etwaige Streitigkeiten sollen sofort durch ein Schiedsgericht erledigt
werden, wozu der Verein erforderlichen Falles Anleitung gibt. Zahlung soll bei größeren Bauten ratenweise geleistet werden. Der Rest
jedenfalls bei Abfahrt des Schiffes.

Mindestpreise für Reparaturarbeiten an hölzernen und
eisernen Kähnen in Regie.

Material für Regie und Tagelohnarbeiten.

Holzmaterial.

	Kiefer	Fichte	Eiche	
Bohlen von 2″ an	1. 130.—	3. 130.—	5. 220.— mit halber	M. pro m³
Kanthölzer . .	2. 120.—	4. 120.—	6. 220.— Baumkante	
Rundholz . . .	7. 70.—	8. 70.—	9. 130.— gemessen	

Bretter 10 % weniger

9. Steuerhälme und Krümmlinge an der stärk-
   sten Stelle vierkant gemessen . . . . m³ 220.— M.
10. Holznägel . . . . pro Stück —.15 „
11. Keile. . . . . „ —.10 „

Eisenmaterial.

12. Platteneisen, 5 mm und darüber . . . . . . pro kg —.35 M.
13.   „   unter 5 mm . . . . „ —.38 „
14. Winkeleisen . . . . „ —.33 „
15. Bolzeneisen ½″ bis ⅝″ . . . . „ —.33 „
16. Halbrundeisen . . . . „ —.38 „
17. Stabeisen . . . . „ —.33 „
18. Relingeisen . . . . „ —.40 „
19. U-Eisen . . . . „ —.30 „

Eisenzeug.

20. Kimmbolzen, 13 mm $\oplus$ stark . . . . . . à 1 cm Länge 1 Pf.

21. Maschinen-, Schlüssel-, Schiffs- und Schloßschrauben

$^3/_8''$ $\oplus$ pro cm Länge . . . . . 2 Pf. pro Stück

$^1/_2''$ $\oplus$ „ „ „ . . . . . 2 „ „ „

$^5/_8''$ $\oplus$ „ „ „ . . . . . $3^1/_2$ „ „ „

22. Holzschrauben

13×3,5	25×5	40×5,5	50×6	65×6,5	75×7 mm (Länge u. Stärke)
—.2	— .45	—.75	1.1	1.7	2.4 Pf. pro Stück

23. Schmiedenägel, Beschlag- oder Ankernägel

3''	4''	5''	6''	7''	8'' lang
4	6	8	10	12	14 Pf. pro Stück

24. Drahtnägel

Länge	1''	2''	3''	4''	5''	6''	7''	8''	10''
Gewicht der Pakete in kg . .	0,5	2,5	2,5	5,0	5,0	5,0	5,0	5,0	10.0
Preis der Pakete M.	—.40	1.65	1.65	3.10	3.10	3.10	3.10	3.10	6.20

Größere Posten 1—3'' . . . . . —.60 M. pro kg

4—10'' . . . . . —.55 „ „ „

25. Nieten

10 mm	13 mm	16 mm stark		10 mm	13 mm	16 mm stark
2	3,5	6 Pf. pro Stück		—.60	—.55	—.50 M. pro kg

26. Muttern

$^1/_2''$	$^5/_8''$	$^3/_4''$	$^7/_8''$	1''
5	7	10	13	15 Pf.

Dichtungs- und Anstrichmaterial.

27. Dichtwerg . . Maschinenwerg pro kg 1.— M.

                Handgezupft pro kg 1.20 M.

28. Harz- oder Hartpech . . . . „   —.40 „

29. Kienteer . . . . „   —.70 „

30. Kohlenteer, nach Tagespreis . . . . „   —.20 „

31. Dachpappe, 100er . . . . à qm —.60 „

32. Schiffsfilz, ca. 14 qm etwa 22.— M. pro Rolle . „   — „

     Blaukappen, Dachpappnägel, Spiegelnägel nach
Tagespreisen. Firnis und Farben nach Tagespreisen.

Sliptarif:

Benennung	Ladetonne	Länge	Slipen einschl.14 Tage	Standgeld für jeden weiteren Tag
		m	M.	M.
Kähne	nach geeichten Tonnen		Mit Deck 0.40	0.02
			Ohne Deck 0.35	0.02
76. Frachtdampfer, — Flußverkehr, mit flachem Boden			0.60 Pf./t	2.5 Pf./t
77. Schraubenschlepp- dampfer, — Fluß- verkehr, flachgehend . .		15 bis 19	56.—	9.35
		20 bis 24	79.—	12.50
		25 bis 29	98.50	15.20
		30 bis 34	122.—	19.—
		34 bis 40	141.—	26.—
78. Radschleppdamp- fer	große	über 16 m Breite	411.—	28.10
	mittlere	unter 16 m Breite	318.—	23.50
	kleinere	Raddampfer	215.—	18.70
79. Motorbarkassen .	größere		23.50 bis 28.10	2.90
	kleinere		14.20 bis 18.70	2.20
80. Baggerschuten .	kleine		132.—	9.35
	mittlere		160.—	14.20
	große		206.—	18.70

Wagenwechsel . . . . . . M. 19.— pro Wagen.
Hochwinden und Heruntersetzen „ —.10 „ Tonne.

Bei besonders schweren und sonstigen außergewöhnlich großen Fahrzeugen Aufschlag nach besonderer Vereinbarung, mindestens 50 %.
Eisenbetonkähne ohne Haftung nach besonderer Vereinbarung, mindestens 75 %.

Zahlungsbedingungen:

Auf Grund der veränderten Verhältnisse müssen der Werft, je nach
Fortgang der Arbeit, entsprechende Ratenzahlungen gemacht werden.
Der Rest ist zahlbar nach Beendigung der Arbeit und vor Abgang des
Fahrzeuges von der Werft.

Einheitssätze für die Berechnung von Schiffs- und Maschinenbauarbeiten in Regie ‹bzw. Tagelohn.

1. Betriebskostenzuschlag:

a) bei Schiffsbauarbeiten

Kleine Werften mit ausschließlich Handbetrieb (unter 10 Mann) . . . . 60 %

Kleinere Werften mit größtenteils Handbetrieb (über 10 Mann) . . . . 75 %

Mittlere Werften mit teilweisem Maschinenbetrieb. . . 90 %

Größere   „   „   allen maschinellen Einrichtungen . 110 %

b) bei Maschinenbau- und Schmiedearbeiten . . . . . 150 %

Das Material wird zu Tagespreisen einschließlich Zuschlag für Abfall, Schwund, Transport und sonstige Unkosten berechnet.

Zu der Endsumme von verauslagtem Arbeitslohn plus Betriebskostenzuschlag plus Material ist für Bruttogewinn ein Zuschlag von 10 % zu machen.

Beispiel:

Ausgeführte Reparatur an Kahn Nr. .... auf der Werft.............................
(mit teilweisem Maschinenbetrieb)

Arbeitslohn:

Schiffbauer . . . . 120 Std. à —.50 M. = 60.— M.

Betriebskostenzuschlag 90 % . . . . = 54.— „

Schmiede . . . . 36 Std. à —.55 M. = 19.80 „

Betriebskostenzuschlag 150 % . . . . = 29.70 „

163.50 M.

Material (einschl. Zuschlag) . . . . 100.— „

263.50 M.

Gewinn und Amortisation 10 % 26.35 „

Endsumme 289.85 M.

Handelt es sich um umfangreichere Bauarbeiten, so braucht man an Nieten 5—6 % der Walzeisengewichte; 10-mm-Nieten kosteten 260 M. pro Tonne; 13-mm-Nieten 218 M. pro Tonne; 16-mm-Nieten 188 M. pro Tonne; 19-mm-Nieten 175 M. pro Tonne. Für Zement zahlte man 30 bis 40 M. pro Tonne. Für gewöhnliche Farben zahlte man 400—500 M. pro Tonne; für Patentfarben 700 M. pro Tonne; Teer, Werg kostete 300—400 M. pro Tonne; Nägel, Bolzen, Schrauben 450—650 M. pro Tonne. Bei Holz rechnete man mit einem Zuschlag für Verschnitt von 30—50 %.

Den Schwankungen der Wirtschaftsverhältnisse entsprechend sind inzwischen diese Materialpreise analog gestiegen.

Für die Höhe der heutigen Reparaturpreise ist aber auch die starke Konkurrenz unter den Werften maßgebend, die sich gegenseitig unterbieten, nur um ihre Arbeiter beschäftigen zu können.

Betrachtet man bei geborgenen Schiffen die Kosten der erforderlich werdenden Reparaturarbeiten zu dem akuten Marktwert des Schiffes, so sind gegen früher die Reparaturkosten sehr gestiegen, während die Schiffswerte infolge der internationalen Überproduktion äußerst niedrig sind.

Die Löhne sind nicht nur in Deutschland, sondern auch in Ländern mit stabiler Währung nach dem Kriege gestiegen.

Zum Vergleich mögen die folgenden Lohnänderungen für Reparaturarbeiten in England dienen:

Handwerk	Bristolkanal		Thyne		Themse		Mersey	
	Vor dem Kriege	1923	Vor dem Kriege	1923	Vor dem Kriege	1923	Vor dem Kriege	1923
	s. d.	s. d.	s. d.	s. d.	s. d.	s. d.	s. d.	s. d.
Fitters . . .	45.—	65.—	40.—	61.6.—	43.—	65.—	39.—	51.6.—
Schmiede . .	45.—	65.—	42.—	58.6.—	45.—	66.6.—	41.—	52.—
Tischler · .	42.—	65.—	40.—	54.6.—	48.—	68.—	47.—	57.—
Maler	42.—	65.—	41.—	48.6.—	42.—	62.—	39.—	50.6.—
Rohrleger . .	41.—	65.—	43.6.—	51.6.—	48.—	65.—	44.2.—	54.2.—
Helfer für Platter . .	39.—	65.—	26.6.—	37.6.—	30.—	48.—	—.—	—.—
Hammerführer	30.—	50.—	30.6.—	37.6.—	32.—	51.6.—	30.—	41.6.—
Arbeiter . . .	29.—	49.—	26.6.—	37.6.—	30.—	48.—	29.—	40.6.—

Prozentuale Erhöhung der Stundenlöhne für Werftarbeiter gegenüber Vorkriegslöhnen zu verschiedenen Zeiten: Indexzahlen für die Kosten der Lebenshaltung und Großhandelsindex in England.

Datum	Gelernte Arbeiter		Angelernte Arbeiter	
	Gesamt-Stundenlohn in d.	Zuwachs gegenüber Juli 1914 in %	Gesamt-Stundenlohn in d.	Zuwachs gegenüber Juli 1914 in %
31. Juli 1914	9.3	—	6.2	—
1. Juni 1920 bis 30. April 1921	23.3	151	19.2	210
1. Januar 1922	19.1	105	15.6	152
29. März 1922 ·	16.5	77	12.9	108
17. Mai 1922	15.7	69	12.1	95
7. Juni 1922	14.9	60	11.4	84
1. November 1922	14.3	54	11.1	79
22. November 1922	13.6	46	10.8	74
13. Dezember 1922	13.0	40	10.5	69
3. Januar 1923	12.4	33	10.2	65

Datum	Ungelernte Arbeiter		Lebenshaltungsindex	
	Gesamt-stundenlohn	Zuwachs gegenüber 1914	Kleinhan-delspreise für die wichtig-sten Lebens-bedürfnisse	Großhandels-preise
	in d.	in %	Steigerung in % gegen Juli 1914	
31. Juli 1914	5.3	—	—	—
1. Juni 1920 bis 30. April 1921	18.1	242	150	220
1. Januar 1922	14.6	176	133	99
29. März 1922	11.9	125	92	70
17. Mai 1922	11.1	109	86	66
7. Juni 1922	10.3	94	81	67
1. November 1922	10.2	92	80	70
22. November 1922	10.0	89	80	66
13. Dezember 1922	9.9	87	80	67
3. Januar 1923	9.8	85	—	—

In Deutschland stellen sich heute die Werftlöhne wie folgt:
Durchschnittsverdient der Seeschiffswerften:

an der Ostsee. . . . . . . 89 Pf.

in Hamburg . . . . 94 „

Die Flußschiffswerften arbeiten in Stundenlohn

in Hamburg . . . . . . 94 Pf.

an der Oberelbe . . . . . 84 „

„ „ Oder . . . . 82 „

Diese Angaben verstehen sich für gelernte Arbeiter.

Bei schwer havarierten Schiffen wird die Frage der Wiederinstandsetzung nicht leicht zu beurteilen sein.

Es ist deshalb naheliegend, daß man bei erforderlich werdenden größeren Instandsetzungen geborgener Schiffe dazu neigt, solche Schiffe dann ganz umzubauen und zu modernisieren, wenn der eigentliche Schiffskasko als Umbaubasis hierfür geeignet ist und jüngeren Baualters ist.

Beispielsweise wurde das gekenterte Frachtschiff „Avaré" zu dem Luxuspassagierschiff „Peer Gynt" umgebaut und hat so einen neuen Verwendungszweck gefunden.

2. Das Abwracken von Schiffen[1]).

Haben geborgene oder havarierte Schiffe den sicheren Hafen erreicht, so steht häufig die Frage zur Entscheidung, ob sich eine Instandsetzung des Schiffes noch lohnt oder ob es zweckmäßiger ist,

---

[1]) Siehe auch Grundt, „Die Verwertung der freigewordenen Marinegüter durch die Reichstreuhandgesellschaft." Schiffbau, XXV. Jahrg., 1924, S. 272 und Lavroff, „Abwracken von Schiffen", Schiffahrt-Jahrbuch. 1925, S. 505.

das Schiff oder Wrack nur noch als Materialwert zu betrachten und es abzuwracken.

Abb. 143. Schiffsliegeplatz einer Abwrackwerft.

Um diese Erwägungen allgemeiner und von den verschiedensten Gesichtspunkten aus, die hierbei berücksichtigt werden müssen, beurteilen zu können, soll in Anbetracht der heutigen wirtschaftlichen Wichtigkeit dieser Frage und zur Ermöglichung einer übersichtlichen Begutachtung über die Bewertung havarierter Schiffe zu dem Gebiet der Abwrackschiffe und der hiermit im engen Zusammenhang stehenden Abwrackarbeiten eingehender Stellung genommen werden.

Für erfolgreiches Abwracken müssen folgende Vorbedingungen erfüllt werden:

1. Es muß ein genügend freier größerer Arbeitsplatz vorhanden sein, auf dem das Material leicht geordnet, in größeren Haufen sortiert und übersichtlich geordnet werden kann.

2. Das Vorhandensein einer eigenen, mindestens 60 cbm starken Sauerstoffanlage und einer Azetylenanlage und wenigstens einer Schrottschere. Bei den Sauerstoffanlagen, die mit einfacher und doppelter Rektifikation gebaut werden und in den letzten drei bis vier Jahren große Fortschritte gemacht haben, muß man darauf achten, daß für die Erzeugung des wichtigsten und für die Kalkulation ausschlaggebenden Betriebsstoffes auch die wirtschaftlich günstigste Sauerstoffanlage vorhanden ist.

3. Vorhandensein geeigneter weitausladender Landkräne von wenigstens 2 t Tragfähigkeit, eines einfachen Schwimmkrans von wenigstens 50 t Hebefähigkeit.

4. Eine Eisenbahnwage auf der Werft.

5. Es muß Bahnanschluß und Wasseranschluß vorhanden sein. Bahnanschluß derart, daß eine Reihe von Güterwagen hintereinander aufgestellt und beladen werden können. Der Wasseranschluß muß so sein, daß Prähme beladen werden können und durch einen Kanal oder Fluß nach dem Industriegebiet oder einer sonstigen Hütte transportiert werden können, ohne erst den Umweg über See machen zu müssen.

6. Der Abwrackplatz muß einerseits günstig zu dem Industriegebiet liegen, andererseits günstig zum Heranbringen der Abwrackobjekte gelegen sein.

Im allgemeinen bestand in Deutschland für Abwrackwerften eine Abneigung gegen die Ostsee; wenn nicht ein Hüttenwerk in der Nähe vorhanden ist, welches die Abnahme des Kernschrottes sicherstellen würde (z. B. Stettin). Für die Ostsee bleiben die Schrottinteressen von Finnland und Rußland von besonderer Bedeutung (s. Abb. 145).

Bisher kam für Abwrackbetriebe vorzugsweise nur die Nordsee in Betracht, da die Frachten im Verhältnis zu den Erzeugungskosten bei jedem Abwrackbetrieb einen so hohen Prozentsatz bilden, daß sie durch keinen noch so wirtschaftlich geleiteten Betrieb wieder gutgemacht werden können, denn sie machten je nach Lage der Werft 25—75 % der gesamten Herstellungskosten aus. Das Abwracken auf größeren

Schiffswerften hatte bisher im allgemeinen wenig Anklang gefunden; einerseits brauchten größere Werften ihre Kaianlagen für ihre Reparaturbetriebe und sie haben meist keine ausgedehnten Flächen zur Materiallagerung für derartige Zwecke zur Verfügung. Zweitens sind die Betriebskosten einer größeren Werft zu groß, um weniger hochwertige Arbeiten auszuführen. Drittens ist die Diebstahlsgefahr bei einer bedeutenderen Werft größer, da, abgesehen von den persönlichen Metalldiebstählen, die Arbeiter sich geeignete Objekte für ihre sonstigen Werftarbeiten aus den Abfallmaterialien gern besorgen. Größere Werf-

Abb. 144. „Bayern" im Dock.

ten haben früher das Abwracken entweder von vornherein abgelehnt oder es recht bald wieder aufgegeben, nachdem sie versuchsweise einige Abwrackarbeiten begonnen hatten.

Um eine Abwrackwerft rentabel auszunützen, muß mit wenigen Betriebskosten gearbeitet werden. Außer der dringend notwendigen Sauerstoffanlage sowie einigen Schrottscheren ist es zweckmäßig, sich mit den primitivsten Transportmitteln zu behelfen, um hier große Betriebskosten vermeiden zu können. Die Abwrackindustrie hat bezüglich der Benutzung von Transportmitteln die verschiedensten Kinderkrankheiten durchgemacht; als zweckmäßig hat sich herausgestellt, an Bord der Schiffe selbst einige Lademasten aufzustellen und mit diesen

die Abbruchmaterialien an Land zu geben und möglichst viel an Bord
selbst chargierfähig zu zerschneiden. Die am Kai entlang laufenden
Schrottkräne müssen in ihrer Reichweite die Schiffe weitestgehend be-
streichen können, und waggonrechten Schrott im Waggon oder weiter
zu verarbeitenden Schrott an den Schrottscheren absetzen können.
Ihre Tragfähigkeit braucht 5 t nicht zu übersteigen.

Die Frage, ob Brückenkräne, Gleisdrehkräne oder Seilbahnkräne
zweckmäßigste Anordnung bedeuten, läßt sich nur nach Lage des
Geländes und der möglichen Dispositionen für die sonstigen Betriebs-
anlagen beantworten. Da, wo seine Anordnung möglich, dürfte sicher-

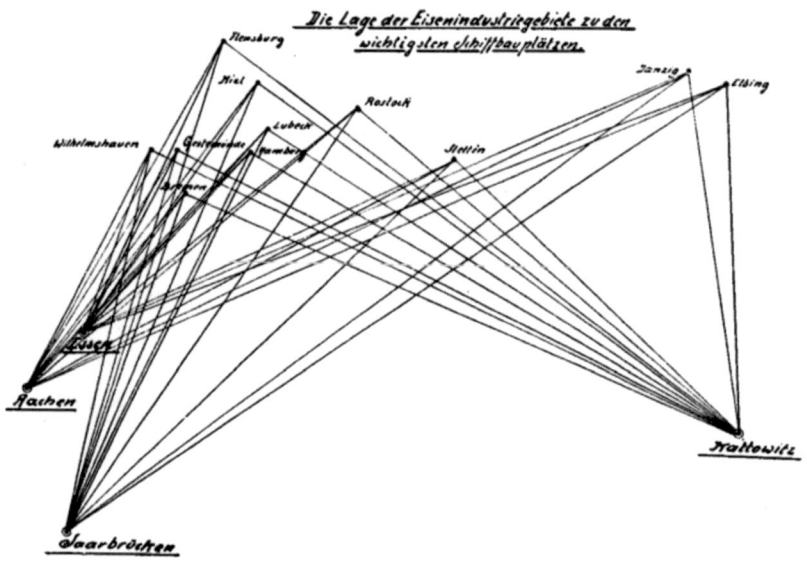

Abb. 145.

lich ein Seilbahnkran am unabhängigsten verwendbar sein; die hiermit
erreichten Betriebsresultate sollen recht gut gewesen sein.

Für Transport und Lagerung von Metallen, Maschinen und sonstigen anfallenden Materialien ist ein gut verteiltes Kleinbahnnetz erforderlich.

Derjenige Ort, der sich als größter Spezialabwrackplatz in Deutschland ausgebildet hatte, ist Wilhelmshaven gewesen. Wilhelmshaven
liegt einerseits günstig zum Industriegebiet, andererseits können aus-
ländische Schiffe von der Nordsee leicht hereingebracht werden. Die
geschlossenen Hafenanlagen von Wilhelmshaven haben den Vorteil,
daß stets bei ruhigem Wetter gearbeitet werden kann. Kiel hat z. B. den
Nachteil, daß bei aufkommender See die Abwrackobjekte sehr gefährdet

sind. Ist es doch in Kiel vorgekommen, daß bei einer Sturmflut außerordentlich große Schäden auf den Abwrackschiffen verursacht worden sind. Eine Abwrackwerft muß eine gute ausnutzbare Kaifläche haben, ferner so große Tiefgänge, daß selbst die größten Schiffe am Kai anlegen können.

An eine Abwrackwerft muß man ferner die Anforderung stellen, daß ein größerer Schwimmkran in der Nähe vorhanden ist, der schwere Gewichte, Maschinen, Kessel, Masten, vollständige Decksaufbauten wie

Abb. 146. Abwracken auf dem Lande.

Panzerplatten, Geschütze usw. von Bord nehmen kann. Es ist dies der Mangel abgelegener kleinerer Werften, die für derartige Arbeiten am Orte selbst keinerlei Unterstützung finden können. Ein weiterer zu berücksichtigender Punkt bei der Anlage einer Abwrackwerft ist das Abwracken des letzten Schiffsrestes. Hier kann man entweder so vorgehen, daß man die Ebbe und Flut ausnützt und den Schiffsrumpf dann allmählich auf Land zieht, falls hierfür ein geeigneter Platz zur Verfügung steht, zweitens kann man den alten Schiffsrest in ein Schwimm- oder Trockendock bringen und ihn dort abwracken; drittens ist es möglich, den alten Kaskorest mit einem Kran an Land zu setzen, falls die noch übrigbleibenden Gewichte dies zulassen. Es wurden z. B. eine große Anzahl Torpedoboote derart abgewrackt, daß man mit dem großen in Wilhelmshaven zur Verfügung stehenden 250-t-Schwimmkran ganze Torpedoboote auf Land gesetzt hat und sie dann von allen Seiten aus zerlegte. Eine andere Spezialabwrackwerft hatte es schließlich erreicht, ihre großen Schiffe ganz im Wasser abzuwracken. Sie brach das Schiff von einem Ende aus ab, so daß es nach dem anderen Ende hin trimmte, und setzte den letzten schwimmenden

Abb. 147.   Anheben eines Torpedobootes.

Schiffsrest des Vor- oder Hinterschiffes mit einem Kran an Land. Hierdurch ersparte man Dock- und Abschleppkosten.

Eine gut angelegte Abwrackwerft muß über einen Abrüstungskai an tiefem Wasser verfügen, an dem wenigstens zwei Schiffe nebeneinander und mehrere hintereinander liegen können, je nach Leistungsfähigkeit. Längs des Kais laufen die Anschlußleitungen für Sauerstoff und Azetylen. Den einzelnen Zapfstellen sind Wasserverschlüsse vorgeschaltet, um die ganze Anlage vor rückschlagenden Entzündungen zu sichern. Eine Kaianlage kann auch durch genügend zahlreiche und kräftige Stege ersetzt werden. Die Verladegeleise müssen so nahe wie möglich an die Abwrackstellen herangeführt werden, um möglichst kurze Strecken für den waggonrechten Schrott zu erzielen.

Der große Verbrauch an Sauerstoff und Azetylen bedingt, daß sich Abwrackunternehmungen in bezug auf ihre Beschaffung dieser Hilfsmaterialien unabhängig machen müssen. Bei Azetylen bedeutet das keine Schwierigkeit, da eine solche Anlage verhältnismäßig einfach ist, wohingegen eine Sauerstoffanlage die Investierung einer größeren Maschinenanlage bedeutet. Die Sauerstofffrage ist für die Abwrackbetriebe von so großer Bedeutung, daß ihre Leistungsfähigkeit geradezu charakteristisch für Größe und Leistungsfähigkeit des ganzen

Abb. 148. Zerlegen des Hecks eines Linienschiffes.

Betriebes geworden ist. Außerdem ist eine große Schrottschere erforderlich.

Die Leistungsfähigkeit und die Ausnutzung der Arbeiter ist je nach der Werft und der Betriebsleitung verschieden beurteilt worden. Auch die Größe der Schiffe hat einen Einfluß auf die Leistungsfähigkeit. Es ist ein Unterschied, ob man viele kleine oder mittlere Schiffe von 2000—4000 t abwrackt oder ganz große Schiffe, ob man Kriegsschiffe oder Handelsschiffe abrüstet.

Als guten Durchschnitt konnte man im allgemeinen bei Abwrackwerften annehmen, daß man bei eigener Sauerstoffanlage zweimal so viel andere Leute, Transportarbeiter, Wächter usw. benötigte als Brenner und Scherenarbeiter. Für 1 t würde auf einen Mann (Brenner und

Scherer) bezogen eine halbe Tagesleistung gleich vier Stunden erforderlich, d. h. es sind für 1 t drei Mann vier Stunden gleich zwölf Stunden nötig.

Bei gut organisierten Abwrackbetrieben wurde eine Leistungsfähigkeit angestrebt, die sich etwa aus folgender Tabelle ergibt:

Brenner	Andere Abwrackarbeiter	Sa. Rubrik 1 u. 2	Gesamttonnenleistung	
			pro Brenner	pro Sa. Brenner u. Arbeiter
1	1	2	2.5	1.25
1	2	3	2.25	0.75
1	3	4	2.—	0.5
1	4	5	1.75	0.35

Wie sich ein Schiff prozentual in seinem Materialgewichte aufteilt,
soll folgendes Beispiel zeigen:

In Gibraltar sollte einmal der Fracht- und Passagierdampfer „Poca-
hontas" infolge Kesselhavarie als Abbruchobjekt verkauft werden. Das
Schiff war 160 m lang, 18 m breit, 10,5 m hoch und besaß ein Deplacement von 20 000 t. Diese 20 000 t Deplacement setzten sich etwa
aus folgenden Gewichten zusammen:

Schiffsgewicht	9000 t (45 %)
Maschinengewicht	2600 t (13 %.)
Ausrüstungsgewicht.	800 t (4 %)
Ladefähigkeit	7600 t (38 %)

Zieht man von dem konstruktiven Maschinengewicht etwa 300 t
nicht mehr an Bord befindliche Maschineninventarien usw., von der
Ausrüstung etwa 500 t für ebenfalls bei einer Außerdienststellung des
Schiffes von Bord zu gebende Gegenstände, wie Boote, Inventarien,
Vorräte, Materialien usw. ab, so bleibt ein Gesamtmaterialgewicht von
etwa 11 700 t übrig, das sich etwa aus 9000 t Schiffskörpergewicht,
2300 t Maschinengewicht und 300 t Ausrüstungsgewicht zusammensetzen würde.

Auf die Materialsorten verteilt, müßte man etwa folgende Unterteilung annehmen:

Eisen	9810 t
Metall	190 t
Holz	900 t
Ausrüstung	300 t

Sonstiges wie:

Linoleum, Zement, Mauerwerk, Muscheln, Kork,
Asbest, Filz, wertlose Abfälle usw. . . . . 500 t

Sa. 11 700 t

Während Handelsschiffe gewöhnlich nur einen Metallprozentsatz von
1/2 bis 1 %, höchstens 1 1/2 % aufweisen, wobei zu beachten ist, daß
Passagierdampfer metallreicher als einfache Frachtschiffe sind, besitzen Kriegsschiffe einen Metallgehalt von 3—10 %, je nachdem es
sich um Monitoren, Linienschiffe, Große Kreuzer, Kleine Kreuzer, Torpedoboote oder U-Boote handelt.

Wie während der Hochkonjunktur auf dem Schiffsabbruchmarkte die
Abwrackwerften die Schiffe kalkulierten, soll im folgenden an einem
normalen Passagier- und Frachtdampfer von 4114 Br.-R.-To. gezeigt

Abb. 149. Abwracken eines Torpedobootes.

werden. Im allgemeinen kann, wenn man ganz roh schätzen will, das
Materialeigengewicht des Schiffes mit einem Werte angenommen werden, der etwas geringer als die Br.-R.-To.-Größe ist.

Das als Beispiel geltende Schiff hatte 4114 Br.-R.-To. und ein Eigengewicht von 3900 t. Die Materialverteilung und Bewertung war folgende:

	Preise £	Gewicht t	Wert £
Schrott	3. 10.—	3325	11 637.—
Metalle	45.—	55	2475.—
Gußbruch	4.—	250	1000.—
Holz	1.—	70	70.—
Wertlose Abfälle. . .	—	200	—
		3900	15 182.—

An Unkosten entstanden:

Kaufpreis für das Schiff . . . . £ 8500.—
Überführung . . . . „ 500.—
Provisionen usw. . . . . „ 225.—
Abwrackkosten . . . . „ 4290.—
Verzinsung . . . . „ 480.—
                                    £ 13995.—
Gewinnüberschuß . . . . £ 1987.—

3. Havarien beim Abwracken und bei Verschrottung am Orte der Havarie.

Schiffsunfälle und Bergungen treten nicht nur auf See oder in gefährdeten Flüssen ein, sondern auch im Hafen innerhalb von sicheren Werften sind derartige Unfälle zu verzeichnen.

Ein besonderes Kapitel bieten hier die Betriebsunfälle, die beim Abwracken von Schiffen vorgekommen sind.

Während eines Sturmes im Kieler Hafen versank beispielsweise der untere Schiffsrest des Linienschiffs Kaiser Friedrich III., da das Schiff nicht genügend geschützt worden war gegen plötzlich eingetretene außergewöhnliche Sturmverheerungen. Das gesunkene Wrack wurde unter Wasser autogen zerschnitten und stückweise herausgeholt. In der Nähe von Leer sank das Frachtschiff „London City", da beim Abwracken die autogenen Einschnitte durch Nachlässigkeit zu tief an die Wasserlinie geführt worden waren. Es war soweit abgewrackt worden, daß für den letzten Rest kein Freibord mehr vorhanden war und es unmöglich wurde, das verbliebene Bodenstück nach einer etwas entfernt liegenden Aufschleppstelle zu schleppen.

Einen technisch sehr interessanten Unfall bot eine Abwrackhavarie des amerikanischen Passagierdampfers „St. Paul", der auf der Abwrackwerft der Deutschen Werke A.-G. in Rüstringen während der Abwrackarbeiten auseinanderbrach und sank. Aus dem Schiff waren die Kessel herausgenommen worden, während das Vorschiff belastet blieb. Wenn auch die Kesselräume auf alten Schiffen besonders in den Kohlenbunkern häufig stark abgerostet sind, so hatten die Rechnungen der Deutschen Werke ergeben, daß trotz der bereits fortgeschrittenen Abwrackarbeiten keine Bruchgefahren für das Schiff vorlagen. Selbstverständlich kann man zur Beurteilung der Festigkeitsverhältnisse derartiger Abwrackschiffe lediglich Überschlagsrechnungen zugrunde legen mit Hilfe allgemeiner Annahmen. Die Werft glaubte in diesem Falle genügend sicher gegangen zu sein in der Annahme, daß das größte Biegemoment etwa $\dfrac{D \times L}{100}$ mt beträgt, wobei

$D = $ Deplacement in t und L die Länge des Schiffes in m ist. Da die Schiffe vor dem Abwracken während ihrer früheren Dienstzeit von den Klassifikationsgesellschaften ständig beobachtet werden, kann man annehmen, daß die tragenden Hauptverbandteile des Schiffskörpers einigermaßen gut konserviert geblieben sind. Im allgemeinen wird bei Seeschiffen für Festigkeitsberechnungen zwar ein Biegemoment $\frac{D \times L}{30-35}$, für Schiffe auf größeren Binnenseen mit geringerem Seegang $\frac{D \times L}{80}$ angenommen. Bei Abwrackschiffen, die im ruhigen Wasser liegen, genügt deshalb wohl als Biegemoment die Annahme von $\frac{D \times L}{100}$. Wie aus der Berechnung des Herrn Prof. Laas (Vergl. S. 196) ersichtlich ist, ergab eine Nachrechnung der Beanspruchungen der oberen Verbände des torpedierten Frachtdampfers „Bielefeld" eine Inanspruchnahme von ca. 20 kg pro qmm, wobei zu berücksichtigen war, daß das Schiff in diesem Zustande über See geschleppt wurde. Für Schiffe im Abwrackzustande auf ruhigen Werftplätzen scheint es deshalb berechtigt zu sein, derartige Festigkeitsbeanspruchungen rechnerisch zuzulassen. Der Unfall des „St. Paul" muß deshalb wohl mehr darauf zurückzuführen sein, daß entweder lokale, übernormale Verrostungen stattgefunden hatten, wodurch das Widerstandsmoment in der Praxis kleiner als angenommen gewesen ist, oder die Schiffsenden sind durch Leckwasser ungewöhnlich hoch belastet worden, wodurch das Biegemoment erhöht worden ist.

Der Unfall des „St. Paul" hatte einen Versicherungsstreit hervorgerufen, in welchem die Frage zu klären war, ob ein Unfall vorlag, welcher durch die Versicherung zu decken war, und ob die gebotene Sorgfalt aufgewendet war, um die Gefahr des Sinkens zu vermeiden. Die auseinandergebrochenen beiden Schiffsteile wurden unter Wasser mit Beton abgedichtet und dann versucht, jeden Teil für sich zu heben.

Als Beispiel des Abwrackens am Platze der Havarie sei hier kurz der Fall „Gromoboi" beschrieben. Im Herbst des Jahres 1922 strandete der ehemalige Panzerkreuzer und Minenleger „Gromoboi" während seiner Überführung von Kronstadt nach Deutschland, an der Außenmole des lettischen Kriegshafens Libau.

Die Bergungsversuche blieben erfolglos, und man hat dann den Entschluß gefaßt, das Schiff an Ort und Stelle zu verschrotten.

Die Abwrackarbeiten wurden ausgeführt, oben abgebaut, von achtern nach vorn, und im Wasser Sprengungen vorgenommen; im allgemeinen wurden Stücke von ca. 20 t abgesprengt, dieselben hochgezogen und dann zerschnitten. Für diese Schneidarbeiten wurde die schwimmende

Sauerstofferzeugungsanlage der Schiffsverwertung (eingebaut in einem ehemaligen Kanonenboot „Scorpion") nach Libau geschafft. —

Hierdurch steht auch an einer entlegenen, schwer zugänglichen Stelle sofort genügend Sauerstoff zur Verfügung, um nach einem aufgegebenen Hebungsversuch sofort auch eine wirtschaftliche Abwrackung durchführen zu können.

XIX. Rechtsfragen über Wracke.

1. Eigentumsrecht auf das Wrack[1]).

Es ist für die Rechtsfrage, wem das Wrack gehört, gleichgültig, welches Ereignis den Untergang verursacht hat. Neben den Kriegsereignissen führen auch Unfälle des friedlichen Verkehrs, Hinauswerfen von Sachen in Seenot, große Havarie (Art. 706, Z. 1 HGB.), Hinausfallen, Scheitern des Schiffes und ähnliches denselben Zustand herbei. Dagegen werden wir unterscheiden müssen, ob der Untergang auf freier See stattgefunden hat oder in einem Küstengewässer. Hier herrscht die Privatrechtsordnung des nahen Festlandes; nach ihr entscheidet sich die Eigentumsfrage. Welchem Staate der Verlustträger der gesunkenen Sache oder jener, der sie hebt, angehören, welcher Flagge das eine wie das andere Schiff war, ist gleichgültig, denn das territoriale Recht des Ortes, wo das Gut gesunken ist und wo es gehoben wird, herrscht schlechtweg.

War der Schauplatz der Begebenheit das offene, freie Meer, dann haben wir als erste Frage zu beantworten: nach welcher Rechtsordnung löst sich der ganze Hergang?

In Betracht kommen könnte das heimatliche Privatrecht des Verlustschiffes, das des Eigentümers der verlorenen Sachen, endlich jenes der Schiffsunternehmung. Die althergebrachte Anschauung, das Recht der Heimat ordne alle rechtlichen Verhältnisse am Schiffe, kann uns nur helfen für die Sachbeziehungen vor dem Untergange und seit der Hebung[2]). Für die Zwischenzeit, da das nun wiedergewonnene Gut am Meeresgrunde lag, sagt sie uns nichts, ebensowenig wie sie anwendbar ist auf ein verlassenes, treibendes Wrack, auf freischwimmende Sachen. In den Wogen der freien See, am Grunde der Wässer, ist Rechtlosigkeit; kein staatlicher Rechtswille herrscht hier, keine

---

[1]) Nach dem Aufsatze von Prof. H. Sperl: „Rechtsfragen aus Anlaß der Hebung kriegsversenkter Schiffe und Güter." Deutsche Juristen-Zeitung 1917, Nr. 13/14.

[2]) Schiffe, als von ihrem Staate sich ablösende und wieder dahin zurückkehrende Teile seines Herrschafts- und Rechtsgebietes bleiben von seiner Privatrechtsordnung beherrscht, solange sie nicht im Rechtsraume (Häfen oder Küsten) eines anderen Staates Aufenthalt nehmen. Wäre es anders, so würden sie auf hoher See ohne geltendes Recht sein und bei Fahrt längs verschiedener Küsten fortwährend ihr Privatrecht wechseln.

menschlichen Beziehungen sind geschützt. Zu aller Zeit ist daher anerkannt worden, daß die Gebilde des Meeres als res nullius jedermanns Zugriffe freistehen. Da die Gewinnung von Meeresinhalt fern ab jeder Küste nur von einem Schiffe aus geschehen kann, vollzieht sich die Ergreifung und der Erwerb der Sache seitens des Okkupanten nach dem Rechte der Flaggenheimat des Schiffes. Die Rechtsordnung des einstigen Verlustträgers oder des verlierenden Schiffes kann sich nicht mehr geltend machen. Nach ihr würde es sich allerdings bestimmen, welche rechtlichen Wirkungen das Verhalten des Eigentümers zur Zeit, da die Sache sank, gehabt hat, ob im Havariefalle der Seewurf, ob das Verlassen, das Selbstversenken des Schiffes, als Entäußerung, Dereliktion, anzusehen ist. Doch ob Eigentum und Besitz bei dem Verlustträger aufrechterhalten wurden durch den bloßen Willen, als sog. Mentalbesitz, das kann weder diese Privatrechtsordnung, noch jene des Heimatstaates des hebenden Schiffes wirksam entscheiden, denn zur Zeit, da dieser Herrschaftswille des Verlustträgers seinen Eigentumsbesitz hätte in Kraft erhalten sollen, lag die Sache in der Meerestiefe, also nicht mehr in der einen und noch nicht in der anderen Rechtssphäre. Sie ist zwischen Versinken und Heben durch ein Vakuum hindurchgegangen, durch einen Ort und eine Zeit rechtlicher Ungeregeltheit. Es genügt nicht, daß das herrschen wollende Subjekt sich in einem Rechtsraume befindet, auch die beherrschte Sache müßte es sein. Schon aus diesem Grunde müssen wir sagen, daß jedes dingliche Recht an einer in offene See gesunkene Sache untergegangen ist[1]). Aber auch deshalb, weil die am Meeresgrunde liegende Sache jeder Machtausübung, jeder Nutzung und Beherrschung, wie Eigentümer und Besitzer diese Rechte zweckbestimmt auszuüben pflegen, gänzlich und für immer entzogen ist, d. h. für den regelmäßig zu erwartenden Verlauf der Dinge. Eine in den Umständen begründete Hoffnung auf seinerzeitige Hebung, daher ein sich darauf stützender Wille fernerer Herrschaft, kann vernünftigerweise nicht vorhanden sein.

Diese Erwägungen beanspruchen allgemeine Gültigkeit, denn sie beruhen auf den Grundeigenschaften aller Sachenrechtsverhältnisse,

---

[1]) S p e r l , Festschrift für Pfaff, 1910, S. 115: „Einem Reisenden entrollt sein Diamantring über das Schiffsdeck in das Meer; das Eigentum daran erlischt, wie jenes an einem verbrannten Gegenstande. Wenn der Ring durch Zufall wieder erlangt wird — ein Fischer findet ihn in seinem Netze —, dann lebt das Eigentum des Reisenden nicht auf, der Fischer hat die bereits herrenlos gewesene Sache zu Eigentum erworben. E h r e n z w e i g , I, 488: Der Verlierer eines in einen Strom gefallenen Schmuckes erhält sich Besitz und Eigentum, wenn er die Absicht hat, ihn noch zu heben, und wenn dieses Unternehmen nicht von vornherein aussichtslos ist.

wie sie in jeder Privatrechtsordnung wiederkehren. Der Untergang des früheren Eigentumes, des Besitzes, aber auch aller sonstigen Sachenrechte, z. B. der Nutznießung, des Pfandrechtes, ist allerwegen als sicher anzunehmen.

Der Satz, daß Schiff und Schiffsinhalt durch Versinken auf offener See aus jeder Sachenrechtsbeziehung austreten, daß die am Meeresgrunde liegende Sache eigentümerlos ist, daher vom Heber frei angeeignet werden kann, ohne daß der vormalige Berechtigte an die Sache oder an ihren neuen Eigentümer irgendwelche Ansprüche hätte, widerspricht den vorhandenen Gesetzgebungen nicht. Weder die Regeln des Fundrechtes, noch jene über die Entdeckung eines Schatzes kommen in Betracht. Das versunkene Gut ist nicht „verloren" worden. Vielleicht ließ es der Eigner auf dem Schiffe zurück, das er nach Auftrag des U-Bootes oder aus anderer Ursache verlassen mußte. Vielleicht ging er durch denselben Torpedo oder dieselbe Mine mit der Sache unter. Die „Hebeunternehmung" findet das Schiff nicht. Sie weiß, daß hier ein Schiff mit Ladung unten liegt, sie schickt sich an, es zu heben, das heißt, sie ergreift Besitz. — Auch Schatzfund liegt nicht vor. Wenn wir zwar die Pandektendefinition des Schatzes als vetus quaedam depositio pecuniae zu enge finden werden, so können wir unter Schatz doch nur Dinge verstehen, die im Verhältnis zu ihrer Größe stofflich kostbar sind und die irgendwo verborgen worden waren, niemals Schiffe, Stückgüter, Kanonen, Waren, Kohle und ähnliches, das gegen den Willen des Eigentümers, ohne sein Zutun, an einen nicht von ihm ausgewählten, ihm und anderen Menschen unzugänglichen Ort hinabversenkt wird. Zudem müßte das Recht des Ortes angewandt werden, wo die verlorene Sache gefunden, der Schatz entdeckt worden ist. In der Meerestiefe gibt es aber keine territorial herrschende Rechtsordnung.

Die Normen der Strandordnungen, z. B. § 35 der deutschen Strandordnung vom 17. Mai 1874, über ans Ufer getriebene oder versunkene Gegenstände, über Bergelohn, über das Aufgebotsverfahren zur Ermittlung des früheren Eigentümers usw. beziehen sich nur auf im Bereiche der Küstenwässer geborgenes Gut [1]), also auf den Raum, mit dem die Herrschaft des territorialen Rechtes über das Staatsgebiet hinausragt, während wir hier nur von auf hoher See versunkenen Sachen sprechen. Aus ähnlichen Erwägungen bleibt die Rechtsregel außer Betracht, daß herrenlose Güter, Eigentum des Staates seien, wie sie

---

[1]) B o r c h a r d t, Handelsgesetze, XIII. 336: In Küstenwässern kann der Uferstaat die Hebung kriegsgesunkener Schiffe oder Sachen sich oder seinen Staatsbürgern vorbehalten, ähnlich wie es der Nordseefischereivertrag vom 6. Mai 1882 und das französische Gesetz vom 1. März 1888 bezüglich der Fischerei getan haben.

in einigen Ländern gilt[1]), denn dieses Alleigentum des Staates an Dingen, die nicht in einem Sondereigentum stehen, will und kann nur Sachen ergreifen, die im Gebiete dieses Staates sind. Auch das Hebeschiff als schwimmender Gebietsteil erwirbt nicht für seinen Staat, sondern für sich[2]). Anders steht es allerdings, wenn die Hebeunternehmung über Auftrag arbeitet, denn da erwirbt sie vertretungsweise für ihren Auftraggeber. Dieser könnte der Reeder des gesunkenen Schiffes oder der gewesene Eigentümer der darin verladenen Waren sein; sie würden aus der Hebearbeit der von ihnen beauftragten Unternehmung neues Eigentum erwerben, nicht ihr altes zurückerhalten. Nicht unmöglich schiene es, daß Hebeunternehmungen von seiten ihres Staates durch Konzessionierungsbedingung, durch Vertrag oder durch besonderes Gesetz unter die Verpflichtung gestellt würden, auch in offener See gehobenes Gut oder gewisse Teile, z. B. militärische Ausrüstungsgegenstände, Metalle, Gold, Schiffskörper, nur für den Staat zu okkupieren, und sich mit Kostenersatz und Bergelohn zu begnügen. Heute dürfte ein Gesetz solchen Inhaltes für Hebungen auf freier See nirgends bestehen. Kommt eins zustande, so könnte es auch der Interessen des durch den Untergang in seinem Vermögen Geschädigten fürsorglich gedenken. Als solcher ist nicht nur der Eigentümer des gesunkenen Gutes anzusehen, sondern jeder daran dinglich Berechtigte. So vor allem der Gläubiger einer Bodmereischuld (Art. 679 HGB.), die Gläubiger aus verschiedenen gesetzlichen Pfandrechten, der Versicherer, der den Wert der gesunkenen Güter ersetzt hat und an den das Eigentumsrecht des Versicherers nicht, wie sonst durch Gesetz[3]) und Verträge festgelegt, übergehen konnte, weil dieses Eigentumsrecht vor der Auszahlung des Versicherungsgeldes in des Wortes buchstäblichstem Sinne „untergegangen" war[4]). Sie alle sind abgetan, durch das Versinken erledigt; ihre Rechte lassen keine Spur zurück. Die

---

[1]) Code civil Art. 538: Was das Meer angeschwemmt hat, gehört zum Staatseigentum; Art. 539: Tous les biens vacans et sans maître appartiennent au domaine public; ebenso Art. 713: ... a P. Etat.

[2]) Ebenso hat auch das versenkende Schiff seinem Staate nicht das Eigentum am versunkenen Gute verschafft, wenngleich sonst das gekaperte Schiff dem nehmenden Staate als Eigentum zufällt, und zwar nach der neuesten durch W e h b e r g , Seekriegsrecht (1915), S. 267, wieder begründeten richtigen Ansicht bei Wegnahme feindlicher Schiffe sofort, durch die Besitzergreifung, bei neutralen Schiffen durch das Prisenurteil. In unseren Fällen ist das Eigentum des Nehmerstaates durch die Versenkung derelinquiert worden. Durch die in ein Ereignis zusammenfallenden Handlungen der Besitzergreifung und der Vernichtung ist das Eigentumsrecht ausgeübt worden; dieses hat die vorher bestandenen Sachenrechte verdrängt.

[3]) Beispiele: HGB. Art. 859, Abs. 2; bzw. abandonnierter Sachen HGB., Art. 868; Code de Commerce Art. 385; türkisches HGB. vom 21. August 1863, Art. 241.

[4]) „Unrettbar gesunken"; Art. 854 HGB.

durch Hebung wieder auftauchende Sache ist von ihnen frei, ist in einer neuen, von der früheren völlig unabhängigen Rechtslage. Sie steht zur Zeit nur in einer einzigen Rechtsbeziehung, im Eigentume des Hebenden, das vorgängerlos, originär, als F r u c h t s e i n e r A r b e i t erworben worden ist. Aber nicht nur als Entschädigung für Zeit, Mühe und Kosten ist dieser Erwerb wirtschaftlich und gesellschaftsrechtlich wohlbegründet, sondern zugleich als Belohnung, denn der Hebende hat das Verdienst, verlorengegangene Werte der Menschheit geschenkt zu haben. Die Erwerbung zu Eigentum ist der notwendige Anreiz, die versunkenen Werte zu heben und sie dadurch den Völkern wieder zuzuführen.

2. Bergung und Hilfeleistung nach deutschen Gesetzen.

Neunter Titel des Handelsgesetzbuches berichtet

„Von der Bergung und Hilfeleistung in Seenot.“
(Artikel 742—756.)

Artikel 742.

Wird in einer Seenot ein Schiff oder dessen Ladung ganz oder teilweise, nachdem sie der Verfügung der Schiffsbesatzung entzogen oder von derselben verlassen waren, von dritten Personen an sich genommen und in Sicherheit gebracht, so haben diese Personen Anspruch auf Bergelohn.

Wird außer dem vorstehenden Fall ein Schiff oder dessen Ladung durch Hilfe dritter Personen aus einer Seenot gerettet, so haben dieselben nur Anspruch auf Hilfslohn.

Der Schiffsbesatzung des verunglückten oder gefährdeten Schiffes steht ein Anspruch auf Berge- oder Hilfelohn nicht zu.

Artikel 743.

Wenn noch während der Gefahr ein Vertrag über die Höhe des Berge- oder Hilfslohns geschlossen ist, so kann derselbe wegen erheblichen Übermaßes der zugesicherten Vergütung angefochten und die Herabsetzung der letzteren auf das den Umständen entsprechende Maß verlangt werden.

Artikel 744.

In Ermangelung einer Vereinbarung wird die Höhe des Berge- oder Hilfslohns von dem Richter unter Berücksichtigung aller Umstände des Falles nach billigem Ermessen in Geld festgesetzt.

Artikel 745.

Der Berge- oder Hilfslohn umfaßt zugleich die Vergütung für die Aufwendungen, welche zum Zweck des Bergens und Rettens geschehen sind.

Nicht darin enthalten sind die Kosten und Gebühren der Behörden, die von den geborgenen oder geretteten Gegenständen zu entrichtenden Zölle und sonstigen Abgaben und die Kosten zum Zweck der Aufbewahrung, Erhaltung, Abschätzung und Veräußerung derselben.

Artikel 746.

Bei der Bestimmung des Betrages des Berge- oder Hilfslohns kommen insbesondere in Anschlag: der bewiesene Eifer, die verwendete Zeit, die geleisteten Dienste, die geschehenen Aufwendungen, die Zahl der tätig gewesenen Personen, die Gefahr, welcher dieselben ihre Person und ihre Fahrzeuge unterzogen haben, sowie die Gefahr, welche den geborgenen oder geretteten Gegenständen gedroht hat, und der nach Abzug der Kosten verbliebene Wert derselben.

Artikel 747.

Der Berge- oder Hilfslohn darf ohne den übereinstimmenden Antrag der Parteien nicht auf eine Quote des Wertes der geborgenen oder geretteten Gegenstände festgesetzt werden.

Artikel 748.

Der Betrag des Bergelohns soll den dritten Teil des Wertes der geborgenen Gegenstände (Artikel 746) nicht übersteigen.

Nur ausnahmsweise, wenn die Bergung mit ungewöhnlichen Anstrengungen und Gefahren verbunden und jener Wert zugleich ein geringer ist, kann der Betrag bis zur Hälfte des Wertes erhöht werden.

Artikel 749.

Der Hilfslohn ist stets unter dem Betrage festzusetzen, welchen der Bergungslohn unter sonst gleichen Umständen erreicht haben würde. Auf den Wert der geretteten Gegenstände ist bei der Bestimmung des Hilfslohns nur eine untergeordnete Rücksicht zu nehmen.

Artikel 750.

Haben mehrere Personen an der Bergung oder Hilfsleistung sich beteiligt, so wird der Berge- oder Hilfslohn unter dieselben nach Maßgabe der persönlichen und sachlichen Leistungen der einzelnen und im Zweifel nach der Kopfzahl verteilt.

Zur gleichmäßigen Teilnahme sind auch diejenigen berechtigt, welche in derselben Gefahr der Rettung von Menschen sich unterzogen haben.

Artikel 751.

Wird ein Schiff oder dessen Ladung ganz oder teilweise von einem anderen Schiff geborgen oder gerettet, so wird der Berge- oder Hilfslohn zwischen dem Reeder, dem Schiffer und der übrigen Besatzung des Schiffes, sofern nicht durch Vertrag unter ihnen ein anderes bestimmt ist, in der Art verteilt, daß der Reeder die Hälfte, der Schiffer ein Viertel und die übrige Satzung zusammen gleichfalls ein Viertel erhalten. Die Verteilung unter die letztere erfolgt nach Verhältnis der Heuer, welche dem einzelnen gebührt oder seinem Range nach gebühren würde.

Artikel 752.

Auf Berge- und Hilfelohn hat keinen Anspruch:

1. wer seine Dienste aufgedrungen, insbesondere ohne Erlaubnis des anwesenden Schiffers das Schiff betreten hat;

2. wer von den geborgenen Gegenständen dem Schiffer, dem Eigentümer oder der zuständigen Behörde nicht sofort Anzeige gemacht hat.

Artikel 753.

Wegen der Bergungs- und Hilfskosten, wozu auch der Berge- und Hilfslohn gezählt wird, steht dem Gläubiger ein Pfandrecht an den geborgenen und geretteten Gegenständen, an den geborgenen Gegenständen bis zur Sicherheitsleistung zugleich das Zurückbehaltungsrecht zu.

In Ansehung der Geltendmachung des Pfandrechts finden die Vorschriften des zweiten und dritten Absatzes des Artikels 697 Anwendung.

Artikel 754.

Der Schiffer darf die Güter vor Befriedigung oder Sicherstellung des Gläubigers weder ganz noch teilweise ausliefern, widrigenfalls er dem Gläubiger insoweit persönlich verpflichtet wird, als derselbe aus den ausgelieferten Gütern zur Zeit der Auslieferung hätte befriedigt werden können.

Hat der Reeder die Handlungsweise des Schiffers angeordnet, so kommen die Vorschriften des zweiten und dritten Absatzes des Artikels 497 zur Anwendung.

Artikel 755.

Eine persönliche Verpflichtung zur Entrichtung der Bergungs- und Hilfskosten wird durch die Bergung und Rettung an sich nicht begründet.

Der Empfänger von Gütern wird jedoch, wenn ihm bei Annahme derselben bekannt ist, daß davon Bergungs- oder Hilfskosten zu berichtigen seien, für diese Kosten insoweit persönlich verpflichtet, als dieselben, falls die Auslieferung nicht erfolgt wäre, aus den Gütern hätten berichtigt werden können.

Sind noch andere Gegenstände gemeinschaftlich mit den ausgelieferten Gütern geborgen oder gerettet, so geht die persönliche Haftung des Empfängers über den Betrag nicht hinaus, welcher bei Verteilung der Kosten über sämtliche Gegenstände auf die ausgelieferten Güter fällt.

Artikel 756.

Den Landesgesetzen bleibt vorbehalten, die Vorschriften dieses Titels zu ergänzen.

. Dieselben können bestimmen, daß über die Verpflichtung zur Zahlung eines Berge- oder Hilfslohns oder über den Betrag desselben von einer anderen als einer richterlichen Behörde unter Vorbehalt des Rechtsweges zu entscheiden sei.

Die Bestimmungen der Landesgesetze über die Wiedernehmung eines von dem Feinde genommenen Schiffes werden durch die Vorschriften dieses Titels nicht berührt.

Man unterscheidet also im wesentlichen zwischen „Bergelohn" und „Hilfelohn". Bergelohn wird bezahlt für die Rettung von Schiff, Schiffsteilen oder Ladung nach bereits eingetretenem Verluste, wenn der gerettete Gegenstand in den Naturbesitz des Rettenden gelangt ist; Hilfelohn für geleistete Dienste in solchen Gefahren, in welchen ein Verlust noch nicht eingetreten war und durch die Hilfe abgewendet ist. Das Charakteristische beider ist, daß sie nicht bloß durch die Leistung der Dienste, sondern auch dadurch bedingt werden, daß diese einen günstigen Erfolg gehabt haben („no cure, no pay" — kein Erfolg, keine Bezahlung).

Diese Gesetze herrschen in deutschen territorialen Gewässern, abgesehen von der Flagge des Schiffes.

3. Bergungslohn und Wrack nach den Gesetzen verschiedener Länder.

Den obigen Ausführungen ist zu entnehmen, daß in territorialen Gewässern die Gesetze des entsprechenden Staates Geltung haben. Aus diesem Grunde wollen wir die wichtigsten Entscheidungspunkte der verschiedenen Gesetze kurz streifen, und zwar die Frage des Bergungslohnes und des Eigentumrechts auf das Wrack. Vor allem ist zu bemerken, daß überall der Grundsatz: „no cure, no pay" Geltung hat und daß die Gesetze verschiedener Länder in zwei Gruppen eingeteilt werden können:

a) Der Bergungslohn wird vertraglich oder durch das Gericht festgesetzt,

b) der Bergungslohn ist prozentual von dem Werte des Schiffes abhängig.

Zur ersten Gruppe gehören außer Deutschland auch
die wichtigsten Seestaaten, und zwar:

England.

§§ 544—572 des „Merchant Shipping Act 1894" entscheiden die
Rechtsfragen über das Wrack in dem Sinne, daß alle während eines
Jahres nach der Havarie nicht gehobenen Schiffe zu dem Eigentum
der Krone übergehen.

Nach § 547 entscheidet der „High-Court-in-Salvage" alle Fragen über
den Bergungslohn, wenn die Parteien nicht einig werden können. Im
allgemeinen einigen sich in England die Parteien durch Arbitrage.

Holland.

§§ 551 und 562 des holländischen Handelsgesetzbuches entscheiden
die Fragen des Bergungslohnes. §§ 568 und 570 geben, ähnlich wie in
Deutschland, dem Gerichte das Recht, den Bergungskontrakt aufzu-
heben, falls der Bergungslohn zu übertrieben erscheint.

Skandinavische Länder (Schweden, Dänemark, Norwegen).

§§ 224—230 der skandinavischen Seegesetze entscheiden die Fragen
des Bergungslohnes in dem Sinne, daß, falls die beiden Seiten nicht
einig über die Höhe des Bergungslohnes sind, derselbe von dem Gericht bestimmt wird.

Das schwedische Gesetz vom 25. Mai 1894 hat den § 227 in dem
Sinne geändert, das dem Gerichte das Recht zusteht, die Kontrakt-
summe des Bergungslohnes abzuändern, und zwar zu verkleinern.

Frankreich.

Das Gesetz vom 29. April 1916 entscheidet über den Bergungslohn
in dem Sinne, daß die Bergung nur mit Einverständnis des Besitzers
vorgenommen werden kann, wobei auch der Bergungslohn aufgesetzt
wird. Für die Fälle jedoch, wenn der Bergungskontrakt in der Zeit abgeschlossen war, als dem Schiffe eine Gefahr drohte, kann das Gericht
die Bestimmungen des Vertrages abändern.

Portugal.

§§ 656 und 685 des Handelsgesetzbuches entscheiden die Fragen
dahingehend, daß dem Sinne nach, zwischen dem Bergungslohn und
Hilfelohn unterschieden wird. Bei Hilfe spielt der Wert der Objekte

nur eine geringe Rolle. Bei Bergung soll der Bergungslohn als ein Bruchteil des Werts des Schiffes vertraglich oder durch Gericht bestimmt werden.

Zu der zweiten Gruppe gehören nur wenige Länder, in welchen noch bis jetzt die veralteten Gesetze Geltung haben, und zwar:

Italien.

§ 134 des „Codice per la Marina Mercantile" vom 24. Oktober 1877 entscheidet, daß, falls die Bergung in offenem Meer vorgenommen ist, der Bergungsunternehmer das Recht hat auf die Vergütung seiner Ausgaben und auf $1/_8$ vom Werte des Schiffes und der Ladung.

Japan.

§ 8 des Gesetzes vom 24. April 1875 stellt folgende Sätze des Bergungslohnes fest:

$1/_{20}$ des Wertes, falls das Schiff in See schwimmt,
$1/_{10}$ des Wertes, falls das Schiff in See gesunken,
$1/_{15}$ des Wertes, falls das Schiff im Fluß schwimmt,
$1/_{13}$ des Wertes, falls das Schiff im Fluß gesunken ist.
In diesen Sätzen sind auch die Bergungskosten einbegriffen.

Estland und Lettland.

In diesen Staaten hat bis jetzt das alte russische Handelsgesetzbuch Geltung, nach welchem der Bergungslohn (einschließlich der Bergungskosten und provisorischen Reparaturkosten) auf $1/_4$ des Wertes des Schiffes bzw. Ladung festgesetzt wird, falls der Havarieplatz 1 Werst (= 1,066 km) oder mehr von dem Ufer entfernt ist. Falls der Havarieplatz näher zum Ufer liegt, soll $1/_6$ des Wertes bezahlt werden.

4. Praktische Folgen der Rechtsfeststellung.

Im juristischen Sinne können die vorkommenden Havarien in die folgenden zwei Kategorien eingeteilt werden.

1. Schwere Havarien, bei welchen die Schiffe auf einer mehr oder weniger gefährlichen Stelle aufgelaufen sind, ein Leck erhalten haben, von Wasser gefüllt wurden und gesunken sind. Dieser Fall entspricht der eigentlichen Bergung, und dabei kommt ein Bergelohn in Frage.

2. Leichte Havarien, bei welchen die Schiffe an einer geschützten Stelle aufgelaufen sind und auf dem Grunde festsitzen, ein kleineres Leck erhalten haben, das jedoch mit eigenen Pumpen beherrscht

werden kann, oder die Schiffe sind gar nicht leck geworden. Hier kommt eigentlich der Hilfelohn in Frage.

Die zur ersten Kategorie gehörenden Schiffe können nur mit Fahrzeugen, welche mit Pumpen und Bergungsgerät versehen sind, geborgen werden. Diese Havarien verursachen den Kasco-Assekuradeuren schwere Ausgaben sowohl an Bergungslohn wie auch in Form von Reparaturkosten. Außerdem entstehen den Ladungsassekuranten größere oder kleinere Kosten, deren Höhe von der Empfindlichkeit der Ladung sowie von deren Behandlung nach der Löschung aus dem havarierten Schiff abhängt.

Havarierte Schiffe der zweiten Kategorie sind dagegen bedeutend leichter flott zu machen, wie das aus den vorigen Kapiteln zu ersehen ist. Das trifft insbesondere bei Schiffen, welche mit Ladung an Bord angelaufen sind und an einer geschützten Stelle liegen, zu. Sie können in den besten Fällen mit Hilfe von Bugsierbooten, Leichtern und privaten Tauchern geborgen werden. In diesem Falle kommt eigentlich der Hilfelohn in Frage in dem Sinne, wie er nach deutschem Recht und nach dem Recht einiger anderer Staaten verstanden wird.

Falls ein Bergungskontrakt unterschrieben wird, so ist gewöhnlich der Wortlaut desselben wie folgt:

„Der unterzeichnete Kapitän des havarierten Schiffes .... aus .... nun liegend .... und ohne Möglichkeit, sich selbst helfen zu können, überläßt hiermit im Namen des Schiffsbesitzers die Bergung seines Schiffes und der Last dem Bergungsdampfer ...., gehörend ...., um lt. dem Grundsatz „no cure no pay" das obengenannte Schiff bergen und bis zum nächsten sicheren Hafen bewahren zu versuchen. Der Bergungslohn beträgt .... (oder der Bergungslohn ist laut Gesetz bestimmbar)."

Aus diesem Text ist zu entnehmen, daß der übliche Kontrakt eigentlich dem Falle einer Bergung entspricht, also den Havarien, welche zur ersten Kategorie gehören. Falls die Lage des Schiffes nicht schwer ist und eigentlich die zweite Kategorie der Havarie vorliegt, so ist es für den Kapitän nicht ratsam, einen solchen Kontrakt überhaupt zu unterzeichnen, da er später dem Besitzer schwere materielle Verluste bringen kann.

Weiter ist zu bemerken, daß sich der Kapitän des havarierten Schiffes durch Unterzeichnung des Kontraktes verpflichtet, die Bergungsarbeiten an seinem Schiffe nebst Ladung der Bergungsgesellschaft zu überlassen. Von der Bergungsgesellschaft wird jedoch dieser Vertrag nicht unterzeichnet. Sie behält also während der Bergungsarbeit die Freiheit, den Umständen nach zu handeln, d. h. die Arbeit fortzusetzen oder sie abzubrechen, je nachdem sie sich als lohnend erweist oder nicht. Solche einseitigen Verträge dürften wohl im gewöhnlichen Geschäftsleben selten vorkommen. Die Reedereien bzw. Versicherer leiden manchmal unter den Folgen dieser Verträge.

Weiter ist zu bemerken, daß die Praxis sich nunmehr dahin entwickelt hat, daß die Bergungsgesellschaften in Erfüllung des allgemein üblichen Bergungskontraktes die Bergung und Überführung des havarierten Schiffes bis nach dem nächsten sicheren Hafen gewöhnlich bis zur nächsten Stadt bewerkstelligen. Mit dieser Überführung ist die Bergungsgesellschaft ihren im Bergungskontrakt angegebenen Verpflichtungen nachgekommen. Das havarierte Schiff muß jedoch noch weiter provisorisch dicht gemacht werden, um im Falle von kleineren Schäden die Reise nach dem Bestimmungsort fortzusetzen oder im Falle von schweren Beschädigungen unter Assistenz nach dem Reparaturhafen überführt zu werden. Diese provisorischen Reparatur- und Schleppkosten, die oft zu bedeutenden Beträgen steigen, müssen die Assekuranten außer der vereinbarten Summe des Bergungslohnes verlegen.

Unter diesen Umständen ist es klar, wenn an einer Stelle die Konkurrenz zwischen den Bergungsgesellschaften aufgehört hat, daß es dann dem Assekuranten schwerfällt, die Kosten in den mit ihren Interessen vereinbarten Grenzen zu halten; insbesondere in Fällen, wo solche Bergungen, welche Pumpenkraft erfordern, in Frage kommen. Die Seegesetze einiger Staaten bestimmen die Höhe des Bergungslohnes für solche Bergung; doch können die Bergungsgesellschaften nie gezwungen werden, gesetzmäßige Bedingungen anzunehmen. Es bleiben also nur direkte Verhandlungen mit den Bergungsgesellschaften übrig, und der Schluß dieser Verhandlungen ist gewöhnlich der, daß die von der Bergungsgesellschaft gestellten Forderungen gutgeheißen werden.

Wir haben auch gesehen, daß nach Gesetzen von verschiedenen Ländern die Gerichte den festgesetzten Preis verkleinern können, und es sind auch einige Fälle bekannt, wo durch einen Prozeß auch eine starke Verkleinerung der Summe gelungen ist. Am merkwürdigsten ist wahrscheinlich das folgende Beispiel: Bei der Bergung des Dampfers „Russud" bei Sulina (Rumänien) 1920 wurde der Bergelohn auf 765 000 Lei festgesetzt; die Bergungsgesellschaft erwarb auch nach dem Erfolg der Bergung ein gerichtlich festgesetztes Pfandrecht auf das Schiff. Trotzdem ist es gelungen, dieses Gerichtsurteil anzufechten, und zuletzt wurde eine friedliche Vereinbarung mit der Bergungsgesellschaft zum Preise von 270 000 Lei getroffen.

Trotzdem ist die wichtigste Maßnahme, die seitens der Assekuradeure zu ergreifen ist, um übereilten Abschlüssen von Bergungskontrakten vorzugreifen, daß sie den Reedereien umgehende Mit-

teilung über die Lage des Schiffes machen und auch, daß der Kapitän
keinen Bergungsvertrag abschließen darf und auch keiner Bergungsgesellschaft die Bergungsarbeiten ohne Vertrag zu beginnen erlaubt, bevor
die Versicherer ihre Genehmigung dazu erteilen. Es sind gerade die
übereilten Abschlüsse von Bergungsverträgen, welche von den Kapi-
tänen der havarierten Schiffe gemacht werden, welche die Bemü-
hungen der Versicherer, die havarierten Schiffe vermittels privaten
Bergungsgeräts zu retten, in den meisten Fällen nichtig machen. Denn
häufig ist der Vertrag bereits abgeschlossen, wenn die Versicherer
Mitteilung über die Havarie erst erhalten. Da hilft es wenig mehr,
daß das havarierte Schiff vielleicht an einer geschützten Stelle liegt
oder daß die Arbeit eventuell leichtester Art ist. Die Bezahlung des
Bergungslohnes erfolgt dann nach den Gesetzen des Staates, und meist
ist von den direkten Kosten nicht zu reden.

5. Einige Verhaltungsregeln für den Kapitän in Hava-
riefällen unter Berücksichtigung der Versicherungsbedingungen.

Andienung.

Jeder Unfall, auch wenn dadurch ein Entschädigungsanspruch an die
Versicherer nicht begründet wird, ist, sofern er für die von den Ver-
sicherern zu tragende Gefahr erheblich ist, sofort der Reederei zu
melden, damit diese zur Aufrechterhaltung der Versicherung den Asse-
kuradeuren entsprechende Anzeige machen kann.

Schadenfeststellung.

Eine zu Lasten des Versicherers gehende Beschädigung ist unverzüglich durch Sachverständige festzustellen. Für die Versicherer wird
der Sachverständige durch den zuständigen Havarieagenten, in Deutschland den Agenten des Vereins Hamburger Assekuradeure, der sofort
zu benachrichtigen ist, bestimmt. Zur Vertretung der Interessen der
Reederei hat der Kapitän oder der Reedereiagent gleichfalls einen
Sachverständigen zu ernennen.

Schadenverhütung und -minderung.

Alle Aufwendungen, die beim Eintritt des durch Versicherung ge-
deckten Unfalles zur Abwendung oder Minderung des Schadens gemacht und den Umständen nach für geboten gehalten werden durften,
tragen die Versicherer, selbst dann, wenn solche Maßnahmen erfolglos
bleiben. Nach Möglichkeit ist jedoch die Zustimmung des nächsten
Havarieagenten zu solchen Unternehmungen einzuholen.

Abnutzungs- und Altersschäden.

Die Versicherer haften nicht für Schäden, die als Folge der Abnutzung im gewöhnlichen Gebrauch oder durch Alter, Fäulnis, Rost oder Wurmfraß verursacht sind.

Als Folgen der Abnutzung gelten auch:

1. Wegwehen oder Zerreißen oder sonstige Beschädigung der Segel (auch infolge Prangens).

2. Beschädigung von Ankern, Tauen, Ketten oder laufendem Tauwerk.

3. Die absichtliche Opferung von Tauen, Segeln, Ankern und Ankerketten infolge solcher Beschädigung.

Segel, die durch Sturzseen oder Brechen von Rundhölzern beschädigt werden, ferner Schäden an festgemachten Segeln werden von der Versicherung ersetzt.

Forcieren von Eis.

Schäden, die dadurch verursacht werden, daß das Schiff feststehendes Eis durchbricht, werden nur vergütet, wenn solches Forcieren zur Abwendung oder Minderung eines dem Versicherer zur Last fallenden Schadens erforderlich ist.

Strandungsfall.

Es ist oftmals von erheblicher Bedeutung, ob ein Schaden auf einen Strandungsfall zurückzuführen ist oder nicht.

So haften die Versicherer für Beschädigung des Kajüteninventars und der maschinellen Einrichtungen nur im „Strandungsfalle". Zu letzteren gehören insbesondere die Hauptmaschinen (einschl. der zu ihrem Betriebe erforderlichen Hilfsmaschinen und Einrichtungen der Kesselanlage mit Schornstein, Wellenleitung, Schraube), Decksmaschinen, Dampfsteuer mit Ruderleitung bis zum Quadranten, Pumpen für Bordzwecke, elektrische Lichtanlage, Anlage für drahtlose Telegraphie und Kühlmaschinenanlage.

So sind im „Strandungsfalle" auch Schäden von weniger als 3% der Versicherungstaxe (resp. der Separattaxe) zu vergüten.

Eine Strandung im Sinne der Versicherungsbedingungen liegt vor, wenn das Schiff:

1. auf Grund gerät; 2. kentert, sinkt, scheitert; 3. mit anderen Fahrzeugen oder Gegenständen aller Art zusammenstößt; 4. beschädigt wird durch Blitzschlag oder 5. Eis.

Bergung.

Muß das in Seenot befindliche Schiff Hilfeleistung in Anspruch nehmen, ohne daß die Möglichkeit besteht, Reederei oder Versicherer bei dem Abschluß des Bergungsvertrages mitwirken zu lassen, so darf der Kapitän keinerlei bindende Verpflichtung hinsichtlich der Höhe des Hilfslohnes oder dessen Festsetzung durch ein bestimmtes Schiedsgericht eingehen. Abkommen mit den Bergungsdampfern sind nur zu schließen auf der Grundlage „kein Erfolg, keine Zahlung", und wegen der Höhe des Hilfslohnes ist mangels späterer gütlicher Übereinkunft gerichtliche Entscheidung vorbehalten. Ein unter Ausnutzung der Notlage des Kapitäns erzwungener Vertrag auf anderer Basis ist unsittlich und demnach ungültig.

Bei der Ablegung der Verklarung ist sehr sorgfältig zu verfahren. Wenn auch die Situation die Bergungsmaßnahmen rechtfertigen muß, so hüte man sich doch vor allzu ungünstiger Darstellung der Lage des Schiffes, um nicht damit dem Berger die Hand zur Erzielung eines ungerechtfertigten Bergelohnes zu bieten.

Kollision.

Die größten Anforderungen an den Kapitän stellen die Kollisionsfälle. Es ist unmöglich, bei der Verschiedenheit solcher Fälle erschöpfende Instruktionen zu erteilen. Soweit sich Kollisionen im Hafen ereignen, wird es fast immer möglich sein, sofort den Vertreter des Vereins Hamburger Assekuradeure eingreifen zu lassen. Wo dies nicht angeht, muß der Kapitän dafür sorgen, daß der Gegner vor Antritt der Weiterreise ausreichende Sicherheit für den angerichteten Schaden leistet. Der Kapitän muß sich vergegenwärtigen, daß der Gegner einstweilen für den Schaden nur mit seinem Schiff und der Fracht haftet; geht dieses Schiff vor Beendigung seiner Reise total verloren, so ist ein Regreß hinfällig, wenn nicht eine persönliche Bürgschaft seines Reeders oder dessen Vertreters erlangt oder eine Bar- oder Bankgarantie gestellt worden ist. Zu der Feststellung des erlittenen Kollisionsschadens ist der Gegner hinzuzuziehen. Ist solche Aufforderung unmöglich oder wird ihr nicht stattgegeben, so muß der Schaden durch offizielle Organe (Handelskammersachverständige, Hafenkapitän usw.) festgestellt werden. Bei nächster Gelegenheit muß Verklarung abgelegt werden.

Sollte der Gegner seinerseits Ansprüche erheben, so darf der Kapitän niemals ohne Zustimmung des Vereinsvertreters seine Haftung für den angerichteten Schaden anerkennen. Drohender Arrest ist durch sofortige telegraphische Benachrichtigung der Reederei abzuwenden.

In deutschen Gewässern ist ein unter Zwangslotsen fahrendes Schiff ohne weiteres entlastet, es sei denn, daß den Anordnungen des Lotsen nicht gefolgt ist oder die Schiffseinrichtungen versagt haben. Diese Frage muß daher im Unfallbericht besonders eingehend behandelt werden.

Bei Kollisionen auf hoher See bleibt das weitere Handeln fast immer Aufgabe der Reederei und des Versicherers, die auf dem schnellsten Wege in Kenntnis gesetzt werden müssen.

Große Havarie.

Schäden und Kosten, die in Havarie-große zu verrechnen sein werden, müssen für den Anteil der Ladung vor deren Auslieferung durch Unterzeichnung von Havarie-große-Verpflichtungsscheinen durch die Ladungsempfänger und evtl. durch Stellung von Bank- oder Bargarantie sichergestellt werden. Der Kapitän muß dabei versuchen, wenn nicht bereits laut Konnossement vereinbart, die schriftliche Zustimmung des Ladungsinteressenten zur Dispensierung der großen Havarie in Hamburg zu erlangen. Hat das Schiff Ladung werfen müssen, so sind genaue Feststellungen hierüber zu machen, bei losem Gut durch amtliche Verringerung der ausgelieferten Menge. Beschädigungen an der Ladung sind gleichfalls durch amtliche Organe festzustellen. Bei ganzen Ladungen empfiehlt sich auch offizielle Wertschätzung, dagegen dürfte dies in der Regel bei Stückgütern überflüssig sein. Falls im Konnossement nichts anderes vereinbart, muß auch der Wert des Schiffes im beschädigten Zustand zur Zeit und am Orte der Trennung von Schiff und Ladung offiziell geschätzt werden.

Erfolgt diese Trennung an einem anderen Ort als dem der gemeinsamen Bestimmung, so muß die Havarie-große-Verpflichtung des Ladungsinteressenten vor Weiterverladung vorliegen. Solche vorzeitige Auslieferung der Ladung darf übrigens nicht ohne Zustimmung der Reederei und der Versicherer erfolgen. Auch über solche Fälle ist sofort Verklarung abzulegen.

Seefähigkeitsattest.

Nach jedem Unfall, durch den das Schiff Beschädigungen erlitten hat, muß vor Antritt der Weiterreise ein Seefähigkeitsattest beschafft werden, um dem etwaigen Einwand der Seeuntüchtigkeit seitens der Ladungsinteressenten oder der Kasko-Versicherer begegnen zu können.

XX. Patente und Vorschläge zur Schiffsbergung.

In diesem Kapitel sind verschiedene beachtenswerte Patente und Vorschläge auf Grund der Berichte der Erfinder erwähnt bzw. beschrieben worden. Zu der Frage der praktischen Anwendungsmöglichkeit haben die Verfasser nicht Stellung genommen.

1. Deutsche Patente.

Die wichtigsten im Deutschen Reich patentierten Erfindungen, welche für Zwecke der Schiffsbergung dienen sollen, gehören zu der Klasse 65 und sind weiter benannt bzw. beschrieben:

1. D. R. P. 92 963. Milford Pneumatic Salvage Company, New-York: Einrichtung zum Ablassen von Druckluft aus Hebekaissons.

2. D. R. P. 115 849. H. Dalström: Einrichtung zum Heben von Wracken mittels Fahrzeugs mit längsschiffsliegenden Kranbalken.

3. D. R. P. 130 840. F. G. Nielsen: Festhalten und Verschluß von Karbidbehältern in Pontons.

4. D. R. P. 150 573. H. A. Hansen: Befestigung von Hebepontons mit Tauen.

5. D. R. P. 205 029. H. Thölen: Hakenstange zum Unterführen von Hebetrossen unter Wracken.

6. D. R. P. 215 199. Ph. v. Klitzing: Hebedoppelschiff mit Windwerken und unterschiebbarem Boden.

7. D. R. P. 299 533. W. Zadow: Vorrichtung zum Heben von Gegenständen aus großen Meerestiefen.

8. D. R. P. 300 489. E. Quoika: Verfahren und Vorrichtung zum Heben gesunkener Schiffe oder anderer Gegenstände.

9. D. R. P. 303 285. E. Grundt: Aus längsschiffs hintereinander angeordneten aufblasbaren Behältern bestehende Leckdichtung für Schiffe (siehe Abb. 150). Die Patentschrift lautet:

Die vorliegende Erfindung füllt eine bisher bei allen Havarien und Bergungsversuchen schwer empfundene Lücke in den hierzu geeigneten wenigen Hilfsmitteln aus, indem das pneumatische Lecksegelkissen die Möglichkeit bietet, durch Minen, Torpedos, Eisberge, Riffe usw. unter Wasser beschädigte Schiffe schwimmfähig zu erhalten bzw. wieder schwimmfähig zu machen.

Bekannt sind bisher nur einfache aufblähbare Behälter, die an der Schiffsaußenwand angeordnet werden, sich hierbei stark an die Außenhaut anpressen und das Deplacement des Schiffes vergrößern. Die bekannten Vorrichtungen dienen meist nur als Hebepontons, die entweder neben der Leckage angebracht werden oder kleinere Öffnungen dabei zufällig mit verschließen können.

Die Eigenart der Erfindung beruht demgegenüber in der Zusammensetzung vieler Schwimmkörper zu einem Leckdichtungsgerät, welches infolge seiner inneren Einteilung eine starre Form behält, auch wenn in der anschließenden Bordwand eine größere Fläche fehlt. Ferner ist eine beliebige Formänderung des Kissens durch Änderung des Luftdruckes in den einzelnen Zellen möglich.

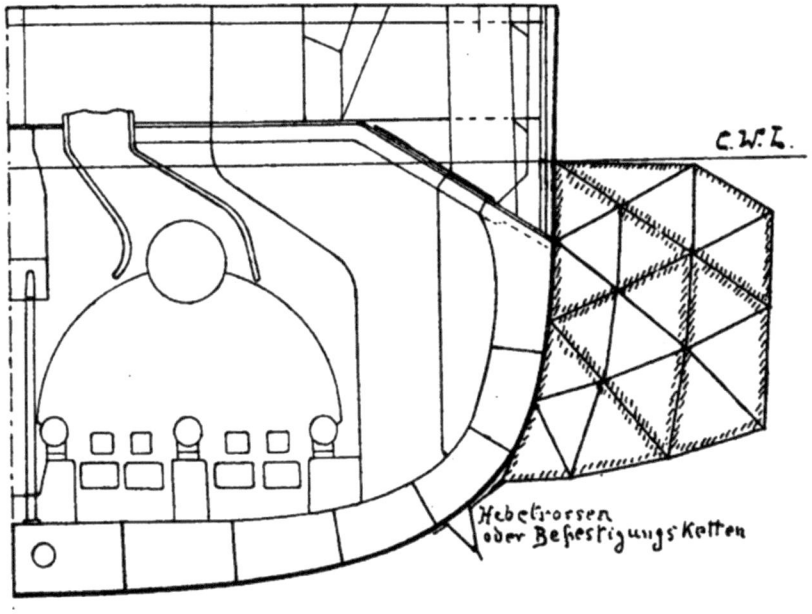

Abb. 150. Leckdichtung für Schiffe.

Die Leckdichtungseinrichtung besteht aus längsschiffs hintereinander angeordneten Behältern, die in geeigneter Weise miteinander verbunden werden. Jeder Behälter ist wieder durch Längswände in prismatische Einzelbehälter unterteilt. Durch Einblasen von komprimierter Luft nimmt die Vorrichtung die Gestalt eines Leckkastens an, erhält hierdurch Auftrieb und legt sich, in sich starr bleibend, mit seinen für einen wasserdichten Abschluß besonders vorgesehenen Dichtungsflächen fest an die Bordwand an. Die Einzelbehälter erhalten Sicherheitsventile, welche je nach ihrer Tiefenlage und ihrem Abstand von der neutralen Faser des Kissenträgers eine verschiedene Druckluftspannung der aufgeblähten Zellen zulassen. Das Kissen wird durch unter dem Schiff hindurchgenommene oder an besonderen Augen befestigte Hilfsleinen an die havarierte Stelle gebracht und dann mittels Stahltrossen oder Ketten mit dem Schiff fest verbunden.

P a t e n t a n s p r u c h : Aus längsschiffs hintereinander angeordneten, aufblasbaren Behältern bestehende Leckdichtung für Schiffe, dadurch gekennzeichnet, daß die Behälter durch Längswände in prismatische Einzelbehälter unterteilt sind.

10. D. R. P. 303 721. W. Bey: Hebeschiff für gesunkene Schiffe.

11. D. R. P. 306 266. G. Stüben: Mit Elektromagneten vorgesehene Leckplatte.

12. D. R. P. 308 250. Deutsche Maschinenfabrik A. G.: Aus zwei Schwimmkörpern bestehendes Hebe- und Bergungsschiff.

13. D. R. P. 308 605. Deutsche Maschinenfabrik A. G.: Zusatz zu D. R. P. 308 250.

14. D. R. P. 312 485. M. Weber: Auf zwei Schiffe sich stützendes Bockgerüst zur Hebung gesunkener Schiffe auf kardanisch gelagerten Fußstützen.

15. D. R. P. 314 229. G. Giem: Vorrichtung zum Heben von untergegangenen Schiffen.

16. D. R. P. 314 643. E. Schmitz: Vorrichtung zum Heben von Gegenständen im Wasser.

17. D. R. P. 316 572. Monrad Wilk: Ponton zum Heben gesunkener Gegenstände.

18. D. R. P. 322 726. C. Motzigkeit: Zylindrisches Tauch- und Hebeboot aus zusammenschiebbaren Teilen.

19. D. R. P. 326 998. M. Wijg: Versenkbarer Hohlkörper zum Heben gesunkener Gegenstände.

20. D. R. P. 332 276. Deutsche Maschinenfabrik A. G.: Hebe- und Bergungsschiff.

21. D. R. P. 334 883. Deutsche Maschinenfabrik A. G.: Hebe- und Bergungsschiff.

22. D. R. P. 334 945. A. F. Lee: Tauchfähiges Bergungsschiff. Siehe weiter Unterkapitel 10.

23. D. R. P. 339 020. Deutsche Maschinenfabrik A. G.: Hebeschiff mit zwei getrennten Schwimmkörpern.

24. D. R. P. 341 856. Schürer: Hebevorrichtung für gesunkene Schiffe.

25. D. R. P. 344 579. Basting: Gerät zum Anbringen von Hebezeugen am Rumpf gesunkener Schiffe.

26. D. R. P. 346 575. Neufeld & Kuhnke: Vorrichtung zum Absuchen des Meeresbodens mittels eines bemannten Unterwasserfahrzeuges.

27. D. R. P. 348 875. Alexander: Leckdichtung für Schiffe.

28. D. R. P. 350 853. Charlitschek und Zander: Tauchpanzer mit den äußeren Wasserdruck aufnehmenden Wänden.

29. D. R. P. 403157. Königer und W. Kiewull: Verfahren zum Gefrieren von Flüssigkeitsstellen innerhalb einer Flüssigkeit zum Zwecke des Hebens von Gegenständen oder ähnlichen Zwecken.

30. D. R. P. 405898. W. Kiewull: Lecksegel. Nach dieser Erfindung wird das dichte Aufliegen und das Versteifen des Lecksegels durch Eisbildung bewirkt.

31. D. R. P. 405899. W. Kiewull: Verfahren zum Bergen, insbesondere von gesunkenen Schiffen durch Gefrierverfahren.

Die letzten drei Verfahren sind im folgenden Unterkapitel näher besprochen.

2. Vereisung von Schiffslecken.

Zu den modernen Mitteln, havarierte Schiffe zu heben und zu bergen, gehört auch das Vereisungsverfahren, welches durch die Bergungs-

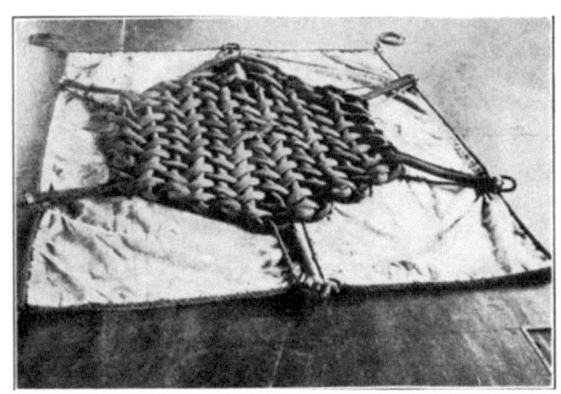

Abb. 151. Eisbildung am Lecksegel.

studiengesellschaft Berlin nach den Patenten von Dipl.-Ing. Kiewull und Professor Königer entwickelt wurde. Nach der allgemeinen Beschreibung und Anwendung des Verfahrens bei verschiedenen Bergungsfällen können Beschädigungen des Schiffsrumpfes durch Eisbildung gedichtet, versteift und so abgeschlossen werden, daß das Wasser aus dem Rumpf entfernt werden kann. Die Eisbildung erfolgt im offenen Wasser direkt an der Leckstelle. Das Kältemittel (NH_3CO_2) oder der Kälteträger (Sole, Öl) werden im flüssigen Zustand an die Leckstelle geleitet, wo durch Entziehen der Wärme das Seewasser zu Eis erstarrt. Der Eiserzeuger ist ein System von elastischen Rohren; ein Komplex von Schläuchen; ein Gebilde von Säcken oder Widerständen. Der Eishersteller ist eine Kältemaschine normaler Bauart, welche im Kreisprozeß arbeitet oder eine Absorptionsanlage, die selbständig oder in Verbindung mit einer Kältemaschine wirkt. Eis aus Seewasser haftet auf Grund praktischer Versuche am Eisen mit großer Druckfestigkeit.

Es war in Aussicht genommen, dieses Verfahren bei der Bergung des spanischen Kriegsschiffes „España" zu benutzen, welches vor der afrikanischen Küste bei Melilla derart gestrandet war, daß eine Felsenspitze den Schiffsboden an einer unzugänglichen Stelle durchbohrt hatte. Es kam hier darauf an, das Panzerdeck innerhalb der Zitadelle zu vereisen. Es war beabsichtigt, auf Deck einen Behälter mit einem Kälteöl zu füllen und dieses Öl in einem auf ca. 30 Grad abgekühlten Zustand einige Tage lang auf dem abgeschlossenen Panzerdeck zirkulieren zu lassen. Leider zerstörte ein Orkan das Schiff kurz bevor

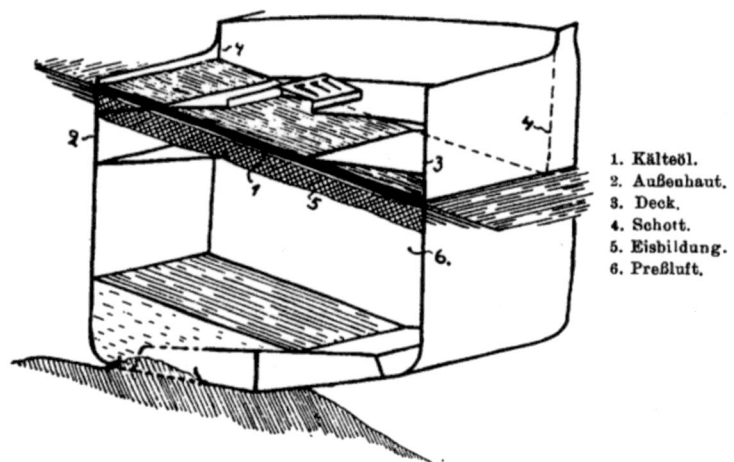

1. Kälteöl.
2. Außenhaut.
3. Deck.
4. Schott.
5. Eisbildung.
6. Preßluft.

Abb. 152. Leckdichtung bei Bodenbeschädigung mittels Kälteöls.

der sehr gut vorbereitete Bergungsversuch stattfinden konnte, so daß die nach der Unfallstelle schon unterwegs gewesene Eismaschine nicht mehr in Tätigkeit treten konnte.

Nach einem Patent des Dr.-Ing. Berlowitz, Berlin, wird das Eisbergungsverfahren dahin weiter ausgebaut, daß nach diesem Vorschlag um das Leck eine im wesentlichen aus Eis bestehende Hülle gebildet wird, die schachtförmig über Wasser ragt, deren untere Ränder am Schiff angefroren werden und welche ein Einsteigen zwecks Arbeitens an der Leckstelle ermöglichen. Bei größeren Wassertiefen ist sogar eine Luftschleuse vorgesehen.

Nachdem es gelungen ist, zur Eisbildung auch Kälteturbinen zu bauen, die bei verhältnismäßig geringen Dimensionen und geringem Gewicht eine bedeutende Kalorienanzahl erzeugen, liegt der Gedanke nahe, das Element, welches die Leckstellen umgibt, nämlich das Wasser, selbst zur Leckdichtung heranzuziehen. Es soll möglich sein, durch besondere Vorrichtungen zu verhindern, daß bei fließendem Wasser die gekühlten Wassermoleküle nicht fortschwimmen und hierdurch eine lokale Eisbildung unmöglich machen. Der Wasserdruck unterstützt die Eisbildung, das Salzwasser bildet in diesem Falle sehr hartes Eis. Sind in der Nähe des Lecks im Eisen lange Risse vorhanden, so werden dieselben sich von selbst schließen. Man ist bei diesem Verfahren nicht auf die Angaben und die Geschicklichkeit der Taucherarbeiter angewiesen, da die Natur, angetrieben durch technische Erreger, alle notwendigen Dichtungsarbeiten selbst besorgt. Es ist nur eine Frage der Kalorienanzahl, die man erzeugen läßt, und eine Frage der Zeit, wie lange man dieselbe zur Wirkung bringt.

3. Preßluft auf Schiffen.

1912 hat Ingenieur Watherspoon (Kanada) die Anordnung von Preßluftanlagen auf Schiffen vorgeschlagen, um die schädlichen Wirkungen der Außenhautsbeschädigungen zu vermindern. Die Anordnung besteht im wesentlichen in der Durchführung einer Luftdichtheit der einzelnen Räume des Schiffes, um auf solche Weise die Einführung der Luft gleich nach der Havarie zu ermöglichen.

Dieser Vorschlag entstand als eine Folge der Anwendung der Preßluft bei den Bergungen, und zwar hatten hier die obenbeschriebenen Bergungsversuche des amerikanischen Kreuzers „Yankee" einen bestimmten Einfluß ausgeübt. Falls die einzelnen Räume dieses Schiffes luftdicht ausgeführt wären, so würde es einfach gewesen sein, die Bergung durchzuführen.

Um den Luftdruck auf einzelne Teile, den Schotten bzw. Decks, zu verkleinern, hat Watherspoon das Schiff auf eine Reihe von Druckzonen geteilt, auf solche Weise, daß der wirkende Unterschied des Druckes nicht größer als der Druck bei Wasserbeflutung ist.

Diese Einrichtung kann besonders leicht auf den Kriegsschiffen ausgeführt werden, da dieselben über ein ausgedehntes System der Rohrleitungen verfügen, welche auch zu der Einführung der Preßluft benutzt werden können. Als Quelle der Preßluft wirkt eine Kompressoranlage; als Reserve dient eine Preßluftbatterie.

Die oben beschriebene Anordnung ist auf folgenden Kriegsschiffen der Vereinigten Staaten aufgestellt worden: „Nevada", „Oklahoma", „North Carolina".

4. Schutzmittel zur Erhaltung der Schwimmfähigkeit der Schiffe in besonders gefährdeten Gewässern.

Ein Patent von Grundt dient dem Schutze von Spezialschiffen gegen Unterwassergefahr, wie solche beispielsweise durch Minen, Torpedos, Eisberge, Riffe bedingt wird, derart daß bei Havarien die Schwimmfähigkeit erhalten bleibt. Diese Erfindung hat Anwendung gefunden bei Sperrbrechern, Lazarettschiffen und Spezialschiffen mit besonderen Aufgaben und sich gut bewährt. Die Schutzladung ist in folgender, aus der Abb. 153 ersichtlichen Weise ausgeführt: In den Laderäumen über dem Doppelboden wird zu unterst eine Schicht Sand (a) gelagert. Auf die Fläche dieses geebneten Sandes kommt hierauf eine Abdeckung aus dicht nebeneinander liegenden Baumstämmen (b). Grätingartig darüber werden dann kreuzweise Baumstämme (c) gelegt und miteinander vernagelt, damit das Holzwerk in sich festen Halt bekommt. Als oberste Holzschicht wird eine Lage Stellungsdielen (d) sanddicht aufgenagelt. Auf diese durchlaufende Fläche wird eine dünne Sandschicht geworfen, auf welcher in aufrechter Stellung. die unterste Lage verspundeter Fässer ohne gegenseitige Berührung (d. h. mit ca. 5—10 cm Zwischenraum am Faßbauch) zur Aufstellung kommt (e). Diese unterste Lage von Fässern wird darauf derartig mit Sand überschüttet, daß die Zwischenräume voll ausgefüllt werden und auf den Faßdeckeln eine ebenfalls wieder einzunehmende Sandschicht entsteht (f). Dieses Spiel wiederholt sich in Übereinanderstauung und Sandverfüllung bis unter die Decke des Laderaums. Die Laderäume müssen durch die Schutzladung bis unter die Schottendecksbeplattung so dicht aufgefüllt werden, daß ohne Zerstörung der Ladung ein weiteres Vollaufen der Laderäume und eine hierdurch entstehende Gewichtsvermehrung nicht mehr möglich ist. Der Kollisionsraum am Bug des Schiffes ist bis über die Wasserlinie hinaus mit Stauholz (g) zu füllen, um das Vorschiff bugsicherer zu machen. Die Lukendeckel werden im Schottendeck durch Mauerlatten nach oben abgesteift und über die Länge des Schiffs mittschiffs zweckmäßig ein hölzernes Schlagwasserschott (h) auf dem Schottendeck errichtet. Die Doppelbodentanks sind möglichst leer zu fahren.

Die beabsichtigte Wirkung der Schutzladung ist folgende:

Unter der Annahme, daß z. B. eine Mine durch das fahrende Schiff heruntergedrückt wird und die Explosion am Boden im Bereich des Doppelbodens des Schiffkörpers auftritt, findet durch die leeren Doppelbodentanks die erste Abschwächung des Druckes statt. Nach Durchschlagen der inneren Doppelbodenwand findet sich eine verhältnismäßig niedrige Sandschicht vor, die als leichter Puffer wirkt und die lokalen Drücke, welche an den Durchbruchsstellen des Doppelbodens auftreten, auf eine größere Fläche verteilt. Es muß dann die unterste Lage der dicken Baumstämme, die dicht aneinander gelegt sind, zerbrochen werden, wodurch schon ein Teil der Explosionsarbeit vernichtet wird und Eisensplitter unschädlich gemacht werden. Es wird erwartet, daß dann in der Holzgräting die Hauptzerstörung und Zermürbung des Widerstandes auftritt. Da durch die kreuzweise gelegten Balken ein großer Luftraum geschaffen worden ist, wird der Explosions-

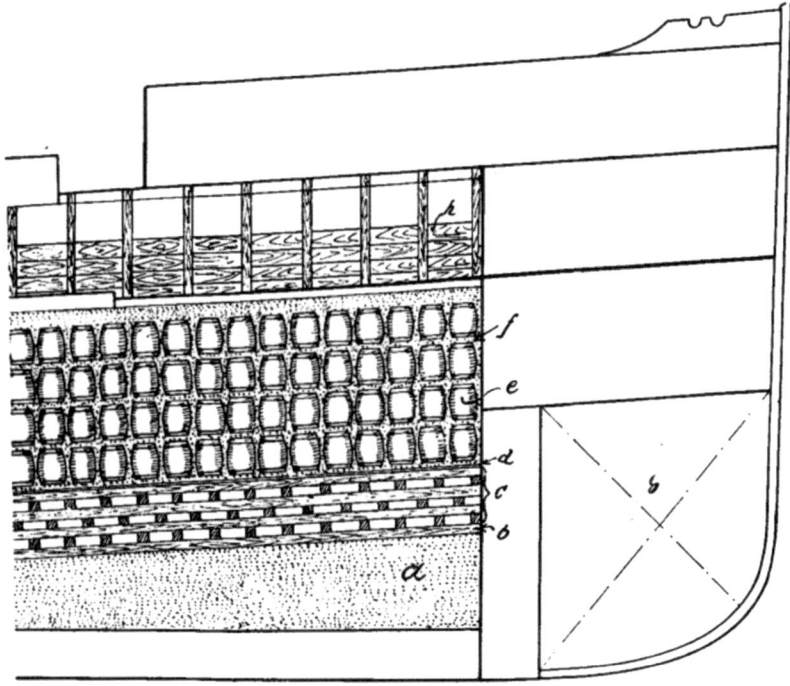

Abb. 153. Schutzladung.

druck entsprechend der Volumenvergrößerung sich vermindern und sich auf die ganze über der Holzgräting befindlichen Fässer und Sandpackung ausdehnen können. Die Fässer sind überall von Sand umgeben, und der Druck wird deshalb sofort auf alle Fässerwandflächen gleichartig verteilt. Da wo der Druck noch zu groß ist, werden die eichenen, verspundeten Ölfässer platzen, den Luftraum an dieser Stelle vergrößern und den Explosionsdruck vermindern, so daß die Explosionskraft, je mehr sie sich den abgrenzenden Wänden des Laderaums nähert, immer kleiner und gleichmäßiger werden wird. Die Ladung hat also den Erfolg einer nach allen Richtungen hin wirkenden Feder angenommen,

die die Explosionskräfte abschwächt und nach den Decks und Schott-
wänden gleichmäßig überträgt. Ist der auf das Schottendeck kommende Druck noch zu groß, so wird die Lukenabstützung wie ein Sicher-
heitsventil wirken und ein Durchbrechen der eisernen Deckplatten
verhindern. Es ist jedoch zu erwarten, daß die ganze Umsetzung der
Kraftenergie in Zerstörungsarbeit innerhalb der Schutzladung stattfindet und sich nicht auf die eisernen Schiffsteile überträgt. Da die
Schottwände durch den Inhalt des benachbarten Laderaums gleichzeitig gut abgestützt sind, so wird eine Zerstörung derselben nicht mehr

Abb. 154. Wirkung der Minenexplosion auf die Außenhaut.

eintreten. Gleichzeitig wird die homogene Absteifung der Schiffs-
wände ein Zerfetzen der Außenhautplatten verhindern und die Größe
der Havarieöffnung sowie die in das Schiffsinnere eindringende Gas-
menge verkleinern. Die Undurchlässigkeit des Sandes für Geschosse
wird ebenfalls mit dazu beitragen, die Ausdehnung des Lecks und die
Folgen der Minenwirkung zu beeinträchtigen. Die Schwimmfähigkeit
des Schiffes nach einer Havarie wird sich nun folgendermaßen gestalten:

Die Laderäume sollen so gestaut werden, daß ihr Rauminhalt unge-
fähr aus $^5/_{10}$ Sand, $^1/_{10}$ Holz und $^4/_{10}$ Luftraum besteht. Da der Sand
beinahe $1^1/_2$fach bis doppelt so schwer ist als Wasser (spez. Gew. etwa

1,6 und 1,9), Holz dagegen leichter als Wasser ist (spez. Gew. etwa 0,75), so würden das Gewicht des Laderaums und der Tiefgang des Schiffes sich nicht wesentlich verändern, wenn man im äußersten Grenzfall annehmen würde, daß alle Fässer zerstört sind und der schwerere Sand durch eine große Lecköffnung infolge der Sog- und Wirbelbildung des Wassers besonders bei schlingerndem Schiff am Schiffsboden nach unten herausgespült wird. (Die Schiffe haben an den Enden Gewichtsüberschuß, mittschiffs Auftriebsüberschuß). Findet infolge einer zu hoch gelegenen Havarieöffnung ein Herausspülen des Sandes nicht statt, so muß mit einem entsprechenden Tiefertauchen des Schiffes gerechnet werden. Bei unzerstörten Fässern nimmt der Faßrauminhalt etwa 1/4 des Laderauminhaltes ein, und es wird er-

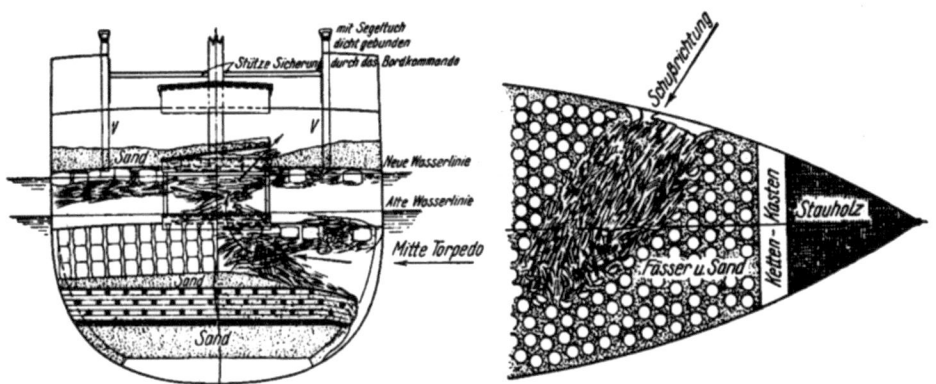

Abb. 155 und 156. Zerstörung einer Schutzstauung durch Torpedoexplosion.

wartet, daß bei einer Minenexplosion das Gewicht des einströmenden Wassers annähernd durch die Auftriebskraft der Holzgräting und der intakt gebliebenen Fässer ersetzt wird. (Die Ladung wirkt also in ähnlicher Weise wie bei einem Rettungsboot der Korkgürtel.) Die Fässer sind aufrecht aufgestellt worden, weil sie in dieser Lage besonders bei einer schräg von unten gerichteten Druckwirkung für widerstandsfähiger gehalten werden, als wenn sie liegend gestaut sind. Infolge des großen Gewichts der Ladung werden die Faßseitenbretter und der Faßboden durch den Sand noch enger zusammengepreßt und die Dichtigkeit der Fässer erhöht.

Bei einer seitlichen Explosion würde das Schiff durch den Wassereinbruch anfangs eine Neigung zur Schlagseite erhalten, die Stoßwirkung der Explosion wirkt dieser Krängung nach der Havarieseite aber wieder entgegen. Die Holzgräting gestattet zwar ein Überlaufen des Wassers auch nach der anderen Bordseite, der trockene Sand wird dann an dieser Stelle Wasser aufsaugen und eine Gewichtszunahme erleiden, während an der Havarieöffnung der schwere Sand herausgespült wird. Wie groß dieser Einfluß ist, hängt von den jeweiligen Umständen ab. Ein Schutz gegen ein Auftreten einer zu großen Schlagseite läßt sich dadurch erreichen, daß man dem Schiff eine möglichst große metazentrische Höhe gibt.

Während die mit einer Schutzladung versehenen Laderäume so günstig als möglich geschützt erscheinen, läßt sich bei einem Treffer

Abb. 157. Schutzladung vor der Torpedoexplosion.

im Maschinen- und Kesselraum die Wirkung der Explosion nicht abschwächen. Es muß damit gerechnet werden, daß die Pumpen sofort außer Betrieb gesetzt sind und Maschinen- und Kesselraum bis zur Höhe des äußeren Wasserstandes vollaufen. Nimmt man als ungünstigsten Fall an, daß die Kohlenlängsbunkerschotte zerstört sind und bei Seegang das Leckwasser im Maschinen- und Kesselraum bis zur Außenhaut frei schwingen kann, daß ferner noch ein Teil des Doppelbodenwassers mitschwingt, so ergibt z. B. die Untersuchung bei einem bis zur Tiefladelinie beladenen Handelsschiffe von 9000 t Deplacement, daß das Schiff dann nicht kentern kann, wenn von vornherein für eine metazentrische Höhe von etwa 0,8—0,9 m gesorgt worden ist. Sollte sich auf dem Zwischendeck Wasser ansammeln, sei es durch Leckagen in der Wasserlinie oder durch Sturzseen von oben, so wird durch das Schlagwasserschott, welches über das ganze Schiff in der Mitte des Zwischendecks längs zu bauen ist, die Gefährlichkeit dieser schwingenden Wassermengen mit Bezug auf die Stabilität herabgesetzt.

Die Möglichkeit, die durch die hohe metazentrische Höhe entstehenden Schiffsschwingungen zu verbessern, ist nur begrenzt. Die Forderung, daß bis zur Tiefladelinie gehende Schiff auch bei Havarien mög-

Abb. 158. Schutzladung nach der Torpedoexplosion.

lichst schwimmfähig und kenterfrei zu erhalten, muß dem Streben, angenehme Schiffsbewegungen zu erreichen, vorangestellt werden. In Anbetracht der verlangten großen metazentrischen Höhe ist ein Höherlegen zur Verminderung des Stabilitätsmoments nicht ratsam. Dagegen ist es möglich, das Massenträgheitsmoment so zu verändern, daß die Schiffsbewegungen weich und sanft werden. Durch entsprechende Wahl der gegenseitigen Abstände der Fässer in vertikaler und horizontaler Richtung und den sich hieraus ergebenden Wechsel des die Fässer umgebenden Sandgewichts ist ein Mittel gegeben, die Masse der Ladung nach Belieben im Raum festzulegen.

Abb. 154 zeigt die Wirkungen von Minenexplosionen an der äußeren Schiffshaut. Abb. 155 und 156 zeigen die Art der Zerstörung, die ein Torpedotreffer innerhalb einer Schutzstauung angerichtet hat. In Abbildung 157 ist ersichtlich, in welcher Weise die Fässer innerhalb des Laderaumes mit Sand umgeben aufgestapelt wurden. Abb. 158 läßt nach einer Explosion das Bestreben der vom Sand befreiten intakt gebliebenen Fässer erkennen, durch einen gegen das Deck gerichteten Druck den verlorengegangenen Auftrieb zu ersetzen.

5. Hebung durch Elektromagnete.

Nile (England) hat vorgeschlagen, zur Hebung der Schiffe Elektromagnete zu verwenden in gleicher Weise, wie dieselben zur Hebung von Eisenplatten usw. verwendet werden.

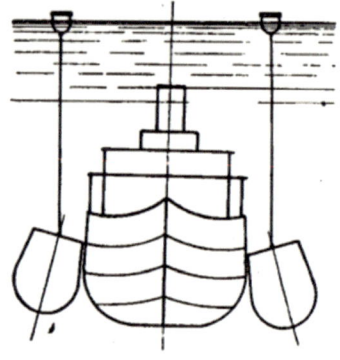

Abb. 159. Hebung durch Elektromagnete.

Um diesen Vorschlag zu prüfen, wurde in London ein Versuchsbassin eingerichtet, wobei ein Elektromagnet von 1,8 m Länge, 0,9 m Breite und 6 cm Dicke gegen ein Stahlblech von 1,6 cm Dicke im Wasser geführt wurde. Das Stahlblech war dabei mit Versteifungen versehen, so daß es gewissermaßen einem Schiffsrumpfe ähnlich war.

Bei einer Spannung von 95,5 Volt und einem Strom von 3,3 Amp. wurde der Elektromagnet bei 2,3 t von dem Stahlblech abgerissen. Bei einem Spielraum von 5 mm zwischen dem Elektromagnet und dem Stahlblech betrug die Abreißkraft 1,3 t. Bei einem Spielraum von 1 cm betrug die Abreißkraft 0,66 t. Durch die Erhöhung der Spannung und des Stromes könnte die Abreißkraft zwei- und dreimal vergrößert werden.

Weitere Versuche haben gezeigt, daß ein Elektromagnet von 380 kg eine Hebekraft von 11,7 t entwickeln kann. Es wurde berechnet, daß ein Elektromagnet von 0,9×0,9 m 25 t hebt, und diese Angaben wurden einem Entwurf zugrunde gelegt, nach welchem die Bergungsformation auf folgende Weise ausgerüstet sein sollte:

a) Mutterschiff mit Kompressorenanlage und Stromquellen,
b) zwei Schlepper zum Schleppen der Schwimmkörper,
c) zwei versenkbare Schwimmkörper mit Elektromagneten.

Um ein Schiff von 5000 t zu heben, sollten 200 Elektromagnete von 0,9×0,9 m gebraucht werden. Die Gesamtanordnung der Hebung ist aus der Abb. 159 ersichtlich. Um eine gleiche Belastung der Elektromagneten zu erzielen, ist ein Ausgleichsystem vorgesehen.

Die gesamten Kosten einer solchen Einrichtung wurden 1918 von den Erfindern auf 350 000 £ geschätzt.

Die deutsche Marine hatte umfangreiche Versuche gemacht, um mittels Magneten Pflaster an der Schiffsaußenhaut anheften zu lassen. Endgültige praktische Ergebnisse liegen jedoch noch nicht vor.

6. Ablagern von Mörtel unter Wasser.

Ein besonderes Arbeitsgebiet bedeutet im Bergungswesen das Betonieren unter Wasser. Dieses Verfahren bietet die Möglichkeit, große wasserdichte Abschlüsse unter Wasser herzurichten und nötigenfalls im Schiffsinnern neue Schotten aufzubauen.

Aus der Praxis heraus ist auf diesem Spezialgebiet von Kapitän Grünberg aus Libau ein ihm patentiertes Verfahren ausgebildet worden, welches sich bei einer großen Anzahl schwieriger Bergungsfälle bewährt hat.

Der Vorschlag bezieht sich auf Geräte zur Ablagerung von Stoffen von der Art, welche einen oben und unten offenen Behälter aufweisen und am Boden mit Verschlußmitteln versehen sind, die zu schließen und schnell zu öffnen sind.

Bisher hat sich herausgestellt, daß, wenn Mörtel zur Bildung von Mörtelgebilden wie Kais oder beim Bergen von gesunkenen Schiffen unter Wasser abgelagert wird, ein erheblicher Prozentsatz des Zementes unvermeidlich weggewaschen und zerstört wird, bevor der Mörtel an der gewünschten Stelle abgelagert wird. Dies war der Fall, wenn der Mörtel durch Rohre oder Rinnen unter Wasser gebracht wurde und ebenso, wenn er in Säcken herabgesenkt wurde zu Tauchern hin, welche die Säcke ausleerten und den Inhalt an die gewünschte Stelle brachten.

Die vorliegende Einrichtung hat den Hauptzweck, ein solches Gerät zum Ablagern von Mörtel unter Wasser zu schaffen, daß diese Zerstörung verhindert wird. Ein anderer Zweck der Erfindung besteht darin, das Ablagern von Mörtel unter Wasser leichter als bisher an Stellen zu bringen, welche Tauchern nicht sehr zugänglich sind.

Gemäß dem Verfahren hat bei Geräten der beschriebenen Art zum Ablagern von Mörtel unter Wasser der rohrförmige Teil des Behälters ebene innere Wandungen, die unten ebenso weit oder zweckmäßig noch weiter sind als oben. Die Verschlußmittel sind derart angeordnet, daß sie ein unbehindertes Durchtreten durch den Auslaß ermöglichen, wenn dieser offen ist. Außerdem sind durchbrochene Verschlußmittel, z. B. ein durchbrochener Deckel, vorgesehen, um den oberen Teil des

Behälters zu schließen und zu öffnen, so daß, wenn die Vorrichtung an der Oberfläche mit Mörtel gefüllt ist und zu der gewünschten Stelle unter Wasser herabgesenkt wird, der Mörtel während seines Durchganges durch das Wasser so trocken wie möglich bleibt, aber trotzdem bei der Ankunft an der gewünschten Stelle schnell aus dem Behälter entleert werden kann.

Zweckmäßig bestehen die Verschlußmittel für den Auslaß aus einer biegsamen, rohrförmigen Leitung, z. B. aus Segeltuch, die an einem Ende des Auslasses so angeordnet ist, daß sie diesen nicht verengt, wenn er offen ist. Die biegsame Leitung kann am anderen Ende durch eine Kordel verschlossen werden zum Zwecke, das Ablagern des Mörtels unmittelbar in Ecken und an andern Stellen hin zu erleichtern, die Tauchern nicht leicht zugänglich sind, wobei dann der Mörtel auf einer möglichst geringen Strecke durch offnes Wasser fällt und daher in so trocknem Zustande wie möglich abgelagert wird.

Der Behälter ist vorteilhaft mit zwei drehbar angeordneten Griffen am oberen Ende ausgestattet, um seine Handhabung und das Aufhängen an einem Tau senkrecht oberhalb des Punktes unter Wasser zu erleichtern, zu dem er hinuntergesenkt werden soll.

In der Abbildung 160 ist ein Ausführungsbeispiel gemäß dem Vorschlag, bei dem Teile des Gerätes weggebrochen gezeichnet sind, dargestellt.

Auf der Abbildung 160 bedeutet A einen aus Eisenblech hergestellten zylindrischen Teil, welcher oben und unten offen ist und glatte innere Wandungen aufweist. Die Nietköpfe sind an der Innenseite der Wandungen eingelassen. Der innere Durchmesser dieses Teiles ist unten eine Kleinigkeit weiter als oben, um ein schnelles Entladen des Behälterinhaltes zu begünstigen. Ein Ende der rohrförmigen Leitung B, das aus Segeltuch, Kanevas oder ähnlichen, zweckmäßig wasserdichten Textilstoffen besteht, ist fest, aber abnehmbar an der Auslaßseite des Teiles A durch Anziehen einer Kordel C_1 oberhalb eines inneren Ringes C, der rund um den unteren Teil des Behälters herumgenietet ist, befestigt und dadurch vor dem Heruntergleiten von dem Hauptteil geschützt. Das untere Ende des biegsamen Rohres ist in üblicher Weise durch Umschlingen einer Kordel D geschlossen, die jederzeit leicht durch Anziehen an eine der beiden Enden gelöst werden kann.

Diese Leitung B und ihre Kordel D bilden so die Verschlußmittel für den unteren Teil des Körpers A und ermöglicht, wenn sie offen ist, den ungehinderten Durchgang aus dem Auslaß des Gerätes in das offene Wasser, wenn der Inhalt unter Wasser gesetzt ist.

Die Wandung des Körpers A ist oben mit einem radial nach innen sich erstreckenden Flansch oder einer Rippe A_1 versehen, die den Sitz für einen Deckel E bildet, welcher mit einem Handgriffe E_1 ausgestattet ist. Oberhalb dieser Rippe ist die Wandung des eigentlichen Körpers erweitert, wie bei A_2 ersichtlich, um einen Ring zum Halten des Deckels zu bilden. Der Deckel ist mit Durchbrechungen versehen, wie bei E_2 gezeigt, um zu ermöglichen, daß der von dem Mörtel befreite Raum des Behälters schnell mit Wasser gefüllt wird, wenn der Mörtel abgelagert wird. Zur Sicherung des Deckels in seiner geschlossenen Stellung kann jedes beliebige Mittel Verwendung finden. In dem dargestellten Ausführungsbeispiel sind zwei Halter F in Form von gekrümmten Armen drehbar an der Außenseite der Wandung des Körpers A angeordnet. Am oberen Ende des Körpers A sind zwei Handgriffe, G G^1 vorgesehen, von denen jeder eine Schlinge hat. Diese Handgriffe schwingen um Achsen, welche parallel zueinander und zu einem Durchmesser des zylindrischen Teiles liegen. Der Handgriff G^1 ist schmaler als der Handgriff G, so daß beide Handgriffe gleichzeitig in einer wagerechten Stellung sich befinden können, ohne einander im Wege zu stehen.

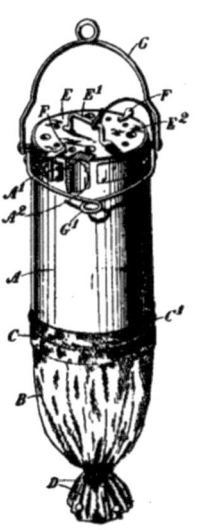

Abb. 160. Behälter zum Ablagern d. Mörtels unter Wasser.

Infolge dieser Anordnung der Handgriffe kann der Behälter, wenn er zur Ablagerung mit Mörtel gefüllt ist, mittels eines Hakens, der in die Schleife des Handgriffes G eingeführt wird, von einem Flaschenzug erfaßt werden und längs einer Stange oder dergleichen zu der Stelle laufen, wo der Inhalt versenkt werden soll, worauf ein anderer an einem Tau zum Herablassen des Behälters angeordneter Haken leicht in die Schleife des Handgriffes G_1 eingeführt werden kann. Wenn dann der Behälter etwas gehoben wird, kann der Griff G leicht von seinem Haken befreit werden, worauf der Behälter schnell zu dem Taucher im Wasser heruntergesenkt werden kann.

Die beschriebene Vorrichtung wird wie folgt gebraucht:

Die zweckmäßig trockene, abzulagernde Mischung von Zement und Zuschlägen wird in üblicher Weise an einer beliebigen Stelle gemischt und dann in irgendeiner zweckmäßigen Weise, z. B. mit Hilfe eines Fülltrichters in den Behälter eingefüllt, dessen Deckel abgenommen und der unten mit Hilfe der Kordel D, die fest um das untere Ende der Leitung B herumgeschlungen ist, geschlossen ist. Wenn der Behälter geschlossen ist, wird der Deckel in seiner Lage festgelegt, wor-

auf der Behälter in irgendeiner zweckmäßigen, z. B. eben beschriebenen Weise zu dem Platze gebracht wird, wo er in das Wasser gesenkt werden soll. Der Taucher erhält den gefüllten Behälter, der an
dem Tau herunterhängt, und hält ihn genau über die Stellen, an welchen er den Mörtel abzulagern wünscht. Dann öffnet er den Auslaß
des Behälters, indem er die Kordel D löst, worauf er den Mörtel schnell
an der gewünschten Stelle entladen wird. Dank der Form des Teiles A kommt der Mörtel nicht in Gefahr, an den Wandungen anzuhaf-
ten, und wenn trotzdem etwas hängen zu bleiben versucht, wird es
von den durch den Deckel hineinfließenden Wassern sogleich abge-
waschen.

Dank der beschriebenen Bauart des Gerätes ist es verständlich, daß
der Mörtel genau oberhalb der Stelle, wo er abgelagert werden soll,
in einem Zustande ankommt, der praktisch ebenso trocken ist, als
wenn er erst gerade gemischt worden wäre, und außerdem fällt dieser
trockene Mörtel durch das offene Wasser hindurch nur auf einer sehr
kurzen Strecke, d. h. nur wenn er aus dem Auslaß des Teiles B her-
austritt, bis zu seinem Bestimmungsorte hin.

Es hat sich herausgestellt, daß dank der Tatsache, daß der Mörtel
in einem praktisch trockenen Zustande abgelagert wird, d. h. dank
der Tatsache, daß das Wasser verhindert wird, mit dem trockenen
Mörtel außer an seiner oberen Schicht in dem Behälter in Berührung
zu kommen, wenn er durch das Wasser hindurch gesenkt wird, der
Verlust an Zement, von dem oben gesprochen ist, vollkommen oder
wenigstens fast vollkommen verhindert wird.

Ein anderer Vorteil der beschriebenen Bauart der Vorrichtung besteht darin, daß der von einem Tau herunterhängende Behälter leicht
unmittelbar von dem ihn erhaltenden Taucher an verhältnismäßig un-
zugängliche Stellen geleitet werden kann, z. B. in die Ecken von
Schiffsrümpfen, die geborgen werden sollen, wobei es nur notwendig
ist, die Kordel D zu lösen, um zu bewirken, daß der Mörtel genau an
der gewünschten Stelle entladen wird.

Der vorgeschlagene Apparat ist in seiner Einrichtung und in seiner
Führung äußerst einfach und billig. Er kann am Ort der Arbeiten sofort nach den nötigen Größenverhältnissen und in der erforderlichen Anzahl hergestellt werden. Der Apparat kann je nach Bedarf schnell gefüllt
werden, er ist während des Betriebes handlich und verlangt nur wenig
Bedienungsmannschaft.

Gegenüber anderen kostspieligen Montierungs- und komplizierten Be-
tonierungsmaschinen bietet dieser einfache Apparat erhebliche Be-
dienungsvorteile und eine Zementersparnis, da kaum Betonmaterial ver-
lorengeht oder ausgewaschen wird.

Zur Herstellung von Mauern unter Wasser verwendet man Senkkästen. Nach einem ebenfalls von Kapitän Grünberg stammenden Vor-
schlage sollen die Senkkästen durchbrochene Seitenwände haben und
seitlich an die Kästen sich Wände anschließen. Ferner besteht hier
das Neue in der Anordnung von Bohlen an den Kästen, welche als
Führungen für Bretter dienen.

In Abbildung 161 ist dieser Vorschlag in einer Ausführung dargestellt.

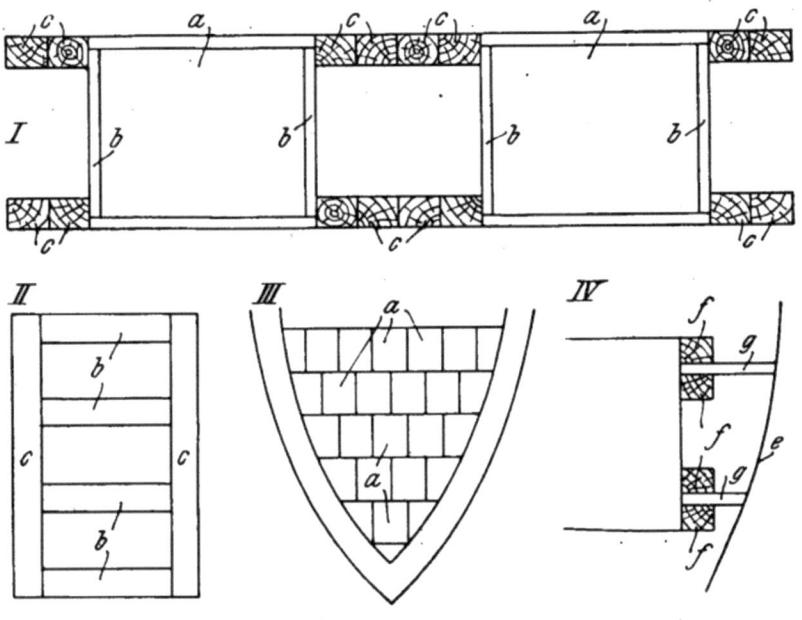

Abb. 161.   Senkkasten.

Figur I (Abb. 161) ist eine Draufsicht auf mehrere aneinander gereihte
Kästen; *a* sind die nebeneinander angeordneten Kästen, deren Seitenwandungen *b* durchbrochen sind. Seitlich an den Kästen sind Wände *c*
zweckmäßig aus Bohlen vorgesehen, die mit den Kästen verbunden
sind und dadurch eine Art von Kasten bilden.

In Figur II ist ein einzelner aufrechtstehender Kasten in Ansicht
dargestellt, dessen Seitenwandungen *b* durchbrochen sind.

Figur III veranschaulicht die Anordnung der Kästen, um in einem
Schiffe eine Wand zu ziehen.

In Figur IV bedeutet *e* eine von oben gesehene Schiffswand, *f* sind
Bohlen, die als Führungen für die Bretter *g* dienen, um ungerad-
linige Begrenzungen überbrücken zu können.

Die Kästen können aus Holz oder Eisen bestehen, sie können über oder unter Wasser zusammengestellt werden. Die vordere und hintere Wand der Kasten können zweckmäßig durch Schraubenbolzen mit den Seitenwandungen und untereinander lösbar verbunden werden.

7. Vorrichtung zur Einführung von Luft in das Wrack.

Die Luft kann in das Wrack mittels folgender Einrichtung eingeführt werden:

Das aus der Abb. 162 ersichtliche Stahlrohr ist auf einem Ende mit Spiralbohrern versehen. Auf dem anderen Ende wird ein spezielles Mundstück eingeschraubt, welches mit einem Bohreinsatz endet. Der Bohreinsatz wird in das Spannfutter einer Preßluft-Bohrmaschine ein-

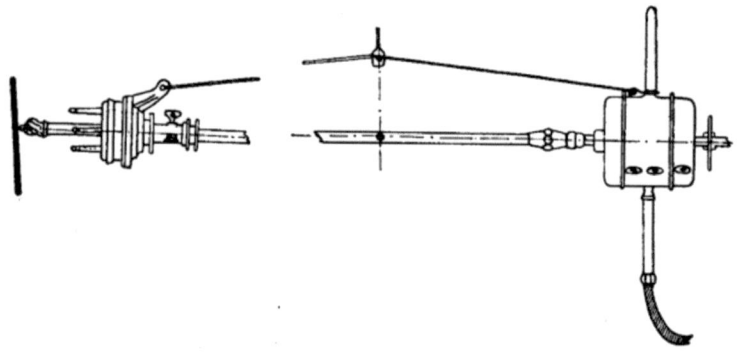

Abb. 162. Vorrichtung zur Einführung von Luft in das Wrack.

gespannt, und auf solche Weise erhält man einen langen hohlen Preßluftbohrer. Nachdem die Außenhaut des Schiffes durchgebohrt ist, werden die Preßluft-Bohrmaschine und der Bohreinsatz entfernt, und die dadurch entstandene Öffnung wird mit dem Preßluftschlauch verbunden. Weiter wird die Preßluft durch das Rohr in das Innere des Schiffes eingeführt.

Um den Bohrer bei dem Bohren des Doppelbodens zu zentrieren und von etwaigen Verschiebungen zu schützen, ist der Bohrer mit einer Vorrichtung versehen, welche näher aus der Abb. 163 und 164 ersichtlich ist. Diese Vorrichtung besteht im wesentlichen aus vier Gewindebohrern nebst den Zahnrädern, welche alle gleichmäßig von einem Triebrad auf dem Stahlrohre angetrieben werden. Der Vorgang des Durchbohrens in den Doppelboden entwickelt sich wie folgt:

Nachdem die Außenwand durchbohrt ist, geht der Bohrer immer weiter durch die Bohröffnung, bis die vier Gewindebohrer die Außenhaut erreicht haben. Dann wird das mittlere Triebrad in Be-

wegung gebracht, das durch die Rädergetriebe die vier Gewindebohrer antreibt. Durch die Arbeit der vier Gewindebohrer werden in
der Außenhaut weitere vier Löcher gebohrt und mit Gewinden ver-

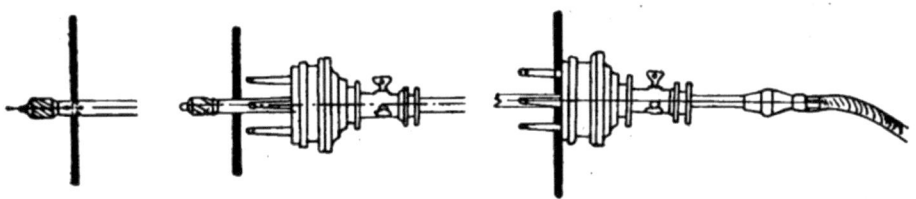

Abb. 163 und 164. Einzelheiten der Vorrichtung zur Einführung der Luft.

sehen. Die ganze Vorrichtung kommt schließlich in die Lage, welche
aus der Abb. 164 ersichtlich ist, und ist also dicht mit der Außenhaut
verbunden. Weiter wird der Spiralbohrer befreit und wieder vorge-
schoben.

8. Tiefseetaucher[1]).

Der Apparat gleicht einer geräumigen Ritterrüstung, der turmförmige
Körper mit seiner Einrichtung dem Kommandoturm eines Untersee-
bootes (Abb. 165).

Der durch einen in Gürtelhöhe liegenden Flansch, mit Dichtung ver-
sehene zusammenschraubbare Rumpfteil ist so geräumig, daß er dem
Taucher erlaubt, die Arme aus den Armhüllen zu ziehen, um im Innern
Ventile usw. zu bedienen. Dieser Rumpf ist aus Siemens-Martin-Stahl
geschweißt bzw. getrieben. Große Festigkeit und Dichtigkeit bei geringen Wandstärken und große Widerstandsfähigkeit gegen mechanische und chemische Einflüsse sind hierdurch erreicht.

Der Oberteil des Rumpfes mit seinen vorderen, seitlichen und oberen
Sehfenstern aus starkem Preßhartglas nimmt die Signalarmaturen und
Manövrierventile, Meßapparate und Beleuchtungskörper auf. Das mitt-
lere große Schaufenster ist genau wie bei den Gummitauchern als
Schraubfenster gebaut.

Der Unterteil des Rumpfes bietet Raum für Ausgleich- und Fallge-
wichte und enthält ein Sattelpolster in Form eines Fahrradsattels.

Die Arm- und Beinhüllen aus Funditalaluminium sind aus dem
Rumpf derart herausgeführt, daß die Dreh- und Schwenkbewegungs-
fähigkeit der menschlichen Gliedmaßen des Tauchers möglichst voll
ausgenutzt werden. Die Gelenke der Arme und Beine sind durch Ge-
lenkkugellager hergestellt, diese aus losnehmbaren Kugeln und Kugel-

---

[1]) Nach Kontreadmiral Behncke, Werft-Reederei-Hafen, 1924.

schalen bestehend, sind aus nahezu rostbeständigem Nickelstahl gefertigt. Als Dichtungsmaterial für diese Gelenke wird ölbeständiger
Gummi verwendet. Die Ringe an den Armen sollen durch Auftrieb das
Gewicht der Arme verringern. In die Armstümpfe der Armhüllen werden von außen Zangenhände eingesetzt, die von innen aus bewegt werden. Für die verschiedenen Arbeiten gehören besondere Zangen. Der
Bau von druckfesten Handschuhen wird weiterverfolgt.

Ein ringförmiger Tauchtank oberhalb des vorderen Hauptfensters am
oberen Rumpfteil und je ein rechts und links seitlich am Oberteil
sitzender Seitentank im Schwerpunkt des Tauchers verleiht dem Taucher die erforderliche Manövrierfähigkeit für die jeweilige Tiefe.

Der Auftrieb zur Oberfläche bzw. die Entlastung in der jeweiligen
Tiefe geschieht durch Ausblasen des Wassers mittels Preßluft oder
Sauerstoffs aus den Tauchtanks; es stehen sechs Flaschen (Stahlzylin-
der) von insgesamt 12 l Preßluft oder Sauerstoff zu 150 Atm. zur Verfügung. Der Vorrat erlaubt dem Taucher ein mehrmaliges Hochgehen
durch vollständiges Ausblasen der Tauchtanks aus jeder Tiefe. Beim
Öffnen des Zuluftventils eines Tauchtanks passiert der Hochdruck der
Flaschenbatterie ein Reduzierventil, durch welches er von 150 Atm.
auf ca. 20 Atm. reduziert wird. Da die Öffnung der Tauchtanks nach
See unverschließbar ist, kann eine Gefährdung der Tauchtanks durch
zu hohen Druck nicht eintreten.

Die Atmungseinrichtung im oberen Teil des Rumpfes ist mit innerer
Luftreinigung und Luftergänzung versehen. Der Sauerstoff für diese
wird aus einer besonderen dem Hochdrucksammler angeschlossenen
Sauerstofflasche entnommen. Der Inhalt dieser Flasche reicht für eine
dreistündige Tauchzeit aus, doch kann bei längerem freiwilligen oder
zwangsläufigem Tauchen der Flascheninhalt stets aus dem Hochdrucksammler wieder aufgefüllt werden.

Je nach der voraussichtlichen Tauch- bzw. Arbeitsdauer können zwei
bis vier Luftreinigungspatronen von je zweistündiger Arbeitsdauer
nacheinander verwendet werden.

Die Signaleinrichtung besteht aus einem jederzeit vom Taucher selbst
schlippbaren Halte- bzw. mehradrigen Telephonkabel. Durch Zug-
signale an der Halteleine, durch Lautsprechtelephon und durch Morse-
zeichenaustausch mittels Summer wird eine sichere Verständigung
zwischen Taucher und Oberfläche (Bedienungsmannschaft) in drei-
facher Beziehung gewährleistet.

Die Innenbeleuchtung zum Ablesen der Tiefenmanometer, Thermometer und Manometer wird ebenfalls durch das siebenadrige Telephonkabel bewerkstelligt.

Alle vorstehenden Teile, Flaschen, Rohrleitungen und Ventile sind durch Schutz und Abweisbleche gesichert; ein Festhaken des Tauchers ist ausgeschlossen.

Außerhalb des Wassers wird der Apparat durch ein Traggestell gestützt, welches den Rumpfflansch derartig unterfängt, daß dem Tau-

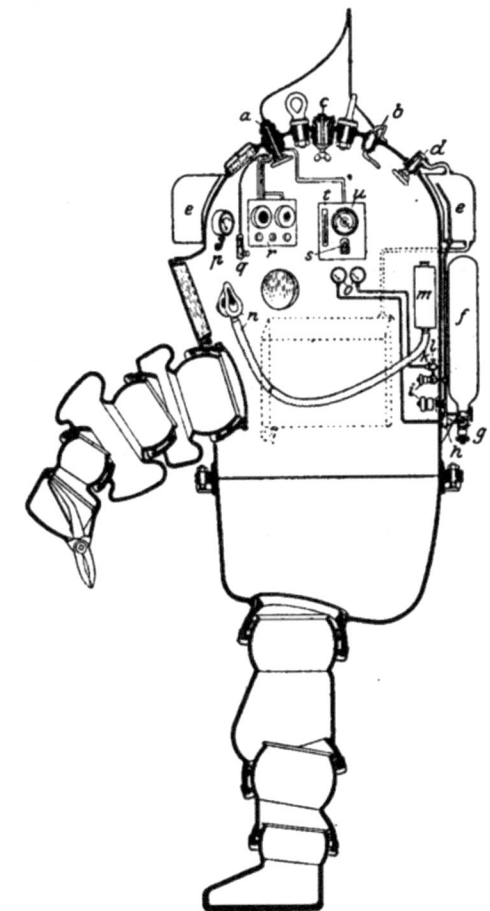

a Telefonkabelanschluß
b Seilabwurf
c Signalklappe
d Entlüftungsventil
e Auftriebsring
f Sauerstofflasche
g Absperrventil (außen)
h Reduzierventil
i Absperrventil
k Dosierungsventil (innen)
l Ausströmdüse (für Atmung)
m Atmungspatrone
n Maske mit Schlauch
o Manometer
p Tiefenmanometer
q Klingeltaster
r Telefon
s Licht
t Thermometer
u Barometer

Abb. 165. Tiefseetaucher.

cher nach Abheben des Oberrumpfteils und Anziehen seines Gummischutzanzuges ein Besteigen leicht ermöglicht wird.

Der Apparat P VII hat eine reine Außenfläche von 4,75 qm. Sämtliche hervorstehenden Teile, wie Auftriebsring, Rohre, Schutzbleche, Hähne u. dgl. sind nicht berechnet, weil sie der Einwirkung des belastenden Wasserdrucks nicht unterliegen.

Der Apparat hält somit (auf je 10 m Tiefe = je 1 Atm.) eine Belastung von rund 47 500 kg aus.

Der Apparat wiegt an sich	390 kg
Der Taucher	80 „
Der Gummianzug	5 „
	475 kg
Der Apparat bedarf noch	15 „ um zu sinken
Wasserverdrängung	475 kg
Die Tauch- und Auftriebstanks fassen	45 Liter
Um zu sinken	15 „
Bleibt für Wasserballast	30 Liter = 30 kg,

mit dem man den Seeboden eventuell drücken kann. Außerdem können noch Zusatzgewichte, welche vom Taucher selbst abgeworfen werden können, nach Bedarf mitgenommen werden.

Mit dem neuen Apparat (P VII) fanden 1294 in einem großen Druckwassertank in Kiel Versuche statt, die sich auf die Dichtigkeit des Anzuges, die Atmungseinrichtung, die Bewegungsfähigkeit der Glieder und die Arbeitsmöglichkeit mit den Zangenhänden bezogen. Alle Einrichtungen erwiesen sich als zuverlässig. Die Taucher waren bis zu fünf Stunden unter Wasser, davon vier Stunden unter einem Druck von 8,5 Atm. = einer Wassertiefe von 85 m.

Die Versuche im freien Wasser (Walchensee) begannen auf einer Wassertiefe von ca. 50 m und wurden bis zu einer Wassertiefe von 160 m gesteigert.

Die Versuche und Übungen haben gezeigt, daß es mit dem Apparat möglich ist, die Taucharbeiten auf großen Tiefen mit Sicherheit auszuführen.

9. Neueste Dockschiffe.

Abb. 166 zeigt ein Schwimmdock nach einer von Müller und Hitzemann entworfenen Konstruktion für Flender, Lübeck, das zugleich als Hebeschiff für gesunkene U-Boote dienen kann. Hebeschiffe für U-Boote sind bekannt; sie sind jedoch dadurch, daß sie ausschließlich nur zum Heben gesunkener U-Boote dienten, sehr kostspielig. Der vorliegende Entwurf besteht aus einem ausfahrbaren Mittelponton, der von einem schiffsartigen Körper, auf dem sich die beiden Seitenkasten befinden, umgeben wird, und der mit diesem durch eine leicht lösbare Verbindung befestigt ist.

Der Schiffskörper ist an einem Ende mit einem Bug, am anderen Ende mit zwei Hecks ausgerüstet.

Der Mittelponton ist so groß dimensioniert, daß er Schiffe von 3000 t Gewicht bei einem Freibord von 0,7 m zu tragen vermag.

Auf einer Seite des Docks befindet sich am Seitenkasten ein Ge-
rüst zur Aufnahme des Windwerks zum Heben gesunkener Schiffe.
Das Windwerk dient auch zur Vornahme von Taucherproben der
U-Boote.

Es dürfte bekannt sein, daß auch bei Tauchproben Unglücksfälle
passiert sind, wenn man sich nicht Sicherheitsvorrichtungen bediente,
die die Möglichkeit gaben, untergetauchte Boote, die in den Austauch-
apparaten versagten, wieder zu heben. Man wird bei Tauchproben
das U-Boot vorher mit dem Windwerk in Verbindung bringen und kann
so jederzeit das Boot wieder an die Oberfläche bringen.

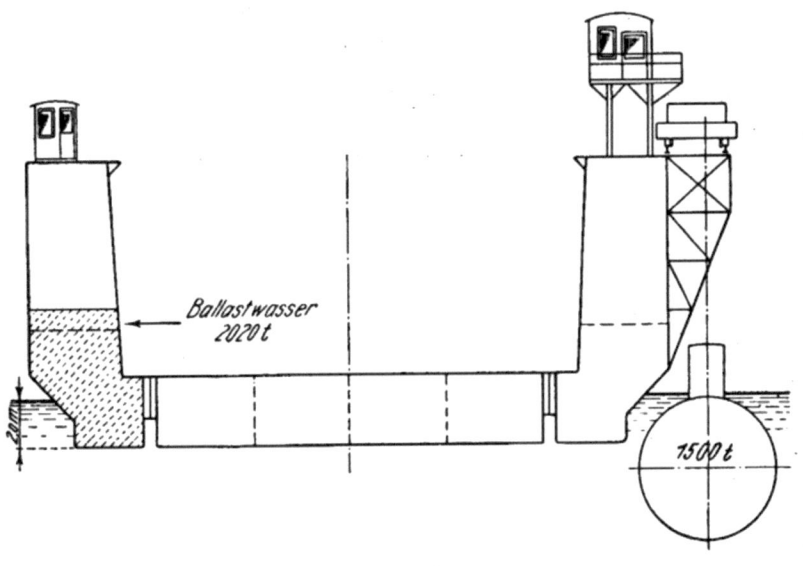

Abb. 166.

Auch wird durch ein solches Hebewerk in Verbindung mit einem
Schwimmdock die Konstruktion eines Prüfungsdocks für U-Boote
wesentlich vereinfacht.

Bei unabhängigen Prüfungsdocks ist es erforderlich, daß der Zylinder von einem Schiffskörper getragen wird. Hat man ein solches kom-
biniertes Dock, so braucht der Zylinder des Prüfungsdocks nur mit
Schwimmkästen versehen zu werden, die das Gewicht des Zylinders
tragen sollen.

Bei Druckproben wird der Zylinder in das Dock eingefahren, das
zu prüfende Boot in den Zylinder gebracht und das Dock gehoben.

Wie schon erwähnt, ist der Mittelponton mit dem ihn umgebenden
Schiffskörper durch eine leicht lösbare Konstruktion verbunden. Sollte

das Dock während eines Unfalles eines U-Bootes durch ein Schiff belegt sein, so können diese Verbindungen in kurzer Zeit gelöst werden, der Mittelponton wird mit dem Schiff ausgefahren und ein Reserveponton eingefahren.

Das Dock ist selbstehend eingerichtet. Die Betätigung der Propeller geschieht elektrisch. Die Propellerantriebsmotoren erhalten den erforderlichen Betriebsstrom von einem Dieselaggregat, das sich auf einer Dockseite im Seitenkasten befindet. Dieses Aggregat ist so groß dimensioniert, daß damit dem Dock eine Fahrgeschwindigkeit von zwölf Meilen in der Stunde gegeben werden kann. Ferner dient das Aggregat auch zur Stromerzeugung für das Windwerk sowie zum Heben des Docks.

Beim Heben von U-Booten wird das in dem Windwerk hängende Gewicht des Bootes ausbalanciert, indem auf der gegenüberliegenden Seite entsprechend Ballastwasser gefahren wird; also dasselbe Verfahren, das man bei großen Schwimmkrananlagen in Anwendung bringt.

10. Andere Vorschläge und ausländische Patente.

Zahlreiche Erfindungen schlagen vor, die Hebung durch Einbringen von leichten Körpern zu erwirken. Als Füllmaterial wurde bei einzelnen Hebungen Kork[1]) und leere Fässer[2]) verwendet. Weiter wurde auch Einpumpen von leichten Flüssigkeiten vorgeschlagen.

Die Anwendung von länglichen Gummikörpern als Hebezylinder wurde von seiten der Gummierzeuger vorgeschlagen[3]).

D. R. P. 334 945 empfiehlt zum Heben ein versenkbares Mutterschiff zu verwenden, welches mit eigener Kraftquelle und einer Taucherglocke versehen ist, und auf solche Weise von dem Wind und Wetter unabhängig sein soll.

In England[4]) wurde eine Vorrichtung vorgeschlagen, welche unter Wasser Haken in der Wand des zu hebenden Schiffes anbringt; das Schiff wird vermittels Lufttrommeln, welche mit obigen Haken verbunden sind, gehoben.

Kubanisches Patent Nr. 6025 (W. Orlowsky) berichtet von der Hebung der Schiffe vermittels des unausgeglichenen Druckes des ausströmenden Gases (z. B. Azetylen). In einem unter Wasser befindlichen Behälter wird zu diesem Zwecke Azetylen aus Karbid erzeugt. Die ge-

---

[1]) Hebung des englischen Torpedobootes G. 59; Schiffbau, Jahrgang 10, 1909, S. 254.
[2]) Hebung „Utopia". Scientific American., Suppl. B. 31, 1891, S. 13 017.
[3]) India Rubber, Band 35, S. 299.
[4]) Engineering, B. 136, 1923, S. 471.

machten Versuche haben die Möglichkeit gezeigt, von 250 m Tiefe Steine und andere Gegenstände zu heben, die jedoch schon oberhalb des Wassers mit Hebevorrichtung verbunden waren.

In Zusammenhang mit diesem Patent stehen verschiedene Vorschläge, die verdichtete Gase, wie z. B. Azetylen und Kohlensäure (siehe D. R. P. 130 840), in den Hebehohlkörpern anstatt Preßluft verwenden.

Abb. 167. Taucherschlitten.

Als Hilfsgerät für Taucher- und Sucharbeiten wurde von dem Drägerwerk der Taucherschlitten vorgeschlagen, welcher auf der Abb. 167 dargestellt ist. Der Taucherschlitten ist ein in Schlepp zu nehmendes unterseeisches Beförderungsmittel, das der Taucher entweder schon vor dem Hinunterlassen oder am Boden besteigt.

Die schwimmfähige Type der Schlitten ist in gewissen Grenzen steuerbar; mit ihr kann der Taucher auf der Wasseroberfläche, auf dem Grunde oder in irgendeiner Höhe über dem Grunde fahren. Die auf der Abb. 167 abgebildete Type ist nicht schwimmbar; sie ist zusammenklappbar, so daß sie an Bord eines Bootes mitgeführt wer-

den kann, ohne viel Platz zu beanspruchen. An Bord wird sie fertig-
gemacht, d. h. die Kufen werden scharnierartig auseinandergeklappt.
Der Schlitten wird versenkt; der Taucher steigt unten hinein und auf
ein Signal setzt sich der Schlepper in Bewegung.

Die Anwendung des autogenen Schweiß- und Schneidverfahrens auf
den in Fahrt befindlichen Schiffen findet Schwierigkeiten wegen des
großen Gewichtes der Gasflaschen. Es ist daher ratsam, die Schiffe mit
einem Fernholzbrenner (Brennstoff: Benzin, Benzol usw.) und mit
einem chemischen Sauerstofferzeuger auszurüsten. Das Gesamtgewicht
einer solchen Anlage beträgt 24 kg.

Eine neuartige, automatisch wirkende Sicherung für Wasserfahr-
zeuge stellt der „Marcks-Auftrieb" der Firma Marcks & Co., Berlin,
dar. Diese Sicherung bieten die mit Chemikalien gefüllten Beutel,
die, gegen Spritzer geschützt, sich momentan automatisch auf-
blähen, sobald Wasser in gefahrdrohender Menge zu ihnen Zutritt hat.
Sie geben dem havarierten Fahrzeuge den nötigen Auftrieb und erhalten es lange schwimmfähig, da eine Diffusion nur sehr langsam
eintritt.

Literatur.

a) Bücher.

1. **A r v a y**, Handbuch des Seemannswesens (XII. Kapitel. Bergungswesen). Wien und Leipzig 1918.
2. **D i x o n - K e m p**, Manual of Seamanship.
3. **J o u n g**, Marine Salvage Work.
4. **N e c h a j e w**, Bergung der gesunkenen Schiffe. Berlin 1923 (in russischer Sprache).

b) Abhandlungen über Schiffsbergung.

1. **A h n h u d t**, Die Bergung des Linienschiffs „Rheinland". Schiffbau, 20. Jahrg., 1919, S. 166.
2. **D a h l s t r ö m**, Bergungswesen und Hebung gesunkener Schiffe. Jahrbuch der Schiffbautechnischen Gesellschaft, Bd. 4, 1903, S. 506.
3. **F o e r s t e r**, Schiffstechnische Organisation des deutschen Feldeisenbahnchefs auf der Donau. Jahrbuch der Schiffbautechnischen Gesellschaft, Bd. 19, 1918, S. 123.
4. **G u t a c k e r**, Hebung des amerikanischen Kriegsschiffes „Maine" im Hafen von Havanna. Schiffbau, 16. Jahrg., 1915, S. 438.
5. **L a v r o f f**, Die Hebung des Tankschiffes „Elborus", Schiffbau. 28. Jahrg.
6. **L i e b i c h**, Hebung eines gesunkenen Baggerschiffs in der Außenjade. Technische Zeitung, 1903, S. 232.
7. **M e r s m a n n**, Schiffshebungen und -bergungen. Schiffbau, 24. Jahrg. 1923, S. 761.
8. **—** Bergungsarbeiten am Kreuzer „Warjag" im Schottland. Schiffbau, 20. Jahrg., 1925, S. 599.
9. **N e c h a j e w und L a v r o f f**, Die Bergung des Dampfers „Narodowoletz". Schiffbau, 27. Jahrg., 1926, S. 736.
10. **O p p e n h e i m e r**, Beitrag zur Bergung gestrandeter Schiffe. Werft-Reederei-Hafen, 1923, S. 365.
11. **P r o b s t**, Die Bergung der „Avaré". Werft-Reederei-Hafen, 1922, S. 785.
12. **S c h n e i d e r**, Das Heben gesunkener Schiffe. Werft-Reederei-Hafen, 1921, S. 671, 713, 745. (Doktordissertation unter dem Titel: „Kritisch-vergleichendes Kompendium über Schiffshebung.")
13. **—** Die Hebung des türkischen Torpedobootszerstörers „Jadighar-y-Millet". Werft und Reederei, 1921, S. 347.
14. **S c h r ö d e r**, Die Bergung eines gekenterten Eimerbaggers. Werft-Reederei-Hafen, 1926, S. 90.

c) Abhandlungen über Nebengebiete.

1. **A c h e n b a c h**, Das Wesen der Schiffshavarien. Jahrbuch der Schiffbautechnischen Gesellschaft, Bd. 17, 1916, S. 213.
2. **B e h n k e**, Panzertaucher für größere Tiefen. Werft-Reederei-Hafen, 1924. S. 43

3. Brinolf Kari, Das Bergungswesen in Finnland. Hansa, Juni 1926, S. 943.

4. Dietrich, Beitrag zur Frage der Wrackbeseitigung. Werft-Reederei-Hafen, 1922, S. 126.

5. Grundt, Die Verwertung der freigewordenen Marinegüter durch die Reichstreuhandgesellschaft. Schiffbau, 25. Jahrg., 1924, S. 272.

6. Klitzing, U-Boots Bergungsdock. Schiffbau, 1911, S. 329.

7. Krueger, Neuartige Hebeschiffe. Schiffbau, 1926, S. 12.

8. Lavroff, Abwracken von Schiffen. Schiffahrt-Jahrbuch, 1925, S. 505.

9. Micalich, Über Leckrechnung. Schiffbau, 23. Jahrg., 1922, S. 1325.

10. Momber, Abwracken von Schiffen. Werft-Reederei-Hafen, 1922, S. 766.

11. Sperl, Rechtsfragen aus Anlaß der Hebung kriegsversenkter Schiffe und Güter. Deutsche Juristen-Zeitung, 1917, Nr. 13/14.

12. Steinbach, Abwrackunternehmungen. Werft-Reederei-Hafen, 1922, S. 764.

13. Waldmann, Die wasserdichte Einteilung von Passagierschiffen. Werft und Reederei, 1921, S. 678.

14. Zeyss, Der Krupp-Schnelldavit. Meisterwerke deutscher Schiffbautechnik, Oktober 1925.

d) Beschreibungen der einzelnen Bergungen und Bergungsversuche.

1. Admiral Apraxin — Nechajew, Bergung, S. 79; Handbuch von Arvay, S. 590.

2. Aleut — Nechajew, Bergung, S. 88.

3. Andriana — Norges Handels og Sjöfarts Tidende, 9. 12. 1919.

4. Araby — Concrete and Constructional Engineering, Bd. 13, 1918, S. 605.

5. Argyll — Syren and Shipping, B. 98, 1921, S. 704.

6. Arimathea — Bericht von Schneider. Kriegstechnisches Archiv.

7. Asama — Schiffbau, Jahrg. 17, S. 745.

8. Austral — Engineering, Bd. 61, 1896, S. 402.

9. Austuria — Jahrbuch der Schiffbautechnischen Gesellschaft, Bd. 4, 1903, S. 506.

10. Avaré — Werft-Reederei-Hafen, 1922, S. 785.

11. Bagger in Außenjade — Technische Zeitung, 1903, S. 232.

12. Bagger in Danzig — Werft-Reederei-Hafen, 1926, S. 90.

13. Bagger in Kowno — Zentralblatt der Bauverwaltung, 1919, S. 205.

14. Bavarian — International Marine Engineering, 1907, S. 515; Journal of the American Society of Naval Engineers, Bd. 19, 1907, S. 511.

15. Bayern — Schiffbau, Jahrg. 24, 1923, S. 766.

16. Bielefeld — Akten der Admiralität.

17. Bretagne — Engineering, Bd. 70, 1900, S. 200.

18. Britannia — Syren and Shipping, Bd. 98, 1921, S. 704.

19. British Columbia — Pacific Marine Review, 1919, S. 77, Okt.

20. Cabenda — Engineering, Bd. 79, 1905, S. 77.

21. Clan-Grant — Engineering, Bd. 79, 1905, S. 77.

22. Claverly — Jahrbuch der Schiffbautechnischen Gesellschaft, Bd. 4, 1903, S. 506.

23. Coffee — Engineering, Bd. 3, 1867, S. 514.

24. Colorado — Lloyds List, 13. 6. 19.

25. Cora Maria — Engineering, Bd. 70, 1900, S. 222.

26. Curie — Arvay, Handbuch, S. 640.

27. Cyclop — Arvay, Handbuch, S. 648.

28. Djigit — Nechajew, Bergung, S. 204.

29. Donau-Schlepper, Elevatoren und Dampfer — Jahrbuch der Schiffbautechnischen Gesellschaft, Bd. 19, 1918, S. 123.
30. Dornkat — Engineering, Bd. 20, 1875, S. 345.
31. Eastland — Schiffbau, Jahrg. 17, 1915/16, S. 34.
32. Edith — Engineering, Bd. 25, 1878, S. 280.
33. Eider (Donau-Schlepper) — Jahrbuch der Schiffbautechnischen Gesellschaft, Bd. 19, 1918, S. 136.
34. Eider — Engineering, Bd. 53, 1922, S. 472.
35. Elborus — Wodnyj-Transport, 1926, Nr. 1, S. 20.
36. Elektra — Arvay, Handbuch, S. 615.
37. España — Schiffbau, 1924, S. 873; Revista General de Marina, 1924, S. 651 (Novembre).
38. Favorite — Marine Review, 1919, S. 238.
39. Fleswik — Engineering, Bd. 88, 1909, S. 141.
40. Floristan — Schiffbau, Jahrg. 16, S. 580; Jahrg. 17, S. 377.
41. Flying Falcon — Lloyds List, 13. 14. 19.
42. Gangut — Nechajew, Bergung, S. 63.
43. Garpun — Nechajew, Bergung, S. 156.
44. Giacinto Pullino — Arvay, Handbuch, S. 587.
45. Gladiator — Engineering, Bd. 86, S. 474; Marine-Rundschau, 1908, S. 1293.
46. Gneisenau — Zentralblatt der Bauverwaltung, 1917, S. 67.
47. Hendonhall — Schiffbau, Jahrg. 16, S. 58; Jahrg. 17, S. 47, 377.
48. Highland Flying — International Marine Engineering, 1907, S. 277.
49. Hindenburg — Times, 1926, vom 2. Juli und vom 17. August.
50. Howe — Engineering, Bd. 56, 1893, S. 19, 310; Arvay, Handbuch, S. 590.
51. Ilmen — Engineering, Bd. 20, 1875, S. 345.
52. Imperatriza Maria — Nechajew, Bergung, S. 313; Schiffbau, Jahrg. 19, S. 440.
53. Islam — Jahrbuch der Schiffbautechnischen Gesellschaft, Bd. 4, 1903, S. 506.
54. Ispahan — Berichte von Schneider, Kriegstechnisches Archiv.
55. Ivernia — Engineering, Bd. 93, 1912, S. 153.
56. Jadighar i Millet — Werft und Reederei, 1921, S. 347.
57. John Davie — Engineering, Bd. 79, 1905, S. 77, 171.
58. John Sauber — Schiffbau, Jahrg. 18, S. 163.
59. Lake Weston — Shipbuilding and Shipping Records, 1919, S. 747.
60. Leander — Engineering, Bd. 102, 1916, S. 128.
61. Leipzig — Schiffbau, Jahrg. 24, 1923, S. 765.
62. Leonardo da Vinci — Schiffbau, Jahrg. 22, S. 467, 622, 759, 1321.
63. Liebenfels — Schiffbau, Jahrg. 18, S. 627.
64. Loksly Hall — Engineering, Bd. 43, 1887, S. 198, 600; Bd. 70, 1900, S. 222.
65. Louis — Engineering, Bd. 20, 1875, Jahrg. 345.
66. Lusitania (Vorschläge) — Scientific American, Okt. 1922, S. 234.
67. Machias — International Marine Engineering, 1907, S. 269.
68. Main — Industrial Engineer, 1919, S. 18.
69. Maine — Schiffbau, Jahrg. 16, S. 438, 567.
70. Maskotte — Dräger-Hefte, Nr. 97, März/April 1924.
71. Metch — Engineering, Bd. 20, 1875, S. 345.
72. Meteor — Nechajew, Bergung, S. 164.
73. Mikasa — Engineering, Bd. 82, 1906, S. 393.
74. Milwaukee — Engineering, Bd. 79, 1905, S. 77.
75. Minoga — Marine-Rundschau, Mai 1913.

76. Montague — Engineering, Bd. 82, 1906, S. 617.
77. Mount Oliver — Jahrbuch der Schiffbautechnischen Gesellschaft, 1903, S. 506.
78. München — Annalen der Hydrographie, 1901, S. 557.
79. Naab — Jahrbuch der Schiffbautechnischen Gesellschaft, Bd. 19, 1918, S. 139.
80. Nargen — Nechajew, Bergung, S. 154.
81. Narodowoletz — Wodnyj-Transport, 1925, Nr. 9, S. 570.
82. Natzolpopoff — Jahrbuch der Schiffbautechnischen Gesellschaft, Bd. 19, 1918, S. 140.
83. Nero — Schiffbau, Jahrg. 17, S. 168.
84. Newhaven — Le Jacht, 1924, 23. August.
85. Oldenburg — Schiffbau, Jahrg. 24, 1923, S. 764.
86. Oroya — Jahrbuch der Schiffbautechnischen Gesellschaft, Bd. 4, 1903, S. 506.
86a. Pamjatj Asowa — Ogonjok, 1926, N 38.
87. Paris — Jahrbuch der Schiffbautechnischen Gesellschaft, Bd. 4, 1903, S. 506.
88. Peikall Schewket — Berichte von Schneider, Kriegstechnisches Archiv.
89. Pereprawa 2 — Nechajew, Bergung, S. 187.
90. Petr Welikij — Nechajew, Bergung, S. 63.
91. Pilton — Shipbuilding and Shipping Record, 1925, 14. Mai, S. 588.
92. Prince Concort — Engineering, Bd. 70, 1900, S. 222.
93. Prinz Waldemar — The Marine Journal, 1926, 30. Januar, S. 11.
94. Progrepo — Schiffbau, Jahrg. 16, Nr. 24, Jahrg. 17, S. 163.
95. Ranza — Engineering, Bd. 70, 1900, S. 222.
96. Resi — Handbuch von Arvay, S. 360.
97. Retwisan — Nechajew, Bergung, S. 88.
98. Rheinland — Schiffbau, Jahrg. 20, 1919, S. 166.
99. Sachsen — Schiffbau, Jahrg. 24, 1923, S. 766.
100. Samsun — Berichte von Schneider, Kriegstechnisches Archiv.
101. San Giorgio — Engineer, 1912, S. 315, 406, 424, 427.
102. Sarah Brough — Engineering, Bd. 79, 1905, S. 77.
103. Scandia — Werft-Reedeerei-Hafen, 1925, S. 1.
104. Schwimmdock (80 m × 19 m). — Engineering, Bd. 119, 1925, S. 61 und 76.
105. Silurus — Engineering, Bd. 111, 1921, S. 8 und 32.
106. Solvay Prince — Engineering, Bd. 79, 1905, S. 77.
107. Sommerfeld — Jahrbuch der Schiffbautechnischen Gesellschaft, Bd. 4, 1903, S. 506.
108. St. Paul — Rudder, Bd. 34, S. 501.
109. Suevic — International Marine Engineering, 1907, S. 278.
110. Svacic — Handbuch von Arvay, S. 638.
111. Svionia — Schiffbau, Jahrg. 20, S. 676.
112. Sydland — Teknisk Tidskrift, 1921, S. 41.
113. Tapperheten — Teknisk Tidskrift, 1913, Nr. 5.
114. Taranaki — Engineering, Bd. 61, 1896, S. 402.
115. Temes — Handbuch von Arvay, S. 665.
116. Torpedoboot N 99 — Schiffbau, Jahrg. 10, 1909, S. 245.
117. Torpedoboot 79 — Schiffbau, Jahrg. 20, S. 147.
118. Torpedoboot S 42 — Überall, Jahrg. 5, 1902/1903, S. 1073.
119. Torpedoboote bei Scapa Flow — Engineer, 1925, 4. Sept., S. 248.
120. Tortugas — Engineering, Bd. 3, 18
121. U-Boot A 3 — Engineering, Bd. 93
122. U-Boot E 15 — Berichte von Schneider, Kriegstechnisches Archiv.
123. U-Boot F 4 — Handbuch von Arvay, S. 674.

124. U-Boot H 3 — Schiffbau, Jahrg. 16, S. 580.

125. U-Boot H 29. — Times, 1926, 10. August.

126. U-Boot K 13 — Engineering, Bd. 108, 1919, S. 597.

127. U-Boot S 51 — Welt-Spiegel, 1926, S 32.

128. U-Boot U 3 — Marine-Rundschau, März 1911.

129. Ulunda — Engineering, Bd. 71, 1901, S. 250.

130. Utopia — Scientific American, Suppl., Jahrg. 31, 1891, S. 13097.

131. Volturno — Handbuch von Arvay, S. 621.

132. Walter Bibby — Engineering, Bd. 80, 1905, S. 41.

133. Warjag (1905) — Mitteilungen aus dem Gebiete des Seewesens, Bd. 34, 1906, S. 457.

134. Warjag (1925) — Schiffbau, Jahrg. 26, 1925, S. 599.

135. W. E. Barlett — Engineering, Bd. 3, 1867, S. 514.

136. Westmoreland — Syren and Shippig, Bd. 94, 1920, S. 494.

137. Westoil — Marina Mercantile Italiana, 1919, S. 162.

138. William Carleton — Engineering, Bd. 3, 1867, S. 514.

139. Willy — Jahrbuch der Schiffbautechnischen Gesellschaft, Bd. 19, 1918, S. 146.

140. Wsrywatel — Nechajew, Bergung, S. 205.

141. Yankee — Preßluft, 1921, Heft 2.

Sachverzeichnis.